1

最新 精神保健福祉士養成講座

一般社団法人 日本ソーシャルワーク教育学校連盟　編集

精神医学と精神医療

中央法規

刊行にあたって

　このたび、新カリキュラムに対応した社会福祉士と精神保健福祉士養成の教科書シリーズ（以下、本養成講座）を一般社団法人日本ソーシャルワーク教育学校連盟の編集により刊行することになりました。本養成講座は、社会福祉士・精神保健福祉士共通科目13巻、社会福祉士専門科目8巻、精神保健福祉士専門科目8巻の合計29巻で構成されています。

　社会福祉士の資格制度は、1987（昭和62）年に制定された社会福祉士及び介護福祉士法により創設されました。後に、精神保健福祉士法が制定され、精神保健福祉士の資格制度が1997（平成9）年に創設されました。それから今日までの間に両資格のカリキュラムは2度の改正が行われました。本養成講座は、2019（令和元）年度の両資格のカリキュラム改正に伴い、刊行するものです。

　新カリキュラム改正のねらいは、地域共生社会の実現に向けて、複合化・複雑化した課題を受けとめる包括的な相談支援を実施し、地域住民等が主体的に地域課題を解決していくよう支援できるソーシャルワーカーを養成することにあります。地域共生社会とは支援する者と支援される者が一体となり、誰もが役割をもって生活していくことができる社会です。こうした社会を創り上げる担い手として、社会福祉士や精神保健福祉士が期待されています。

　そのため、本養成講座の制作にあたって、❶ソーシャルワーカーとしてアセスメントから支援計画、モニタリングに至るPDCAサイクルに基づく支援ができる人材の養成、❷個別支援と地域支援を一体的に対応でき、児童、障害者、高齢者等のさまざまな分野を横断して包括的に支援のできる人材の養成、❸「講義─演習─実習」の学習循環をつくることで、実践現場に密着した人材養成をする、を目的にしています。

　社会福祉士および精神保健福祉士になるためには、ソーシャルワークに必要な五つの科目群について学ぶことが必要です。具体的には、①社会福祉の原理・基盤・政策を理解する科目、②複合化・複雑化した福祉課題と包括的な支援を理解する科目、③人・環境・社会とその関係を理解する科目、④ソーシャルワークの基盤・理論・方法を理解する科目、⑤ソーシャルワークの方法と実践を理解する科目です。それぞれの科目群の関係性と全体像は、次頁の図のとおりです。

　これらの科目を本養成講座で学ぶことにより、すべての学生がソーシャルワークの基盤を修得し、社会福祉士ならびに精神保健福祉士の国家資格を取得し、さまざまな領域でソーシャルワーカーとして活躍され、ソーシャルワーカーに対する社会的評価を高めてくれることを願っています。

社会福祉士養成教科書の全体像

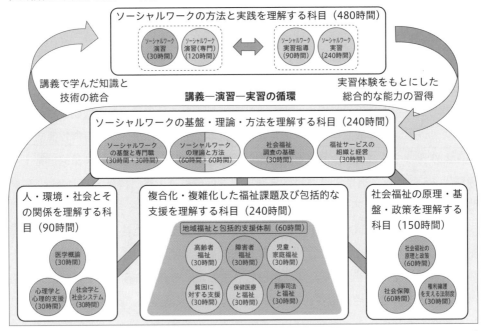

出典：厚生労働省「（別添）見直し後の社会福祉士養成課程の全体像」（https://www.mhlw.go.jp/content/000604998.pdf）
より本連盟が改編

精神保健福祉士養成教科書の全体像

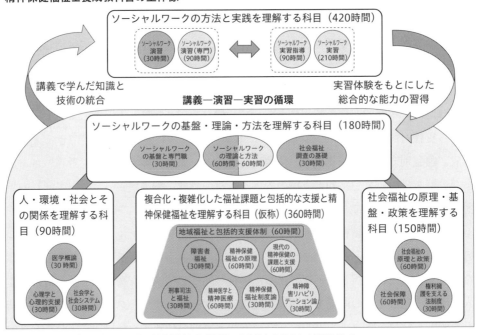

出典：厚生労働省「（別添）見直し後の社会福祉士養成課程の全体像」を参考に本連盟が作成

2020（令和2）年12月1日

一般社団法人日本ソーシャルワーク教育学校連盟
会長　白澤政和

はじめに

　かつて、結核を中心とした感染症が蔓延する時代を経て、生活習慣病が公衆衛生の主要課題になったとき、感染症の時代は終わったといわれた。しかし、感染症は絶えることなく現在に至り、そして、我々は、2020（令和 2 ）年の現実に遭遇したわけである。人類は、新型コロナウイルス感染症の脅威のなかで暮らすことになったが、そのようなことをどれだけの人が予想することができたであろうか。

　新型コロナウイルス感染症については、新しい感染症であるがゆえに原因や治療法についてさまざまな推測がなされ、対処法についても正確なものから故意に発信されたデマ情報まで多様であった。それらの情報によって、市民は右往左往してきたといえる。マスクや消毒液を買いに走り、体温計やトイレットペーパーまで品薄が続いた。そして、リモートワークや遠隔授業、ソーシャルディスタンスを保つことなど我々の生活は大きく変わり、新しい生活様式を定着させることが求められた。

　そのようななかで、医療従事者やその家族への偏見差別的な言動や行動は、社会の矛盾や人間の奥底に隠された暗部を見る思いであった。また、「コロナうつ」や自殺の増加のおそれなど、精神保健に及ぼす影響もいわれるようになった。さらに、新型コロナウイルス感染症の蔓延による不安状況によって、症状が悪化した精神障害のある人がいることも、現場で実践する精神保健福祉士から聞かれた。

　精神保健福祉士を目指す者は、新型コロナウイルス感染症の問題をどのように捉え、この問題から何を学ばなければならないだろうか。今回の問題のみならず、スペイン風邪やペストの流行でもそうであったように、感染症は医療だけでなく、社会や経済、文化などにも影響を与える存在であること。そして、それは、感染症に限らず疾病全般にいえることであり、疾病が与える社会や経済への影響は、貧困や差別など社会福祉の中核的な問題に直結することである。

　また、新型コロナウイルス感染症に関連した偏見差別的言動や行動が出現した問題については、新型コロナウイルス感染症についての未知から生じる現象である。人間は自分自身が知らないもの、馴染みのないものに対して偏見をもつものであり、その構造は精神障害のある人に対する偏見差別に共通している。

　コロナ禍の問題から得たものを本科目に結びつけていえば、精神障害のある人や精神的な不調を訴える人などを対象とした福祉実践を行う精神保健福祉士にとっては、精神疾患を正確に理解することが重要であることを再確認できたであろう。

　一方、メンタルヘルス課題を抱える人への対応、地域共生社会の推進、新たな福祉

ニーズへの対応等、精神保健福祉士や社会福祉士に対して社会から求められる役割や機能が拡大している現状がある。そのようなことを背景に、精神保健福祉士・社会福祉士の養成課程のカリキュラムの見直しが行われた。そこで、本科目についても新たな養成課程のカリキュラムに対応すべく改訂を行い、以下の視点から内容をさらに充実していった。

　精神障害のある人や精神的な不調を訴えている人、その家族に対して助言・支援する精神保健福祉士にとって、精神科疾患の成因、症状、経過、治療方法などについて学び、精神科疾患について正しい知識をもっていることは、非常に重要な基盤の一つといえる。

　また、精神保健及び精神障害者福祉に関する法律（精神保健福祉法）や心神喪失等の状態で重大な他害行為を行った者の医療及び観察等に関する法律（医療観察法）を基盤とした現在の精神科医療は、これまでの精神科医療における人権擁護の歴史の経過から到達したものであることを知り、そのなかで精神保健福祉士の役割を理解する必要がある。

　さらに精神科医療は、地域包括ケア中心となっていくことを知り、精神科病院のみではなく、地域のさまざまな機関や職種と連携しながら、早期介入や再発予防、地域移行などを行っていくことが重要であり、そのために精神保健福祉士の役割や機能を理解することが重要である。

　新しい時代に活躍する精神保健福祉士に相応しい知識を本書をもって獲得していただきたい。

編集委員一同

目次

刊行にあたって
はじめに

第 1 章　精神疾患総論

第 1 節　精神医学・医療の歴史 ⸺⸺⸺ 2

1　世界における精神疾患の歴史／ 2
2　日本における精神疾患の歴史／ 5
3　20 世紀前半の日本における精神病床入院に関連する制度／ 6
4　20 世紀後半の日本における精神医療に関連する制度／ 7

第 2 節　精神現象の生物学的基礎 ⸺⸺⸺ 10

1　脳の構造と機能／ 10
2　こころの生物学的理解／ 18
3　精神分析から見たこころ／ 24

第 3 節　精神障害の概念 ⸺⸺⸺ 26

1　健康とは／ 26
2　精神保健とは／ 27
3　精神的不健康と精神障害／ 28
4　精神症状／ 29
5　精神疾患に由来する障害／ 33

第 4 節　精神疾患の成因と分類 ⸺⸺⸺ 35

1　精神障害診断分類の歴史／ 35
2　精神障害の分類から精神医学診断システムへ／ 37
3　今後の展望／ 42

第 5 節　診断、検査 ⸺⸺⸺ 44

1　診断の手順と方法／ 44
2　心理検査／ 48
3　脳検査／ 53

第 2 章　代表的な精神疾患

第 1 節　器質性精神障害 [F0] ⋯⋯⋯⋯⋯⋯⋯⋯⋯⋯⋯⋯⋯⋯⋯⋯⋯⋯⋯⋯⋯⋯⋯⋯⋯⋯ 58
1　認知症／58
2　症状性精神障害／69
3　てんかん [G40 (ICD-10)] ／71

第 2 節　精神作用物質使用による精神および
行動の障害 [F1] ⋯⋯⋯⋯⋯⋯⋯⋯⋯⋯⋯⋯⋯⋯⋯⋯⋯⋯⋯⋯⋯⋯⋯⋯⋯⋯ 78
1　精神作用物質とは／78
2　依存と乱用から使用障害へ／78
3　依存の形成と予防／79
4　依存の分類：精神依存と身体依存／80
5　精神作用物質：抑制系の物質と興奮系の物質／81
6　耐性／81
7　アルコール関連障害／82
8　アルコール以外の抑制系精神作用物質／87
9　興奮系の精神作用物質／89
10　ニコチン使用による障害（ICD-11、コード6CA）／91
11　カフェイン関連障害／91
12　嗜癖行動（障害）群（ICD-11、コード6C5）／92

第 3 節　統合失調症 [F2] ⋯⋯⋯⋯⋯⋯⋯⋯⋯⋯⋯⋯⋯⋯⋯⋯⋯⋯⋯⋯⋯⋯⋯⋯⋯⋯ 94
1　統合失調症（統合失調症スペクトラム障害）とは／94
2　統合失調症の発症原因／95
3　統合失調症の症状／97
4　統合失調症にみられる個々の症状／100
5　統合失調症の診断／103
6　統合失調症の分類（ICD-10まで）／104
7　統合失調症の経過と予後／105
8　統合失調症の治療／106
9　家族支援／109
10　統合失調症の周辺の疾患／109

第 4 節　気分（感情）障害 [F3] ⋯⋯⋯⋯⋯⋯⋯⋯⋯⋯⋯⋯⋯⋯⋯⋯⋯⋯⋯⋯⋯⋯⋯ 112
1　気分（感情）障害／112
2　うつ病／115

3　双極性障害／ 122

4　特殊な抑うつ障害群、双極性障害／ 124

5　持続性気分障害／ 124

6　月経前症候群、月経前不快気分障害（DSM-5 ）／ 125

7　非定型うつ病（DSM- Ⅳ -TR）／ 125

第５節　神経症性障害、ストレス関連障害およびび身体表現性障害 [F4] ⋯⋯⋯⋯⋯⋯⋯ 127

1　神経症（神経症性障害）とは／ 127

2　不安症／ 128

3　恐怖を中心とする不安症／ 130

4　強迫症／ 131

5　重度ストレス反応、心的外傷およびストレス因関連障害群／ 134

6　適応障害／ 137

7　解離症／ 138

8　身体症状症／ 140

9　身体的苦痛症（ICD-11）／ 142

10　心気症（ICD-11）／ 143

11　心身症／ 144

12　神経衰弱／ 145

第６節　生理的障害および身体的要因に関連した行動症候群 [F5] ⋯⋯⋯⋯⋯⋯⋯⋯⋯ 146

1　生理的障害とは／ 146

2　食行動障害および摂食障害群／ 146

3　睡眠覚醒障害／ 148

4　性機能不全（非器質性のもの）／ 154

5　産褥に関連した障害／ 154

第７節　パーソナリティ障害と行動の障害 [F6] ⋯⋯⋯⋯⋯⋯ 156

1　パーソナリティ障害と精神医学／ 156

2　パーソナリティ障害の捉え方／ 156

3　社会から孤立しひきこもるタイプ（A群）／ 158

4　情緒が不安定で攻撃的で、安定した関係が築けないタイプ（B群）／ 159

5　不安や神経症的な様相がみられるタイプ（C群）／ 161

6　行動（習慣および衝動）の障害、行動の異常／ 162

7　性行動の障害（性関連性障害）／ 163

第8節　精神遅滞（知的障害）[F7]⋯⋯⋯⋯⋯166
　1　知的能力障害と精神遅滞／166
　2　概念と定義／166
　3　知的能力障害の程度による分類／167
　4　原因による分類／168
　5　代表的な疾患／169

第9節　心理的発達の障害 [F8]⋯⋯⋯⋯⋯⋯⋯171
　1　心理的発達の障害（ICD-10）、神経発達症群 / 神経発達障害
　　　群（DSM-5）／171
　2　特異的発達障害、限局性学習症 / 限局性学習障害／172
　3　広汎性発達障害（ICD-10）、自閉スペクトラム症 / 自閉スペ
　　　クトラム障害（DSM-5）／173
　4　その他のまれな広汎性発達障害／177

**第10節　小児期および青年期に通常発症する
行動および情緒の障害 [F9]**⋯⋯⋯⋯178
　1　多動性障害（ICD-10）／178
　2　行為障害（ICD-10）と素行障害（DSM-5）／180
　3　情緒障害／181
　4　小児期および青年期に発症する社会的機能の障害／182
　5　DSM-5 で新しく提唱された主な疾患概念／184
　6　ICD-11 で新しく提唱された主な疾患概念／184

第3章　精神疾患の治療

第1節　精神疾患治療総論⋯⋯⋯⋯⋯⋯⋯⋯⋯188
　1　精神疾患治療の対象と方法／188
　2　精神疾患治療の原則／189

第2節　精神科薬物療法⋯⋯⋯⋯⋯⋯⋯⋯⋯⋯192
　1　精神科薬物療法総論／192
　2　精神科薬物療法各論／193

第3節　精神療法⋯⋯⋯⋯⋯⋯⋯⋯⋯⋯⋯⋯203
　1　精神療法とは／203
　2　主な個人精神療法／203
　3　表現的精神療法／206
　4　訓練的療法／206
　5　集団精神療法／208

第4節　脳刺激法などの身体療法⋯⋯⋯⋯⋯⋯211
 1　身体療法の歴史／211
 2　現在も行われている身体療法／211

第5節　精神科リハビリテーション⋯⋯⋯⋯⋯214
 1　精神科リハビリテーションとは／214
 2　精神科リハビリテーションの過程／216
 3　精神科リハビリテーションの実際／217

第4章　精神科医療機関における治療の実際

第1節　外来治療、在宅医療⋯⋯⋯⋯⋯⋯⋯224
 1　外来治療／224
 2　在宅医療／229

第2節　入院治療⋯⋯⋯⋯⋯⋯⋯⋯⋯⋯⋯⋯236
 1　入院治療の歴史／236
 2　専門病棟／238
 3　精神保健福祉法における入院形態／240
 4　精神保健指定医制度／243
 5　精神医療審査会／244
 6　医療保護入院における退院促進／245
 7　インフォームド・コンセント／246
 8　精神科医療における行動制限／251
 9　移送制度／256

第3節　医療観察法における入院・通院治療⋯⋯261
 1　医療観察法における入院治療／261
 2　医療観察法における通院治療／264

第4節　精神科医療機関における精神保健福祉士
の役割⋯⋯⋯⋯⋯⋯⋯⋯⋯⋯⋯⋯⋯⋯⋯266
 1　「精神保健福祉士」資格の成立過程とその役割／266
 2　我が国の精神医療における権利擁護の重要性と
精神保健福祉士／268
 3　精神科医療機関における精神保健福祉士の役割／269

第5節　精神保健福祉士と協働する職種⋯⋯⋯273
 1　医師／273
 2　薬剤師／274

　　3　保健師・看護師／274

　　4　作業療法士／275

　　5　管理栄養士／275

　　6　公認心理師／276

　　7　社会福祉士／276

第 **5** 章　精神医療と保健、福祉の連携

　第 1 節　治療導入に向けた支援 278

　　1　早期介入／278

　　2　精神保健福祉センター、保健所、市町村保健センターと
　　　　その役割／279

　　3　学校保健の役割／282

　　4　産業保健の役割／283

　　5　精神科救急医療システム／285

　　6　認知症初期集中支援チーム／287

　第 2 節　再発予防や地域生活に向けた支援 290

　　1　服薬自己管理の支援／290

　　2　精神障害にも対応した地域包括ケアシステムの構築／292

　　3　地域生活を支える多機関の役割／294

　　4　障害福祉サービス／297

　　5　地域相談支援（地域移行支援・地域定着支援）／298

第 **6** 章　精神医療の動向

　第 1 節　精神疾患患者の動向 302

　　1　精神疾患患者数の推移／302

　　2　平均在院日数の推移／306

　　3　精神病床から退院した人の帰住先／306

　　4　精神病棟の機能ごとの役割／309

　第 2 節　医療制度改革と精神医療 312

　　1　医療法（医療施設の類型、医療計画）／312

　　2　保健医療政策／315

　　3　診療報酬制度／316

第3節　医療機関の医療機能の明確化 ························318

　　1　病床機能分化／318
　　2　クリティカルパス／319
　　3　地域医療連携（地域完結型医療）／321

資料1　主な向精神薬一覧／323
資料2　日本精神保健関係年表／326
索引／328
編集、統括編集委員、編集委員、執筆者および執筆分担

本書では学習の便宜を図ることを目的として、以下の項目を設けました。

・学習のポイント······各節で学習するポイントを示しています。
・重要語句·············学習上、特に重要と思われる語句を色文字で示しています。
・用語解説·············専門用語や難解な用語・語句等に★を付けて側注で解説しています。
・補足説明·············本文の記述に補足が必要な箇所にローマ数字（ⅰ、ⅱ、…）を付けて脚注で説明しています。
・Active Learning······学生の主体的な学び、対話的な学び、深い学びを促進することを目的に設けています。学習内容の次のステップとして活用できます。

第1章

精神疾患総論

　この章は本書の基礎になるものである。はじめに、私た
ちは精神疾患をどのように捉え、それを経験した人をどの
ように処遇してきたのか、そして精神医学はいつどのよう
に発展してきたのかを学ぶ。そして、複雑な精神現象のも
ととなる脳の生物学的理解と精神分析の視点を重ねるなか
で、精神疾患を生物・心理・社会から多角的に理解するた
めの基礎を身につける。さらに健康の概念から精神疾患と
精神障害を捉え、精神症状を表す基本的な用語と診断分類、
診断手順と方法、主な心理検査、身体的検査について理解
する。

精神医学・医療の歴史

学習のポイント

- 世界史のなかで「狂気」や患者がどのように扱われてきたかを知る
- 欧米と日本の精神（科）病院と、制度の展開にかかわる歴史の概要を学ぶ
- 日本の精神病床がどのように増えてきたか、歴史的な観点から理解する

1 世界における精神疾患の歴史

1 古代から中世の精神病

　錯乱した精神について人類史上初めて記述されたのは、3500 年前の
ヒンドゥー教典『アーユル・ヴェーダ』と考えられており、そこには記
憶を失って裸でふらふらと歩きまわる男が登場する。紀元前に編纂され
た旧約聖書のなかにも「ダビデ王は、死刑から逃れるために狂気を装っ
た」という描写がある。

　古代ギリシャの一部の医師たちは、その他の病気と同じように狂気の
原因を体液のバランス異常と考えていた。紀元前４世紀頃に生きたヒポ
クラテスとその一派はこの体液病理説を完成させ、精神の病についても
呪術的・宗教的説明を否定し、環境や肉体がもたらす影響を指摘した。

　中世に入るとキリスト教の勢力が伸長し、聖職者たちが狂気を扱うよ
うになり、病人はしばしば僧侶やシャーマンといった霊的な治療能力を
もつとされた者のもとに預けられた。当時は、狂気は病気が原因である
と認識されることもあったが、同時に悪魔や堕罪が原因だという観念も
根強かった。医者が狂気の治療の専門職として登場してくるようになる
のは、近世の 17 世紀頃である。

2 「病院」への収容の始まり

　前近代におけるヨーロッパでは、精神を病んだ患者は家族が面倒を看
るのが普通であった。とはいえ、患者は基本的に特別なケアはなく放置

＊　本節では、現在では差別的として使用されない言葉や単語についても、歴史的文脈
　　が損なわれないようにするため、そのまま残した箇所がある点に留意すること。そ
　　のほかは適宜現代的用語に修正した。

されていて、他人に危害を加えると考えられた一部の者は家や物置、家畜小屋などに監禁された。イギリスのロンドンで現在も王立ベスレム病院として運営されている施設はもともとは修道院であったが、14世紀頃から精神をひどく病んだ患者を少数だが収容し始めた。ここがヨーロッパにおける最も古い精神病院である。

ただし、このベスレム病院と同様に、近代以前におけるヨーロッパ世界の「病院」とは、「医療」行為を主に行うための場所ではなく、貧民や巡礼者などのために寝床と食事を提供する施療施設、あるいはハンセン病やペストの患者を隔離する避病院を意味した。また、王族や貴族によって設置され、宗教的慈善の一部としても運営されたため、公共性の強い側面をもっていた。「病院」はヨーロッパ全土で多数建設されたが、収容された精神病患者は全体からするとわずかだったと推定される。

3 隔離の時代へ

18世紀になると、ヨーロッパやアメリカで徐々に精神病院が増えていくが、やはりそれらは治療を主目的としていなかった。つまり、精神病院の歴史は、患者の保護・収容施設（アサイラム）として出発したのである。このような精神病院に「治療」の発想がもち込まれ、道徳療法（モラル・セラピー）＊が登場したのは18世紀末頃からである。フランス人医師のピネル（Pinel, P., 1745～1826）は、この道徳療法を理論化し体系的に論じたことで著名になり、後年パリのサルペトリエール病院で鉄鎖につながれた患者たちを解放したという伝説を生んだ。

19世紀になると、道徳療法への楽観的期待もあり、精神病患者たちを世俗社会から精神病院に隔離して治療すべきであるという認識が広まった。これに伴って精神病院医学という専門領域が拡大し、医師たちも専門家集団となって組織化していった。19世紀半ば以降は、ヨーロッパやアメリカにおいて精神病院が続々と建てられるようになり、それと並行して行われるようになった国家の財政的援助は病院運営に大きく寄与した。20世紀への変わり目の時期までには精神病院の数は爆発的に増え、アメリカでは在院患者数は約15万人に達し、その他のヨーロッパ諸国も同じような推移を示した。しかし、回復者の数に比して入院患者数のあまりの増加によって、1900年前後には病院での治療は幻想だという諦念が広まり、医学全体の急速な進歩のなかで精神医学は停滞していた。

20世紀初頭におけるアメリカの精神病院の荒廃と堕落は著しく、院

★ベスレム病院
ベスレム病院(Bethlem Hospital) は、ベツレヘム病院(Bethlehem Hospital)、ベドラム(Bedlam) などとも呼称された。特に患者の収容が多くなった時代以降に通称となったベドラムは、英語圏において精神病院の代名詞として長く使用された。

Active Learning

欧米において精神医学が、いつ、どのように発展していったのか考えてみましょう。

★道徳療法（モラル・セラピー）
18世紀末頃にイギリスで誕生し、19世紀に欧米で広まった療法。牢屋で鉄鎖につながれるような恐怖をなくして患者を人間として扱い、施設自体の性格を治療的なものにするという考え方。

内での職員による暴行や抑圧はありふれたものになっていた。こうしたなか、自身も入院経験のあるビアーズ（Beers, C. W., 1876〜1941）は、告発本『わが魂に逢うまで』（1908年）を出版し、病院改革を求める精神衛生運動を開始した。

　こうした当事者運動の登場などがあったにもかかわらず、20世紀前半、欧米で精神病院の数は著しく増えた。1930年頃にイギリスには約12万床、アメリカには約35万床、ドイツにも約16万床の精神病床があり、人口1万人当たり約30床というのが当時の欧米先進国のおおよその平均値となった。一方で、同時期に精神医療史において画期となったマラリア療法も登場した。

4 欧米における脱施設化の波

　欧米において精神病院と入院患者の数は、第二次世界大戦を経て再び急速に増え出していた。たとえばアメリカは、1960年の時点において精神病院に63万人の入院患者がいた。こうした過大な入院患者数を背景に、全米各地で病院内でのさまざまな非人道的な患者管理がたびたび明らかになった。また、患者を治癒させられず長期在院が一般化していたことから、欧米では病院という施設そのものに対する治療上の不信感がかつてなく高まり、反精神医学運動も生じた。こうした状況下、1963年の精神病・精神薄弱者に関するケネディ大統領教書のなかに示された精神病院の脱施設化、コミュニティケアを目指す政策は、その後の欧米で大きな潮流となっていった。

　なお、こうした脱施設化を後押ししたものとして、1952年に発見された抗精神病薬のクロルプロマジンの登場がある。ただし、この発明は欧米の脱施設化の主たる要因とされてきたが、アメリカにおける入院患者の減少を促したのは、クロルプロマジンの処方の多さよりも、1960年代半ばに導入された公的医療保険制度である通称「メディケア・メディケイド法」の制定によるものだったといわれるようになってきている。

　しかし、各国における脱施設化政策は、地域での受け皿が十分に用意されずに推進された側面もあり、患者の家族に再び負担がかかるようになり、多数の患者が営利目的の居住施設に詰め込まれたり、ホームレスになったり、刑務所に収監されたりするなどの事態が生じた。ただし、このような問題を抱えつつも、現代でも精神医療において、コミュニティケアは世界の標準的な形式であり続けている。

★マラリア療法
1917年にオーストリア人医師のヤウレッグ（Jauregg, J. W.）が効果を確認した治療法で、1927年にノーベル医学賞受賞。梅毒性の精神病患者にマラリアを人工的に感染させ、高熱によって病原菌を死滅させた。

★クロルプロマジン
商標名はソラジン。気持ちを緊張・興奮させる神経伝達物質であるドパミンは、統合失調症の症状である妄想や幻覚をもたらすと考えられているが、クロルプロマジンはこの回路を遮断する。統合失調症に有用性がある初めての抗精神病薬となった。

2 ▶ 日本における精神疾患の歴史

1 古代における精神病（癲狂）

　日本の歴史において精神の異常に関する最も古い規定は、701年に制定された大宝律令とされ、ここに癲狂者の罪について特別の取り扱いをなすべき記述がある。また、大宝律令とほとんど同じ内容とされる養老律令（718年）のなかでは、癲狂は篤疾という最重度の障害に位置づけられ、納税や労役の義務を免除されていた。癲狂に関する認識は中国から各種の医書を通じて日本にもたらされ、8世紀初頭には公式に受容されていたのである。

★養老律令
養老律令の注釈書で833年に完成した『令義解』は、てんかんの症状の説明をするとともに、「狂」については分別なく走り回り、自分を高賢や聖神と自称する者という記述がある。

2 近世から近代初期における精神病療養所

　京都市北部に位置する岩倉は、古くから精神障害者を地域の人が受け入れていた療養の場所として知られた。同地にある大雲寺にかかわる伝承では、11世紀に皇女が寺の霊泉を飲んで狂疾が快癒したという。江戸時代の18世紀中期には精神障害者が観音堂に籠り、介助人をつけて滝治療を行っていた。また、特に明治から昭和初期にかけては、患者は岩倉の茶屋や農家に宿泊してその地域のなかで看護され、これらの宿屋などから病院につながったものもある（現・いわくら病院等）。

　光明山順因寺（灸寺）は現在の愛知県岡崎市に位置し、14世紀末頃に灸と漢方薬による精神病治療を始めたと推定されている。戦後、同地に精神科医療施設として羽栗医院（現・羽栗病院）が開設されて近代医療とともに伝統医療も続けられた。

　爽神堂は、1599年に七宝山浄見寺の境内に創設された医療施設で、現在の大阪府泉南郡に位置し、現在も七山病院として運営されている。この爽神堂は、やはり漢方や鍼灸による精神病治療を行い、江戸期には病人収容施設も備えていたという。明治前期以降は漢方医術も継続しつつ、専門の精神科病院として経営された。

　近世期の精神疾患に対する療養や治療は、日本においても宗教的な施設や場所が重要な役割を果たしていたのはヨーロッパ諸国と同様であった。ただし日本の施設は、ヨーロッパ型の「病院」とは異なり、収容機能をほとんどもたなかった。これは当時の日本の医療の主流であった漢方医療が往診を基本とし、病床を必要としなかったこととも関係している。つまり、近代以降になって初めて病床をもつ「病院」の建設が必要

になったのである。

3 20世紀前半の日本における 精神病床入院に関連する制度

日本において精神医
学が、いつ、どのよ
うに発展していった
のか考えてみましょ
う。

1 精神病者監護法 —— 初めての全国的法制

　明治維新の後、明治政府は近代国家としての体制整備を進めていた
が、精神病に関連する全国的法制は長らく存在せず、警察規則によるも
のや各地方単位での規定があるのみだった。こうしたなか、精神障害者
に対する不法監禁や、法の不備に伴う治安維持が問題になり、1900（明
治33）年に精神病者監護法が成立した。

　同法についてはこれまで、家族に監護義務という患者管理に関する強
い法的義務を課したこと、そして自宅内での患者監禁である私宅監置を
合法化したこと、という2点が強調されてきた。しかし、第6条で市区
町村長による公費での患者監置を定めて強制的な病院収容を可能として
おり、これは現行の「精神保健及び精神障害者福祉に関する法律」の措
置入院の制度的な原型だったと考えられる。精神病者監護法は、私宅監
置も含め、基本的には患者を収容して外部に影響をもたらさないように
管理する「社会防衛」的な機能が色濃かったのは確かである。このよう
な精神病者監護法における「治療」的発想の欠落を厳しく批判した人物
に、東京帝国大学教授の呉秀三がいる（第4章第2節参照）。

2 精神病院法 —— 公立病院の設置の促進

　1919（大正8）年に、精神病院法が制定された。同法は、精神病者
監護法に「医療」「治療」にかかわる条文がなかったため、公立精神病
院の設置とそこでの治療を推進する目的で制定された。

　しかしながら、国庫補助がわずかだったこともあり、公立精神病院の
設置は地方に赤字経営を長期に強いるものとなり、一部の府県を除いて、
その実施は不可能であった。このため、民間の精神病院を公立病院の「代
用」として指定する代用精神病院制度（同法第7条）が活用されること
となり、公費で患者の入院が私立病院に委託されることが多くなった。

3 救護法による患者収容

　救護法は1929（昭和4）年に制定され、1932（昭和7）年から施行
された生活困窮者救済制度である。救護法はそのほとんどが生活困窮者

への生活扶助として運用されていたが、制度的には疾病のために労働できない者に対する医療救護と施設への公費収容が可能であった。

このため、戦前期から適用された件数自体は少なかったとはいえ、救護法によって患者の精神病院への収容救護が行われていた。

同法は貧困の精神障害者の病院への保護・収容を制度的に可能にしたもので、戦後の生活保護法での医療扶助入院につながっていったという点で重要な法律だったといえる。

4 社会保険での入院

健康保険法（1927（昭和2）年に施行）や国民健康保険法（1938（昭和13）年に施行）等が、戦前の社会保険法の代表的なものである。戦前期において、どの程度の保険給付が精神病院への入院に投じられたかは不明ではあるが、適用された件数は救護法よりもさらに限定的であったと考えられる。

とはいえ、戦前期においても社会保険を利用した精神病床入院があったのは確かである。戦前期の統計や診療記録から推測されるのは、遅くとも1920年代以降には当時の先端的な精神科治療であったマラリア療法などを利用して短期間で退院していく私費患者層が形成されており、この一部を社会保険の利用者が占めていたことである。

4 20世紀後半の日本における精神医療に関連する制度

1 精神衛生法 ── 20世紀後半の精神医療制度の代表的法律

1950（昭和25）年、戦前期に施行されていた精神病者監護法と精神病院法が廃止され、両法を統合させる形で精神衛生法が公布施行された。同法には私宅監置の禁止や、公立病院設置の都道府県への義務づけ、措置入院・同意入院（現行制度の医療保護入院にほぼ相当）の導入などが定められた。同時期の1948（昭和23）年に制定された優生保護法も、精神障害とかかわりが深い。

1965（昭和40）年に行われた同法の改正では、通院医療費公費負担制度、保健所による在宅精神障害者への訪問指導等の強化、都道府県精神衛生センターの設置が規定されるなど、地域精神医療の観点が法文化された。戦後における精神病床の大拡張期において最も枢要な法律として位置づけられるが、障害者の人権擁護という側面では制度的不十分さ

★優生保護法
1948（昭和23）年から1996（平成8）年まで存在していた法律で、母体保護のほか、不良な子孫の出生防止のため子どもを産めないようにする強制的な優生手術を定めていた。手術対象には精神疾患の患者も含まれていた。2019（平成31）年に政府はお詫びの意を表明し、被害者に一時金の支給を定めた法律を制定した。

があったのは否めない。

2 公的扶助と国民皆保険

1950（昭和25）年に成立した生活保護法は、公的扶助として国民に最低限の生活を保障することを目的の一つとしており、救護法を法的な前身としている。救護法と比較した生活保護法の一つの特徴は、医療扶助に莫大な予算がつくようになったことである。

1961（昭和36）年に達成された国民皆保険は、一般医療以外にも、精神科入院における患者世帯の経済的負担を引き下げた。この時期以前においては精神病のために社会保険として治療を受ける人は多くはなかったが、国民皆保険の達成以降急激に増えていった。

3 急激な病床増から現在へ ── 精神保健法、精神保健福祉法

戦後、措置入院を定めた精神衛生法、生活保護法、国民皆保険などが整えられていくにしたがい、精神科入院に投じられる財政的な規模は1960年代以降に特に大きくなった。精神病床は1950（昭和25）年の約2万床から1961（昭和36）年には10万床を超えたが、1967（昭和42）年には20万床、1979（昭和54）年には30万床を超えた。

この期間中、生活保護法を利用した入院患者は、全入院患者に占める割合が1950年代には50％以上で、1980（昭和55）年に至るまで35％を下回ることはなかった。つまり、生活保護法は、入院と病床の急拡大を最も財政的に支えた制度であり、それだけ患者世帯に貧困の拡大があったと推定される。当時においても、精神科病院にはこうした貧困層の患者が非常に多く入院していたが、このような状況についてはあまり着目されてこなかったことに注意が必要である。

そして、急激な病床の増加を背景に1980年代には精神科病院内での人権侵害に関係する事件がたびたび発生し、精神障害者の人権に配慮した適切な医療と保護、社会復帰の促進を目的に1987（昭和62）年に精神保健法（精神衛生法の改正）が制定されるに至った。

1993（平成5）年に障害者基本法が成立し、身体障害者、知的障害者とともに精神障害者も障害者施策に明確に組み込まれた。これに伴い、1995（平成7）年に福祉施策の充実を主な目的にして、精神保健法は精神保健及び精神障害者福祉に関する法律（精神保健福祉法）へと発展的に改正され、現在に至っている。

日本の精神病床数は、1994（平成6）年の36万2000床（1996（平

Active Learning

今後、地域精神医療はさらなる進展が求められています。しかし、そもそもなぜ日本にはこれほど多数の病床があるのかを話しあってみましょう。

成 8）年の入院患者数 32 万 6000 人）まで、20 世紀の後半のほとんどの期間を通じて増え続けた。精神保健福祉法の施行以降も減少がみられなかったが、2010 年代に入って減床が徐々に進み、2018（平成 30）年で約 33 万床（2017（平成 29）年で入院患者数 25 万 2000 人）となっている。

◇参考文献
・A. スカル，三谷武司訳『狂気──文明の中の系譜』東洋書林，2019.
・E. ショーター，木村定訳『精神医学の歴史 ── 隔離の時代から薬物治療の時代まで』青土社，1999.
・R. ウィタカー，小野善郎監訳，門脇陽子・森田由美訳『心の病の「流行」と精神科治療薬の真実』福村出版，2012.
・岡田靖雄『日本精神科医療史』医学書院，2002.
・中村治『洛北岩倉と精神医療 ── 精神病者家族的看護の伝統の形成と消失』世界思想社，2013.
・後藤基行『日本の精神科入院の歴史構造 ── 社会防衛・治療・社会福祉』東京大学出版会，2019.
・精神保健福祉行政のあゆみ編集委員会編『精神保健福祉行政のあゆみ』中央法規出版，2001.
・後藤基行『日本の精神科入院の歴史構造 ── 社会防衛・治療・社会福祉』東京大学出版会，2019.
・広田伊蘇夫『立法百年史──精神保健・医療・福祉関連法規の立法史』批評社，2004.

●おすすめ
・S. ブロック，竹島正監訳『こころの苦しみへの理解──トータルメンタルヘルスガイドブック』中央法規出版，2018.
・高林陽展『精神医療、脱施設化の起源 ── 英国の精神科医と専門職としての発展 1890-1930』みすず書房，2017.
・橋本明『精神病者と私宅監置 ── 近代日本精神医療史の基礎的研究』六花出版，2011.
・古屋龍太『精神科病院脱施設化論 ── 長期在院患者の歴史と現況、地域移行支援の理念と課題』批評社，2015.

第2節 精神現象の生物学的基礎

学習のポイント

● 神経系の構造の概要を学ぶ
● 脳の構造と精神機能の関連性を把握する
● 防衛機制の階層性について理解する

1 脳の構造と機能

　精神医学では人間の精神現象を扱うが、すべての精神現象は脳の活動によって現れる。まず、脳の構造や機能に関する概要を理解する必要がある。

1 神経系の構成

　神経系は、中枢神経系と末梢神経系に分かれる。中枢神経系は脳および脊髄からなる。脳は大脳、小脳および脳幹部からなり、脳幹部は中脳、橋、延髄からなる。

　末梢神経系は脳脊髄と身体の部位を結ぶ伝導路のうち、脳脊髄外の部分を指すが、これには脳から発する脳神経と、脊髄から発する脊髄神経がある。機能的には、運動や感覚にかかわる体性神経系と、消化、呼吸、循環などにかかわる自律神経系に分けられる。体性神経系のうち、運動神経は、中枢神経の興奮を身体の各部位にある効果器（骨格筋）に伝える遠心路をなし、感覚神経は、身体各部位にある受容器（感覚受容体）の興奮を中枢神経系に伝える求心路をなす。自律神経系は、神経の興奮を中枢から末梢の器官（内臓諸器官）に伝える遠心路で、交感神経と副交感神経からなる。

❶神経組織

　神経組織は、神経の興奮を伝導する神経細胞と、神経細胞を支持する神経膠細胞からなる。神経細胞は神経細胞体と神経突起から構成されており、神経突起には1本の軸索と多数の樹状突起がある。この神経細胞体とその軸索突起である神経線維からできた一つの構造単位をニューロン（神経細胞）という（図1-1）。

★**神経系**

★**ニューロン**

形態的および機能的に一つの単位をなし、電気的興奮を樹状突起から細胞体に、そして軸索に伝える。ニューロンを伝わる興奮の本体は細胞膜の活動電位である。有髄神経では軸索の周囲を髄鞘が取り巻いており、興奮が軸索の節の間を跳躍伝導するため、髄鞘のない無髄神経に比べて、興奮の伝導速度が非常に速くなる。

図1-1　神経細胞（ニューロン）の構成

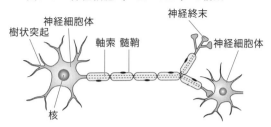

中枢神経組織の支持を担う神経膠細胞★には、星状膠細胞（アストログリア）、稀突起膠細胞（オリゴデンドログリア）、小膠細胞（ミクログリア）の3種類がある。

❷シナプスと神経伝達

　神経細胞の軸索の神経終末は、ほかの神経細胞の樹状突起や神経細胞体に接して、シナプスを形成する。大部分のシナプスでは興奮の伝達に化学物質が媒体として用いられており、これらは神経伝達物質★と呼ばれている。神経細胞体から電気的な興奮が軸索を伝わって神経終末に達すると、シナプス小胞から神経伝達物質がシナプス間隙に放出される。これが、シナプス後神経細胞の細胞膜にある神経伝達物質の受容体に結合することにより、シナプスで化学的な情報伝達が行われる（図1-2）。

　放出された神経伝達物質は、シナプス前部のトランスポーターに取り

★神経膠細胞
神経細胞間隙を満たしたり、軸索の周囲に髄鞘を形成したりするとともに、神経細胞の栄養供給にもかかわっている。

★神経伝達物質
❶アセチルコリン、ドーパミン、ノルアドレナリン、セロトニンなどのモノアミン、❷グルタミン酸、ガンマアミノ酪酸（γ-aminobutyric acid：GABA）などのアミノ酸、❸サブスタンスP、コレシストキニンなどの神経ペプチドに分類される。神経伝達物質により興奮を伝えるシナプスは化学的シナプスと呼ばれ、一部には電気的に興奮が伝達される電気的シナプスもある。

図1-2　シナプスと神経伝達物質

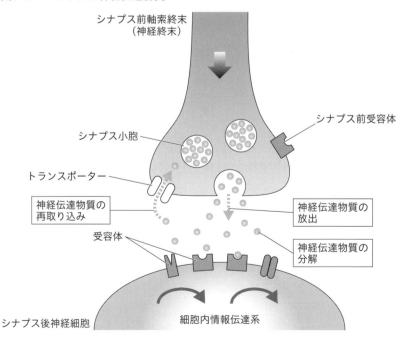

込まれて再び小胞に蓄えられるか、酵素によって分解されて、シナプス間隙から消失する。神経伝達物質がシナプス後神経細胞の受容体を占拠すると、シナプス後神経細胞では脱分極が生じて活動電位（興奮）が生じるとともに、メッセンジャーと呼ばれる細胞内の化学物質が反応を生じ、細胞内情報伝達系が起動して次々に反応が進む。細胞内情報伝達系の反応は、最終的にシナプス後神経細胞内で、酵素などのたんぱく質を活性化させたり、細胞膜のイオンチャンネルを活性化させたりするとともに、遺伝子を活性化させてたんぱく質の合成にかかわることがあると考えられている。

2 中枢神経系

中枢神経は脊髄、延髄、橋、中脳、小脳、間脳、大脳（**図1-7、図1-9参照**）からなる。神経細胞体の集まっている部分は灰白色にみえるため灰白質と呼ばれ、神経細胞の間隙を神経膠細胞が満たす。神経線維のみからなる部分は白くみえるため白質と呼ばれる。灰白質が限局する部分は神経核という。

❶脊髄

脊柱管の中にあり、上端は頭蓋の入り口あたりで延髄へ移行し、下端は第1腰椎よりやや下方の高さで終わり、馬尾に移行する。脊髄の太さは一様ではなく頸部と腰部の2か所が紡錘状に膨大する。腹側からは前根が、背側からは後根が起こる（**図1-3**）。

骨格筋の随意運動を支配する神経線維は、前頭葉運動野から皮質脊髄路（錐体路）や皮質核路を下行し、錐体路の大部分は錐体交叉で対側に移動して脊髄の側索を下行する。そして脊髄前角の運動神経へ連絡し、その軸索は前根を通って脊髄を出て骨格筋に分布する。

また、感覚受容器を出た体性感覚を伝える神経線維は、脊髄後根に付

図1-3　脊髄の横断図（模式図）

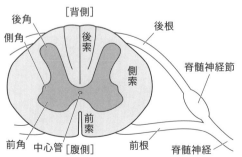

随する脊髄神経節にある知覚神経へ連絡し、その軸索は後根を通って同側の脊髄に入る。その後、対側へ交叉して脊髄と脳幹（内側毛帯）を上行し、視床へ入力した後、頭頂葉の感覚野へ投射する。

脊髄の灰白質の周囲を白質が覆っている。脊髄の白質にはこれらの上行性および下行性の神経路が含まれている。

❷延髄

延髄は橋と脊髄の間に位置する。錐体路は延髄で交叉して左右が入れ替わり対側を下行するが、この交叉を錐体交叉と呼び、これが延髄と脊髄の境となる（**図1-9**参照）。

延髄の腹側には運動経路からなる錐体があり、その内側に身体の平衡作用に関係するオリーブ核と感覚経路を含む内側毛帯、背部には脳神経核がある。延髄から脳神経（Ⅸ、Ⅹ、Ⅺ、Ⅻ）が出ている（**図1-4**）（**図1-9** 参照）。

また、延髄から中脳にかけて神経細胞が散在して神経線維が網状の構造をなす網様体がある。

❸橋

橋は延髄の上端に位置し、その腹側は著しく膨隆しており、皮質（皮質脊髄路、皮質核路）や小脳と連絡する線維がある。内側に内側毛帯があり、背部に脳神経核が位置する（**図1-5**）。橋から脳神経（Ⅴ、Ⅵ、Ⅶ、Ⅷ）が出ている（**図1-9** 参照）。

❹中脳

中脳の背面には上下1対の隆起があって上丘、下丘と呼び、それぞれ前外側方に伸びて外側膝状体、内側膝状体に達する。外側膝状体は視覚伝導路の中継、内側膝状体は聴覚伝導路の中継をする。中脳から脳神経（Ⅲ、Ⅳ）が出ている（**図1-9** 参照）。腹側には左右に大脳脚があり、その中央部に錐体路が通る。大脳脚の内側部に黒質と赤核がある（図

Active Learning

脳卒中の障害部位が、錐体交叉より上の場合と下の場合で、左右のどちらに症状が出るか考えてみましょう。

★**網様体の機能**

延髄には呼吸中枢、心臓中枢などがあり、生命の維持に不可欠な自律機能の統合を行っている。網様体は上行性網様体賦活系により意識の保持にかかわっている。

★**橋の機能**

橋上部には中脳水道の両側にやや青色を呈した青斑核があり、これは脳内ノルアドレナリン系神経の起始核の一つをなす。下部の正中の両側には脳内セロトニン系神経の起始核の一つである縫線核がある。

★**黒質の機能**

黒質はメラニンを多く含有する神経細胞が集まるため黒色に見え、それは脳内ドーパミン系神経の起始核の一つをなす。

図1-4　延髄の横断面（模式図）

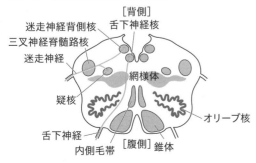

図1-5　橋の横断面（模式図）

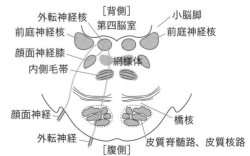

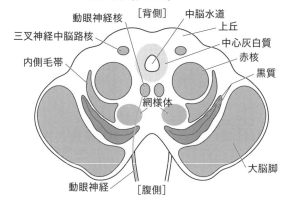

図1-6　中脳の横断面（模式図）

動眼神経核　　［背側］　中脳水道
三叉神経中脳路核　　　　　　上丘
内側毛帯　　　　　　　　　中心灰白質
　　　　　　　　　　　　　赤核
　　　　　　　　　　　　　黒質
　　　　　網様体
　　　　　　　　　　　　　大脳脚
動眼神経　　［腹側］

1-6）。

❺小脳

　小脳は脳幹の背側部に位置する。左右両側部が膨大しており、これを小脳半球と呼び、細くなった中央部を虫部という。小脳とほかの脳を連絡する小脳脚が3対あり、上小脳脚は小脳と中脳を、中小脳脚は小脳と橋を、下小脳脚は小脳と延髄を連絡する。

　小脳は筋の共同運動、筋緊張、平衡感覚などをつかさどる。小脳が障害されると運動失調、断続性言語や平衡機能障害が起こる。

❻間脳

　間脳は多数の部位から構成されているが、視床*が大部分を占める。視床は大脳基底核の内側に位置し、第Ⅲ脳室の側壁に接する左右1対の卵形の構造物であり、複数の神経細胞群からなっている（図1-8参照）。

　視床下部は視床の下尾方にあり、自律神経系の統合中枢として重要な機能をもつ。摂食、飲水および体温の調整、睡眠覚醒リズム、情動行動、下垂体機能調整などにかかわっている。

❼大脳

　大脳は左右の大脳半球からなり、両半球間は脳梁や前交連などで連絡している。各半球の内部には側脳室があり、重さは成人で1300～1400g程度である。大脳半球は、表面を被う灰白質があって大脳皮質*を形成しており、その内側は白質からなる大脳白質に分けられ、さらに白質のなかに灰白質の塊をなす大脳基底核がある。大脳半球の外表面は、前頭葉、頭頂葉、後頭葉、側頭葉の四つの脳葉からなり（図1-7：左）、前頭葉、頭頂葉、側頭葉に被われた部分には島葉がある。大脳半球の内側面には帯状回、海馬、海馬傍回などの大脳皮質や脳梁がある。皮質の

★視床の機能
視床には嗅覚を除くすべての感覚神経の線維が入力し、そこで中継されて大脳皮質に至っており、視床は全身の感覚の中継核として機能する。また、視床は上行性網様体賦活系から入力を受けて意識保持に関与する。不随意運動にかかわる錐体外路系の核としても機能している。

★大脳皮質
原則的に6層の細胞層構造をなしており、脳部位により各層の厚さが異なっている。表面から分子層、外顆粒層、外錐体層、内顆粒層、内錐体層および多形細胞層と呼ばれる。

深部に大脳白質、側脳室、大脳基底核★がある。

大脳半球の表面には多数のしわがみられ、これを脳溝と呼び、溝の間の隆起を脳回と呼ぶ。脳溝や脳回の形態は個人差が大きいものの、多くの脳に共通してみられる比較的明瞭な脳溝が存在しており、これに基づき脳葉を分ける。大脳外側面には中心溝があり前頭葉と頭頂葉を分けており、また、外側溝（シルビウス裂）が側頭葉と前頭葉・頭頂葉を区分する。大脳内側面には頭頂後頭溝があり頭頂葉と後頭葉を分けている。外側面には頭頂葉・後頭葉・側頭葉の境に明らかな脳溝がなく、底面にある後頭前切痕と頭頂後頭溝を結ぶ仮想の線で後頭葉を頭頂葉と側頭葉から分ける。さらに、この線に向かって外側溝から仮想の最短線を引いて頭頂葉と側頭葉を分ける。

大脳の内部に位置する帯状回、梨状葉、海馬、島などの部位は、発生的に古く、機能的には扁桃核や視床下部を含めて辺縁系と呼ばれる（図1-7：右）。

大脳白質のなかに、神経細胞群の集まった大脳基底核が存在している。

★大脳基底核
主な核は、尾状核、被殻、淡蒼球、扁桃核などである。発生学的に同一の尾状核と被殻は合わせて線条体と呼ばれる。解剖学的形態から被殻と淡蒼球を合わせてレンズ核と呼ぶ（図1-8）。

Active Learning

人類の進化の過程で、大脳はどのようになっていったのでしょうか。またその栄養はどのように確保されたのでしょうか。

3 末梢神経系

末梢神経系は中枢神経と身体部位を連絡しており、解剖学的に脳から発する脳神経と脊髄から発する脊髄神経に分けられる。このうち、筋や皮膚を支配する体性神経系は、中枢から末梢へ信号を伝える運動神経と末梢から中枢へ伝える感覚神経に分けられる。また、内臓や血管を支配するものは自律神経系と呼ばれる。

図1-7　大脳半球の外側面（左半球：左）と内側面（右半球：右）

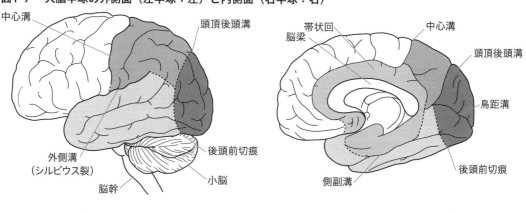

図1-8 大脳基底核の横断面（線条体の高さの水平断）

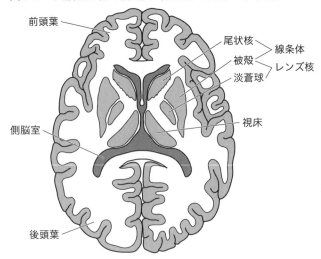

末梢神経系のうち、運動神経と骨格筋の間の神経筋接合部の神経伝達物質はアセチルコリンであるが、他の部位の運動神経や感覚神経ではその種類は多数ある。自律神経の神経伝達物質はアセチルコリンとノルアドレナリンが大部分を占める。

❶体性神経系

① 脳神経

中枢神経から左右12対の脳神経が出ており、頭側から順に、第Ⅰ脳神経から第Ⅻ脳神経まで発している（**図1-9**）。脳神経は発生と役割により、**表1-1**に示すように三つの群に分けられる。

表1-1 脳神経の三つの群

❶特殊感覚神経群	・頭部にある特殊な感覚器の神経である。 ・嗅覚を伝える嗅神経（Ⅰ）、視覚を伝える視神経（Ⅱ）、聴覚と平衡覚を伝える内耳神経（Ⅷ）がある。
❷体性運動神経群	・運動神経を主体とする。 ・眼筋を支配し、その深部感覚を伝える動眼神経（Ⅲ）、滑車神経（Ⅳ）、外転神経（Ⅵ）と、舌の筋を支配する舌下神経（Ⅻ）がある。
❸鰓弓神経群	・胎生期の鰓弓から発生する器官を運動性と感覚性に支配する神経であり、五つの脳神経がある。 ・三叉神経（Ⅴ）：咀嚼、嚥下、鼓膜を支配する運動神経と顔面の感覚神経を含む。 ・顔面神経（Ⅶ）：表情筋を支配する運動神経と舌前方の味覚を伝える感覚神経および自律神経を含む。 ・舌咽神経（Ⅸ）：咽頭筋を支配する運動神経と舌後方の味覚を伝える感覚神経および自律神経を含む。 ・迷走神経（Ⅹ）：喉頭筋を支配する運動神経と喉頭や内臓の感覚神経および自律神経を含む。 ・副神経（Ⅺ）：胸鎖乳突筋と僧帽筋を支配する運動神経である。

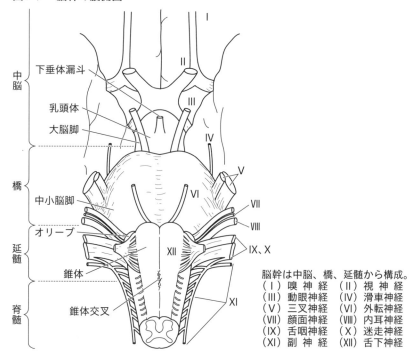

図1-9　脳幹の腹側面

中脳
　下垂体漏斗
　乳頭体
　大脳脚
橋
　中小脳脚
　オリーブ
延髄
　錐体
　錐体交叉
脊髄

I
II
III
IV
V
VI
VII
VIII
IX、X
XII
XI

脳幹は中脳、橋、延髄から構成。
（Ⅰ）嗅 神 経　（Ⅱ）視 神 経
（Ⅲ）動眼神経　（Ⅳ）滑車神経
（Ⅴ）三叉神経　（Ⅵ）外転神経
（Ⅶ）顔面神経　（Ⅷ）内耳神経
（Ⅸ）舌咽神経　（Ⅹ）迷走神経
（Ⅺ）副 神 経　（Ⅻ）舌下神経

②　脊髄神経

　脊髄から31対の脊髄神経が出ている。頸髄から発する頸神経が8対、胸髄から発する胸神経が12対、腰髄から発する腰神経が5対、仙髄から発する仙骨神経が5対、尾髄から発する尾骨神経が1対あり、それぞれ、運動神経、感覚神経、自律神経を含んでいる。

❷自律神経系

　自律神経系は交感神経および副交感神経からなる。自律神経が分布する内臓や血管は両方の神経線維から二重に支配されており、その働きは拮抗する。

　交感神経は、一般に、身体を活動的な状態にする作用がある。興奮時や運動時には交感神経の活動が亢進して、瞳孔は散大し、心臓血管系は促進され、消化器系は抑制される。副交感神経は、一般に、身体を休めるように働く。休息中や睡眠中は副交感神経活動亢進に傾き、瞳孔は縮小し、心臓血管系は抑制され、消化器系は活発となる。

　交感神経と副交感神経の統合を行う自律神経の上位中枢は延髄および視床下部に位置すると考えられている。自律神経は、脳脊髄から節前線維として自律神経節に連絡し、そこで神経細胞を替えて、節後線維が標的の器官に分布する。

★自律神経と神経伝達
　物質
神経伝達物質として、節前線維の終末からアセチルコリンが放出される。また、節後線維の終末から、交感神経系の大半ではノルアドレナリン、一部でアセチルコリンが放出され、副交感神経系ではアセチルコリンが放出される。

2 こころの生物学的理解

1 精神現象の理解に向けた精神医学的アプローチ

❶方法論によるアプローチの分類

　精神現象は、生物学的、心理学的、社会学的な存在様式のもとに成立している。具体的には、精神現象は脳の活動を基盤として（生物学的側面）、個人の心理に現れる（心理学的側面）とともに、他者や社会と相互に作用する（社会学的側面）。精神医学では、複雑な精神現象をさまざまな関連領域から解明することが試みられてきた。精神医学にかかわる研究領域の観察対象を、生物学的要因、心理学的要因および社会学的要因に分類すると、以下のようにまとめることができる。

① 生物学的要因へのアプローチ

　神経系、組織、細胞、遺伝子などを対象とする。このアプローチでは、主として神経解剖学、神経病理学、神経化学、内分泌・免疫学、分子生物学などの領域の手法が用いられる。生物学的要因へのアプローチのうち、心理学的な知見との関連性を探求する領域として、脳の局所的活動と心理・行動との関連を調べる神経生理学や神経心理学、神経系の化学的情報伝達と心理・行動との関連を調べる神経精神薬理学がある。ストレスなどの心理的体験が神経系と内分泌系や免疫系に及ぼす影響を調べる神経内分泌学や精神神経免疫学なども用いられる。

② 心理学的要因へのアプローチ

　個人の心理的体験や行動を対象とする。ここでは、精神症状の正確な把握を目指す記述的精神病理学と、精神分析などに立脚した仮説を基礎として精神症状の解釈と治療法を求める力動精神医学が従来から用いられてきた。近年、認知心理学、行動科学などにより、人間の認知や行動を客観的に探究する手法が導入され、治療に応用されている。

③ 社会学的要因へのアプローチ

　二者関係、家族、集団・組織、地域、文化などを対象とする。ここでは、疫学や社会学の手法とともに、心理学的要因へのアプローチも併せて用いられることが多い。医師・治療者関係、母子関係などの臨床的に重要な二者関係の分析には力動精神医学もしばしば用いられる。そのほかにも、家族内の人間関係を研究する家族精神医学、社会文化システムと精神障害の発生や治療体制の関連性を検討する社会精神医学、異なった文化圏において精神障害の病像や発生の差異を研究する比較文化精神

Active Learning
精神現象には生物学的、心理学的、社会学的の3側面があります。これらの側面から、こころが健康であるとはどういうことか考えてみましょう。

表1-2　臨床精神医学の専門分野

児童精神医学	児童の年代に固有の疾患や心理的危機を考慮した治療・援助の開発を目指す。
老年精神医学	老年の年代に固有の疾患や心理的危機を考慮した治療・援助の開発を目指す。
司法精神医学	精神鑑定と責任能力をはじめとする精神障害者の法的問題を取り扱う。
心身医学	心身相関の立場から、主として心身症を対象とする。
精神保健	精神医学の疫学的基礎に立って、個人のみならず、集団の発生予防・早期介入を目指す。
コンサルテーション・リエゾン精神医学	精神科専門家と他領域の連携による専門的ケアの開発と実践を目指す。
精神科リハビリテーション	疾病と障害を抱えた精神障害者に対して、種々の手段やサービスを用いて社会復帰を目指す。

医学なども用いられる。

❷専門分野によるアプローチの分類

　臨床精神医学は精神障害の症状、所見、経過、治療法、予後などを総合して、病態の解明と治療、予防およびリハビリテーションの合理的方法の開発と実践を目指している。**表1-2** のとおり、特定の対象者やテーマを専門とする領域が形成されている。

　これらの研究手法には、前述した三つの要因へのアプローチが縦横に用いられる。近年、集団データから個人の特性を推計する臨床疫学が「根拠に基づく医療」（evidence based medicine：EBM）を基礎づける手法として重視されている。

2 生物学的側面から見たこころ

　精神医学では、精神現象の生物学的側面と心理学的側面の関連について解明が進められてきた。このうち、神経心理学と神経生理学は、大脳の局所的活動と精神神経症状との関連性を明らかにしてきた。また、神経精神薬理学や神経化学は、脳内の化学的神経伝達と精神症状との関連性について、そして神経内分泌学や精神神経免疫学は、ストレスが内分泌系・免疫系に及ぼす影響を探求している。

❶脳と高次脳機能の局在

　大脳皮質の局所的な損傷がその部位に応じて、失語、失行、失認をはじめとする神経心理症状をもたらす現象が知られており、これを高次脳機能の局在という（**図1-10**）。しかし、これは必ずしも特定の高次脳機能が局所的な脳部位のみによって担われることを示すわけではなく、実際には、広範な脳部位が関与していることが多い。

図1-10　大脳の機能局在

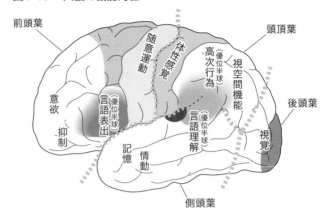

いくつかの高次脳機能では、その局在が左右いずれかの大脳半球に偏在することが知られており、この現象を大脳半球側性化と呼び、機能の偏在側を優位半球、その対側を劣位半球と呼んでいる。言語、高次行為および視空間機能は半球側性化をきたす代表的な高次脳機能である。

① 前頭葉

中心溝から前の部分に運動野があり、対側の随意運動に関与している。言語の優位半球にある運動性言語中枢（ブローカ中枢）が障害されると、言語表出が障害されて発語量が減少する非流暢な発話となり、言葉理解は比較的可能な運動性失語症を呈する。

前頭葉は意欲や意志にも関与している。前頭葉背側部の損傷では、自発性が低下して周囲に無関心になり、また、前頭葉底部の損傷では抑制の欠如が生じ、反社会的行為が出現する傾向がある。さらに、前頭葉と皮質下の損傷により遂行機能障害が出現し、作業をする際に、目標設定、計画立てと手順による処理、状況判断、作業の持続などが困難となるため、日常生活活動を成し遂げることが制限される。

② 頭頂葉

中心溝から後ろの部分に感覚野があり、対側の身体から体性感覚を受ける。さらに、感覚情報を統合して空間や身体の認知（視空間機能）を担うとともに、目的ある動作を遂行する機能（高次行為）を担う。

頭頂葉の障害では、運動麻痺がないのに目的どおりの行為ができなくなる失行が認められ、これは高次行為の障害である。言語優位半球の頭頂葉の損傷により、読み書き障害や計算障害が出現するが、これに加えて、失書、失算、左右障害、手指失認の四主徴がそろったものをゲルストマン症候群と呼ぶ。また、言語の劣位半球（ほとんどの人では右半球）

★**半球側性化の現れ方**
右利き者の大半は、言語と高次行為に関わる機能が左半球で優位、かつ、視空間機能が右半球で優位なパターンを示す。つまり、右利き者では、失語や主要な失行は左半球損傷により出現するものの右半球損傷では比較的まれであり、また、半側空間無視など、いくつかの視空間障害は右半球損傷により出現するものの、左半球損傷ではまれである。一方、非右利き者では、言語機能が右半球に移動している者は相当数にのぼるものの、高次行為や視空間機能は右利き者と同様の半球側性化を示す者が多い。

の損傷では、対側の空間からの刺激に気づかず反応しなくなる半側空間無視が出現する。

③ 側頭葉

情動、記憶および視覚認知に関係する統合が行われている。サルの両側側頭葉を切除した後には、口唇傾向（あらゆる物を口に運ぼうとする）、精神盲（通常は拒否反応を示すようなものに平然と接する）、視覚性過敏反応（あらゆる視覚刺激に対して反応する）、性行動の亢進、情動変化を認め、これらはクリューバー・ビューシー症候群と呼ばれるが、人でも同部位の損傷により同様の症状がみられる。

また、言語優位半球には感覚性言語中枢（ウェルニッケ中枢）があり、その損傷により、言葉の理解ができず、錯語（単語の言い間違い）の混じった流暢な発話をする感覚性失語症になる。

④ 後頭葉

対側の視野から網膜を経て視覚情報を受け取り、その処理にかかわる。両側の後頭葉が損傷されると、見えている物が何かわからないが触れるとわかる、といった視覚失認が出現する。言語優位半球の損傷では、文字を見ても読むことができず、指でなぞると読める、といった純粋失読が出現する。

⑤ 辺縁系

辺縁系は帯状回、梨状葉、海馬、島、扁桃体などの皮質と扁桃核、視床下部などからなり、記憶、情動、本能、嗅覚、自律機能などに関与している（図1-7参照）。海馬が損傷されると、新しい出来事をおぼえられず記憶の障害をきたす。クリューバー・ビューシー症候群にみられる性行動の亢進や情動変化は、辺縁系損傷の症状といえる。

⑥ 大脳基底核

大脳基底核を構成する主な核は、尾状核、被殻、淡蒼球、扁桃核などである（図1-8参照）。尾状核、被殻と淡蒼球は、視床や黒質、赤核とともに錐体外路系の中枢をなし、骨格筋の動きと筋緊張を調整する不随意運動を担っている。大脳基底核に病変があると、舞踏運動を呈するハンチントン病や、振戦、固縮および寡動を呈するパーキンソン症候群など、特有な不随意運動が出現する。

❷脳内神経伝達と精神機能

モノアミンに属する神経伝達物質のうち、ドーパミン、ノルアドレナリン、セロトニン、アセチルコリンや、アミノ酸に属するGABAを神経伝達物質とする神経経路は、脳内に広く分布しており、その機能が精

神活動と深く関連することが明らかとなってきた。現在の向精神薬は、脳内でシナプスの神経伝達を変化させる作用を介して、精神症状の改善をもたらしているものが多い。

① 脳内ドーパミン系と抗精神病作用

脳内ドーパミン系神経のシナプス後細胞に存在するドーパミン受容体が、抗精神病薬により占拠されるとシナプス間の神経伝達が遮断される。この作用とともに、精神活動が変化して、抗幻覚妄想効果や鎮静効果、そして錐体外路性症状をはじめとする副作用が出現する。その機序は主な四つの脳内ドーパミン系神経経路（**図1-11**）が遮断されることとして部分的に説明されている（**表1-3**）。

図1-11 脳内ドーパミン系神経の経路（大脳半球内側面）

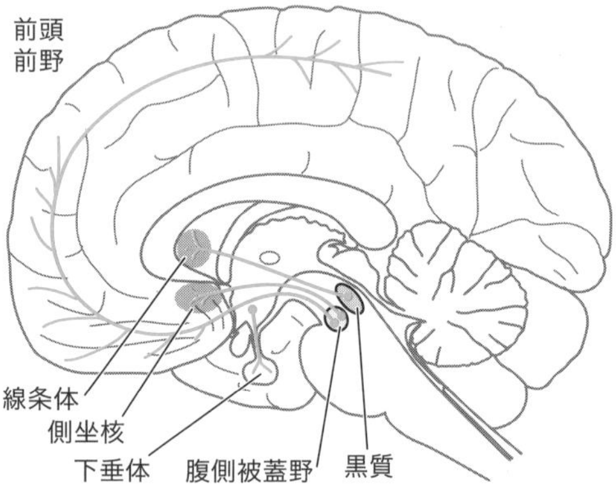

前頭前野

線条体
側坐核
下垂体　腹側被蓋野　黒質

表1-3 脳内ドーパミン系神経経路

❶黒質線条体系	・黒質から線条体に至る経路である。 ・この経路の機能が抗精神病薬によるドーパミン受容体遮断作用によって抑制されると、錐体外路性の副作用としてパーキンソン症候群などの不随意運動を起こす。
❷中脳辺縁系	・中脳の腹側被蓋野から側坐核（尾状核の腹内側部に位置する）と嗅結節に向かう経路である。 ・この経路の過活動が統合失調症の陽性症状（幻覚、妄想、興奮など）の発現にかかわっており、抗精神病薬が、この系を抑制して陽性症状に効果を示すと考えられている。 ・また、この経路は報酬系を担っており依存形成に関与すると考えられている。
❸中脳皮質系	・中脳腹側被蓋野から前頭前野と辺縁系に向かう経路である。 ・この経路の機能低下は統合失調症の陰性症状や認知機能障害に関与すると考えられている。 ・この経路はセロトニン系神経が投射して抑制的に作用していることから、セロトニン受容体を遮断すると陰性症状が改善されると考えられている。
❹漏斗下垂体系	・視床下部にあり、この系が抗精神病薬によって抑制されて高プロラクチン血症が生じる。

②　脳内ノルアドレナリン系、脳内セロトニン系と抗うつ作用

　脳内ノルアドレナリン系神経は青斑核などから、また、脳内セロトニン系神経は縫線核などから脳内に広く投射しているが、気分障害ではこれらの神経系に異常がみられる。抗うつ薬は抗うつ作用や抗不安効果を有するが、その多くは脳内シナプスにおいて、ノルアドレナリンやセロトニンのトランスポーターにおける再取り込み阻害作用がある。

　気分障害では、さらにドーパミン系神経の異常を伴う。気分安定薬の炭酸リチウムは、これらの神経伝達物質受容体の細胞内情報伝達系に作用しており、それが臨床効果と関係すると考えられている。

③　GABA系と抗不安作用

　GABA 系神経は、中枢神経系に広く分布しており、主にほかの中枢神経細胞の興奮伝導を抑制する作用がある。抗不安薬の代表的な薬物であるベンゾジアゼピン系薬剤は抗不安作用や鎮静催眠作用、抗けいれん作用を有する。

④　脳内アセチルコリン系と認知症に対する効果

　脳内アセチルコリン系神経は、マイネルト基底核にあるコリン作動性神経から大脳皮質や大脳辺縁系へ投射する経路、線条体内を連絡する経路などがあり、アルツハイマー病では前者が減少している。アセチルコリンエステラーゼ阻害薬はシナプスでアセチルコリンの分解を抑制し、その濃度を高めて、記憶障害をはじめとする認知症の症状に効果を発揮すると考えられている。

❸神経系と内分泌系・免疫系

　生体には、内外の環境変化がストレスとして負荷されると、内部環境の恒常性を維持する仕組みがあり、これをホメオスタシスと呼ぶ。ホメオスタシスには自律神経系、内分泌系、免疫系が相互に関与している。ストレス負荷の下では、自律神経系は交感神経が緊張した状態となり、内分泌系では視床下部―下垂体―副腎皮質系の機能が亢進し、また、甲状腺刺激ホルモンの分泌も亢進するが、性腺刺激ホルモンとプロラクチンの分泌は抑制される。

　さらに免疫系では、胸腺リンパ器官が萎縮し、免疫機能が低下する。

　うつ病の患者の約半数では、デキサメサゾン抑制試験において非抑制がみられ、視床下部による下垂体・副腎皮質系へのフィードバック機構に機能不全がみられる。

★抗うつ薬
ノルアドレナリンやセロトニンの受容体数を減少させたり（ダウンレギュレーション）、細胞内情報伝達系へも作用しており、抗うつ薬の作用機序は複雑である。

★ベンゾジアゼピン系薬剤
中枢神経細胞にあるGABA$_A$受容体複合体を介する情報伝達を増強し、その結果、GABA系神経の中枢神経抑制作用が増大する。

3 ▷ 精神分析から見たこころ

精神現象を理解する心理学的アプローチのうち、精神分析は力動精神医学の基礎をなしており、特にカウンセリングにおいて有用な理論である。精神分析理論のなかでも、**防衛機制**は精神現象を理解するうえで役に立つメカニズムである。

人間は、自身の本能的欲求や現実的なストレス因子に由来する不安を自動的にコントロールして精神的安定を図る働きをもっており、これを防衛機制と呼ぶ。防衛機制には種々の防衛が存在するが、いずれも本人には意識されずに、その願望や行動に大きな影響を与える。防衛機制は本人に満足感をもたらす一方で、精神症状や適応困難な行動の産出につながることもある。また、カウンセリングや心理療法の過程において、クライエントはそれまで用いていた防衛機制がうまく作用しなくなり、大きな不安を感じることがある。このことは、非精神病性障害を有するクライエントでは、背後に隠れていた欲求や葛藤への洞察を深める契機となるが、精神病性障害を有するクライエントでは、退行や精神病症状の発現をもたらすため、注意する必要がある。

個人の発達や病理の重症性に応じて、特定の防衛が用いられやすい。関連する発達段階と適応性の観点から、各種の防衛は、次のように階層的に分類される（**表1-4**）。

1 成熟した防衛

成熟した防衛は、精神的均衡を保ち、防衛の結果に気づくことができるもので、最も適応的に対処することができる。成熟型の防衛には、愛他主義、ユーモア、昇華、抑制、予期が含まれる。成熟した防衛機制は適応の良好な成人にみられる。

表1-4　代表的な防衛機制と階層的分類

成熟した防衛	愛他主義、ユーモア、昇華、抑制、予期
神経症的防衛	置き換え、解離、知性化、感情の隔離、反動形成、抑圧、取り消し
未熟な防衛	
・否定	投影、合理化
・イメージの歪曲	理想化と価値切り下げ、投影性同一視、スプリッティング
・行為水準の対処	行動化、ひきこもり、受動攻撃性
精神病的防衛	妄想性投影、精神病性否認、精神病性歪曲

★抑制
欲求への注目を自覚的に後回しにすること。

★予期
将来の苦悩を予想して懸念すること。

★取り消し
受け入れ難い事柄を象徴的な言動で修正すること。

★投影
受け入れ難い自己の感情や思考を、事実に反して他者から生じていると考えること。

★理想化と価値切り下げ
自己や他者の肯定的／否定的側面を過度に強調すること。

★投影性同一視
受け入れ難い自己の感情や思考を、他者から生じていると考え、これに自分が反応して感情を抱くこと。

★スプリッティング
人物イメージの好ましい側面と不快な側面を分けて認識し、その結果、自分や他者を極端に良い／悪い人と一面的に認識すること。

2 神経症的防衛

　神経症的防衛では、脅威を与え得る観念や記憶などを意識の外で保持している。苦悩を軽減するために機能しているが、恐怖、強迫、心気、健忘などの神経症性症状として現れることもある。

　神経症的防衛には、置き換え、解離、知性化、感情の隔離、反動形成、抑圧、取り消しが含まれる。神経症的防衛機制は、神経症やストレス状況の下にある成人によくみられる。

3 未熟な防衛

　未熟な防衛は、主たる機制によって、不快な事柄を意識の外において否定するもの、自己や他者のイメージを歪曲するもの、および行為によって対処するものに分けられる。

　未熟な防衛のうち否定によるものとして、投影、合理化がある。イメージの歪曲による防衛には、理想化と価値切り下げがあり、さらに著しい歪曲がみられるものに、投影性同一視、スプリッティングがある。行為水準の防衛には、行動化、ひきこもり、受動攻撃性がある。

　未熟な防衛機制は、小児期から思春期までは普通にみられる。成人ではパーソナリティ障害の者にしばしばみられ、社会的に望ましくない行動を引き起こすが、対人関係の改善やパーソナリティの成熟に伴い、未熟な防衛の使用は抑えられるようになる。

4 精神病的防衛

　精神病的防衛では、現実検討が極端に損なわれており、客観的現実を認識することができない。しばしば、幻覚や妄想などを伴う。

　精神病的防衛には、妄想性投影、精神病性否認、精神病性歪曲が含まれる。精神病的防衛機制は、幼児や睡眠中に夢を見ている成人には普通にみられるが、覚醒した成人では精神病性障害を有する者にみられる。

★行動化
願望や衝動を内省なしに直接行動で表現すること。

★ひきこもり
現実世界から退避して感情を抑えること。

★受動攻撃性
他者への攻撃性を表面上覆い隠して表現すること。

★現実検討
自己の空想と外界の現実を区別する能力。

★妄想性投影
受け入れ難い自己の感情を他者のなかにあると認識し、その妄想に基づいて行動すること。

★精神病性否認
自己が知覚したことを否定し、幻覚や妄想に置き換えること。

★精神病性歪曲
現実の体験を幻覚や妄想を通して、自己の要求に合うようにつくり変えること。

Active Learning
精神分析は心理療法を支える理論となり、日常的な思考に取り入れられています。たとえばどんなことがあるでしょうか。

◇参考文献
・平沢興・岡本道雄『分担解剖学 2 ——脈管学・神経学 第11版』金原出版，1982.
・新見嘉兵衛『神経解剖学』朝倉書店，1976.
・井上令一監，四宮滋子・田宮聡監訳『カプラン臨床精神医学テキスト——DSM-5診断基準の臨床への展開 第 3 版』メディカル・サイエンス・インターナショナル，2016.
・尾崎紀夫・三村將・水野雅文・村井俊哉編『標準精神医学 第 7 版』医学書院，2018.

第3節 精神障害の概念

学習のポイント

● 健康、精神保健（精神的に健康な状態）、精神的不健康の定義や意味を理解する
● 精神障害、精神疾患の概念と関係性を理解する
● 主要な精神症状および精神疾患に由来する障害を理解する

1 健康とは

　WHO（世界保健機関）は、その憲章の前文のなかで「健康」を次のように定義している[1]。

> 健康とは、病気でないとか、弱っていないということではなく、身体的にも、精神的にも、そして社会的にも、すべてが満たされた状態にあることをいう（公益社団法人日本 WHO 協会訳を一部改変）。
>
> Health is a state of complete physical, mental and social well-being and not merely the absence of disease or infirmity.

　WHO の健康定義については、1998 年に次のように新しい提案がなされた[2]。

> 健康とは、病気でないとか、弱っていないということではなく、身体的にも、精神的にも、スピリチュアルにも、そして社会的にも、すべてが満たされた動的な状態にあることをいう。
>
> Health is a dynamic state of complete physical, mental, spiritual and social well-being and not merely the absence of disease or infirmity.

　動的（dynamic）は健康と疾病は連続したものであるという観点から、また、スピリチュアルは人間の尊厳の確保や生活の質の観点から、これらを含めるよう提案されたという。この提案は、WHO 執行理事会では採択されたが、WHO 総会では審議入りしないままに採択も見送りとなった。しかし、健康と疾病は連続したものであるという視点は、精神保健および精神医学の観点からは興味深いものである。また、スピリ

チュアルという視点は、保健医学や精神保健の視点が強くなりがちな「精神的」を離れて、生きることそのものを、その背景にある文化や歴史から捉えるという大きな意味がある。

2 精神保健とは

WHO は、精神保健すなわち精神的に健康な状態を次のように定義している[3]。

> 精神保健とは、人が自身の能力を発揮し、日常生活におけるストレスに対処でき、生産的に豊かに働くことができ、かつ地域に貢献できるような満たされた状態である。
>
> Mental health is a state of well-being in which an individual realizes his or her own abilities, can cope with the normal stresses of life, can work productively and is able to make a contribution to his or her community.

精神的健康と身体的健康はそれ単独で存在することはできない "No health without mental health"（精神保健なしに健康なし）とあるように、精神疾患があると身体疾患に、また身体疾患があると精神疾患にかかるリスクが高まり、互いの治療や予後にも影響を及ぼす。精神保健の問題への対処は、保健医療と社会政策、保健医療システムの計画、そして一次レベルおよび二次レベルの一般保健医療に統合されなければならない[4]。

ここで我が国において精神保健がどのように定義され、位置づけられてきたかを紹介する[5]。村松は、身体医学を基礎とした応用部門としての身体衛生があるように、精神医学（医学的人間学）を基礎とした応用部門としての精神衛生があると述べた。加藤は、精神保健の鍵概念である疾病性（illness）と事例性（caseness）を提唱した。これは、ある人が「事例」として現れるのは、その人が、なぜ、いつ、誰によって事例とされたかという「事例性」が関係しており、一般に健康概念といわれているもののなかに、狭義の「健康対疾病」の価値判断と「正常対異常」という平均概念が混在していることを指摘したものである。そして、前者はもっぱら医学的概念であり、後者は社会・心理的概念である。加藤は、前者を疾病性（illness）の評価、後者の評価を事例性（caseness）

Active Learning

疾病性と事例性について、それぞれ「あり」「なし」のクロス表をつくり、それぞれに該当するものを考えてみましょう。

の評価と呼んだ。

　吉川は、精神保健を、人の健康を保つばかりか、その健康をより高めることに腐心し、さらに精神障害の早期発見と精神障害者に対する適切な直接的および間接的保健サービスを組み立てる保健の一分野として、精神障害者のリハビリテーションに相当するサポーティブ・メンタルヘルス、精神健康の増進であるポジティブ・メンタルヘルス、これらを合わせたトータル・メンタルヘルスとして精神保健の全体像を示した。

　竹島は、精神保健を、人間とその行動の理解を踏まえ、「共に生きる社会」の実現という理念のもと、社会に起こるさまざまな問題の実態と関連する要因を明らかにしつつ、社会との協働によってその解決を図り、社会をよりよいものにしていく活動と定義した[6)]。

　精神保健には、個人的要因だけでなく、社会的、文化的、経済的、政治的、環境的要因も影響する。ユニバーサル・ヘルス・カバレッジ（UHC）とは、すべての人々が基礎的な保健医療サービスを、必要なときに負担可能な費用で享受できる状態をいう。質の高い精神保健ケアは、安全、効果的、効率的、タイムリー、公平な人間中心のケアであって、介入とサービスは科学的根拠に基づき、人権を尊重することの確保を含む。精神保健がUHCの重要な要素であることはいうまでもない。

3 ▶ 精神的不健康と精神障害

　生きているなかで普通に生じる問題（精神的不健康）と精神障害を区別することは簡単ではない。これらを区別するには、精神障害とは心理的機能の障害であり、苦痛と関連しているか、または日常生活の重要な部分での機能障害を伴う、あるいは死または障害の危険が大いにあるものという定義が役立つ。異常とみなされる行動も、心理的機能の障害のエビデンスがなければ、精神障害とはいえない。

　精神障害のうち、一定のパターンに従った特徴や経過等を判別できるものは、医学の視点からは精神疾患として扱われる。精神疾患によって生じる日常生活や社会生活における制約は、障害（disability）として福祉的支援の対象となる（図1-12）。

　国際生活機能分類（International classification of Functioning, Disability and Health：ICF）の視点でいえば、精神疾患は「心身機能・身体構造」の視点からの課題であり、障害は「活動」と「参加」の視点

図1-12　精神疾患と精神障害

精神疾患　　　精神障害

からの課題である。障害は、ICF における「活動」と「参加」の制約を捉えたものということができる。

　精神保健福祉法第5条では精神障害者を次のように定義している。

> この法律で「精神障害者」とは、統合失調症、精神作用物質による急性中毒又はその依存症、知的障害、精神病質その他の精神疾患を有する者をいう。

　ここでいう精神疾患とは、精神、心理および行動の異常や機能障害によって、相当程度、生活能力に影響が生じている状態を包括的に表すものである。精神疾患の範囲は、国際疾病分類（ICD）の「精神および行動の障害」の章と同じであり、精神保健福祉法における精神障害者の外縁を示している。たとえば、措置入院制度は自傷他害のおそれのある精神疾患の状態に適用され、精神障害者保健福祉手帳は精神疾患（機能障害）と能力障害（活動制限）の両方の状態にある場合に適用される。

　障害者基本法第2条では障害者を次のように定義している。

> 身体障害、知的障害、精神障害（発達障害を含む。）その他の心身の機能の障害（以下、「障害」と総称する。）がある者であって、障害及び社会的障壁により継続的に日常生活又は社会生活に相当な制限を受ける状態にあるものをいう。

　すなわち、自身の生活に継続的に制限が加わっていることをもって障害と規定していることになる。

Active Learning
身体障害、知的障害、精神障害を二つ以上合併している人は、どのような困難をもつか、考えてみましょう。

4　精神症状

　人が病気にかかったとき、健康時にはみられない、苦痛となる主観的

な訴えが現れる。そのような訴えを症状あるいは自覚症状という。症状は病気にかかった人の訴えであって、第三者はそれを客観的に確認することができない。第三者が客観的に捉えることのできる所見は徴候という。

　精神疾患による症状は精神的なものと身体的なものに分けることができる。そのなかで、不安、イライラ、抑うつ、落ち着かない、死にたいという気分や幻覚（まったく実在していない物体や人物などを実際に知覚していると信じている現象）などの精神的訴えを精神症状という。一方、腹痛、頭痛、腰痛、全身疲労感などの身体にかかわる訴えを身体症状という。

　上記の主観的な訴えと徴候を合わせて精神症状として、主観症状と客観症状に分けることもできる。この場合、主観症状は患者が直接体験するものであって、患者の言葉などを通して知ることになる。客観症状は他者が直接知覚できるものである。これらの症状のもつ意味を検討するうえで、患者に意識障害があるかどうかは決定的に重要である。ここからは、措置入院の診断書の精神症状の区分を参考に解説する。

1 意識

　意識とは、精神機能全般を維持するために必要な覚醒機能のことである。正常な意識状態とは、注意、理解、見当識、記憶などの精神活動がよく保たれた状態をいう。意識が保たれているとは、自己の状態や外界の状況がよくわかっている状態をいう。意識の覚醒機能が低下した状態は意識混濁という。軽度の場合、注意散漫、集中不能、記銘障害、反応の鈍さがある。中等度の場合、放っておくと眠りがちで刺激に反応して覚醒する。重度の場合、刺激にも反応しない。ジャパン・コーマ・スケール（Japan Coma Scale：JCS）は主に日本で使用される意識障害の深度（意識レベル）分類である。覚醒度によって3段階に分け、さらにそれぞれに3段階あることから、3-3-9度方式とも呼ばれる。

　特異な病的体験や異常行動がみられる状態を意識狭窄、意識変容といい、軽度の意識混濁が背景にあることが多い。催眠（施術者の暗示や指示のままに行動する）、もうろう状態、せん妄（意識水準の低下にもかかわらず、感情や行動が活発となる。幻覚、錯覚、不安、興奮、失見当などが顕著で急速に出現または消失する）、アメンチア（軽い意識混濁による困惑した状態）などがある。

　見当識障害は、現在の自分の位置づけ、自分のおかれている時間、空間状況、自分とかかわりのある人物などを正しく認識できていない状態

★JCS
Ⅰ. 刺激しないでも覚醒している状態
　0. 意識清明
　1. 見当識は保たれているが意識清明ではない
　2. 見当識障害がある
　3. 自分の名前、生年月日が言えない
Ⅱ. 刺激すると覚醒する状態
　10. 普通の呼びかけで容易に開眼する
　20. 大きな声または身体を揺さぶることにより開眼する
　30. 痛み刺激を加えつつ、呼びかけを続けると辛うじて開眼する
Ⅲ. 刺激しても覚醒しない状態
　100. 痛み刺激に対し、払いのけるような動作をする
　200. 痛み刺激で少し手足を動かしたり顔をしかめたりする
　300. 痛み刺激に全く反応しない

をいう。意識障害があれば見当識障害は必発である。

2 知能

　周囲の状況を理解し、問題を設定し、それに対する解決法を考える能力、判断・実行能力である。知能は標準化した知能検査によって知能指数（IQ）を算出し、操作的に示されることが多い。境界はIQ70～85であり、軽度精神遅滞はIQ50～69（小学校の教科は理解でき、身辺は自立）、中等度・重度精神遅滞はIQ20～49（小学校低学年の教科は学習できるが、それ以上は困難。多くは単純な社会活動に従事可能）、最重度精神遅滞はIQ 0～19（自分自身の基本的ニーズを満たすことができず、食事や排便も援助が必要なことが多い）に相当する。IQ70以下は総人口の2.5％くらいである。

3 記憶

　過去の経験の影響が残され、保持されていることをいう。記憶作用には、記銘、保持、再生の三つの作用があり、記銘は覚え込む過程、保持は覚え込んだことを持続させる過程、再生はそれを想起・追想させる過程をいう。
　記銘障害は近時記憶の障害である。健忘は追想の障害で、一定の期間や事柄についてのみ記憶が失われる状態をいう。

★記銘障害
記銘障害、見当識障害、作話を主症状とする症候群にコルサコフ症候群がある。ビタミンB₁（チアミン）の不足によってアルコール依存症などで起こる。

4 知覚

　感覚で認識された対象に、言葉、意味、感情などを与えるこころの働きをいう。
　幻覚は、実在していない物体、人、感覚として捉えられるものなどを、それが実在しているかのように信じている現象をいう。幻覚は、感覚様式によって、幻視、幻聴、幻嗅、幻触、幻味、体感幻覚などに分類される。また、意識障害の有無によって、意識清明時の幻覚（幻聴が多い）、意識障害時の幻覚（幻視が多い）に分類される。幻覚はしばしば妄想を伴って出現する。この場合、現実検討能力を欠いて、恐慌や興奮に陥りやすいので幻覚妄想状態という。

5 思考

　人間の知的精神作用の総称である。感覚や表象の内容を概念化し、判断し、推理する知性の働きをいう。思考が正常に働いているとは、思考

過程（思路）、思考内容、自らが考えているという自覚（思考体験）の三つの過程が機能していることをいう。

合理的に説明されても訂正することのできない誤った思考内容を妄想という。妄想は、被害的内容（他人から種々の被害を受けているという妄想。被害妄想、関係妄想、追跡妄想など）、誇大的内容（自分は他人と比べて優秀であるという妄想。誇大妄想、血統妄想、宗教妄想、発明妄想など）、微小的内容（自分はみじめな境遇におかれているという妄想。罪業妄想、貧困妄想、心気妄想）などに分類される。

思考途絶は、思考の流れが突然中断してしまうことをいう。周囲からは、会話の突然の中断などとして観察される。連合弛緩は思考や陳述にまとまりのない状態で、より重症化すると滅裂思考、途絶となる。

観念奔逸は思考につながりはあるものの、本来の道筋から離れて飛躍し、逸脱してしまうことをいう。思考制止は、観念奔逸とは反対に、思考がうまく進行しない状態をいう。強迫観念は、自分の意思に反して、常同的に繰り返し生じる観念、衝動をいう。

6 感情・情動

感情は快・不快、好き・嫌い、恐怖、怒り、驚きなどの主観的な体験をいう。情動は一過性に生じる激しい感情をいう。

感情平板化（感情鈍麻）は感情の動きが乏しく、無関心、無感動、無為とみられるような状態をいう。感情失禁はわずかな刺激で涙があふれ出るような感情の過敏さをいう。情動麻痺は突発的な精神衝撃を受けて一切の情動反応が停止した状態をいう。

7 意欲

何かをやりたいという意思、食欲や性欲などの生理的な欲動、社会的な欲望などを合わせて意欲という。

昏迷は、意識が清明なのに、表出や行動などの意思発動がまったく行われなくなった状態をいう。制止は、思考、意欲、行動などが抑制され、それらが進行が遅くなり、出現しない現象をいう。無為は病的に意欲が低下あるいは喪失した状態をいう。

8 自我意識

自我意識は、自分であるという意識、他人や外界と区別した自己の存在の意識をいう。自分が思考や行為を行っているという能動性意識、自分が

一つであるという単一性意識、時間が経過しても自分は自分であるという同一性意識、自己と他者は区別される境界性意識の四つの標識がある。

離人感は周囲の事物を生き生きと感じられなくなることをいう。させられ体験（作為体験）は能動性意識の障害で、「誰かに操られている」などといったように感じることである。解離は強いストレスにさらされたときなどに自我意識の同一性が失われることをいう。

■9 食行動

食欲の低下、食欲の亢進のほか、普通は食欲の対象にならないものを摂食する異食がある。

■10 その他

徘徊は何の目的もなくただ歩き回る状態をいう。自殺企図は、死ぬ意図があったか、結果として致死的なものかどうかにかかわらず、意図的に服毒や損傷、自傷行為（非致死的な自殺関連行動）を行うことをいう。

5 精神疾患に由来する障害

すでに述べたとおり、精神疾患は「心身機能・身体構造」に影響するだけでなく、「活動」と「参加」にも制約をもたらす場合がある。精神保健福祉法に規定された精神障害者保健福祉手帳を例に、精神疾患に由来する障害について述べる。

障害等級の判定は、診断書に記載された精神疾患（機能障害）の状態と能力障害（活動制限）の状態をもとにする。

精神疾患による機能障害については、統合失調症は異常体験や残遺状態、気分障害は病相期の持続と頻度、てんかんは発作の頻度やそのほかの精神神経症状、中毒精神病は依存症やそのほかの精神神経症状、器質性精神障害は記憶障害、遂行機能障害、注意障害や社会的行動障害、発達障害は主症状やそのほかの精神神経症状などを検討する。

能力障害（活動制限）については、調和のとれた適切な食事摂取、身辺の清潔保持、金銭管理能力、通院・服薬、適切な意思伝達、協調的な対人関係、身辺の安全保持、危機的状況への適切な対応、社会的手続きや公共施設の利用、文化的社会的活動への参加を検討する。

最終的に、これらを総合して 1 ～ 3 級という判定（**図 1-13**、**表 1-5**）

Active Learning

精神障害者保健福祉手帳の取得者数は増加しています。その理由を考えてみましょう。

がなされる。

図1-13　障害等級の判定

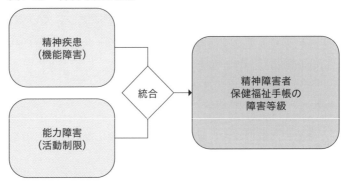

表1-5　障害等級

1級	精神障害の状態が、日常生活の用を弁ずることを不能ならしめる程度のもの。他人の援助を受けなければ、ほとんど自分の用を弁ずることができない程度のもの
2級	精神障害の状態が、日常生活が著しい制限を受けるか、または日常生活に著しい制限を加えることを必要とする程度のもの
3級	精神障害の状態が、日常生活または社会生活に制限を受けるか、日常生活または社会生活に制限を加えることを必要とする程度のもの

◇引用文献
1）日本WHO協会「世界保健機関（WHO）憲章とは」 https://japan-who.or.jp/about/who-what/charter/
2）同上
3）WHO：Promoting mental health：concepts, emerging evidence, practice. http://www.who.int/mental_health/evidence/en/promoting_mhh.pdf
4）Prince, M., Patel, V. & Saxena, S., et al., *No health without mental health*, The Lancet, (370), p.870, 2007.
5）竹島正「精神保健はどのように定義されてきたか」『公衆衛生』第74巻第1号, pp.63-66, 2010.
6）同上, pp.63-66

◇参考文献
・村松常雄『精神衛生 増刷第5版』南山堂, 1978.
・加藤正明『社会と精神病理』弘文堂, 1976.
・吉川武彦・竹島正『改訂4版 精神保健マニュアル』南山堂, 2012.
・WHO：Special Initiative for Mental Health（2019-2023）：Universal Health Coverage for Mental Health. https://apps.who.int/iris/bitstream/handle/10665/310981/WHO-MSD-19.1-eng.pdf?ua=1
・S. ブロック, 竹島正監訳『こころの苦しみへの理解――トータルメンタルヘルスガイドブック』中央法規出版, 2018.
・精神保健福祉研究会監『四訂 精神保健福祉法詳解』中央法規出版, 2016.
・松下正明『みんなの精神医学用語辞典』弘文堂, 2009.
・大熊輝雄「現代臨床精神医学」第12版改訂委員会編『現代臨床精神医学 改訂第12版』金原出版, 2013.
・加藤敏・神庭重信・中谷陽二ほか編『現代精神医学事典』弘文堂, 2011.
・日本精神保健福祉学会『精神保健福祉学の重要な概念・用語の表記のあり方に関する調査研究 平成29年度報告書』2018.
・山下格『精神医学ハンドブック――医学・保健・福祉の基礎知識 第7版』日本評論社, 2010.

精神疾患の成因と分類

学習のポイント

- 精神疾患の分類から診断基準が形成された歴史について学ぶ
- 現在の国際診断基準の概要について把握する
- ICD-11とDSM-5との関係性について理解する

　精神医学的診断は、正常と異常の境界といった、根本的問題からその病因や症状の把握、治療に至るまで十分に解明されているとはいい難く、さらに時代背景や社会的・文化的背景からその疾患概念は変化してきており、多くの問題の克服が必要とされてきた。このため、臨床や研究に十分活用できる診断システムが求められている。

　本節では、まずこれまでの精神医学的診断をめぐる変化について述べ、その後に精神医学的診断基準の国際標準化によって登場してきた二つの精神医学的診断システムについて概説する。

1 ▶ 精神障害診断分類の歴史

　近代以前の精神障害の概念については、ヒポクラテス（Hippocrates）による四つの体液（血液、粘液、黄胆汁、黒胆汁）の混和障害による不均衡状態であるとした頃から、科学的解釈が始まったといえる。その後、ガレノス（Galenus, C）は、「マニア（黄胆汁優位で判断力低下、錯乱、尊大、感情過多）」、「メランコリア（黒胆汁優位で落胆、恐怖、人との共存や生きることを嫌う）」など、近代精神医学に用いられる用語を整理する一方、脳室局在論を展開した。

　18世紀後半になり、ようやく精神医学は今日のような形を整え始めた。フランスでは、ピネル（Pinel, P.）が多数の患者の観察に基づいた

---

i 〔Hippocrates〕BC460頃-BC375頃. 臨床の観察と経験を基礎にした科学的医学の礎を築いた。

ii 〔Claudius Galenus〕129-201.（125-199. の説もあり）　解剖学的知見と哲学的理論によって、古代の医学を集大成した。

iii 〔Philippe Pinel〕1745-1826. 人道的な心理学的臨床を重んじる精神理学医療を体現し、「精神病患者を鎖から解き放った」精神科医として知られている。

実証的な症状記載と疾病の臨床分類を行った。カレン（Cullen, W.）は、
「神経症」の名称を炎症や局在病変のない感情、運動障害を包含する概
念として用いた。単一精神病（Einheitspsychose）の概念を継承した
グリージンガー（Griesinger, W.）は、精神障害は脳に由来すると考え、
精神反射作用の乱れから表象、意志、意識などの精神障害が現れるとし
た。カールバウム（Kahlbaum, K. L.）は、1871 年にヘッカー（Hecker,
E.）とともに破瓜病（Hebephrenie）を、さらに弛緩メランコリーを
1874 年に緊張病（Katatonie）へと発展させ、新しい臨床的疾患型を
規定した。

クレペリン（Kraepelin, E.）は、1893 年に、「早発性痴呆（dementia
praecox）」「緊張病」「躁うつ病」に関する疾患単位の理念を提唱し、
状態像の展開と終末像を根拠に分類を試み、現代精神医学の礎を築いた。
特に、統合失調症については、精神障害の一群を早発性痴呆という一つ
の疾患概念にまとめ、その特徴は人格の崩壊していく過程であるとし、
不良な転帰を診断上重視した。

一方、ブロイラー（Bleuler, E.）は、精神病理学的観点から、統合
失調症について 1911 年に「Schizophrenia」概念を提唱し、診断上、
基本症状と副次症状を重視した。また、気分（感情）障害の分類につい
ては、1921 年にシュナイダー（Schneider, K.）が抑うつ状態におけ
る「内因性」うつ病と「反応性」うつ病の違いを明確にしたのが始まり
といえる。さらに、1971 年にはキールホルツ（Kielholz, P.）が、う
つ病を「身体因性」「内因性」「心因性」の 3 群に分類し、内因性うつ病
を心因性と身体因性の中間に位置づけられるものとした。

---

iv 〔William Cullen〕1710-1790.「神経症」概念の祖。

v 〔Wilhelm Griesinger〕1817-1868. 精神医学会を創設し（1867）、精神医学専門
誌『Archiv für Psychiatrie und Nervenkrankheiten』を創刊し（1868）、精神障害
者医療施設の改善に努めた。

vi 〔Karl Ludwig Kahlbaum〕1828-1899. 原因、症状、経過が同じという観点からの
疾患単位の概念の基礎を築いた。

vii 〔Ewald Hecker〕1843-1909. 破瓜病（Hebephrenie）の概念の形成。

viii 〔Emil Kraepelin〕1856-1926. 近代精神医学の父とも呼ばれ、精神医学領域の知
見を網羅的に整理した。

ix 〔Eugen Bleuler〕1857-1939.「早発性痴呆または精神分裂病群」（Dementia
praecox oder Gruppe der Schizophrenien）のなかで呼称「Schizophrenia」を提唱。

x 〔Kurt Schneider〕1887-1967. シュナイダーの一級症状として、統合失調症に特
徴的な症状のリストを作成した。

xi 〔Paul Kielholz〕1916-1990. 精神科医療を実践するうえで、うつ病の診断と治療
に関する研究について多大な貢献をした。

2　精神障害の分類から精神医学診断システムへ

1　精神障害の成因による分類

　精神障害を分類するためには、本来精神障害の発生に関する基礎理論が必要であるものの、主要な精神障害の成因がいまだ十分に解明されていない。このため、従来、精神障害はさまざまな形に分類されてきた。精神障害の成因は、身体的原因（身体因）と精神的原因（心因）とに大別され、さらに身体因は内因と外因に分けられる。これらをもって、精神疾患は、便宜的に「内因性」「外因性」「心因性」の三つに分類されてきた（**表1-6**）。しかし、こうした分類は病態の理解や臨床に役立つ一方で、いずれも立場や見解の相違から、精神医学的見地において一般化・標準化されるには十分とはいい難いものであった。

2　精神医学診断分類の標準化、操作的診断基準の設定

　以上のように、精神障害の診断分類にはさまざまな試行錯誤が繰り返されており、精神医学的観察や治療効果の比較が困難であることが指摘された。このため、精神医学診断の一致率を高める必要性が認識され、1970 年前後に診断基準の国際標準化が提唱された。以後、WHO を中心にした動きと、アメリカ精神医学会（APA）を中心にした動きの大きな二つの精神医学的診断基準の国際標準化に対する取り組みが行われた。

❶WHOによるICD

　国際間で死因統計または疾病分類を統一化する目的から、国際疾病分類（ICD）が1900 年にスタートした。1948 年の ICD-6 から精神障

★内因性精神病
特に最近では、内因だけではなく環境因がさまざまに影響し発病すると考えられ、内因性精神病という呼称はしだいに使用されなくなっている。

★WHO
(World Health Organization：世界保健機関)
人間の健康を基本的人権の一つと捉え、その達成を目的として設立された国際連合の専門機関（国際連合機関）である。1948年に設立され、本部はスイスのジュネーブにある。その活動内容は、ICDの作成、多国間協力の推進、災害時緊急対策、感染症対策など多岐にわたる。

Active Learning
診断基準の国際標準化によって、どんなことが可能になったかを考えてみましょう。

表1-6　精神障害の成因による分類

成因	説明	含まれる精神障害
内因性	精神疾患の発症が、主に遺伝や生まれもった体質、素質による脳の機能障害に起因していること。	いわゆる内因性精神病であり、うつ病（DSM-5）／大うつ病性障害（単極性障害）、双極性障害（躁うつ病、さらに広義には躁病や反復性うつ病も双極性障害に含まれる）、統合失調症など。
外因性	外部から加えられた原因として、身体的な疾患や負傷、障害、外的刺激などが、精神疾患の主な発症要因となっていること。	脳の損傷・外傷、パーキンソン病、脳血管障害、甲状腺疾患、炎症性疾患、感染症、脳の萎縮、薬物・アルコール・タバコへの依存などによる精神障害、認知症など。
心因性	過度のストレスやトラウマ、ある種の性格傾向など心理的な問題が疾患の主な要因となっていること。	心身症、病気不安症、神経症状障害、適応障害、パニック症／パニック障害、自律神経失調症、摂食障害、睡眠－覚醒障害、性関連障害、ストレス因関連障害など。

害が独立した１章となり、以後徐々に内容の充実が図られた。ICD-6
（1948 年）、ICD-7（1955 年）、ICD-8（1965 年）、ICD-9（1975 年）
とほぼ 10 年ごとに改訂が行われ、「精神病、精神神経症および人格異常」
という三つの大分類を軸とした診断体系ができた。

1989 年には ICD-10 の草案がまとめられ、1990 年に WHO 総会
にて採択された。ICD-10 は、後述する国際的に衝撃をもたらした
DSM-Ⅲおよびその後の DSM システムの影響を受けながら、改訂版
としてまとめられた。ICD-10 には、ICD-10（F）ファミリーと称さ
れるいくつかの版が精神疾患領域において作成されている。使用者に応
じた版として、「臨床記述と診断ガイドライン（Clinical Descriptions
and Diagnostic Guideline：CDDG)[1]」（1992 年）と、「研究用診断
基準（Diagnostic Criteria for Research：DCR)[2]」（1993 年）、およ
びプライマリーケア医のための「プライマリーケアにおける精神疾患の
診断と診療指針（Primary Care Version, ICD-10/PC)[3]」などがある。

CDDG は、主として精神科医ないし精神保健の専門家向けのもので、
一般臨床のほか、教育・精神保健サービスに用いられることを目的とし
ている。各障害についての主要な臨床像などが記述的に記載されており、
その後に診断ガイドラインが続く。

2018 年 6 月には、ICD-11 の導入版が公開されている。

❷アメリカ精神医学会（APA）によるDSM

★APA
（American Psychiatric Association：アメリカ精神医学会）
アメリカ合衆国における医学者、精神科医および精神科領域をも専門とする内科医師の学会。会員はアメリカ、カナダを中心に世界各国に在住。多くの専門誌を編集、刊行しているほか、DSMとして知られる『精神障害の診断・統計マニュアル』を出版している。

一方、APA[★] は、独自の発想から 1952 年に DSM（Diagnostic and
Statistical Manual of Mental Disorders）システムとして DSM-Ⅰ
をスタートさせたが、マイヤー[xii]（Meyer, A.）の環境要因重視が反映さ
れた結果、「反応」という表現が多く使われ、病名呼称の病因的背景の
違和感から、実際の臨床に広く受け入れられるには至らなかった。
DSM-Ⅱ（1968 年）では「反応」が削除され、その軸を徐々に生物学
的精神医学に移しつつある過渡的なものとなった。

DSM-Ⅲ（1980 年）では、その傾向はさらに強まり、精神力動的な
心理社会的モデルの衰退が著明となっている。DSM-Ⅲは、❶精神科
的問題に対する医学モデルの回復、❷限定的な包括基準と除外基準の設
置、❸「障害」概念の採用、❹記述的診断が中心（神経症の排除）、❺
多軸診断の採用、といった特徴をもつ。日本語版も本国アメリカに遅れ
ることわずか 3 年で導入され、日本での浸透度も高い。

---

xii 〔Adolf Meyer〕1866-1950. アメリカにおいて力動精神医学を発展させた。

DSM- Ⅲ の改訂版として DSM- Ⅲ -R（1987 年） が出版され、DSM- Ⅳ（1994 年）へと引き継がれている。DSM- Ⅳでは、一定の診断基準を設定し診断の一致度を高めること、多軸診断によって対象患者を包括的に診断し得ることを目的に、記述や操作的診断基準の根拠の有無からさらに実証性を重視した改訂となった。2000 年には、部分改訂版である『DSM- Ⅳ -TR 精神疾患の診断・統計マニュアル[4)]』が発行された。2013 年には『DSM-5 精神疾患の診断・統計マニュアル 第 5 版[5)]』が発行され、2014（平成 26）年には日本語版が発行された。そのなかでは、多軸診断の廃止、診断カテゴリの見直しが行われた。

3 ICD と DSM の構成・特徴

❶ICD-10、DSM-5の構成

先に述べたように ICD の本来の目的は、死因統計の分類であった。一定の診断がなされた患者群に対し、公衆衛生や医療保健サービスなどの保健情報上の分類を提供することを目的としていた。ICD-10 は、21 章の大分類から構成される膨大なもので、第 1 桁は A から Z のアルファベットで表示し、精神障害に関してはそのうちの F コードで示される。以下の下位分類は 00 から 99 というように文字・数字コードで表すようになっている。

一方、DSM-5 は、ICD-10-CM[xiii]（International Classification of Diseases,Tenth Revision, Clinical Modification）のコードを割り当てられているが、本来の ICD-10 と厳密には異なる部分があるため、注意が必要である。また DSM-5 では、精神障害の日本語呼称が変更され、双極性障害および関連障害群、心的外傷およびストレス因関連障害群などの新たに独立したカテゴリがみられる。**表 1-7** に ICD-10 および ICD-11、DSM-5 における主な上位分類を示す。

❷統合失調症、気分（感情）障害に見るICDとDSMの特徴

統合失調症の診断基準として、ICD-10 では「診断上特別な重要性をもち、しばしば同時に生じるもの」として精神病性症状を 9 項目列挙し、それら特徴的な症状が存在する期間について 1 か月以上を必要としている（第 2 章第 3 節 p.99 **表 2-14** 参照）。その期間にはいわゆる前駆期、活動期を含めない。特徴的な症状の持続期間が 1 か月未満の場合は、まず急性統合失調症様精神病性障害（F23.2）と診断し、もし、それら

★ **前駆期（前兆期）**
発病前に不安や不眠などが起こる「不調の前触れ」の時期。

★ **活動期（急性期）**
病気に特徴的な症状が明らかに存在している時期。

---

xiii ICD-10-CMは、WHOが作成したICD-10を、全米保健医療統計センターがアメリカ国内の事情に合わせて改変したものである。

表1-7　ICD-10、DSM-5、ICD-11における主な上位分類

ICD-10		DSM-5		ICD-11（仮訳、2019年6月現在）	
CODE	Category	CODE	Category	CODE	Category
F 0	症状性を含む器質性精神障害	F02	認知症および軽度認知障害	6 D	神経認知障害群
		F06	他の医学的疾患による精神疾患		
F 1	精神作用物質使用による精神および行動の障害	F 1	物質関連障害および嗜癖性障害群	6 C	物質使用症群
F 2	統合失調症、統合失調型障害および妄想性障害	F 2	統合失調症スペクトラム障害および他の精神病性障害群	6 A	統合失調症または他の一次性精神症群
F 3	気分（感情）障害	F31	双極性障害および関連障害群	6 A	気分症（障害）群
		F32	抑うつ障害群		
F 4	神経症性障害、ストレス関連障害および身体表現性障害	F40	不安症群 / 不安障害群	6 B	不安または恐怖関連症群
		F43	心的外傷およびストレス因関連障害群	6 B	心的外傷後ストレス症
		F44	解離症群 / 解離性障害群		
		F45	身体症状症および関連症群		
F 5	生理的障害および身体的要因に関連した行動症候群	F64	性別違和		
		F50	食行動障害および摂食障害群	6 B	食行動症または摂食症群
		F51、G47	睡眠 − 覚醒障害群		
		V61〜65	臨床的関与の対象となることのある他の状態		
F 6	成人のパーソナリティおよび行動の障害	F60	パーソナリティ障害群	6 D	パーソナリティ症群
		F91	秩序破壊的・衝動制御・素行症群		
		Z76	詐病		
F 7	精神遅滞（知的障害）	F 7	知的能力障害群	6 A	知的発達症
F 8	心理的発達の障害	F84	自閉スペクトラム症 / 自閉症スペクトラム障害	6 A	自閉スペクトラム症
F 9	小児（児童）期および青年期に通常発症する行動および情緒の障害	F90	注意欠如・多動症 / 注意欠如・多動性障害	6 A	注意欠如多動症
		F89	他の神経発達症群 / 他の神経発達障害群		
F99	特定不能の精神障害	F99	特定不能の精神疾患		

の症状が 1 か月以上持続する場合は統合失調症（F20）と診断すべきとしている。

DSM-5 では、同様に精神病性症状を「特徴的症状」として 9 項目列挙し、それらが 1 か月以上持続し、かつ何らかの精神症状による障害が 6 か月間持続することとしている（第 2 章第 3 節 p.99 参照）。この期間には前駆期、残遺期が含まれる。症状の持続期間が 1 か月未満の場合は短期精神病性障害（F23）または特定不能の精神病性障害（F29）となり、1 か月以上 6 か月未満の場合は統合失調症様障害（F20.81）と診断する。

★残遺期（回復期）
特徴的な症状は治まるが、疲労感や意欲減退は残る時期。

統合失調症の亜型は、DSM-Ⅳと ICD-10 では、妄想型、破瓜型（DSM では解体型）、緊張型という分類があり、ICD-10 では経過中に明白な精神症状を呈さない単純型（F20.6）を採用しているなどの相違点がみられた。さらに DSM-5 からは、統合失調症の亜型分類がなくなった。これを埋めるものとして、精神病症状の重症度評価（8 項目、5 段階）の使用が推奨されている。統合失調症（緊張型）は、新たに緊張病として独立し、診断の際に、うつ病に伴う緊張病、統合失調症による緊張病というような、随伴する精神疾患を先にコード化した概念に変更された。

また、気分（感情）障害については、ICD-10 では、現時点では気分（感情）障害の枠内で、躁病エピソード、双極性感情障害、うつ病エピソードなどに分けられている。DSM-Ⅳまでは、気分障害の下位カテゴリーに双極性障害とうつ病性障害が含まれていたが、DSM-5 からは、双極性障害および関連障害群と抑うつ障害群とは別の独立したカテゴリーに分類されるようになった。うつ病性障害に関する重症度分類は、DSM-Ⅲ-R において初めて提案されたが、ICD-10 でも診断ガイドラインに挙げられた症状項目の充足度合いを参考にして、重症度が 3 段階で評価されている。DSM-5 においてもこれらの 3 段階に加えて、精神病性の特徴を伴う、混合性の特徴を伴う、非定型の特徴を伴うなどの特定用語を付加することができる。

❸ICD-11の構成

ICD-11 は、約 30 年ぶりに改訂され、精神医学分野においてさまざまな疾患概念の変遷の影響を受けて構成が大きく変化し、いわゆる「F 分類」が廃止された。ICD-10 では器質性精神障害を筆頭に、以下、物質誘発性精神障害、統合失調症圏、気分障害圏、神経症圏、パーソナリティ障害、発達障害圏と続き、全体としては外因性精神障害から内因性精神障害へ向かう流れがあったが、ICD-11 はこの疾患の序列が大きく

Active Learning

ICD-11では、性同一性障害が精神障害の分類から除外され、性の健康に関する問題という分類のなかの「性別不合」に変更されました。この理由を考えてみましょう。

★疾患コード

総コード数はICD-10
の 約1万4400から
約5万5000に増加し
ている。ホームページ
上の検索機能はかなり
有用であり、ICD-10
やDSM-5の用語を入
力すると特定の項目へ
のリンクが示されるよ
うに設計され、ICD-
11はPCやタブレット
端末での運用を前提と
して作成されていると
いえる。

★主診断と併存

DSMにおいてもICD
においても、一般的な
約束事として、二つ以
上の疾患の基準を満た
す状態には複数の診断
をつけることが許され
ている。DSMにおい
ては、通院や入院の主
要な要因であると確定
された疾患を主診断と
し、その他を併存症と
する。ICDにおいては、
病気の原因となる身体
疾患を先に記載し、精
神科の主診断は、身体
疾患による精神疾患と
するように指示され
る。日本精神神経学会
日本語版用語監修, 髙
橋三郎・大野裕監訳
『DSM-5 精神疾患の診
断・統計マニュアル』
医学書院, pp.21-23,
2014.

変えられている。全体的に、診断はあいまいさが排除され、より明確に操作的診断を行いやすいように設計されている印象がある。

　項目数はICD-10の22項目から26項目に増加し、疾患コードは（アルファベット）＋（数字2桁）の3文字から（アルファベット2文字もしくは数字2桁）＋（数字1桁）＋（数字1桁もしくはY、Z）の4文字に変更された。ICD-10における「F：精神および行動の障害」は、「第6章（疾患コード：6A～6E）：精神、行動、神経発達の疾患」に更新され、神経発達症群がこの分類に包含されることが強調された。また、「F：精神および行動の障害」から「第7章（疾患コード：7A～7B）：睡眠−覚醒障害」と、「第17章（疾患コード：HA）：性健康関連の病態」がそれぞれ独立した。

4 併存（Comorbidity）

　従来、精神医学においては、一つの病態には一つの診断名をつけるように努めることが原則であった。1980年に発表されたDSM-Ⅲは、病因論的観点を放棄し、横断的な状態像を重視して操作的診断基準により診断を行う画期的なものであった。この方法論の浸透により、従来の「一つの診断」の原則と階層性の概念に代わって、同一の病態に複数の異なる精神障害の診断を付すことを許容する併存（Comorbidity）の概念が登場した。昨今では、無理に一つの診断に固執することはかえって病態の本質を隠蔽するとの懸念から、併存を認める考えも強い。

3 今後の展望

　ここまで、現在精神医学の臨床あるいは研究の際に広く用いている精神医学診断システムICD-10とDSM-5について述べてきた。これらの精神医学診断システムについては、有用性とともに弊害も指摘されているが、正しい理解と運用によってその存在価値が認められるといえよう。DSM-5は2013年に公開され、アメリカ国内はもとより、世界中で臨床場面や研究場面での利用による検証作業が続いている。ICDもICD-11となり、今後も精神疾患は時代とともにその病態や頻度などが変化していくことが予想され、二つの診断基準も変化する病態をより正確に記述し、診断と治療に導いていく手引きになることが期待される。

　我が国において、2002（平成14）年に「精神分裂病」から「統合失

調症」への呼称変更がなされた結果、疾患コンセプトの変化、スティグマ（stigma）の軽減、告知率の向上といった影響が知られており、国際的にも高い評価を得ている。この結果、DSM-5 日本語版の出版にあたって疾患呼称についての変更も行われた。精神科診断は、医療従事者だけではなく患者にとっても重要な意味をもつことから、今後、ICD-11 の実臨床における正しい運用を進めることが必要であろう。

Active Learning

日本の健康保険制度がどの診断基準を採用しているか調べてみましょう。

◇引用文献
1）融道男・中根允文・小見山実ほか監訳『ICD-10 精神および行動の障害——臨床記述と診断ガイドライン新訂版』医学書院，2005.
2）中根允文・岡崎祐士・藤原妙子ほか訳『ICD-10 精神および行動の障害——DCR研究用診断基準新訂版』医学書院，2008.
3）中根允文・吉武和康・園田裕香訳『ICD-10 プライマリーケアにおける精神疾患の診断と診療指針』ライフサイエンス出版，1998.
4）髙橋三郎・大野裕・染矢俊幸訳『DSM-IV-TR 精神疾患の診断・統計マニュアル』医学書院，2002.
5）日本精神神経学会日本語版用語監修，髙橋三郎・大野裕監訳『DSM-5 精神疾患の診断・統計マニュアル』医学書院，2014.

学習のポイント

● 精神科領域における診断の意義や重要性、診断の具体的手順を説明できるようにする
● 心理検査の具体的な目的や手順について理解し、説明できるようにする
● 脳検査の具体的な目的やメカニズム、意義について理解し、説明できるようにする

1 診断の手順と方法

　受診から診断に至るまでの一連の手続きは、患者やその家族がそれまで病気によって被ってきた不利益を、医療を介して除去したり軽減するための最初の一歩である。ここでは、精神科疾患の診断の手順と収集した医療情報に基づく臨床診断の実際について述べる。

　大まかな流れは次のとおりである。まず、適切な診断を導くために、面接と検査を行う。面接では主に「問診・病歴の聴取等」と「神経・精神症状の評価」を行う。検査としては、心理検査と脳検査がある。最終的にすべての知見を照合して、診断がなされる。

1 面接

　面接には家族の同伴も必要ではあるが、原則、患者本人に対して行う。本人が面接を完全に拒否すれば、当然のことながら本人の同意がないことになる（家族から事情を聴取することはできるが、情報としてはやはり不完全である。治療も原則開始できない）。そのような観点から、もし本人が来院し、診察室に入室していれば、また面接にも同意していれば、それは多くの場合、本人が診療に対して完全な拒否をしているわけではなく、同意あるいは何らかの譲歩があることを示しているといえる。つまり、本人が面接に応じることは、本人（と家族）と、医療側が同意して治療を開始するための下準備である。

❶問診・病歴の聴取

　問診・病歴の聴取は、医療関係者が患者本人や家族と面談する形で実施する。

★問診
問診に際しては、無理に聞き出すことで、逆に患者の精神的負担を増やす可能性もある。こうした状況が疑われる場合には、一度に聞きすぎることなく、次の診察の際にほかに入室者がいない時に聞き直すなど、患者に配慮しながら実施する。また、どの精神科疾患の場合でも、病気に罹患している患者自身がその症状に困惑し、疲弊している場合があるので、言葉を適切に選び、患者のペースを重視しながら問診を進める必要がある。

聴取に際しては、「『誰が』、『何に』困って」いて、今回、「誰が患者として受診したのか」を知ることが必要である。困っている人物と、受診した人物が異なる場合があるので、この二重の「誰が」ということを、明確に聴取・記載することが非常に重要である。

たとえば、「妻が浮気をして困っている」と聴取した場合、その状況には少なくとも四つの可能性がある。第一に、妻が浮気をしている事実があり、その事実のために夫がストレスを感じて受診したという可能性である。第二に、浮気をしている妻自身が自身の行動に悩んでいる可能性である。第三に、実は妻は浮気をしていないが、夫が浮気していると妄想し、その誤解や非難のために、妻がストレスを感じている可能性である。そして第四に、浮気をしていると妄想を抱いた夫がストレスを感じている可能性である。

こうした状況を整理して面接を進めるためには、「誰が」「何に」困って、さらに「誰が」患者として受診したかがわかるように聴取・記載する必要がある。同様に、診察室に誰が入室しているのか（誰の前で話しているのか）がわかるように、入室者全員の続柄を診療録に記載しておくとよい。

年齢、性別などの基本情報以外の情報も聴取する。このとき入室者が話しやすい雰囲気をつくり出すことも重要である。

① 主訴

受診した動機（主訴）を、原則、患者本人の表現をそのまま記載する。確認が不十分なままで医学的な用語に置き換えて記載すると、誤った診断に導かれてしまうことがあるためである。また、本人は自覚がなくどこも悪くないと思っていても、家族が心配して受診する場合もある。この場合には、本人の自覚を記載（たとえば、「どこも悪くない」や「調子よいです」など）するだけでなく、家族の訴えも併記し、その訴えに（　）付きで家族の誰が訴えたのかなどを記載することが必要であることは、先に述べたとおりである。

主訴からは、本人が何に困り、何を解決してほしいと願って受診したのか、あるいは病識の有無がわかる。これは、それ以後の医療で何を行っていくのか（治療契約）を決めるうえで、きわめて重要である。

② 現病歴

症状が発現してから受診までの日常に生じている具体的な症状の経過を、できる限り詳細に経時的に聴取し記載する。気分など主観的な体験についてもよく聴取する。

Active Learning

「誰が」困っているのかについて、p.27 に述べました。疾病性と事例性の観点から考えてみましょう。

第 1 章 精神疾患総論

また、症状に関連して可能性のある事柄については、必要があれば、さらにさかのぼって聴取し記載する。症状は急激に生じたのか、ゆっくり生じてきたのか、徐々に悪化してきているのか、周期があるのかなどといった経過中の変化の仕方や様子も重要である。

精神面の症状だけでなく、発熱の有無などの身体の変化も関連がある場合には記載する。また、不眠の有無なども重要な所見である。さらに場合によっては左右のどちらの脳が損傷されているかを推定するために、利き手の情報は参考になる。

③　既往歴

これまでに罹患した疾患等について聴取する。主訴と関連している可能性がある場合もある。また、診断後の治療で配慮が必要な疾患もある。服用している薬剤の用量や用法等は、特に処方箋の写しなどを用いて正確に確認し記録しておく。症状の発現に服用している薬剤が影響しているといったことが判明する場合がある。

④　生育歴・教育歴・職歴

必要に応じて生育環境や教育歴、職歴についても、患者本人の同意を前提に支障のない程度で聴取する。たとえば、一酸化炭素中毒など環境要因によって生じる疾患の場合には、職業（職歴）がヒントになる場合がある。

⑤　家族歴

家族の罹患歴が参考になる場合がある。これは、疾患によっては遺伝的な素因などを考慮する場合などに有用である。また家族の罹患歴と関連して、誰と同居しているか、兄弟姉妹の人数や構成、居住地なども、必要に応じて聴取する。これまでの生活環境と疾患との関係を知るうえで有用である。さらにこうした情報は、今後、医療を進めるにあたって、あるいは患者の生活に関して誰が協力者になってくれるか（キーパーソン）、あるいは誰が同意者かを知るうえで必要な情報である。

⑥　生活習慣・嗜好等

アルコールの常用などについて、必要があれば聴取する。

❷神経・精神症状の面接時の評価

意識状態を含め、現在の神経・精神症状の評価を面接のなかで行う。診察の中核的な手続きである。

①　神経症状の評価

神経症状の評価としては、意識障害（せん妄も含む）、高次脳機能障害、脳神経の障害、運動機能の障害、反射の異常、感覚の障害、協調運動系

★配慮が必要な疾患
脳検査としてMRI（magnetic resonance imaging：磁気共鳴画像）検査を実施する際には、体内に金属がある場合やペースメーカーを装着している場合、閉所恐怖がある場合など、MRI検査が受けられないことがある。こうした場合を想定して、問診のなかで受診者全員に事前に聴取している病院等がある。

Active Learning
アルコールの常用による影響も含めてアルコール関連問題を広く考えてみましょう。

の異常、髄膜刺激症状、自律神経系の異常などに関係するものがある。また、精神症状をきたす疾患のなかには、たとえば皮膚などの身体部位にも症状がみられる場合もあるので、必要に応じて身体症状も確認する。

② 　精神症状の評価

精神症状の評価は、第1章第3節にある精神症状を評価していく。精神症状の評価には、質問への回答の内容だけでなく、行動や表情など、患者が表出する情報を可能な限りすべて評価する。一見、理路整然と話しているようでも、患者の話の内容をよく聞いていると、実は考えがまとまっていないことに気づくこともある。こうした症状を見逃さないためには、話の個々の内容だけでなく、話の文脈にも留意する必要がある。

2 検査

検査には、心理検査および脳検査がある。検査においても、検査の意義などを患者本人および家族に説明し、本人および家族から同意（インフォームド・コンセント）を得る必要がある。

❶心理検査

心理検査によって、症状の原因となる症候を確認する（**図1-14**）。知能検査や大脳（巣）症状評価のための検査、性格検査、抑うつ状態評価のための検査などが各種準備されている。

図1-14　診断の流れ

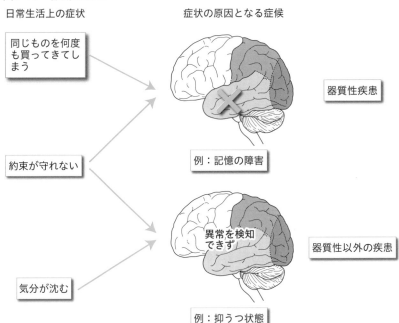

日常生活上の症状

症状の原因となる症候

同じものを何度も買ってきてしまう

器質性疾患

例：記憶の障害

約束が守れない

異常を検知できず

器質性以外の疾患

気分が沈む

例：抑うつ状態

★**精神症状をきたす疾患**

生命予後にかかわる疾患に罹患している可能性が少しでもあれば、それを明らかにするために、必要な検査を早期に実施する必要がある。

★**精神症状の評価**

疾患や状況によっては症状が強いために、また急激に変化することがあるために、迅速に診断し対応・処置する必要がある。

★**症状と症候**

症状とは、日常生活、あるいは検査場面でみられる患者に生じる現象や変化をさす用語として包括的に用いられる。症候とは、脳や精神の機能不全として説明される病気と関連した現象として、医学的に体系化された所見を指す。したがって、「人の声が聞こえる」や「約束が守れない」というのは、日常生活でみられる現象をその原因を問わずに表現しているので症状とみなせる。一方「幻覚」や「記憶障害」の用語は、脳機能や精神状態の異常を医学的な視点を前提として表現しているので症候にあたる。

❷脳検査

　器質性の疾患の場合には、面接や心理検査でわかった「症状の原因となる症候」に対応した脳部位に損傷があるかどうかを確認するために行う。これには脳のCT（computed tomography：コンピュータ断層撮影法）、MRIなどの画像検査が重要である。さらに、それぞれの脳損傷の原因となる疾患の特徴を調べる。すなわち、脳の炎症や感染症の有無、ホルモン分泌の異常などを確認するための各種脳検査（必要に応じて脳以外の身体検査も含む）がある。

　また、脳検査で異常が見つからないという結果も重要である。こうした否定的な結果は、器質性疾患の可能性を否定し、かえって器質性疾患以外の疾患の可能性を高めることになるからである。

　代表的な脳検査として、検体検査（血液、尿、便、髄液）、脳形態画像検査、脳機能画像検査、脳波検査などがある。

▊3 臨床診断の実際

　ここでは得られた医療情報をどのように捉え、考えて臨床診断を行うのかについて述べる（**表1-8**）。

2 ▶ 心理検査

　心理検査は、精神科疾患の診断手続きのなかで用いることのできるきわめて有用な手段である。心理検査の類種は多く、ここですべてを紹介することはもちろん困難である。代表的なもののみを紹介する。

▊1 心理検査の捉え方と実際

　患者の症状には、たとえば痛みなど、自覚されるだけで、他人が直接見ることのできない主観的な症状と、記憶障害など、他人が見てすでにそれとわかる客観的な症状がある。心理検査は、こうした自覚される症状、他覚的な症状を、何らかの操作を介することで、ともに客観化や数量化しようとするものである。心理検査は、症状の検出、すでに推定されている症状の原因となる症候の確定のために供される。

　分類として「知能の障害と認知症のスクリーニング検査、および失語、失行、失認、記憶障害、注意障害等の検査（神経心理検査）」と、主観的な体験（精神現象）を患者、家族、医療関係者で共有できるように翻

表1-8 臨床診断の実際

❶問診でわかった日常生活上の症状から、症状の原因となる症候を推定する

- 精神科を受診した患者あるいは家族は、日常生活場面で何らかの症状があって受診している。それは、たとえば「人の声が聞こえる」や「眠れない」といった、患者自身が感じた主観的な体験であるかもしれない。あるいは、「同じものを何度も買ってきてしまう」、「約束が守れない」といった、他人からわかる症状であるかもしれない。こうした多彩な日常生活上みられる症状が、臨床診断の出発点である。
- 図1-14を参照してほしい。ここでは「約束が守れない」という日常生活上の症状（図1-14中段）を例に挙げてみる。
- まず、この症状に関して本人と、家族の訴えが一致していることを確認する必要がある。一致していることで、これらの症状の存在が確からしいと推定できる。もし訴えにずれが生じている場合には、どちらかの認識が的確でない可能性がある。認識が的確でないこと（例えば病識の欠如など）が、疾患の特徴である場合もあるので、注意を払っておく必要がある。
- 次にこの症状の原因となった症候（各精神科疾患で生じるとされる精神医学的な諸症候のどれか）を探る必要がある。約束を守るには、まず約束を覚えていて、その後思い出す必要がある。そのため「約束が守れない」原因の一つとして、記憶障害が挙げられる。記憶障害があれば約束は守れなくなる。また、約束を守るには約束した場所へ行く必要があり、約束した場所に行けるだけの気力が必要である。抑うつ状態のために約束した場所へ行く気力が失われていれば、約束した日時を覚えていても場所に行くこ

とができず、約束は守れなくなる。そのほかにも、約束の場所までの道順を覚えているか等々と、約束が守れなくなるのにはいくつもの原因が考えられる。このことからほかの症状をさらに知る必要があることがわかる。
- 複数の症状を見渡すことで、どんな原因で、約束が守れなくなったのかが推定できるのである。約束が守れないことに加えて、「同じものを何度も買ってきてしまう」「しまった場所がわからなくなり、しばしば物探しをする」といった日常生活上の症状がさらに確認できれば、記憶障害があるのではないかと、原因を絞り込むことができる。また、約束が守れないことに加えて、やる気がでない（何もしたくない）、気分が沈む、さらには、食欲もないといった症状が見出せれば、気分の障害（抑うつ気分）があるのではないかと絞り込むことができる。
- このように「約束が守れない」というような一つの日常生活上の症状だけから原因を絞るのではなく、複数の症状を考慮し、それらをよく説明するような症候に絞り込むことが、重要であろう。
- これら記憶障害や気分の障害は、いわば日常生活上の症状の原因となっている精神医学上の症状である。臨床診断は、日常生活上の症状の原因となり得る症候を推定することから始まる。ただしこの時点では、記憶障害や気分の障害という症状は、いまだ単に「疑われている」症状であり、実際にこれらの症状があるのかどうかの確認等は、次に行うことになる。

❷推定された症候の存在を、検査などで確定する

- 推定された症候の存在を面接や検査などで確定する。そのためには、必要があれば面接を続け、さらなる情報を確認する。また心理検査の結果を用いて確定する。あるいは脳の損傷や、薬

剤などによる、脳への外界からの侵襲によって生じる症候の場合には、脳検査によって脳の異常を検知することで確定できる場合がある。

❸臨床診断をする

- 面接や検査で得られた医療情報や確定した複数の症状の存在をもとにして、臨床診断を行う。精神科疾患では、従来の記述的な診断基準のほか、ICD-10やDSM-5などの操作的診断基準（詳細は、各基準を参照のこと）が準備されている。これらを参照しながら診断を行うことも可能である。
- ある症候が生じるのは、この疾患であるというように、症候の出現する原因疾患は必ずしも一つとは限らない。症候によっては複数の精神科疾患でみられるものがある。たとえば幻覚は脳損傷でも、統合失調症でもみられる。この場合には、さらにその幻覚の疾患ごとの性質の違いを考慮する。
- 器質性の精神科疾患、たとえば、アルツハイマー型認知症のように、脳機能に何らかの異常をきたすことで精神症状をきたす疾患の場合は、脳検査での異常に基づいて、臨床診断する。
- 一方、器質性疾患以外の精神科疾患は、原則脳検査で異常を認めない。脳検査で異常を認めないことを確認したうえで、症状、症候や問診、心理検査の結果など、脳検査（正常）以外の所見に基づいて臨床診断することになる。器質性疾患以外の精神科疾患では、一定の条件のなかで、既知の症候が必然的に連動して生じる症候パターン（疾患ごとに特徴的な症候の組み合わせパ

ターンがある）があり、これが診断の一助となり得る。
- たとえば、統合失調症は、思春期から20歳代後半までに発症することがほとんどであり、50歳代になって症状が初めて出現した場合は、統合失調症の可能性はきわめて低い。また症状としては幻覚あるいは妄想などの症状は、ほぼ必須である。さらに陽性症状の強い急性期には、病識が欠如することが多いのも特徴である。したがって20歳前後に幻覚や妄想が急に出現し、病識が欠如している場合には、統合失調症の可能性を考慮する必要がある。
- このように、存在が確認されると、特定の疾患についての臨床診断の可能性が低くなる症候、逆に特定の疾患の診断上、必須となる症候などがある。臨床診断上、どの症候や医療情報が鍵となるのかを理解しておく必要がある。
- たとえば精神疾患によらず、どの疾患に罹患後でも、その疾患を苦にして（ストレスを感じて）、不眠あるいはさらに別の反応性の精神科疾患や気分障害をきたすこともある。こうした診断しようとしている複数の症状の関連性を確認することも、器質性疾患以外の疾患の臨床診断に有用な場合がある。

訳する「性格検査や気分検査」等がある。

2 知能の障害と認知症のスクリーニング検査、および失語、失行、失認、記憶障害、注意障害等の検査（神経心理検査）

❶知能検査

知能という概念は古くから用いられているが、用いる者によって意味

は異なる。また、知能のための特定の脳内機構があるというよりも、むしろ複数の脳機能に支えられた複合的能力と捉え得る。おおむね、問題解決に要する思考力、処理能力といえよう。

我が国では、田中・ビネー式知能検査、ウェクスラー式知能検査、遠城寺式分析的発達検査が用いられている。

田中・ビネー式知能検査は、主に児童を対象とした知能検査で、知能指数（intelligence quotient：IQ）を算出できる。知的発達の偏りが推測できる検査である。

ウェクスラー式知能検査には児童・小児用の「WISC-Ⅳ（Wechsler Intelligence Scale for Children-Ⅳ）」（あるいは「WISC-Ⅴ」）と、成人用の「WAIS-Ⅳ（Wechsler Adult Intelligence Scale-Ⅳ）」がある。「WISC-Ⅳ」は、5歳〜16歳11か月の発達段階にある児童・小児を対象とした検査である。全般的な認知能力を表す全検査IQと四つの指標得点（言語理解指標、知覚推理指標、ワーキングメモリー指標、処理速度指標）を算出することができる。「WAIS-Ⅳ」は、16歳〜90歳11か月の成人を対象としている。五つの指標得点（全検査IQ、言語理解指標、知覚推理指標、ワーキングメモリー指標、処理速度指標）を算出できる。

遠城寺式分析的発達検査は、出生後0か月から4歳8か月までの乳幼児の発達上の特徴を明らかにするために、運動、社会性、言語等の分野ごとに評価する検査法である。脳性麻痺や知的障害などの診断に有用とされている。

❷認知症のスクリーニング検査、重症度評価尺度

認知症のための詳しい検査を行うかどうかの判断の一つの情報としてのスクリーニング（振り分け）テストがいくつかある。これらはあくまでも振り分けのための一つの指標を示すもので、認知症の診断や重症度を示す検査ではない。

スクリーニング検査としては、ミニメンタルテスト（mini-mental state examination：MMSE）と長谷川式認知症スケール（HDS-R）がある。いずれも見当識の障害に関する質問を中心に、記憶や言語理解、注意などの各項目に関する検査を組み合わせて評価している。

これらのスクリーニング検査では、質問や回答を主に言語を用いて行う。そのため、質問の理解や言語的表出に支障のある場合には評価できない（点数は算出できるが、実際の能力を必ずしも反映せず、低得点となってしまう）。こうした場合、スクリーニング検査ではないが、主に

視覚刺激に対して指示動作で回答する検査として、レーブン色彩マトリックス検査（Raven's coloured progressive matrices：RCPM）がある。RCPM は、言語を介さずに視覚的な図形を用いて、類推能力を含めた総合的な認知機能を測る検査である。

また、認知症の包括的な重症度評価尺度として、CDR（clinical dementia rating）がある。この検査は、患者の日常を観察し、その観察に基づいた周囲の者による記録方法である。記憶、見当識、判断力と問題解決、社会適応、家庭状況および趣味・関心、介護状況のそれぞれに対して、健康（CDR = 0）、認知症の疑い（CDR = 0.5）、軽度認知症（CDR = 1）、中等度認知症（CDR = 2）、重度認知症（CDR = 3）に評価し、これをもとに総合評価を行うことができる。

❸失語、失行、失認、記憶障害、注意障害等の検査

日常動作に必要な機能は、大脳の各部位が分担して行っている。したがって、大脳各部位が損傷されると、失語、失行、失認、記憶障害、注意障害等の障害が生じる。

これらに対してさまざま検査がある。ただし、たとえば失語の検査で、正しい線画を指させない場合、失語によるのではなく麻痺によって指させない場合もあれば、行為障害によって指させない場合もある。あるいは線画を正しく認知できない（失認）ため、指させない場合もある。こうした別の要因で点数が低下することは、検査中に患者の様子をよく観察することで気づくことができる。

失語の代表的検査には、標準失語症検査（standard language test of aphasia：SLTA）、WAB 失語症検査（Western Aphasia Battery）がある。SLTA は我が国の高次脳機能障害学会が作成した検査である。WAB 失語症検査（日本語版あり）は、アメリカで作成された検査で、失語だけでなく失行の簡易検査や、RCPM も組み込んだ検査である。

失行の検査には、標準高次動作性検査（Standard Performance Test for Apraxia：SPTA）がある。SPTA もまた、我が国の高次脳機能障害学会が作成した検査である。

失認は視覚、触覚、聴覚などの刺激ごとに定義され、それぞれ視覚失認、触覚失認、聴覚失認と呼ばれる。このうち標準的な検査が準備されているのは視覚失認である。視覚失認の検査としては、標準高次視知覚検査（Visual Perception Test for Agnosia：VPTA）がある。これも高次脳機能障害学会が作成した検査である。この検査は視覚失認だけでなく、半側空間無視や文字言語などの障害も評価できる。

記憶障害の検査には、視覚性の記憶、言語性の記憶など、記憶の諸相に応じた検査が準備されている。総合的な検査としてウェクスラー記憶検査（Wechsler Memory Scale-Revised：WMS-R）があるが、ほかにも多くの記憶検査がある。

また、注意には外界へ満遍なく払う注意や、一点に集中するための注意などの各諸相がある。注意障害の検査としては、標準注意検査法（Clinical Assessment for Attention：CAT）がある。高次脳機能障害学会が作成した検査である。

また、精神的なおおまかな作業能力をみる検査がある。内田クレペリン精神作業検査、ベンダーゲシュタルトテスト（Bender gestalt test：BGT）である。内田クレペリン精神作業検査は、足し算を用いて作業能力を評価する検査、ベンダーゲシュタルトテスト（BGT）は、図形の模写をさせてその模写図形の形状から作業能力を評価する検査である。

■3 性格検査や気分の検査等

❶性格検査

性格検査には、質問紙法と投影法がある。質問紙法は、一連の質問がすでに印刷されていて、主に質問に答える形式で結果を出す検査法である。投影法は、偶発的にできた模様や見ただけでは確定できない情景図など、あいまいさのある刺激に対する反応をみる評価法である。回答が自由で被験者の表現に任されている。表現は、言語や描画で表現するものなどがある。描画などを用いる検査は、治療中に繰り返し実施できる。

質問紙法には、ミネソタ多面人格目録（Minnesota Multiphasic Personality Inventory：MMPI）、YG（矢田部—ギルフォード）性格検査などがある。ミネソタ多面人格目録（MMPI）は、550項目の質問によって、精神疾患への親和性、性格や行動特性をみるのに有用な検査である。YG（矢田部—ギルフォード）性格検査では、抑うつ性、協調性などの12の性格因子から、五つの性格傾向パターンのいずれかに振り分ける検査である。

投影法にはロールシャッハ・テスト、TAT（thematic apperception test：主題統覚検査）、SCT（sentence completion test：文章完成法）、P-Fスタディ（picture frustration study：絵画欲求不満テスト）、複数の描画検査がある。ロールシャッハ・テストは、インクのシミのついたカードを用いて、そのカードを見たときの反応に基づいて評価する

検査である。TAT（主題統覚検査）は、人物画や場面画を見て、物語をつくってもらい、その物語から性格傾向を明らかにしようとする検査である。SCT（文章完成法）は、「子どもの頃、私は……」といった未完成の文を被検者に完成させ、その内容から行動や対人関係の特徴を把握する検査技法である。また、P-F スタディ（絵画欲求不満テスト）は、欲求不満を覚えるような日常状況の絵に描かれた人物の発言を、すでに描かれている吹き出しに記入してもらうことで行う検査である。

描画検査には、バウムテストや風景構成法などがある。バウムテストは、B5 の紙に一本の実のなる木を描くように求めて行う検査である。風景構成法は、A4 の紙に川、山などといった景色を順序どおりに描いて行う検査である。

❷気分の検査

SDS（Zung self-rating depression scale）、ハミルトンうつ病症状評価尺度（Hamilton rating scale for depression：HRS）などがある。

SDS は、ツング（Zung, W. W. K.）によって開発されたうつ病の重症度をみる自己評価尺度である。肯定項目 10、否定項目 10、計 20 の質問項目（たとえば、「気分が沈んで、憂うつだ」）について「ないかたまに」「ときどき」「かなりのあいだ」「ほとんどいつも」のいずれかを選択し、スコアリングをする。スコアの多寡に応じて健常群、神経症群、うつ病患者群等の目安が示されている。

ハミルトンうつ病症状評価尺度（HRS）は、うつ病の診断ではなく、うつ病と診断された者の経過観察のための他者による評定法である。

3 脳検査

脳検査は、心理検査とともに精神科疾患の診断手続きのなかで用いることのできるきわめて有用な手段である。代表的なものを紹介する。

■1 脳検査の捉え方と実際

脳検査は、脳そのものに異常（炎症や生理的機能不全も含む）がないかどうかを確認する検査であり、いわば種々の精神症状の原因となった、「脳の病気」の有無を確認する検査である。すなわち、脳検査は身体の病気による他覚的な脳の変化（たとえば脳の萎縮）を、そのまま他覚的な現象（MR 画像上の萎縮像）に置き換えて表示する手法である。

脳検査は、解釈を介さず再現性が高く、信頼性も高い。また、脳以外の身体的異常が脳に影響することもあるので、こうした身体的異常を調べる検査も、脳検査とともに実施する（ここでは広い意味での脳検査に含める）。

　ただし、脳検査で異常がないという結果が出た場合、この異常がないという結果もまた重要な所見であることが多い。それは、精神科疾患では脳に損傷が証明できる疾患よりも、できない疾患が多いこと、そしてこれらの疾患の診断には、まず脳検査で異常がないという結果が出発点になるからである。

　脳検査には、検体検査や画像検査、脳波検査などがあり、次に解説する。

2 検体検査

❶採血して調べる検査と検尿、検便

　採血して、そこから調べる血液検査（血球係数や血液像、血液凝固系）、血液生化学検査（電解質、ビタミン、糖尿病等の検査、アンモニア血中濃度等）、免疫検査（腫瘍マーカー、ホルモン検査、感染症検査等）がある。採血して調べる検査、検尿、検便などは、脳のみでなく全身の状況をおおまかに評価することに有用である。

❷脳脊髄液検査

　脳や脊髄といった中枢神経系は、脳脊髄液に浸った状態で存在する。そのため、脳脊髄液を採取してその性状をみることで、中枢神経系の感染症（脳炎や髄膜炎）の有無などを判定することができる。

3 画像検査

　脳の形態をみる検査（形態画像）と、機能をみる検査（機能画像）がある（表1-9）。

　形態画像は、精神科疾患に対する脳検査の中心的検査といっても過言ではない。脳血管障害や脳腫瘍、大脳変性疾患など、脳の形態に変化をきたす疾患の検査として適しているが、ほかにもプリオン病、脳炎後遺症などの各種疾患の検査としても撮像方法によっては有用である。形態画像には主にCT、MRIなどがある。

　機能画像とは、脳血流や脳代謝（機能）をみるもので、形態画像と照合しながら所見をみることで、多くの情報が得られる。機能画像には、SPECT（single photon emission computed tomography）、PET

表1-9　画像検査の種類

<table>
<tr><td rowspan="4">形態画像</td><td>❶ CT検査（Computed Tomography：コンピュータ断層診断装置）</td><td>●患者に臥床してもらい、脳の周りを機械が移動しながらスキャンする形でX線を撮像し、それをコンピュータで脳の画像に再構成したものである。
●開頭することなく、比較的短時間で脳の各断層像（形態）をみることができる。
● CT はX線に曝露するものの、撮像対象は広い。
●撮像時間も短く、緊急性の高い脳出血などを検知しやすいので、今日でもよく利用されている。
●脳梗塞の描出には、画像が粗くやや不適である。</td></tr>
<tr><td>❷ MRI（Magnetic Resonance Imaging：磁気共鳴画像）</td><td>●開頭することなく、磁気を用いて脳内の形態的な状況を可視化した脳断層画像である。いくつかの撮像法があり、脳梗塞などの有無、萎縮の様子など、さまざまな疾患による脳の状態を確認することができる。
●横断像、冠状断像、矢状断像など、画像の描出する角度も変えることができる。現在では形態画像の中核的な装置である。
● MRI は磁気を用いた検査であり、CTより詳細な画像が得られ、またさまざまな条件による撮影法があり、病巣の性質もある程度知ることができる。
●しかし、身体内にある動脈瘤のクリップ等金属製の医療器具や、ペースメーカーなどの電動機器に悪影響することがあり得る。
●これらがないこと、あるいは素材によって影響しないことを確認したうえで実施する必要がある。
● MRI の解像度は全般的に CTよりも格段に優れているが、費用やメンテナンスの負担が大きいこともあり、精神科単科病院で設置しているところは非常に少ない。最近では、コンピュータが MRI で測定した脳の萎縮の度合いをアルツハイマー型認知症の脳の萎縮の標準値と比較計算するソフトが考案され、アルツハイマー型認知症の補助診断ツールとして用いられている。</td></tr>
<tr><td>❸ MRA（magnetic resonance angiography：磁気共鳴血管画像）</td><td>● MRA は、通常 MRI と同じ装置を用いるが、情報の処理法を変えることで通常の MRI では描出されない、脳内血管の形態（動脈瘤や狭窄など）を描撮する方法である。</td></tr>
<tr><td></td><td></td></tr>
<tr><td rowspan="3">機能画像</td><td>❹ SPECT（single photon emission computed tomography：単一光子放射型コンピュータ断層撮影）</td><td>●略号をそのままアルファベットを読んで、“スペクト”と呼ばれている機能画像検査である。
● SPECT は、放射性同位元素を含む薬剤を経静脈的に脳内に投与し、そこから放出されるガンマ線を検出して脳血流分布を画像化する装置である。
●器質性の精神疾患の場合、疾患の種類によっては形態画像とあわせて検査すると、多くの情報が得られる場合がある。
●多くの脳外科や脳内科病院等が設置している。
●脳の血流を計測し、各領域の活動性をみる検査である。
●いわば萎縮は軽度でも、機能低下の著しい部位を検知できる検査手法である。</td></tr>
<tr><td>❺ PET（Positron Emission Tomography：陽電子放出断層撮影）</td><td>●略号のままアルファベットを読んで、“ペット”と呼ばれている機能画像検査である。
● PET は、短寿命の放射性同位元素で標識した物質を生体内に投与して、その物質の体内挙動を画像化する装置である。
●何を標識にするかによって、脳血流量、酸素代謝、糖代謝、アミノ酸代謝、神経伝達物質の受容体の脳内分布を調べることができる。
●しかし短寿命の放射性同位元素を用いるため、病院内で同位元素を合成する必要があることから、装置が大掛かりで高価であり、そのため精神科関連の医療ベースではほとんど稼働していない。</td></tr>
<tr><td>❻ MIBG 心筋シンチグラフィ</td><td>● ^{123}I-MIBG（メタヨードベンジルグアニジン）の心筋への取り込みをみる検査である。
●パーキンソン病やレビー小体型認知症といった認知症症状をきたす疾患で、取り込みの低下が見られることから、こうした疾患が疑われる場合に実施される。</td></tr>
</table>

（positron emission tomography）がある。

▌4 脳波検査

　脳から生じる微小な電気活動を脳波という。脳波検査では、脳に20近い数の電極を均等に置き、脳波計によって計測する。脳波は、リズミカルな電位変動の繰り返しであり、閉眼覚醒中で1秒間に10回（10Hz）前後、振幅は50μV前後の、非常に速くて微弱な律動的変化である。それは、わずかな体動、たとえば眼球運動などがあれば、眼筋の収縮から生じる電気的活動にかき乱され、消されてしまう程度の大きさである。

脳波検査ではその記録用紙を、一般に1秒に3cm移動（1秒間に3cm紙が動く）させながら、脳波を連続的に記録する（最近ではデジタルで示す）。

　脳波検査では、脳の生理学的な活動状態を確認することができ、意識状態や局所的な脳領域の機能低下、てんかんの徴候などを確認することができる。多くの脳神経外科病院や精神科病院で実施可能である。

★補助診断ツール
最近では、コンピュータがSPECTでの血流低下の度合いをアルツハイマー型認知症の血流低下の標準値と比較計算するソフトが考案され、アルツハイマー型認知症の補助診断ツールとして用いられている。またSPECTを用いて、線条体におけるドパミントランスポーター（DAT）の分布を調べる（DATスキャン）こともできるようになり、パーキンソン病やレビー小体型認知症の診断に用いられている。

◇参考文献
・「臨床精神医学」編集委員会編『精神科臨床評価検査法マニュアル〔改訂版〕』アークメディア, 2010.
・融道男・中根允文・小見山実監訳『ICD-10 精神および行動の障害──臨床記述と診断ガイドライン』医学書院, 1993.
・日本精神神経学会 日本語版用語監修, 髙橋三郎・大野裕監訳『DSM-5 精神疾患の診断・統計マニュアル』医学書院, 2014.

第 2 章

代表的な精神疾患

　WHO（World Health Organization）の診断分類であるICD-10では、F項目が精神疾患に関するものとなっている。本書では、この分類に沿って代表的な精神疾患について解説する。

　病名や用語の表記法について、日本精神神経学会は「DSM-5病名・用語翻訳ガイドライン」を作成した。そこで基本方針を、❶よりわかりやすい、❷差別意識や不快感を生まない、❸国民の病気への認知度を高めやすい、❹意訳を考え、アルファベット病名を使わない、などとした。

　本書では、臨床や研究でいまだ使用されているICD-10の分類と用語で解説し、これから普及されると思われるDSM-5の新用語も加えた。また2018年6月にWHOより公表され、2022年1月より日本でも使用される予定のICD-11について加筆した。

- 認知症の定義と種類について把握する
- 認知症の症状、治療、対応について学ぶ
- てんかんの種類と各種発作型、予後について理解する

器質性精神障害とは、脳そのものの変性に疾病が由来する精神障害であり、ICD-10 では F0 コードがつけられている。

1 認知症

1 認知症の分類と症状、治療

❶分類：皮質性認知症と皮質下認知症

認知症とは、一度正常に発達した知的機能、精神機能が、後天的な脳の器質障害により持続的に低下して、「日常生活や社会生活に支障をきたしている」状態である。認知症の診断基準は、ICD-10 と DSM-5 で少し異なる。認知症の原因や症状、経過はさまざまであるが、❶皮質性認知症と❷皮質下認知症の二つに大きく分けられる。

❶皮質性認知症は、アルツハイマー型認知症、レビー小体型認知症などに代表されるような、大脳の皮質（表面の 1.5～4.0mm の部分に密集している）脳神経細胞の萎縮による認知症で、短期記憶障害や大脳巣症状（失語、失行、視覚失認）を初期症状とする。

一方、❷皮質下認知症は、血管性認知症や多発性硬化症、パーキンソン病などに代表されるような、大脳の内部の神経線維や神経核の損傷による認知症で、精神活動の低下を主症状とする。図 2-1 に両者の違いを示した。ただし、アルツハイマー型認知症と血管性認知症との合併というように、❶皮質性認知症と❷皮質下認知症の併存も多い。

❷症状：中核症状と周辺症状

認知症の症状は、「記憶障害や見当識障害、注意障害、遂行機能障害、認知機能の低下、失語・失行・失認など、脳の変性に直接由来する」中

★認知症の診断基準
ICD-10（1992年～）では、❶記憶力の低下、認知能力の低下により日常生活に支障をきたすことが6か月以上続いている、❷周囲に対する認識がある、すなわち意識の混濁がない、❸情緒易変性、易刺激性、無感情、社会的行動の粗雑化のうち、1項目以上存在。一方DSM-5（2013年～）では、①認知機能の低下があればよく、記憶力の低下は要件にしていない（p.67、認知症（DSM-5）と軽度認知障害（DSM-5）の項目参照）。

図2-1 皮質性認知症と皮質下認知症

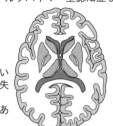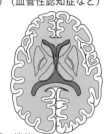

皮質性認知症
（アルツハイマー型認知症など）

皮質下認知症
（血管性認知症など）

・失行・失認
・記銘ができない
・大脳巣症状（失語など）
・多幸なことがある
・手続き記憶は保たれている

■■■は器質・機能障害の部位

・錐体外路症状（振戦・筋強剛）
・想起に時間がかかる
・解決能力の低下
・うつ、意欲低下、無為
・手続き記憶も障害される

出典：先崎章「高齢者の精神機能の特性」森本榮編『高齢者の理学療法 第2版』三輪書店，pp.19-31, 2011.

核症状と、「うつや不安、発動性低下、せん妄、幻覚妄想などの随伴的な精神症状、あるいは徘徊、食行動異常（異食、過食）、暴言や暴力などの異常行動である」周辺症状、あるいは行動・心理症状（behavioral and psychological symptoms of dementia：BPSD）とに分けられる（図2-2）。当初、周囲が困るのは、あるいは病院に対応が求められるのは、BPSDであることが多い。

❸認知症への対応

周辺症状に対しては、環境を整える（たとえば、病院のようななじみのない心的緊張を引き起こす環境から、グループホームのような家庭的で安心できる環境へ移す）ことで、あるいは症状に合わせて抗精神病薬や抗うつ薬、漢方薬（抑肝散）を投与・調節することで対処していく。

中核症状に対しては、認知症進行の危険因子（糖尿病、高血圧、喫煙など）を軽減し、軽度〜中等度のアルツハイマー病であれば抗認知症薬

Active Learning

認知症患者がとる問題行動について、具体的にどのようなものがあるかを整理し、対応の仕方を考えてみましょう。

図2-2 中核症状と周辺症状

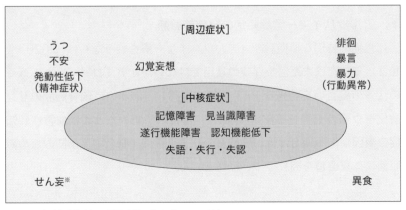

［周辺症状］

うつ
不安
発動性低下
（精神症状）

幻覚妄想

徘徊
暴言
暴力
（行動異常）

［中核症状］
記憶障害　見当識障害
遂行機能障害　認知機能低下
失語・失行・失認

せん妄※

異食

※ せん妄（意識障害）は周辺症状であるがBPSDではない。

★グレードC1

無作為抽出試験では有
効性を証明できなかっ
た、あるいは証明はさ
れていないなど、科学
的根拠に乏しいが行う
ように勧めるコンセン
サスがある。

★認知機能訓練

記憶、注意、問題解決
など、認知機能の特定
の領域に焦点を当て、
個々の機能レベルに合
わせた課題を、紙面や
コンピューターを用い
て行う。

★認知刺激

リアリティオリエン
テーションや活動や
ディスカッションなど
さまざまな関与を指
す。

★回想法

高齢者の過去の人生の
歴史に焦点を当て、ラ
イフヒストリーを聞き
手が受容的、共感的、
支持的に傾聴すること
を通じて、心を支える。

★パーソンセンタード
ケア

認知症をもつ人を一人
の人として尊重し、そ
の人の視点や立場に
立って理解し、ケアを
行おうとする認知症ケ
アの考え方。認知症の
人の行動や状態を、疾
患、性格傾向、生活歴、
健康状態、心理・社会
的背景などの多様な面
から捉えて理解しよう
とするもの。

★バリデーション療法

認知症の人の虚構の世
界を否定せずに感情を
共有し、言動の背景や
理由を理解しながらか
かわる手法。言語的お
よび非言語的コミュニ
ケーション技法があ
る。

（脳内アセチルコリン濃度を上昇させるドネペジル、ガランタミン、リバスチグミンや、「グルタミン酸神経系の異常興奮が引き起こす神経細胞死」を抑制するメマンチン）を投与し、認知症の進行を遅らせる。もっとも、その効果はごく軽度である。

❹認知症の非薬物治療

「認知症疾患治療ガイドライン2010」では、非薬物療法を推奨グレードC1と断ったうえで、ターゲットとして❶認知、❷刺激、❸行動、❹感情、の四つの側面に働きかける手法を整理していた。

2017（平成29）年に改訂された「認知症疾患診療ガイドライン2017」では非薬物療法として、認知機能訓練、認知刺激、運動療法、回想法、音楽療法、日常生活動作（ADL）訓練を、ケアとしてパーソンセンタードケア、バリデーション療法を挙げている。

❺軽度認知障害

物忘れについて自覚があり、記憶検査では記銘力の低下が確認できるが、日常生活には支障をきたしていない状態を軽度認知障害（mild cognitive impairment：MCI）という。記憶障害に重点をおいた、健康高齢者と認知症との境界に位置する概念である。ICD-11では認知症の前駆段階として認知症と並列されることになった。

① どのようなとき、MCIと診断するのか

認知症と診断するためには「生活に支障をきたす」ことが要件である。昨今、メモリークリニックや地域相談窓口の増加、あるいは認知症についての啓蒙活動が普及し、検査では記憶障害をはじめとする認知機能の軽度低下が認められるものの、ルーティンでの日常生活には支障をきたしていない段階での受診や相談が増えた。この場合、認知症となっていくか否かは、今後の経過をみなければわからない。この場合に、軽度認知障害（MCI）と診断する。

② アルツハイマー型認知症の発症前診断

認知症の特別な早期診断（アルツハイマー病を疑うならば、2020（令和2）年現在はまだ医療保険の適用ではないが、アミロイドβたんぱくの沈着の度合いを特殊なPET画像で確認し、あるいは脳脊髄液のリン酸化タウ値の上昇を確認するなど）、進行の予防、たとえば血管性認知症の素因がある場合には、脳梗塞のリスク軽減、脳低灌流予防のための服薬、体質改善を図りつつ、経過をみる。

2 皮質性認知症（大脳皮質の変性疾患★）

大脳表面の皮質（神経細胞体が密集している部位）の血流低下がまず確認でき、長期的には萎縮も明らかになる。最初に変化がみられる脳皮質部位の場所の違いにより、❶アルツハイマー型認知症、❷レビー小体型認知症、❸前頭側頭型認知症の３タイプに分かれる（図2-3）。

❶アルツハイマー型認知症（頭頂葉皮質・側頭葉内側部の機能低下から始まる認知症）

記憶障害を初発症状とし、大脳皮質の巣症状、特に空間認知の障害を伴って知的低下が進行する、アルツハイマー病による認知症である。思考や判断、遂行機能の低下が生じ、社会・職業機能が低下する。血管性認知症に比べると、病識は乏しく多幸的で、ニコニコし無頓着である。

大脳皮質の脳神経細胞外の部分にアミロイドβたんぱくの蓄積（老人斑）と脳神経細胞内にリン酸化されたタウたんぱくの蓄積が年単位でみられる。タウたんぱくによって脳神経細胞は徐々に死んでいく（神経原線維変化）（図2-4）。アミロイドβたんぱくの沈着は発症10年以上前から徐々に進行していく（図2-5）。

実際の診断にあたっては、日常生活上の言動や本人への聴取から、表2-1の第１期症状を確認し、MMSE★（mini-mental state examination：ミニメンタルテスト）などの検査の結果と画像診断により判断する。た

図2-3　大脳皮質の変性により当初血流低下がみられる（その後数年の経過で萎縮していく）部位

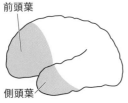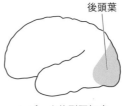

| 前頭葉 | 側頭葉内側部（海馬）　頭頂葉 | 後頭葉 |

| 側頭葉 | | |

前頭側頭型認知症　　　アルツハイマー型認知症　　　レビー小体型認知症
（アルツハイマー病）

出典：先崎章「高齢者の精神機能の特性」森本榮編「高齢者の理学療法 第２版」三輪書店，pp.19-31, 2011.

図2-4　神経原線維変化

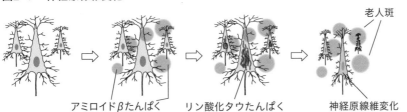

アミロイドβたんぱく　　リン酸化タウたんぱく　　神経原線維変化　　老人斑

★アルツハイマー病

かつては発症年齢により、早発性（40〜50歳代に発症し、月〜季節単位で急速に進行する）と晩発性（70歳代に発症し、年単位でゆっくりと進行する）とに分類していた。

★アミロイドβたんぱくの沈着

アルツハイマー病の発症はアミロイドβたんぱくの脳内への沈着という原因があり、発症には素因が関係する。さらに発症の危険因子として、喫煙、低い身体活動、高血圧、糖尿病、肥満が知られている。これらの危険因子を減少させることは、血管性認知症の進行を予防することと一致する。

★大脳皮質の変性疾患

神経系統の変性疾患は、しばしば家族性、遺伝性で、大脳皮質以外にも大脳基底核、小脳、脊髄、末梢神経の変性症と多くの種類があるが、ここでは認知症を主症状とする大脳皮質の代表的な変性疾患について述べている。

★MMSE

MMSE（30点満点）では一般に23点以下を認知症の疑いとする。MMSEは国際的にも広く用いられている。

アミロイドβたんぱくが十数年かけて脳神経細胞の外に凝集すると、脳神経細胞内にリン酸化されたタウ（異常たんぱく）がたまり大脳の神経細胞が死んでいく

図2-5 アルツハイマー型認知症におけるアミロイド β たんぱくと大脳の神経細胞数の時間的関係

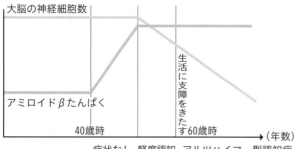

40歳時よりアミロイド β たんぱくが蓄積し、軽度認知障害（MCI）の時期を経て、60歳前にアルツハイマー型認知症を発症した例

表2-1 アルツハイマー型認知症の症状、経過と予後

第1期（初期：発症1〜5年） 身辺自立可能な時期	・最初は物忘れ（記銘力障害）で気づかれる。具体的には、物をしまい忘れたり、同じことを何度も聞いてくる。次第に時間や場所に対する見当識障害や、生活を遂行していく能力の低下や、思考や判断に関する知能が低下していく。しばしば意欲や活気のなさがみられる。 ・当初は疎通性や人格は保たれ、自分の能力低下を自覚し、困惑し抑うつになったりする。しかししだいに気づきが少なくなり、取り繕うことが減っていく。置いた場所を忘れることと関連して、物盗られ妄想のような精神症状が出現するようになる。
第2期（中期：発症2〜10年） 半介助〜全介助	・記銘力障害や知的低下が顕著になり、数時間〜数分前のことも想起できず、その時々での状況判断や周囲への配慮が不可能となる。 ・また大脳巣症状では、超皮質性失語（発語はなめらかで復唱もできるが、話している内容を理解していない）、言語の語間代（ラジオタイソウ・タイソウ・タイソウ……といったように語尾や中間の音節を何回も繰り返す）、保続（一度ある言葉を発すると、次に何を聞かれても、その言葉を繰り返し答えてしまう）などの言語機能の異常がみられ、まとまった話をしたり自分の意志を伝えることができなくなる。 ・さらに空間認知の障害や構成障害（頭頂葉の機能低下による）に由来する、動作の障害、身体各部の認知や四肢の位置などの把握の障害が明らかになってくる。 ・具体的には、着衣失行（四肢の麻痺がないのに衣服の脱ぎ着ができなくなる）、観念運動失行（やろうと意識すると、歯磨きなどの日常動作ができなくなる）、人物誤認（家族や知人の識別ができなくなる）が明らかになる。
第3期（後期：発症5〜15年） 全介助〜寝たきり	・精神機能が荒廃し、無言、無動となる。失禁やけいれんが起こる。進行性の小刻み歩行、筋強剛、あるいは廃用による関節拘縮により寝たきりになる。 ・経管栄養でうまく管理されると、次の末期の状態で数年間生き延びる。
末期（ケアが不十分な場合には第3期に引き続きすぐ出現）	・大脳皮質をマント（外套）にたとえ、大脳皮質の機能が広範に失われた状態を失外套症候群という。意識はあり睡眠・覚醒リズムはあるが、随意運動や嚥下、発言は不可能で、四肢拘縮がさらに進行し枯れ枝のようになる。 ・心肺機能はさらに低下し、誤嚥性肺炎などを併発し死亡する。

だし発症後数年は経過しないと、MRI（第1章第5節 p.55 参照）にても脳萎縮を示唆する脳溝の開大や脳室の拡大が確認できない。したがって初期には、血流をみる機能画像（SPECT）により脳血流循環の異常、すなわち側頭葉（内側部）、頭頂葉の血流低下を確認する（図2-3 参照）。

あるいは PET にて糖代謝の低下をみる。

❷レビー小体型認知症（後頭葉皮質の機能低下から始まる認知症）

　たとえば「小人らが舌を出して私を見ている。いつも同じ小人たち」といったような生々しい幻視体験を当初より語る。あとで思い出せる、その場限りの体験ではない、という点で、意識障害やせん妄の幻視とは異なる。この幻視のエピソードと数か月～数年前後して、動作の緩慢さ、前傾姿勢が少しずつ目立つようになり、四肢の筋固縮や小刻み歩行というパーキンソン症状が明らかになってくる（皮質性認知症であるが、皮質下障害の症状が比較的早期に出現する）。また交感神経節後線維が障害され自律神経系の反射機能が障害されるため、起立性低血圧が生じる。これらにより、転倒や失神が繰り返しみられる。また、注意の障害とアパシー（やる気の低下）が目立つようになる。日中の眠気や、寝言として観察されるレム睡眠関連行動異常が時にみられる。

　形態画像（CT（第1章第5節 p.55 参照）、MRI）では側頭葉内側部位の萎縮は目立たず、機能画像（SPECT）で、脳全般の血流の低下、特に当初は後頭葉領域の血流の低下が把握できる（**図 2-3** 参照）。

　進行性の認知症と精神の緩慢さがみられ、抑うつや被害的な訴えもあり、以上述べてきた症状が日～週単位で変動することも特徴である。大脳皮質、辺縁系、脳幹の神経細胞にはレビー小体が分布する。

❸前頭側頭型認知症（前頭葉皮質の機能低下から始まる認知症）

　前頭葉・側頭葉の萎縮が目立つ認知症である。中年期～初老期に発症する。皮質性認知症のなかでは頻度は少ないが、**表 2-2** のような特徴的な症状があり臨床的に三つに区分される。

3 皮質下認知症

　大脳皮質（脳神経細胞体）は正常な疾病で、知的活動が低下した状態を説明する際に用いられる概念である。以下の❶脳血管性認知症と❷大脳基底核の変性による認知症がある。

　この皮質下認知症では、原則としては（皮質性の認知症と比較して）失語や失行はなく、記銘力も保たれている。その一方で、（皮質下の神経ネットワークの障害であるため）動作の開始や遂行に時間がかかる。

　また、振戦や筋強剛などの錘体外路症状や、不随意運動、姿勢・歩行の異常がみられる。手続き記憶も障害され、過去に身体で覚えている動作やなじみの道具を利用しての訓練がしにくい。

　さらに、この皮質下認知症では、うつや意欲低下、発動性の低下、思

表2-2　前頭側頭型認知症の三つの区分

❶前頭側頭型認知症行動障害型	前頭葉前頭前野皮質の機能低下から始まる認知症	・前頭葉による抑制がとれるため、性格変化が生じ社会的なふるまいができなくなる。 ・無遠慮、無反省、衝動的で、多幸、多弁である。 ・場に則した行動がとれず（抑制欠如）、自分本位に行動するため、暴言や迷惑行為、たとえば万引きなどの反社会的行動がみられる。 ・一方で記憶や視空間認知能力は比較的保たれる。 ・かつてはピック（Pick）病といわれていた。 ・被影響性が亢進しているので、本人の視界に作業で用いる道具や場面をあらかじめ展開しておくと、すんなり作業に誘導できる。 ・同じ行動の繰り返しがみられる（常同行為、保続）が、失認、失行はほとんどなく、目立った神経学的所見もない。
		・常同行為を制止すると興奮するので、むしろ常同的な周遊行動（いつも同じコース、順序で歩く）を崩さないようにする。 ・滞続言語（いつも同じ内容の言葉を、何を聞かれても繰り返す）も、思考や動作の切り替えができない常同的な症状である。
❷進行性非流暢性失語症	前頭葉運動性言語野の機能低下から始まる認知症	・まずは最初に、言葉の流暢性がなくなり、吃音を交え、発声が途切れ途切れとなる。 ・錯語や文法の誤り、構音障害もみられるようになり、しだいに進行し認知症が加わっていく。 ・DSM-5 では前頭側頭型認知症の言語障害型に該当する。
❸意味性認知症	側頭葉外側部の機能低下から始まる認知症	・日常的に用いる単語の意味が理解できなくなる症状が、最初に出現する。 ・脳血管性の失語とは違い、文章の理解は良好で流暢性もよい。 ・その後、月〜年単位で認知症が進行していく。

★失念
想起するまでに時間がかかる。覚えてはいるが、検索し出力することができない。

★多発性脳梗塞による認知症
❶脳深部の穿通枝動脈の閉塞によるラクナの多発、❷血栓・塞栓による皮質を含む梗塞、❸脳動脈分水嶺域の低還流に分けられる。
この多発性脳梗塞ではしばしば、障害された部位によって、各種症状の出現に、ばらつきがみられるまだら認知症の形をしている。

考の緩慢さ、失念、周囲の働きかけに無関心であることが、皮質性認知症に比べて多い（**図 2-1** 参照）。

❶血管性認知症

　血管性認知症は、病態や症状別に大きく四つに分けられる（**図 2-6**）。❶多発性脳梗塞による認知症、❷ビンスワンガー型認知症、❸大梗塞による認知症（通常、一側の錐体路も損傷しているので片麻痺を合併している）、❹知的機能に直接関連する部位（たとえば視床、前脳基底部など）の損傷・病変による認知症、である。しばしば❶〜❹の区別がつかない、あるいは重複している。また加齢に伴って、健康な高齢者にも年齢相応の❶❷の変化がみられる。

❷大脳基底核の変性による認知症

　❶パーキンソン病、❷ハンチントン病、❸進行性核上性麻痺による認知症がある。

① パーキンソン病

　パーキンソン症候群とは、❶安静時の手足の振戦、❷筋固縮（筋強剛）、❸無動、❹姿勢反射障害の四つの症状がみられる疾患を総称していう。脳血管障害、脳炎、一酸化炭素中毒、中脳の黒質の変性などの疾患、あ

図2-6　血管性認知症の種類

❶多発性脳梗塞
（皮質下の多発小梗塞、
ラクナの例）

❷ビンスワンガー型認知症
（長年の虚血性変化が
深部白質〜脳室周辺に
みられる）

❸大梗塞
（中大脳動脈領域
梗塞の例）

❹知的機能に直接関連
する部位の病変
（前大脳動脈領域梗塞の例）

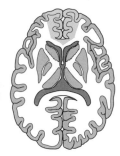

＊❶〜❸は大脳を前からみた断面（冠状断面）
＊❹は大脳を上からみた断面（水平断面）

出典：先崎章「高齢者の精神機能の特性」森本榮編『高齢者の理学療法 第2版』三輪書店, pp.19-31, 2011.

★**進行性核上性麻痺**

中年期以降に、大脳基底核、小脳や脳幹の一部の神経細胞が脱落し、垂直方向の眼球運動障害（足元を見ることができなくなり後方によく転ぶ）、頸部や体幹のジストニア（筋肉のねじれ）や固縮（筋肉のこわばり）による頸部後屈、仮性球麻痺（嚥下障害や構音障害）、パーキンソン症状が増悪していく。人格変化や意欲低下、そして前頭葉障害を主とする軽度から中等度の認知症を合併し、数年の経過で寝たきりになり、誤嚥性肺炎などで死亡する。

★**ハンチントン病の不随意運動**

不随意運動の発現部位はさまざまで、舌うちやしかめ顔などの舌や顔面筋の不随意運動であったり、首ふりや腕ふりや腰ゆすりなど四肢近位部や体幹の不随意運動であったりする。これらの不随意運動は当初は小さく、単なる癖のようにみえる。精神的緊張により増悪し、睡眠中は消失する。

るいは抗精神病薬の副作用（この場合は薬の中止で元に戻る）などさまざまな原因で起こる。この一つ、中脳の黒質の神経細胞が脱落し、（黒質から大脳基底核に至る錐体外路系の神経伝達物質である）ドーパミンが枯渇してパーキンソン症候群となる変性疾患をパーキンソン病という。表情は乏しく（仮面様顔貌）、歩行開始時に足が前に出ない様子（すくみ現象）、歩き出しても小刻み歩行で突進し（突進歩行）、加速し小走りになる（加速現象）。その一方で、床にまたぐ線が引いてあると足を前に出して、ゆっくりまたぐことができる。

　パーキンソン病は、経過中、時に認知症や抑うつやせん妄を合併する。あるいは、時にレビー小体型認知症であることが判明する。またパーキンソン病の運動障害に対してL-ドーパやドーパミン受容体作動薬（ドーパミン刺激薬）がきわめてよく効くものの、これらのパーキンソン治療薬の有害事象としてしばしば幻覚（幻視）やせん妄をはじめとする精神症状が出現する。

② **ハンチントン病**

　成人期に大脳基底核、特に尾状核の萎縮が起こり、すばやい不随意運動と精神症状、認知症が出現する。精神症状は、初期には情動の不安定さ、易怒性、固執などの人格変化がみられ、しだいに幻覚妄想が出現し、数年〜十数年程度の経過で荒廃状態、すなわち発動性が低下した認知症の状態に至る。常染色体優性遺伝性の疾患で、欧米では発症率は10万人あたり対4〜7人程度である。

4 脳の感染症による認知症

　かつて梅毒は、認知症に至る代表的な疾患であったが、戦後、激減し

た。そして、ウイルス感染症、最近ではヒト免疫不全ウイルス（HIV）や自己免疫性脳炎による脳障害が注目されるようになった。またイギリスや日本では、クロイツフェルト・ヤコブ病が、頻度は少ないがその劇的な病気進行の速さで話題にされる。**表2-3**に進行麻痺、単純ヘルペス脳炎、HIV、クロイツフェルト・ヤコブ病など主な疾患を示す。

5 可逆性（治る）認知症

認知症への対応で一番重要なことは、治る認知症を識別し、見逃さないで治療することである（**表2-4**）。また、数日で認知症が進行したと

表2-3　認知症の原因となる感染症

進行麻痺	・梅毒スピロヘータ（原虫）による中枢神経疾患を神経梅毒といい、そのうち慢性的な脳炎が認知症に進行していくものを進行麻痺という。 ・梅毒感染を放置し10〜20年の経過の後に発症する。 ・慢性的に梅毒に罹患していても、進行麻痺にまで進行するのは5％程度である。 ・集中持続困難、抑制欠如や倫理感の喪失などの人格変化が生じ、同時に記銘力障害、注意障害、知能低下が月〜年単位で進行していく。 ・神経症状として、対光反射や膝反射の消失、つまずき言語（「パピプペポ」「ラリルレロ」といった唇や舌を使用する発音がうまくできない）がみられ、最終的には無為な寝たきりの状態になり発症数年で死亡する。
単純ヘルペス脳炎	・通常は頭部の三叉神経節に常在している単純ヘルペスⅠ型（口唇ヘルペス）が、何らかの原因で散発性に脳炎を引き起こす。 ・側頭葉（特に内側部の海馬、扁桃体）や大脳辺縁系（海馬、扁桃体、前部帯状回を含む）の細胞を損傷するので、（抗ウイルス薬、アシクロビルで救命されても）重篤な記銘力障害や情動障害が後遺症として残る。
ヒト免疫不全ウイルス（HIV）脳症	・ヒト免疫不全ウイルス（HIV）に罹患して、通常10年間程度の潜伏期を経て後天性免疫不全症候群（AIDS）が発症する。 ・この患者にみられるさまざまな大脳症状や精神症状をAIDS脳症という。 ・具体的には、集中困難、問題解決能力の低下、記銘力低下、意欲の低下がまずみられ、時に躁うつ、幻覚妄想や不穏興奮など精神病症状も併発しながら、知能低下が進行していく。 ・HIVの脳神経組織への直接侵襲による脳症と、真菌や原虫、他のウイルスや細菌の日和見感染による脳症とがしばしば混ざり合っている。
クロイツフェルト・ヤコブ病	・核酸を含まない特殊なたんぱく質である感染型プリオンたんぱくが、食事や輸血、輸入乾燥硬膜などで体内に入ると、年単位の期間を経て脳神経細胞に到達する。 ・正常型プリオンたんぱくが多量に存在する脳神経細胞において、正常型プリオンを急速に感染型プリオンに変化させ、急激な脳神経細胞の破壊が生じ、週単位で認知症が進行していく。これがクロイツフェルト・ヤコブ病である。 ・ミオクローヌスや小脳失調も出現する。 ・クロイツフェルト・ヤコブ病では、急激に脳が壊れて萎縮していく。 ・脳波では、正常者でみられるα律動が消失し、脳の全領域に一斉に1秒間に1回程度の周期で、棘波・鋭波ないし徐波が、心電図でみられる心筋の動きのように繰り返し規則的に出現する（周期性同期性放電）。 ・牛海綿状脳症（BSE）に罹患している牛の肉を摂取すると、変異型クロイツフェルト・ヤコブ病という致死的な疾患を数年の潜伏期間を経て発症する。 ・ホルマリン固定後の脳標本からも感染する。発症はまれ（年間、数十万人に1人の発病率）だが、急激な認知症を引き起こす疾患として有名である。

表2-4　可逆性（治る）認知症

①うつ病の仮性認知症	・うつ病の状態のときには記憶や注意の機能は低下する。 ・知能も低下する。 ・しかし気分障害の改善にて、元のレベルまで戻る（本章第 4 節 p.118 参照）。
②正常圧水頭症	・くも膜下出血や脳外傷の既往がある場合には特に、くも膜下腔が癒着し髄液（脳室の脈絡叢で 1 日 500mL 程度生産され、180mL 程度の容量のくも膜下腔を循環し、順次、くも膜顆粒で吸収される）の吸収障害や流れの障害が起こり、脳圧亢進がないのに脳室の拡大が起こる。 ・歩行障害（開脚すり足歩行で、歩行速度は遅く何度もころぶ）、尿失禁（頻尿もみられる）、数週間～数か月の期間で進行する認知症（物忘れがひどく、集中力や意欲の低下、表情の乏しさがみられる）が正常圧水頭症の三徴候である。 ・脳室から腹腔内にシャントを通し、髄液を腹腔内に逃がすことによって改善する。

みられる場合には、実は意識障害（せん妄）や脳梗塞などの脳疾患を発症していたということがよくある。この場合には意識障害の原因をみつけ治療や対応をすることが非常に重要である。

6　神経認知障害群（DSM-5）

　DSM-5 では神経認知障害群という項目を設け、❶せん妄、❷認知症（DSM-5）、❸軽度認知障害（DSM-5）とを挙げている。

❶せん妄

　DSM-5 ではせん妄の一次的な障害を「注意（attention）と意識（awareness）の障害」と規定した。また、過活動型（a．運動性活動量の増加、b．活動制御の喪失、c．落ち着かなさ、d．徘徊）と低活動型（e．活動量の減少、f．活動速度の減少、g．周囲に対する認識の低下、h．発語量の減少、i．発語速度の低下、j．活力の減少、k．活動水準の低下／ひきこもり）に分け、症状と症状の持続時間を明確に決めた。すなわち、過活動型はa～dの 2 項目以上が新たに生じ、低活動型はeかfのいずれかとe～kの 2 項目以上が新たに生じ、それぞれが直前の 24 時間に存在することをもってせん妄と診断するとしている。

　高齢者では健常者であっても、入院直後や術後には程度の差はあれ、一過性のせん妄が過半数にみられる。せん妄は正確には器質性の精神障害でなく、機能性の精神障害、一過性の意識障害である。ただし器質性の原疾患があるとせん妄が生じやすい。すなわち、せん妄は認知症などの他の疾患と併存し得る。

❷認知症（DSM-5）と軽度認知障害（DSM-5）

　認知症と軽度認知障害については本節にて前述したとおりである。すなわち、一つ以上の認知領域（a．複雑性注意、b．実行機能、c．学習および記憶、d．言語、e．知覚－運動、f．社会的認知）において

★せん妄と認知症
せん妄と認知症との鑑別に際して、数時間～数日のうちに急性発症した場合にはせん妄、数週～数か月のうちに緩徐に発症した場合には認知症という説明がなされる。しかし神経認知障害がある高齢者では、はっきりと区別できない場合が多く、脳波（意識障害では徐波が多くなる）などの検査が必要になる。過活動型の場合には適切な医療介入のために不安や興奮を抑える目的にて、低活動型の場合には睡眠覚醒サイクルを改善する目的にて、適切な薬物療法、非薬物療法を行う。

第2章　代表的な精神疾患

以前より低下がみられ、日常生活に支障をきたしている場合を認知症（DSM-5）、日常生活に支障をきたしていない場合を軽度認知障害（DSM-5）という。

認知症、軽度認知障害ともにDSM-5では、原因別に❶アルツハイマー病、❷前頭側頭葉変性症、❸レビー小体病、❹血管性疾患、❺外傷性脳損傷、❻物質・医薬品の使用、❼HIV感染、❽プリオン病、❾パーキンソン病、❿ハンチントン病、⓫ほかの医学的疾患、⓫複数の病因、とに分けるところまで診断する。

7 精神症状（認知症以外）が生じる器質疾患

❶脳外傷

交通事故（バイク事故が多い）や転落などで頭部に急激に外力が加わると、脳に機能的・器質的な障害が生じ、さまざまな精神症状や神経心理学的障害（高次脳機能障害）が出現する。脳外傷は、❶びまん性軸索損傷（回転加速度的な外力により脳深部まで脳細胞の軸索が損傷されるもので、大脳皮質下の損傷である）、❷脳挫傷（打撲部位の挫傷とその正反対側の対側挫傷で、大脳皮質と皮質下の損傷である）、❸外傷性くも膜下出血、❹急性硬膜下・外血腫のいずれか、あるいはいくつかを引き起こす。このうち❶❷が後遺症と関連する。

脳外傷で高次脳機能障害が生じる

脳と頭蓋骨の解剖学的な理由から、脳挫傷は、前頭葉前部（トップダウンコントロールに関連する）から前頭葉底面と側頭葉前方（いずれも自己コントロールや情動の安定性に関係する）に生じることが多い。また、急性期の脳圧亢進や脳循環不全によって、側頭葉内側部（記憶や情動に関係する）に損傷が生じる。したがって脳外傷では、急性期の意識障害から回復（通過症候群）したあとに、記憶障害、注意障害、遂行機能障害、社会的行動障害、情動障害などの高次脳機能障害が後遺症として残る。しばしば知的低下も生じる。また年単位の長い経過のなかで、うつ病や神経症性障害が出現する。バイク事故は生産年齢の若者に多いことから、就労支援も含めた支援が必要となる。

❷低酸素脳症

心肺停止、呼吸不全、窒息、溺水、高度の貧血、一酸化炭素中毒（以下に別項目で記載）等により、脳への酸素やグルコースの供給が途絶えることにより生じる機能障害を総称して低酸素脳症という。精神症状としては、発動性低下、記憶障害、遂行機能障害、知能低下が知られてい

★通過症候群
脳外傷などによる意識混濁から回復する過程で一過性にみられる可逆性の精神症状（幻覚、妄想や健忘など）を通過症候群という。症状は完全に消失すること、後で覚えている（意識障害ではない）ことから、事後的に確定する概念である。

る。大脳皮質全体あるいは、海馬 CA1 領域、あるいは大脳皮質下血管支配領域の境界域の損傷に由来する。しばしば四肢体幹の失調や巧緻性低下を伴う。

❸一酸化炭素中毒

かつて石炭をエネルギー源としていた時代には、炭鉱の事故で多くの一酸化炭素中毒患者が生じた。現在は練炭（不完全燃焼）による自殺未遂者が該当し、救急病院ではよく遭遇する。また最近では喫煙者や周囲の者は、（軽度でかつ酸素もある状態なので可逆性ではあるが）一過性に軽い一酸化炭素中毒の状態にあると話題になっている。

症状としては、致死に至らず、急性期の意識障害から回復した場合に、皮質下認知症にみられる知的低下、想起障害、パーキンソン症候群（錐体外路障害）、動作開始・遂行困難や、淡蒼球損傷由来の発動性・意欲の低下が後遺症として残る。重度の場合には重い認知症、あるいは（皮質の損傷も加わって）失外套症候群のまま経過する。

❹多発性硬化症

多発性硬化症は、しばしば精神症状（情動障害、不安障害、気分障害など）が初発症状となること、病変部位によって経過中にさまざまな精神症状（知的低下、人格変化、あるいは記憶障害などの高次脳機能障害も含む）が現れ変化し得ること、増悪や寛解に心因性の要素が加わることがあること、欧米の白人に多く欧米で多くの臨床研究が発表されていることから、精神科領域ではしばしば話題になる。

❺辺縁系脳炎

抗 NMDA（N-methyl-D-aspartate）受容体脳炎など、自己免疫による脳炎、あるいは非ヘルペス性のウイルス感染が脳に生じる。炎症が海馬や扁桃体などの大脳辺縁系に限局している場合には、発症当初の数日間は、統合失調症様の症状（突発的な異常行動、幻覚妄想、緊張病状態）、不安焦燥、情動の障害がみられるため、精神科へ初診することが多い。

2 症状性精神障害

■1 症状性精神障害とは

身体に変調や障害が起こり、あるいは身体疾患によって二次的に脳に障害が起こり、さまざまな精神症状が出現する。これらを総称して症状

★一酸化炭素中毒

一酸化炭素が肺胞に取り込まれると、赤血球中のヘモグロビン結合力が強力（酸素の250倍）なため、血液は酸素ではなく一酸化炭素と結合する。酸素を運搬しない鮮紅色の一酸化炭素ヘモグロビンが体内を循環するため、特に大脳白質（大脳皮質下）や大脳基底核の淡蒼球（意欲や発動性と関連する部位）が低酸素により損傷される。急性期、あるいは間欠期（急性期からいったん回復したあと、数日から数週後に再び意識障害が生じる）には高圧酸素療法を行う。

★多発性硬化症

大脳皮質下で脳神経細胞の髄鞘の脱髄が多発性にさまざまな部位で、増悪と寛解を繰り返し生じる疾病である。病変が視神経であった場合には視覚障害、錐体路であった場合には歩行障害、小脳であった場合には失調などと、さまざまな身体症状が増悪と寛解を繰り返す。

★受容体脳炎

卵巣奇形腫などが抗原となって産出された自己抗体が、血液脳関門を通過して、海馬や扁桃体などの大脳辺縁系に作用する。

性精神障害（症状精神病）という。代表的な疾患を概括する。

2 ビタミン不足による障害

食生活が豊かになった現在の日本でも、低栄養状態をアルコール依存症者や慢性の胃腸疾患患者にみることができる。また、時にペラグラとウェルニッケ脳症（本章第2節参照）に遭遇する。

3 人工透析関連障害

慢性腎不全の者は、人工透析（週3回、1回4～5時間、人工腎臓・ダイアライザーを使用する）で血中の尿素窒素や電解質の補正を行う。髄液は血液脳関門（BBB）を通して数時間かけてゆっくりと補正されるために、髄液と血液の間の平衡状態が崩れ、浸透圧の関係で一過性の脳浮腫をきたし脳機能障害を起こす。これは、透析平衡不全症候群として、脱力・倦怠感、頭痛、悪心、さらには不安、興奮、錯乱などの症状が一過性に出現し、数時間で回復する。

また関連するものとして、長期に透析を受けている者で、時にうつや倦怠、さらには記憶障害やパーソナリティ変化、認知症様症状がみられることがあり、透析脳症という。

4 膠原病による障害

膠原病のうち、女性に多い全身性エリテマトーデス（SLE）は、発熱、顔面の蝶形紅斑、関節痛、腎障害などが生じる身体病で、2～3割に、不安・困惑、意識障害（せん妄）、気分障害、錯乱・興奮などの症状がみられる（ループス精神病）。膠原病の治療薬はステロイドであるため通常ステロイドを服用しており、ステロイド精神病との鑑別が難しい。

膠原病のうち、男性に多いベーチェット病（口腔粘膜の難治性のアフタ、陰部潰瘍、虹彩毛様体炎を三大徴候とする）では1～2割に、うつや躁、気分変調、情動障害、意欲の低下、認知症様症状などが出現し変調する（神経ベーチェット症候群）。一過性に錯乱や幻覚妄想が生じることがある。

5 内分泌疾患と関連する障害

脳下垂体の腫瘍や脳損傷（脳外傷、脳出血など）による脳下垂体機能不全症によって、発動性の低下や易疲労性、認知症様症状が出現する。

甲状腺機能低下症では発動性の低下やうつ病の症状が生じる。しばし

ば甲状腺機能低下症が診断されないまま、治りにくい内因性のうつ病と誤診され、抗うつ薬のみの薬物療法が漫然と続けられている場合がある。

副腎皮質ホルモン（ステロイド）を分泌する副腎皮質の機能亢進症（クッシング症候群）では、高値のステロイドの影響で、うつや躁、不安焦燥、時には幻覚妄想といった症状を呈する。また、さまざまな疾患に治療薬としてステロイドが投与されるが、この場合にもしばしば同様の精神症状が出現する（ステロイド精神病）。

6 生殖機能と関連する障害

排卵から月経開始時までの期間、特に月経前の1週間はうつ、心的緊張、気分の不安定さが起こりやすい（月経前症候群）（本章第4節6参照）。また月経の周期に一致して気分障害や一過性の急性の精神病状態が出現したり増悪したりすることがある。

さらに、出産の後、数日から数週の間は、意識の変容、うつ、幻覚や妄想が生じやすい（本章第6節5参照）。

更年期障害とは、閉経の年代に自律神経系の不調とともに、情動の不安定さ、うつ、易刺激的な様子が変調しながら続くことを総称していう。

7 身体治療薬による精神症状

総合病院では、各種治療薬によるせん妄（幻覚や錯覚を伴う一過性の意識障害）、ステロイドによるステロイド精神病（前述）、そしてインターフェロンによる精神症状によく遭遇する。インターフェロンはC型肝炎や白血病などでウイルス増殖抑制や免疫力上昇のために投与される。治療開始後1～2か月以内に、（投与初期にみられるインフルエンザ様症状に引き続いて）倦怠感、不安、不眠、うつが1～2割の人に出現する。通常はインターフェロン治療終了により改善する。

3 てんかん［G40（ICD-10）］

1 てんかんの定義と分類

てんかんは世界保健機関（WHO）の定義では、「さまざまな原因で起こる慢性の脳疾患で、大脳神経細胞の過剰な放電に由来する反復性発作を主な特徴とし、これに多様な臨床症状および検査所見を伴うもの」である。てんかんの有病率は人口の0.3～1.0％で、我が国には約100

★膠原病
全身の結合組織の膠原線維に、（自分の組織を他者の組織と認識して排除しようとする）誤った自己免疫の働きが生じ、フィブリノイド変性や炎症が慢性的に生じる疾患群をいう。

第2章 代表的な精神疾患

万人の患者がいると推定されている。けいれんや意識障害の発作が一度限りではなく反復され、その結果として一部のてんかんでは、知的低下や精神症状（うつや幻覚妄想、迁遠や粘着）を発現し、あるいは発作が奇妙な行動にみえる場合があり、精神科で扱う疾患とされてきた。最近では小児科が成人以降の患者も担当し、あるいは神経内科や脳神経外科が担当することが多くなっている。

てんかんの種類によって、経過や発症年齢、予後（治りやすさ）、治療薬が異なるため、以下の診断・分類を行う。すなわちてんかんの原因別の分類として、原因が不明または生来的で遺伝性のものを特発性てんかん、脳の病理学変化（たとえば脳炎や脳血管障害、脳外傷、周産期の脳損傷）などの原因が明らかなものを症候性てんかんという。幼少時から思春期までに発症する特発性てんかんと、中高年齢でも初発する症候性てんかんとの比率はおおよそ３対１である。

また、脳の発作の始まり（焦点）がどの部位かという分類法では、最初から大脳全体で一斉に放電が始まるものを全般てんかん、大脳皮質の焦点が部分的・局所的で、その一部位から過剰放電が始まるものを部分

★てんかんと診断しない発作
脳波異常があっても、発作症状がなければてんかんとは診断しない。また、発作が反復されることがてんかんの定義であるため、アルコールや薬物などの中毒や、高血糖などの代謝異常時に一度だけ生じる状況関連性発作の場合には、てんかんとは診断しない。乳幼児期にみられる熱性けいれんも、（平熱時に身体のひきつけを起こすてんかんに時に移行することはあるが、）てんかんではない。

表2-5　てんかんの分類

	全般てんかん	部分てんかん・局在関連てんかん
特発性てんかん（原因不明または素因による）	・「小児欠神てんかん、若年ミオクロニーてんかん、覚醒時大発作てんかん」など ・比較的予後がよい	・「中心部・側頭部に棘波をもつ小児てんかん」など ・予後がよい
症候性てんかん（外因や脳器質性の病因がある）	・「ウエスト症候群、レノックス症候群」など ・治りにくく、知的低下も伴う	・「側頭葉てんかんや前頭葉てんかん、後頭葉てんかん」など ・時に治りにくい
脳を上から見た図	 棘波ないし鋭波　　徐波 （大脳全体から一度に放電が始まる）	 （大脳の一部から放電が始まる） 二次性の強直間代発作

てんかん（局在関連てんかん）という（**表 2-5**）。

2 てんかんとてんかん発作

　「てんかん」は疾病名であり、「てんかん発作」はその症状である。てんかん発作の分類は、前述のてんかんの分類と同様に国際抗てんかん連盟（ILAE）が発表した分類が広く用いられている。部分発作と全般発作の二つに大きく分類される。部分発作は部分だけには限局せずしばしば全般発作に移行するので、部分てんかん・局在関連てんかんでも（部分発作に引き続いて）全般発作が出現し得る（二次性の強直間代発作）。

　てんかん発作が重積*することもある。

3 全般発作

　全般発作は、欠神発作のように意識障害のみのもの、ミオクロニー発作のように両側性のけいれんのみのもの、強直間代発作のように意識障害もけいれんも生じているものとに分けられる。

❶欠神発作（ピクノレプシー）

　前ぶれなく突然、意識が数秒〜十数秒間消失し、突然回復する発作。ぼんやりとした表情で眼は固定し、呼びかけに反応しなくなり持っていたものを落とすが、倒れることがなく、発作が終わると、今まで行っていた動作を続ける。発作中のことはまったく想起できない。

　欠神発作がみられる代表的疾患として、学童期低学年の女児に好発する**小児欠神てんかん**がある。脳波では、広汎性に **3 Hz 棘徐波複合**（**図2-7**）が確認できる。この 1 秒間に 3 回繰り返される（ 3 Hz）棘波と徐波のまとまり（**表 2-5** 参照）は、発作時は必ず、発作のないとき（発作間歇時）でもしばしばみられる。過呼吸にて誘発される。この小児欠神てんかんは予後が良好で、知的低下をきたすことなく思春期までに消失することが多い。

❷ミオクロニー発作

　瞬間的に全身、あるいは四肢特に両側上肢の筋肉に、 1 回ないし数回の強い収縮によるけいれん（ミオクローヌス）が生じる。脳波では**多棘徐波複合**が広汎性に出現し、光刺激にて誘発される。通常、ミオクロニー発作のみの場合には意識は清明であるが、しばしば強直間代発作に移行し意識が消失する。

　ミオクロニーてんかんは、このミオクロニー発作を主な症状とするてんかんで、思春期に発症する。抗てんかん薬に比較的よく反応し、知的

★てんかん発作重積
発作から回復する前に次の発作が起こり、その繰り返しが30分程度以上続く状態。特に強直間代発作が重積する場合には、脳に重大な障害が残ることがあるため、救急処置（抗てんかん薬の静脈内投与）で発作を止める必要がある。

図2-7　小児欠神てんかんの広汎性3 Hz棘徐波複合

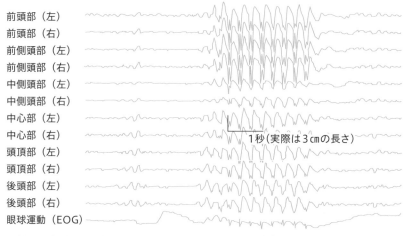

前頭部（左）
前頭部（右）
前側頭部（左）
前側頭部（右）
中側頭部（左）
中側頭部（右）
中心部（左）
中心部（右）
頭頂部（左）
頭頂部（右）
後頭部（左）
後頭部（右）
眼球運動（EOG）

1秒（実際は3㎝の長さ）

＊実物の脳波記録では1秒が3㎝の長さである。原図を3分の1に縮小したもの。
　3Hz棘徐波複合とは、1秒間に、徐波と棘波とが3回同期して出現するてんかん性異常放電をいう。
1秒間に脳波用紙は3㎝進行するので、横3㎝の間に棘波・徐波の1まとまりがちょうど3個みられることになる。
　脳波は、脳の各部位の電位を、頭蓋骨や頭皮を通して測定し、耳の電位を基準0として、その基準値より何ボルト電位が高いか低いか（下側にいくほど陽性、上側にいくほど陰性）測定したものである。記録用紙に縦に、通常頭部の前方側から後方側へ、それぞれ左側、右側の順番に並んでいる。
　脳波で広汎性とはこの図2-7のように「どの電極の部位でも認められる」という意味で、全般てんかんでみられる特徴である。一方、部分てんかんでは図2-8のように異常のある局所（この場合には右前側頭部～中側頭部）にのみ、異状放電（鋭波とそれに続く徐波）がみられる。
（本脳波記録は田崎病院　松浦雅人先生のご厚意による）

低下を引き起こさない。

❸強直間代発作（大発作）

★**強直発作**
四肢・体幹の筋が強く収縮したまま、突っ張ったまま数秒間強直（強直けいれん）する発作。発作開始時に胸郭の筋強直によって、時に叫び声をあげる。

★**間代発作**
瞬間的な筋強直と筋弛緩とが1秒間に3～4回、交互に反復（間代けいれん）する発作。四肢・体幹筋がガクガクとリズミカルに震えるてんかん発作は、通常この間代発作である。

　意識が消失すると同時に強直発作＊が数秒～十数秒間出現し、引き続いて間代発作＊が数十秒間持続し、最後は筋が弛緩し終了する発作。発作後はもうろう状態が数分間以上続き、あるいはすぐに睡眠に至る。発作中、呼吸は停止し顔色や口唇色は一時的にチアノーゼをきたし紫色になる。発作終了時に吹き出し様の呼気にて呼吸を再開する。このとき、発作中に口腔内にたまった唾液を、外に吹き飛ばすので口周囲に泡を吹いたようになる。

　特発性全般てんかんでみられる強直間代発作は、小児～思春期に好発してんかんの約半数を占めるが、治療薬がよく奏効し予後はよい。一方、症候性てんかんにみられる（二次性の）強直間代発作は、最良の治療にもかかわらず、時に完全抑制されず、長い経過で知的低下や性格変化が進行することがある。脳波ではしばしば（多）棘徐波複合が（発作のないときでも）観察できる。

4 部分発作

部分てんかん・局在関連てんかんで出現する部分発作は、意識障害を伴わない単純部分発作と、意識障害を伴う複雑部分発作とに分けられる。この部分発作の原因である脳局所の過剰放電は、しばしば大脳全体に移行し二次性の強直間代発作に至る。一方、二次性の大発作には至らず、部分発作のみが繰り返し出現する部分てんかんも多い。

❶単純部分発作

発作発射（焦点部位の過剰放電）が存在する脳皮質機能の症状が出現する。たとえば、一側の運動野（中心溝の前側の中心前回）の脳神経細胞に焦点があれば、反対側の半身の顔面や手足の筋に限局したけいれんが持続性に起こる（持続性部分てんかん）。運動野の過剰興奮の範囲が徐々に広がっていくことで、けいれんが口角→顔面→上肢→下肢、さらに反対側に移って（マーチして）いく（ジャクソン発作）。これらは四肢のけいれんもみられ得るが、二次性の全般発作に移行しなければ意識は保たれている。

単純部分発作としてほかに、自律神経症状発作、偏向発作、姿勢発作、嗅覚発作・味覚発作、失語症状や記憶異常が一過性に発現するものなど、過剰放電している脳皮質部位の機能に対応するさまざまな症状がある。

❷複雑部分発作

複雑部分発作は、意識障害だけのものと、自動症を伴うものとがある。側頭葉てんかんの扁桃核—海馬に焦点があるタイプ（局在関連てんかんの代表的な疾患で、頻度も多い）では次のような特徴的な症状を示す。前述の単純部分発作（自律神経症状発作など）の症状が数秒～数十秒間出現（発作の「前兆」となる）後に意識が障害され、ぼんやりとして動作が停止し、状況にそぐわないさまざまな無目的な言動をとる。具体的には、舌なめずりをして（口部自動症）、自分の身体や衣服を無目的にまさぐったり何かをつかんだり探すような動作をする（身ぶり自動症）。しばしば無意味な言葉を発したり、歩き回ったり（歩行自動症）もする。何か合目的に精神・運動活動を行っているようにみえ、精神運動発作ともいう。通常、数十秒～数分間程度継続し、回復後は発作中の出来事をまったく想起できない。

Active Learning

てんかんの強直間代発作（大発作）を起こしたときの対処の仕方について調べてみましょう。

第2章 代表的な精神疾患

★**自律神経症状発作**
側頭葉由来の場合には、内臓が上部に持ち上がってくるような腹部違和感、腹痛など、間脳由来の場合には頭痛、めまい、悪心、嘔吐などがある。

★**偏向発作**
眼球や上半身を対側に捻転させる。

★**姿勢発作**
伸展・挙上した対側上肢を見つめるねじれ姿勢をとる。

★**嗅覚発作・味覚発作**
異常な臭覚・味覚を感じる。

★**失語症状や記憶異常**
既視体験であるデジャ・ビュや未視体験であるジャメ・ビュを感じる。

★**ウエスト症候群の治療**

早期に治療しないと、重度の精神・運動発達障害を呈し、あるいはレノックス（レノックス・ガストー）症候群に移行する。かつてはACTH（副腎皮質刺激ホルモン）療法を行っていたが、新しい抗てんかん薬が開発されてきている現在、内服薬でコントロールするようになってきている。

★**脱力発作**

腰や体幹の筋の緊張低下が発作的に起こるため、倒れたり、座位姿勢が崩れる発作。脱力発作のみの場合には意識は保たれている。脱力が急激な場合には崩れるように倒れ、失立発作という。

5 他の主なてんかん

❶ウエスト症候群

1歳までの乳児に発症する全般てんかん。❶体幹の急激な前屈・屈曲と両上肢の挙上（電撃・点頭・礼拝けいれん）、❷精神・運動発達遅滞、❸発作間欠期の脳波で、高振幅の徐波や棘波が広汎性に不規則に出現する異常（ヒプサリスミア）が観察できる。数秒～十数秒の短い間隔をおいて発作が数回～数十回反復する（シリーズ形成）。

❷レノックス症候群

2～5歳の幼児に発症する全般てんかんで、治療が難治で、中等度～重度の精神遅滞の原因となる。脱力発作やミオクローヌスを伴った欠神発作と、強直発作とが頻発する。発作間欠期（発作がないとき）の脳波では2～2.5Hzの遅棘徐波複合（図2-7に示した3Hz棘徐波複合よりも遅い周波数の徐波を伴う）が観察される。

❸側頭葉てんかん

成人期に発症する、側頭葉に焦点をもつ部分てんかん。発作間欠期に図2-8のように側頭部に鋭波や徐波などの異常波を、特に軽睡眠期に確認できる。単純部分発作や複雑部分発作、そして精神症状（うつや幻覚妄想）（表2-6）が比較的出現しやすい。

❹反射てんかん

光刺激やコントラストの強い模様図形など、感覚刺激により発作が誘発されるてんかんをいう。太陽の光を、眼前の自分の手で律動的にちらつかせて見ることによって、部分発作や恍惚感を誘発する自己誘発てんかんもこの反射てんかんである。

6 診断と治療

★**てんかんの脳波所見**

てんかんと関連する異常である棘波や鋭波や徐波などを、光刺激や過呼吸あるいは睡眠といった脳波異常が出現しやすい負荷をかけてみつける。

★**迷走神経刺激療法**

迷走神経に電気刺激を加える機器を頸部に埋め込み、てんかん発作を減少させる治療のことをいう。

発作の様子、脳画像、発作間欠期の脳波所見などから総合的に診断する。

治療は、抗てんかん薬の投与、薬物療法が中心である。治療薬はなるべく単剤で、発作が抑制される必要量を投与する。採血にて抗てんかん薬の血中濃度を測定し、有効血中濃度や中毒濃度に達しているのか、いないのか注意しながら投与量を決める。過労や睡眠不足、飲酒によってしばしば発作が誘発されるので、規則正しい生活を指導する。

抗てんかん薬の調節でも発作が抑制されず社会生活上大きな支障をきたしている場合には、焦点が特定でき諸条件が整えば、脳外科手術にて焦点や発作が拡大する回路を切除する。あるいは、迷走神経刺激療法を行う。

図2-8　側頭葉てんかんの側頭部に限局する鋭徐波複合（単極誘導、平均電位基準）

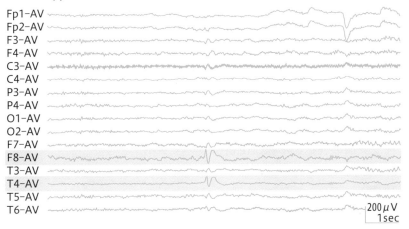

　右前側頭部（F8）、右中側頭部（T4）に鋭徐波複合が孤立性にみられる。（発作間欠期、発作には至らない時のてんかん性放電）

　（本脳波記録は田崎病院　松浦雅人先生のご厚意による）

表2-6　てんかんの精神症状

●てんかんでは、発作間欠時（発作がない時）にも時に精神症状を認める
●その原因は主に以下などであり、さまざまである 　・素質、脳器質性の障害（長年の発作の影響による脳の変化） 　・てんかん性発射による脳機能障害（作には至らないが日常的にてんかん性発射が出現している場合がある） 　・社会心理的要因（就労や結婚での差別、周囲の偏見） 　・抗てんかん薬の影響
●てんかん患者の一部に、発作が減少あるいは消失すると、数日～数週間続く挿話性精神病状態（幻覚妄想、不穏興奮など）が現れることがある
●これは脳波所見では強制正常化と呼ばれ、てんかん原焦点の周辺の正常部位が（発作を起こさせまいと）過剰に反応している結果と考えられる

第2節　精神作用物質使用による精神および行動の障害 [F1]

学習のポイント

- 精神作用物質が脳にもたらす作用について理解する
- 精神作用物質の種類（抑制系・興奮系）と個別の症状について把握する
- アルコール依存症に伴う疾病の症状、治療、予後について学ぶ

1　精神作用物質とは

　認知や情動などの精神機能に影響を与える物質を精神作用物質という。このなかの酩酊、気分高揚、恍惚、知覚変容など心地よい快楽が得られる物質には、一度使用すると自分の意志では使用を止めることができなくなる（精神依存）ものがある。

　これらはやがて物質が常時体内に存在することで、（中枢神経の活動を抑制する物質では特に）身体の細胞がその環境に適応するために変化する（身体依存、耐性の形成）。

　その結果、生物学的に悪影響を及ぼし、精神症状が発現する。家族や周囲の人を巻き込み、心理的問題が生じる。さらに、暴力、交通事故、道徳退廃といった社会的な問題が発生する。

　ICD-10では精神作用物質使用による精神および行動の障害 [F1]、ICD-11では物質使用症＜障害＞群 [6C4] または嗜癖行動症＜障害＞群 [6C5]、DSM-5では物質関連障害および嗜癖性障害群と分類される。

2　依存と乱用から使用障害へ

　依存症候群はICD-10では以下の❶～❻のうち三つが同時にみられることと定められている。すなわち、❶摂取したいという強い欲望あるいは切迫感、❷摂取行動を統制することが困難、❸離脱症候群の出現、❹使用量を増やさなければならない耐性の出現、❺摂取せざるを得ない時間や、効果からの回復に時間がかかる、❻明らかに有害な結果が起き

78

ているにもかかわらず、依然として使用している、である。

依存症候群になると、何が何でも手に入れたくなり（渇望）、その摂取に至るための行動（薬物探索行動）が、ほかのすべての何よりも最優先されてしまう。

乱用とは使用様式を指す用語で、薬物や物質を社会的な決まりに反して無秩序に摂取することをいい、DSM-Ⅳより用いられていた。ところがDSM-5では、「依存」（生物学的側面からの医学的概念）と「乱用」（社会規範的側面からの社会学的概念）という区分をなくし、「使用障害」と一本化した。

そしてDSM-5では、物質使用障害の診断に関して、渇望やコントロール喪失が重視されるように変更された。すなわちICD-10では耐性や離脱といった身体依存の有無、生物学的な面を診断の根拠としているのに対して、DSM-5では、生活がとらわれ、不適応な行動を起こしているといった精神依存由来のエピソードを重視している。ただしICD-11では冒頭のICD-10の定義を踏襲している。

なお、中毒とは薬物が体内に摂取された結果、意識水準、知覚、感情、行動などに一過性の機能障害が生じた状態をいう。物質関連障害群という場合には、依存症候群のみならず、急速な大量摂取時に起こる意識障害の状態や、長年の摂取による脳器質変化による認知症（たとえばアルコール性認知症）もすべて含んでいる。

3 依存の形成と予防

薬物依存に至るまでには❶薬物自体の性質、❷個体側の問題、❸環境の問題が絡みあっている。予防のためには、有害性が少ないと思われる物質でも重大な危険性があるという個人の認識、社会啓蒙が必要である。

❶薬物自体の性質

精神作用物質を摂取すると脳内の報酬系に快楽がもたらされ、依存を形成する。中脳から側坐核や大脳前頭葉系につながるドーパミン作動性ニューロンが、報酬系の回路と呼ばれている（図2-9）。このニューロンが刺激され、脳内神経伝達物質であるドーパミンが放出され快楽として体験される。この報酬系の回路を刺激する物質が、依存を形成する薬物である。

図2-9 「抑制系」と「興奮系」精神作用物質

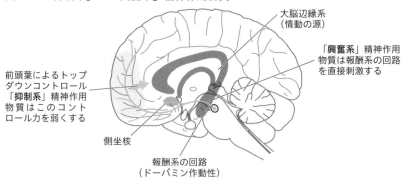

大脳辺縁系
（情動の源）

「興奮系」精神作用
物質は報酬系の回路
を直接刺激する

前頭葉によるトップ
ダウンコントロール
「抑制系」精神作用
物質はこのコント
ロール力を弱くする

側坐核

報酬系の回路
（ドーパミン作動性）

❷個体側の問題

　使用当初は、精神作用物質に対する誤った（たとえば、大麻はたばこ
みたいなもので安全だ、というような）知識と好奇心により使用し始め
る。また生物学的には、同じ期間、同じ量を摂取しても、報酬系のニュー
ロンをどれだけ興奮させるかは個体差によるところが非常に大きい。依
存に至るか否かについても個体差が大きい。

❸環境の問題

　物理的に薬物を安易に入手できる環境にあれば、当然、使用する可能
性が高くなる。したがって、違法薬物の販売者が横行する地域では、薬
物依存症者が増える。また、病院勤務者は精神作用物質を容易に入手で
きる立場にあり、薬物依存に至る危険性は一般人に比べて高い。

　この場合、有害作用が少ないと思われている物質（入門薬物、ゲイト
ウェイ・ドラッグ）から次第に、作用の強力な違法薬物へ移行していく
ことが多い。したがって一次予防の観点から、有害事象が少ないと思わ
れる物質も含めて、精神作用物質や依存症候群についての正しい知識を
普及させる教育システム、保健活動、社会啓発の仕組みを整えることが
必要である。

自分自身の依存傾向
について考えてみま
しょう。

4 依存の分類：精神依存と身体依存

　依存は精神依存と身体依存とに分けられる。

　精神依存は薬物を「精神的」にやめられなくなる状態である。生物学
的には、大脳の報酬系の回路が刺激されることを、脳自体が強く要求す
る。依存形成当初は、心理的葛藤から手軽に逃避できる道具として、ほ

んの 1 回だけのつもりで使用するが、その心地よさに、2 回目、3 回目とやめることができなくなっていく。ただし、この精神依存だけでは離脱症状は生じない。

健常者は、血中に薬物があると、身体の細胞の平衡状態を保つことができない。一方、身体依存は、長年摂取した影響により、薬物が血中にあることによってむしろ身体の細胞が生理的な平衡状態を保てる状態に変化してしまっていることをいう。また離脱症状は、身体依存が形成され、血中に薬物があることが前提で保たれていた細胞の平衡状態が、血中に薬物がなくなることによって保てなくなり、病的な身体症状が出現することをいう。

5 精神作用物質 ：抑制系の物質と興奮系の物質

精神作用物質は薬理作用の違いから、脳細胞の働きを抑制する抑制系と、脳細胞の働きを刺激する興奮系とに分けられる（図 2-9）。身体依存を生じるものは主に抑制系精神作用物質である。抑制系の物質には、アルコール、アヘン・モルヒネ、大麻・マリファナ、バルビツレート、睡眠薬・ベンゾジアゼピン、揮発性溶剤などがある。これら抑制系の物質の離脱症状は、むしろ興奮系の様相を呈する。

一方、興奮系精神作用物質のコカイン、覚醒剤・アンフェタミン類、幻覚剤では身体依存は目立たないが、精神依存は非常に強く現われる。

6 耐性

薬物を連用していると、効果が次第に減弱する。そのため同じ満足を得ようとすると、前回より多い量の薬物を摂取する必要がある。これを耐性が出現したという。薬物に連続的に曝露され続けた結果、脳内のシナプスの受容体に活性低下が起こってくることによる。薬物の種類によって活性低下の度合いが異なるので、耐性が生じやすい物質とそれほど耐性が生じない物質がある。また、ある薬物について生じた耐性が、同じ受容体によって感知するほかの物質にも当てはまる現象がみられる（交叉耐性）。たとえばアルコールとバルビツレートとは交叉耐性があるので、多量飲酒者は静脈麻酔（バルビツレート）が効きにくい。

7 アルコール関連障害

1 アルコール摂取の背景

多くの人は飲酒量や飲酒行動を制御できる。したがって多くの国々ではアルコールは身近な飲料物で禁止になっていない。しかし、依存や耐性があり、悪循環のわな*におちいり、過剰飲酒によってアルコール関連問題が生じる。

我が国の成人平均飲酒量は戦後、特に1960年代の高度経済成長期に労働者人口の増加とともに上昇し、1980年代から横ばいとなっている。近年の飲酒人口での大きな変化は、それまでは飲酒量が少なかった女性、高齢者、若者の層で飲酒量が増大していることである。

2 急性薬理作用（酩酊）

アルコールによる酔いを酩酊という。医学的に単純酩酊、複雑酩酊、病的酩酊に分けられるその特徴を表2-7に示す。

3 アルコール依存症（アルコール使用障害〈DSM-5〉）

ICD-10より以前は、飲酒行動異常と離脱症状の両方がみられる場合にアルコール依存症と診断した。しかし現在は、前述の依存症候群（本節 p.78）の❶〜❻のうち三つを満たしていれば、たとえ❸離脱症状や❹耐性がなくてもアルコール依存症と診断する。すなわち、アルコールに対する強い渇望と探索行動があれば依存症である。本人は飲酒すると精神的緊張がとけ、酩酊によって、対峙すべき困難や葛藤から一時的に逃れることができる。その快感や手軽さから抜け出せなくなる。DSM-5では社会障害の立場をとっており、アルコール使用障害という用語を採用している。

❶アルコール依存症になりやすい体質

依存症になりやすいか否かは生物学的な体質も関係する。アルコールが肝臓で代謝されてできるアセトアルデヒドを、さらに分解するアルデヒド脱水素酵素2型（ALDH2）の欠損があると大量飲酒は難しい（図2-10）。アセトアルデヒドは顔面紅潮、頭痛、吐き気、頻脈というフラッシング反応を起こす。この場合には飲酒量は制限されるので、アルコール依存症にはなりにくい。白人、黒人ではほとんどがALDH2を有しているのに対して、モンゴロイドである日本人は5％がALDH2完全

★飲酒
適度なアルコールの摂取は、精神的緊張を緩和しコミュニケーションを円滑にする。そのため古代文明の時代から、会食におけるアルコール飲酒は、異種部族間の緊張を緩和し、争いを未然に回避してきた。文明の発達あるいは人間の快適な生活とアルコールの飲酒は切っても切れない関係がある。

★悪循環のわな
日中から連続飲酒するようになると、家庭生活、社会生活、職業生活が破綻していく。厳しい現実から逃れようとアルコールの酩酊に頼る、という悪循環に陥り、ますます精神的にアルコールに依存していく。アルコールは耐性があり、同じ効果を得るためには量が増えていく。やがて身体依存が生じる。飲酒を中断すると、不快な離脱症状が生じるものの、飲酒によって即座に改善する。そのため、ますますアルコールがやめられなくなる。

日本は飲酒に寛容な社会といわれています。その理由を考えてみましょう。

表2-7　酩酊の分類

単純酩酊	・血中のアルコール濃度上昇に伴う一般的な反応を単純酩酊という。 ・興奮や精神病症状はなく、通常の酔っ払いである。 ・**表 2-8** のようにアルコール血中濃度によって4段階に分けられる。
複雑酩酊	・比較的高い（通常 0.18%以上の）アルコール血中濃度で、被刺激性が高まり言動が粗暴になる異常酩酊を複雑酩酊という。 ・酩酊による興奮が長く続く。 ・また衝動的で抑制がきかなくなる。 ・しかしこれらの言動は、周囲の状況からある程度理解が可能である。 ・また、完全な意識障害に陥ってはいないので、ある程度回想できる。
病的酩酊	・飲酒によって急激に意識変容が生じ、せん妄やもうろうとなり顕著な興奮を示す異常酩酊を病的酩酊という。 ・少量でも飲酒の数分後にきわめて攻撃的になり情動が不安定になる。 ・その言動は周囲の状況とは無関係で、理解が不能である。 ・本人の時間や場所の見当識は障害され、あとで全く回想できない。 ・アルコールに起因する脳の異常反応といえる。

表2-8　アルコールによる酔いの段階

発揚期 (0.02 ～ 0.05%)	・前頭葉によるトップダウンコントロール（**図 2-9**）の抑制が取れる。すなわち、ほろ酔い状態になり、緊張がとけ、欲望が表出される。主に上機嫌で多弁になる。作業遂行能力や集中力が増すような錯覚が生じるが、実際は注意の持続や反応が低下し、思考も散乱する。
酩酊期 (0.1 ～ 0.15%以上)	・ろれつが回らなくなり、足元もおぼつかなくなってくる。
泥酔期 (0.2 ～ 0.3%以上)	・千鳥足になり歩行困難となる。移動や覚醒には介助が必要である。外部刺激にかろうじて反応するが完全な覚醒には至らない。
昏睡期 (0.4%以上)	・外部刺激にも反応しない意識障害の状態である。延髄の呼吸中枢の麻痺に至ると死亡する。あるいは意識障害下での嘔吐物誤嚥により窒息死する。

*　血中アルコール濃度＝（　　）内によって4段階に分けられる。

図2-10　アルコールの肝臓での分解経路

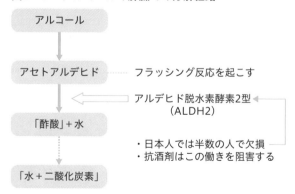

欠損、約半数が部分欠損である。

　また、飲酒によって早くに依存症になりやすい人と長年飲酒していても依存症になりにくい人とがいて、しばしば家族性に依存症がみられる。

★尻拭い

たとえば、泥酔し暴力を振るう夫から離れずに、しかも昼夜働いて家計を支えて、母親のように熱心に本人を看病する妻である。

★共依存

共依存の結果として、自分がいないとこの人は本当にだめになってしまう、という思考に、無意識のうちにはまり込んでいる。

❷家族の病理

　本人は周囲に多大な迷惑をかけ、あるいは社会的に破綻してしまっていても、尻拭い*をしてくれる家族がいることがある。結果として家族が、本人が飲酒することを支えている（イネイブリング）。また後始末や肩代わりといった過剰な世話焼きをすることが、その家族にとっての生きがいや手ごたえ、存在価値になっている（共依存*）。

　アルコール依存症を治療するためには家族は尻拭いをやめ、本人に一度どん底の底つき体験をしてもらうことが必要である。本人の意志と責任によって断酒する姿勢がなければ、アルコール依存からは脱出できない。

4 アルコール離脱

❶離脱症状

　身体依存が形成されると、今度はアルコールを急激に中断したときに離脱症状が生じる。アルコール自体は薬理学的に抑制作用をもっているので、離脱期には、抑制とは逆の興奮を示す。離脱期の興奮のときにアルコールを摂取すると興奮が抑制され、平穏な状態となる。これは出現の時間的経過から、❶早期離脱症状（小離脱）、❷後期離脱症状（大離脱）とに分けられる（表2-9）。

表2-9　離脱症状

❶早期離脱症状 （小離脱）	・飲酒停止後2時間以内に、交感神経系の過剰興奮が起こる。 ・不安焦燥と手指の振戦（アルコール離脱振戦）、自律神経症状（発汗、動悸、血圧上昇、発熱）がみられる。 ・症状のピークは飲酒停止後1〜2日である。 ・軽い意識障害があり錯覚や一過性の幻視も生じる。 ・この離脱症状は飲酒によってすぐに改善するが、そのままでも数日のうちに軽快する。 ・時にこの時期にけいれん発作（強直間代けいれん）が生じる。 ・電解質異常や脱水などがけいれんの原因として考えられる。
❷後期離脱症状 （大離脱）	・飲酒停止後1日以上経過して生じる、振戦せん妄の状態である。 ・3〜4日でピークを迎え1週間程度で改善する。 ・手指振戦（早期離脱症状）がひどくなった粗大な振戦と自律神経症状、興奮、そして意識変容が出現する。 ・意識障害の類型の一つだが、意識混濁はそれほどひどくなく、表面的には会話が可能で指示に従える。 ・壁や天井に、小動物や虫がうごめいているといった幻視がみられる。この幻視は現実感があり、自分の体の上を這い上がってくる虫（幻触）を追い払おうとする。 ・この時期は被暗示性が亢進しており、閉眼させて「虫が見える」と言いながら眼球を圧迫すると実際に虫が見えてくる（リープマン現象）。 ・また、しばしば慣れた職業上の仕草がみられる（職業せん妄）。

❷離脱せん妄の治療

ベンゾジアゼピン系薬物（アルコールと交叉耐性をもつ）であるジアゼパムの静脈注射薬を点滴で投与する。急速飽和によって離脱の激しい症状が緩和される。また脱水の管理とともに、ビタミンB₁（チアミン）を中心としたビタミンB類、ビタミンC、ニコチン酸を補給し、特にビタミンB₁欠乏によるウェルニッケ脳症やコルサコフ症候群の出現を予防する。

5 アルコール依存症（アルコール使用障害）の治療

飲酒をやめる（断酒）ことに尽きる。禁酒は他人から飲酒を禁止されること、断酒は自分の意志によって飲酒をやめることをいう。断酒の継続には、本人の強い意志が不可欠である。アルコール依存症者は飲酒に関連する問題を否認しがちであり、自分がアルコール依存症者であることを認めない。「新アルコール・薬物使用障害の診断と治療ガイドラインに基づいたアルコール依存症の診断治療の手引き」[1]（2018 年）によれば、❶入院治療が必要、❷飲酒に伴って生じる問題が重篤で社会・家庭生活が困難、❸生命に危機がある、❹離脱症状が生じている、場合にはあくまで断酒が目標である。ただし、①軽症の依存症で合併症がない、②断酒に同意しない、場合に限り飲酒量低減を現実的な目標とする。

飲酒は現実に向きあわないための最も楽な方法である。アルコール依存から脱却することは、アルコールに頼らない人生、生活を目指すことを意味する。生活体験を通して再び社会性を獲得していくためには個人カウンセリング※のみでは限界があり、断酒会や AA などの自助グループ、集団療法への参加が不可欠である。

❶自助グループへの参加

アルコール依存症者は、長年にわたる数々の失敗、社会的信用の喪失を経験しているために自尊心が低下し、孤独感、疎外感に苛まれている。また一人では、断酒を続けていく意志を持続させることは難しい。この場合、当事者グループに参加して、互いに断酒の決意を分かちあい、励ましあい、情緒的に支えあって困難を乗り越えていくことができる。

断酒会では自ら飲酒をやめようという意思のある人が定期的に集まり、自らの飲酒による失敗談や、断酒をしている現在の生活や意志を、会合にて発表しあう。それにより患者は自身の問題を他人が語った問題のなかに見出すことができる。また仲間の成功のなかに、希望を見つけることができる。そして他人のなかで発表することで、自身の現実的・

★個人カウンセリング
アルコールに頼ることなく現実の問題に対峙し、解決へ努力していることを支持的に扱う。

適応的な生活への取り組みが強化される。

　参加者が匿名（anonymous）であり社会的立場や名前を語らないことを原則とする場合は、AA（alcoholics anonymous）と呼ばれ、欧米では標準である。参加者のプライバシーは守られ、断酒を継続する個として全員が平等であることが確保される。

　アルコール以外の精神作用物質（違法薬物）についての自助グループとしてダルク（DARC：Drug Addiction Rehabilitation Center）とナルコティクス・アノニマス（Narcotics Anonymous：NA）とがある。ダルクは1985（昭和60）年に開設され、現在、全国に50か所以上の社会復帰施設をもち、通所や入所の形で援助活動を展開している。またNAはAAと同じ形態で運営されている。

❷抗酒剤の併用

　生物学的に血中にアセトアルデヒドが蓄積するとフラッシング反応（末梢血管が拡張し、発汗や頭痛、吐き気、顔面紅潮）が生じる（図2-10参照）。抗酒剤としてアセトアルデヒド脱水素酵素2型（ALDH2）の働きを阻害する薬（シアナミド、ジスルフィラム）をあらかじめ飲んでおく。誘惑に負けて飲酒した場合に、体内にアセトアルデヒドが蓄積されて不快なフラッシング反応が出現するので、断酒の意志を継続できる。また抗酒剤を服用することが、周囲への断酒の宣言となる。

6　アルコール依存症に関連する特殊な病態

　ウェルニッケ脳症やコルサコフ症候群などがある。そのほかを表2-10に示す。

❶ウェルニッケ脳症

　長年の多量飲酒によりビタミンB₁（チアミン）が欠乏し、意識障害、眼球運動障害（脳幹の神経核の障害による）、失調歩行（小脳の障害による）の三徴が出現する病態をウェルニッケ脳症という。未治療では1～2割が死亡する。生存しても半数以上でコルサコフ症候群に移行する。

❷コルサコフ症候群

　前向健忘、逆向健忘、見当識障害、作話、病識欠如の五徴が出現する病態をコルサコフ症候群という。ビタミンB₁欠乏により、間脳の乳頭体に変性が生じる。アルコール依存症者の場合、離脱せん妄やウェルニッケ脳症（意識障害がある）の後にコルサコフ症候群（意識障害はない）となる。離脱せん妄と違って、この状態のまま症状が固定して治らない。

★ウェルニッケ脳症
ビタミンB₁はアルコールを分解する過程で大量に消費される。またアルコール依存症者は、しばしばアルコール以外のものは摂取していない低栄養状態にある。ビタミンB₁は脳内で酵素活性の補助として機能し、これが欠乏すると中脳から間脳にかけての神経細胞が壊死する。

★前向健忘
今から将来のことが記憶として積み上がっていかない記銘力障害。

★逆向健忘
発症の時点より以前の時期の数か月～数年間の記憶がなくなる。

★作話
過去の出来事や現在の状況についての誤った知識に基づく発言を言う。本人は人を騙すつもりはなく、自分の発言が誤りであるとは気がついていない。確信が乏しい点で、病的で誤った確信である妄想とは区別される。

表2-10　その他のアルコール依存症に関する特殊な病態

アルコール幻覚症	・アルコール離脱時（意識障害下）の幻視とは異なり、長年の多量飲酒の結果として意識障害がないときに幻覚が生じることをいう。 ・たいていは幻聴である。 ・最初は要素的幻聴（機械的な音）であるが次第に言語性幻聴（人の声）に変化していく。 ・このアルコール幻覚症は「急性中毒でも離脱症状の一部でもない精神病性症状」（ICD-10）であり、離脱症状とは別のものである。 ・たいてい幻聴は1か月間程度で消失し、統合失調症に比べて経過が短い。 ・また統合失調症とは違って、人格水準の低下やまとまりのなさは少ない。
アルコール性（嫉妬）妄想	・アルコール依存症者はしばしば、配偶者が自分に愛想をつかし不貞を働いていると確信し、配偶者を監視し、自白を迫る。 ・この背景には、配偶者から（飲酒による経済的な破綻、飲酒行動に伴う暴力等の迷惑行動があるので）疎外されているという事実や、アルコール依存に至った精神的葛藤がある。 ・すなわち本人の置かれている状況からは了解可能な内容の妄想である。 ・統合失調症者にみられるような理解不能な、体系だった妄想ではない。
アルコール精神病	・アルコール精神病とはアルコールに関連する脳器質的障害を総称していう。 ・したがって、振戦せん妄やコルサコフ症候群、ウェルニッケ脳症、アルコール幻覚症など（急性中毒以外の）すべての疾患を総称していう。 ・この広い概念は、個別な疾患を吟味することなく安易に使用され医学的意義があまりないということから ICD-10、DSM-IVでは削除され、アルコール誘発性障害群として、アルコール誘発性「精神病性障害」、「神経認知障害群」などと診断するようになった。
胎児性アルコール症候群	・母親が妊娠早期に大量飲酒をすると、臓器に奇形（口唇・口蓋裂、心房・心室中隔欠損など）をもった胎児性アルコール症候群の子どもが生まれる。 ・精神発達遅滞、小頭症を伴い、低体重、低身長である。
アダルト・チルドレン（AC）	・アルコール依存症者のいる家庭は機能不全に陥っていて、子どもにとってみれば、健全な人間関係のあり方を学ぶことができない。 ・アルコール依存症者を親にもち成長したアダルト・チルドレン（AC）は不自然な家庭のなかで育ち、人間関係をうまく結べない、適応できない生きづらさを抱えている。

8 アルコール以外の抑制系精神作用物質

1 大麻・マリファナ

　大麻は世界各地に生息している植物である。マリファナは、大麻の樹脂や葉っぱの浸出液を乾燥させたものである。その成分はカンナビノイドで、脳内の受容体と結合して薬理作用を出現させる。少量の喫煙でアルコールに似た酩酊状態となり、気分が高揚し知覚過敏となる。色彩や音楽が生き生きと感じられ、さまざまな体験自体が快感で恍惚となり、陶酔する（グッド・トリップ）。しかし同時に不安や抑うつなどの不快感も生じる（バッド・トリップ）。多量で高濃度の使用では意識変容、幻覚妄想が出現し、急性錯乱状態になる。長期投与では、無気力、感情の平板化、抑うつが持続する。

★大麻
大麻は、大麻取締法（昭和23年法律第124号）にて規制されている。大麻は精神依存があるものの、身体依存や耐性が大きくは目立たないことから、社会的有害性は少ないのではないかという誤解もあった。しかし大麻を持続的に使用していると、人によっては幻覚や妄想が長い経過のなかで出現し、中断したあとでも影響が残る。また、無気力が慢性的に持続し生産的な社会生活が営めなくなる。

2 アヘン・モルヒネ*

アヘンは、ケシの果実の浸出液を乾燥させ粉末状にしたもので、精神依存、身体依存が強力で、耐性も強い。

精神症状は、最初の投与では少量で快感が得られ、陶酔し最高に心地よい体験となる。ところが耐性が生じるので、同じ効果を得るためには増量していかなくてはならない。最終的には、初期使用量の数十倍の量が必要になる。また精神依存が生じ、アヘンを手に入れることがあらゆることに優先される。身体依存が形成されると、苦痛な離脱症状を避けようとして、ますます薬物探索行動が激しくなる。本人はこのような状態を忌み嫌うが、アヘンを使用しない生活には戻れず、不安や無力感に苛まれる。

身体症状として、便秘や縮瞳がみられる。また、食生活や生活はすさみ、低栄養でやせる。

3 ベンゾジアゼピン（睡眠薬）*

大脳辺縁系の過剰な興奮を鎮静し、精神的緊張や興奮を緩和する。常用量で依存が生じる。長年の服薬により身体依存が本人の知らない間に形成され、断薬により不安や反跳性の不眠が生じる。また、アルコールと併用したときにしばしば快感を得る。それが精神依存を形成する。

処方された安定剤の乱用、大量まとめ飲みというオーバードーズの問題が、最近の若者、特に女子の間で起きている。

4 揮発性溶剤

シンナー（トルエンなどの揮発性溶剤3〜4種の混合液）をはじめとする揮発性溶剤は酩酊作用をもつ。低濃度の短時間吸引では心地よいが、長時間吸引で酩酊が進むと、アルコールの複雑酩酊に似た症状が出現し、制圧的で粗暴な行動をとる。色が鮮やかに見える、あるいはゆがんで見えるといった急性の視覚異常や、要素的な幻聴がときに出現する。

脳細胞の働きを抑制する抑制系の物質であり、精神依存*と耐性が生じる。毒物及び劇物取締法（昭和25年法律第303号）によって規制されている。

9 興奮系の精神作用物質

1 覚醒剤（アンフェタミン、我が国ではメタンフェタミン）（精神刺激薬）

❶覚醒剤の社会背景

覚醒剤は静脈注射直後から数時間にわたり、気分が高揚し、眠気や疲労感が一掃されるため、第二次世界大戦時に軍で広く使用されていた。その軍物資が戦争終了直後より闇の形で、一般人にヒロポンという名前で売られることになり、多数の労働者が覚醒剤依存症になった（第一次乱用期）。1951（昭和 26）年に覚せい剤取締法（昭和 26 年法律第 252号）ができて、依存症者は一時少なくなった。しかし1970 年代になって、暴力団が活動資金源として近隣国から買いつけ密輸入するケースが増えた（第二次乱用期）。その後、使用が沈静化したが1995（平成 7）年頃から再び増加に転じた（第三次乱用期）。使用動機も享楽的なものとなっている。2000（平成 12）年前後をピークに減少してきているが、最近では、都市部の路上などで不特定多数の人、特に青少年や主婦への密売が行われており、取締りが強化されている。使用数日後であっても、尿検査で使用が判明する。

❷覚醒剤による症状

「興奮系」の薬物で投与直後から気分が爽快になり、眠気がとれ、頭が冴えわたる。性感も高まる。しかしその爽快気分は持続せず、投与数時間後には薬効が切れ、疲労倦怠感、脱力感や気分不快感、抑うつ気分が生じる。この不快さから逃れるために再度、覚醒剤を使用するという悪循環に陥る。身体依存の形成は原則的にないが、耐性が生じる。精神依存が強力であり、一度使用するとやめられなくなる。

アンフェタミンに脳が敏感な者では投与時に知覚過敏、幻覚妄想が急激に出現する。

❸覚醒剤精神病

覚醒剤では耐性が形成され、満足を得るため使用量がどんどん多くなる。さらに長期間使用するとしばしば幻覚妄想が持続的に出現するようになる。統合失調症にみられる幻覚妄想とは違いがある。覚醒剤精神病では幻覚妄想の内容が状況依存的で、ある程度了解できる内容である。一方、統合失調症では、幻覚妄想のテーマが一貫していて、状況によって変わることはない。また覚醒剤精神病では、疑い深く猜疑的で、しつ

★**依存と症状**

当初は集団で仲間意識の確認儀式のような形で吸引し始めるが、依存になってしまい一人で隠れて吸引するようになる。常用によって無気力状態に至る。また集中力や持続力に乏しくなり、労働や学習ができなくなる。

★**幻覚妄想**

幻覚妄想は状況依存性で、その場の状況に彩られる。たとえば「暴力団が取り立てにきて、命を狙われている」「警察に包囲されている」と主張し興奮して周囲を威嚇する。これは、暴力団から非合法な形で購入して使用しているという後ろめたさが関係している。

こく詮索を続けるが、人格の崩れは少なく疎通性は保たれており通常の会話が成立することが多い。これは統合失調症の場合に人格水準の低下があり、会話の内容にまとまりがなく自分の世界のなかで浮遊しているのと異なる。

覚醒剤精神病は1か月～数か月で多くは消失するが、症状消失後、ごく少量の覚醒剤の再使用によってまた元の精神病状態が再現することがある（逆耐性現象）。さらに、覚醒剤の再使用でなくても、不眠や不安、心理的ストレス、飲酒、ほかの精神作用物質の使用によって、昔あった覚醒剤精神病の症状が再燃する（フラッシュバック）。ドーパミン作動性の神経系が過敏性を獲得し、些細な刺激で異常興奮に至ることによる。

2 リタリン®

リタリン®*は健常者には爽快感や多幸感を生じさせ精神依存を引き起こし、大量乱用では幻覚妄想や耐性が出現するため、乱用や不正入手が問題となっていた。そのため現在、流通管理や処方要件が厳格化されている。

3 コカイン

コカの葉から抽出された物質で麻酔作用があり、局所麻酔薬として用いられていた。興奮系の薬理作用をもち、脳内報酬系の神経回路を刺激し、強い精神依存を起こす。気分が高揚し陶酔し万能感を味わえるが、次に強い不安焦燥と抑うつにとって代わる。欧米では鼻粘膜への吸着、吸煙の形で乱用されていて、日本でも流行の兆しがある。

4 幻覚剤（MDMAなど）

幻覚剤MDMAはエクスタシーとも呼ばれ、合成麻薬の一種で精神刺激薬と幻覚剤の両方の作用をもつ。海外で合成され、錠剤やカプセルの形で密輸入され、日本で乱用が広まっている。覚醒剤に似て脳内神経伝達物質ドーパミンを放出させると同時に、セロトニンも放出し、多幸、時間感覚の消失、知覚の先鋭化、性感の高まりが起こる。覚醒剤と同様、耐性や退薬時の抑うつや不安焦燥がみられる。

このように幻覚剤では、意識変容や幻覚体験が快感となる。欧米を中心にかつてヒッピーブームとともに流行したLSD（かつては麦角から抽出）も幻覚剤である。我が国では脱法ドラッグとして一時流行したマジックマッシュルーム、メチロン（通称）などの物質も、2000年に入っ

★リタリン®
ナルコレプシーや注意欠陥多動性障害（ADHD）の治療薬である塩酸メチルフェニデートは、アンフェタミン類と同様の中枢刺激薬であるにもかかわらず、2007（平成19）年までは、日本ではうつ病や抑うつ状態の患者にも保険投与でき、安易に入手できた。

て取締りが強化され違法となった。

5 危険ドラッグ

2000 年になり、指定薬物の化学構造を一部変えて取締りの対象になりにくくした、脱法ドラッグが出回った。なかでも、大麻に似た作用のハーブや覚醒剤類似作用の物質を添加したハーブ（脱法ハーブ）が流行した。しかし吸引による重大交通事故などの社会問題が生じ、2014（平成 26）年に危険ドラッグという名称をつくり、そう指定することで取り締まりが強化されることになった。

10 ニコチン使用による障害（ICD-11、コード6CA）

タバコの成分であるニコチン＊が依存症を引き起こす。タバコへの渇望や欲求があり制御困難となり、反復的な使用の結果、臨床的に意味のある苦痛が生じ、または社会的、職業的な活動に障害が生じているものをいう（タバコ使用障害）。

タバコを急に中止すると 24 時間以内に、❶易怒性、❷不安、❸集中困難、❹食欲増進、❺落ち着きのなさ、❻抑うつ気分、❼不眠、のうち四つ以上の症状が出現する（タバコ離脱）。禁煙療法として、ニコチンパッチやニコチンガムを用いて低濃度のニコチンを補充し離脱を和らげながら、喫煙に代わる適応的な行動を身につけさせ、喫煙に結びつく環境を整える。

★ニコチン
ニコチンには、眠気に対しては覚醒効果、心的緊張に対しては鎮静効果があり、使用が習慣化しやすい。そして、長期使用により精神依存、身体依存が生じる。

11 カフェイン関連障害

カフェイン中毒とは、最近のカフェイン＊の消費が 250mg を十分に超える高用量で、使用後すぐに、❶落ち着きのなさ、❷神経過敏、❸興奮、❹不眠、❺顔面紅潮、❻利尿、❼胃腸系の障害、❽筋攣縮（れん）、❾散漫な思考および会話、❿頻脈、⓫疲れしらずの期間、⓬精神運動興奮、のうち五つ以上が生じ、かつ、臨床的に意味のある苦痛、または社会的、職業的な活動に障害が生じているものをいう。

カフェイン離脱とは、長期にわたる毎日のカフェイン使用を突然中断、減量した後 24 時間以内に、❶頭痛、❷疲労感または眠気、❸不快感、

★カフェイン含有量
エナジードリンク 1 缶には 50〜150mg 程度、一般のコーヒー 1 杯には 50mg 程度のカフェインが含まれている。

抑うつ気分、易怒性、❹集中困難、❺嘔気または筋硬直、のうち三つ以上が生じ、かつ、臨床的に意味のある苦痛、または社会的、職業的な活動に障害を引き起こしているものをいう。

12 ▷ 嗜癖行動症（障害）群 （ICD-11、コード6C5）

ICD-11 では嗜癖行動症（障害）群として、ギャンブル症（障害）とゲーム症（障害）が追加されている。

1 ギャンブル障害（DSM-5）、ギャンブル症（障害）*（ICD-11）

賭けごとをせずにはいられない衝動を制御できず、賭博行為を頻回に反復してしまう障害をいう。人口の3～5％に賭博の問題がみられ、人口の1％が病的賭博であるという。青年期に出現し持続する。回復のための自助組織（ギャンブラーズ・アノニマス）がある。

★ギャンブル症（障害）
賭けごとをするということ自体に陶酔し嗜癖が生じ、賭けの結果がよくても悪くても、さらに賭けごとへの衝動が高まっていく。脳の衝動抑制の異常が示唆される。賭博の衝動は、生活のストレスが高まると増す傾向がある。経済的な困窮や負債、家族関係や職業生活の崩壊にもかかわらず、賭けごとをやめることができない。

2 インターネットゲーム障害（DSM-5）、ゲーム症（障害）（ICD-11）

インターネットはすでに我々の生活になくてはならないものとなっているが、❶衝動のコントロールの不能、❷離脱症状、❸耐性、❹現実の生活へマイナスに働く、といった依存を引き起こす特徴をもっている。典型として、特に10代から20代の若い世代を中心に、プレイ時間が1日10時間以上にも及ぶといったオンラインゲーム（ネットゲーム）依存がある。

インターネット依存とADHDは関連し得る。現実社会で人間関係を築くことが難しいADHD傾向にある人は直接的でない人間関係のほうが良好な関係を築き得る。また社会（社交）不安障害と関連し得る。すなわち匿名性が保たれ、直接対面のない相手と相互交流が行えるがゆえに、対人関係に伴う不安が軽減できる。さらにインターネットは、支持や達成感、現実での嫌な気分を忘れさせる世界を提供してくれる。そのため、特に若者では抑うつ気分を緩和する手段として、さしあたっての困難から逃避する手段としてインターネットを利用するようになる。結果として抑うつ気分がある者がインターネットに依存していくことになる。

　日本でも一部の施設では、アルコール依存症の治療のノウハウを活かして、若者のインターネット依存症専門のデイケア（インターネットから離れる時間をつくり、生活習慣を改善し、他者との直接のコミュニケーションや活動を楽しむことによって、嗜癖から脱却する）が運営されている。

❶ゲーム症（障害）（ICD-11）の症状と診断

　ゲーム症（障害）＊（ICD-11、コード6C51）はゲーム行動が継続的に、あるいは反復的にみられるもので、❶ゲーム行動（開始、頻度、程度、期間、終了、内容）をコントロールできない、❷ゲームがほかの関心事や日常生活活動より優先され、❸否定的な結果にもかかわらずゲームを継続する、またはエスカレートする、以上❶〜❸のすべての状態が12か月以上続く場合をいう。

　引き起こされる重大な障害として、生活の乱れ（昼夜逆転）、学業不振（遅刻、欠席、退学）、家族との対立、浪費（課金）、社会的孤立、暴言暴力、健全な活動への意欲低下、極端な運動不足がある。

❷ゲーム症（障害）の予防・治療＊

　ほかの依存性疾患と同様に予防教育やルール作りが大切である。インターネットやメディア利用に関する、依存症の危険性も含めた教育、学校や自治体全体でのルールの設定（時間制限など）などである。家庭・教育・行政が、幼少期から成人期にわたり、予防・治療・社会復帰まで連続してかかわる必要がある。

★ゲーム症（障害）
若者の1割程度が該当するという。オンラインとオフライン（インターネットによらないデジタルゲーム、ビデオゲームを主とする）に分類される。

★ゲーム症（障害）の治療
インターネット（オンライン）ゲーム障害の若者が多い韓国では治療や予防のために、依存専門相談施設、予防相談センターを設立し、2007年よりレスキュースクール（中高生を対象とした治療キャンプ）、2011年よりシャットダウン制（16歳未満の者に対して夜間のネットゲームの提供禁止）を導入した。

◇引用文献
1）日本アルコール・アディクション医学会・日本アルコール問題学会「新アルコール・薬物使用障害の診断治療ガイドラインに基づいたアルコール依存症の診断治療の手引き 第1版」2018.

第3節 統合失調症[F2]

学習のポイント

- 統合失調症の病態と診断について理解する
- 統合失調症の症状と経過について学ぶ
- 統合失調症の治療、予後を左右する要因について学ぶ

1 統合失調症（統合失調症スペクトラム障害）とは

統合失調症とは、主として10代後半～20代前半の思春期、青年期に発症し、人格、知覚、思考、感情、対人関係などに障害をきたす原因不明の脳の疾患である。幻覚、妄想、自我障害などの陽性症状と、感情鈍麻、意欲の低下などの陰性症状とが出現する。記憶や注意、遂行機能などの認知機能にも軽度の低下がみられる。未治療では急性の精神病エピソードを繰り返し、慢性に経過し、生産的な社会生活が送れなくなる。一方、薬物療法、心理社会的治療を適切に行うことによって再発は予防でき、半数では社会的に自立した生活を送ることができる。

ICD-10では統合失調症［F2］に、ICD-11では統合失調症（またはほかの一次性精神症群）［6C4O～6C5Z］に分類されている。

1 精神分裂病命名までの歴史

このような患者群に含まれる各種病態に19世紀半ばから妄想性痴呆、緊張病、破瓜病などの名称がつけられた。これらを、ドイツのクレペリン（Kraepelin, E.）が1899年に、思春期に発症し慢性に進行し、最後は荒廃状態に至る経過に注目して早発性痴呆（dementia praecox）と命名した。

その後、スイスのブロイラー（Bleuler, E.）が1911年に、精神分裂病（schizo：分裂、phrenie：精神）という病名を提唱した。

現在では横断的な症状、縦断的な経過の両面から、一つのまとまった疾病群として捉えている。ICD-10やDSM-5といった操作的診断では、比較的重症な中核的な例を想定しており、その周辺には妄想性障害、統合失調症感情障害といった中核からははずれる比較的軽症な疾病単位を

★早発性痴呆

原因は不明であるものの、何らかの生物学的な素因があると考え、一つの疾患単位とクレペリンは考えた。しかし患者は、人格荒廃に至る「痴呆」例ばかりではなく、知能が保たれている例、生産的な社会生活を送れている例もみられた。したがって経過の特徴を捉えた早発性痴呆という名称は、この統合失調症の継続的な病名にはならなかった。

★ブロイラーが命名した統合失調症

思考、感情、体験といった心的機能があたかも分裂してしまっていると捉え、また、単一疾患ではなく、疾患群と考えた。経過ではなく、ある一時点の横断的な病像で本疾患を捉えた。統合失調症は一つの疾患なのか、いくつかの疾病からなる症候群なのかは、このブロイラーの時代から現在までもち越された課題である。

配置してある。

2 精神分裂病から統合失調症へ

　かつての精神分裂病という用語は、「精神が分裂してしまっている奇異な疾患」との誤解を招き、世の中の偏見を助長していた。病態を適切には表していないとの従来からの指摘もあり、日本精神神経学会は2002（平成14）年に統合失調症と名称を改めた。現在では学問的にも行政的にも、精神分裂病ではなく統合失調症の名称を用いている。はからずも2005（平成17）年に障害者自立支援法（平成17年法律第123号）が制定され、当事者が自分の診断書や精神障害者保健福祉手帳を持ち歩く機会が増えた。また、当事者のエンパワメントを高めていこうとする昨今の社会の流れのなかで、自らの病名を公表して活動する機会が増えた。

2 統合失調症の発症原因

　生涯有病率は0.7〜0.8％で、世界各国でほぼ一致している。男女差もない。生物学的原因は、いまだ定説はないが、幻覚や妄想、興奮といった激しい症状にドーパミン遮断薬が効果があるという事実がある。このことは脳内神経伝達物質のドーパミンが過剰になっていることを示唆する（ドーパミン過剰仮説）。同時に、一卵性双生児でも発病の一致率は50％、兄弟では10％程度であり、遺伝的な要因があるとはいいながら、環境的な要因も発症に深く関与している。結局、神経発達の異常や個体の脆弱性、ストレスなど多くの要因がからみあって発症に至る、と考えられている。

発症や病態の仮説

　脆弱性―ストレスモデル、神経発達障害仮説、ドーパミン過剰仮説、統合失調症Ⅰ型、Ⅱ型の区別の試みなどがある。

❶脆弱性―ストレスモデル

　個体に脆弱性（弱さのこと）があり、ある程度以上のストレス性の強いライフイベントや家族の高い感情表出（EE）などが加わると、ピストルの引き金をひいたように一挙に発症し、精神病状態になる（図2-11）。

★統合失調症の名称
「思考や感情を統合する力が健常者より弱く失調しやすい」との病名に変更されたことで、病態を一般の人に説明しやすく、また当事者や家族にとっても心理的に受け入れやすいものとなった。

Active Learning
統合失調症の病名が変更されてきた経緯を整理し、病名から受ける印象について考えてみましょう。

★神経発達障害仮説
胎生期や周産期に神経発達の障害が生じていて、小児期から行動や認知機能に特徴がみられ、思春期に脳に何らかの機能的な異常を生じさせ、青年期に発現するという説である。しかし、発症後にも、脳機能の形態や機能が進行性に変化することが知られており、この神経発達障害仮説だけですべてを説明することは困難である。

★脆弱性
ここにいう脆弱性とは、もともとの脳の弱さ（認知・情報処理の苦手さ）を意味するものであり、生来的にも、後天的にも獲得され得る。生来的なものとしては、生物学的な遺伝子群の異常、神経発達の障害、胎生期後半の冬季のウイルス感染などが指摘されている。後天的なものとしては、社交性の乏しさや対人能力のまずさ、不快刺激に対する過剰反応などといった心理的な弱さ、社会的な脆弱性が挙げられる。

図2-11　脆弱性―ストレス対処モデル

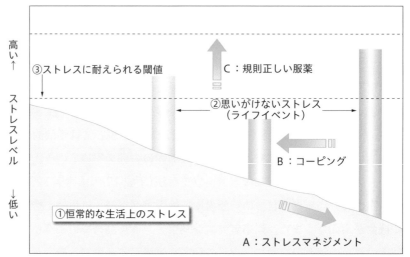

※恒常的な生活上のストレスを上手に軽減し(A)、ライフイベントに対して対処力（コーピング・スキル）
　を発揮して小さく体験(B)すること、規則正しい服薬(C)により、ストレスに抵抗できる閾値を高く保つ。
　A、B、Cを活用して、①＋②がやすやすとは③を超えないようにすることが大事。
出典：水野雅文、藤井千代、佐久間啓ほか編，慶應義塾大学部精神神経科総合社会復帰研究班『リ
　　　カバリーのためのワークブック――回復を目指す精神科サポートガイド』中央法規出版，p.4,
　　　2018. を一部改変

　発症はしばしば、進学や家庭環境の変化、就職など、ライフイベント
をきっかけに明らかになる。発症が（幼少～児童期でも、中年期～老年
期でもなく）思春期を過ぎた青年期であることから、それまでの家庭環
境、社会的環境が脳の脆弱性を増長させていて、神経発達が完成する頃
に異常が表に現れると考えられる。

　ストレスを軽減し（**図2-11のA**）、対処法（コーピング）を学び（**図
2-11のB**）、規則正しい服薬（**図2-11のC**）をすると発症や再発を予
防できる（**図2-11**の点線の位置よりも棒グラフの値が越えないように
なる）。

❷ドーパミン過剰仮説

　脳内の神経伝達物質であるドーパミンが過剰になることがこの病の
原因と関係しているとの仮説がある。クロルプロマジンをはじめとする
ドーパミンD_2受容体作用薬が、幻覚妄想をはじめとするこの疾患に効

---

i　統合失調症Ⅰ型、Ⅱ型の区別の試み：ドーパミン過剰仮説の限界を打破する考えが
　　いくつかある。1980年代にクロウ（Crow, T. J.）は、統合失調症を「急速に発症し
　　陽性症状を主体とし、ドーパミン受容体遮断薬に反応する」Ⅰ型と「緩徐に発症し
　　陰性症状を主体とし、ドーパミン受容体遮断薬に反応しない」Ⅱ型に分類した。統
　　合失調症は症候群であり、一つの疾患ではない、という100年来の議論を再認識さ
　　せた。もっとも、Ⅰ型、Ⅱ型を時期によって両方経験する例や、Ⅰ型でもドーパミ
　　ン受容体遮断薬が効かない例、Ⅱ型でもドーパミン受容体遮断薬の効果がある例も
　　あり、この理論が最終的な結論とはならなかった。

果があることを根拠とする。また、幻覚妄想などの統合失調症類似の症状が出現する覚醒剤精神病では、脳神経のシナプス部位のドーパミン濃度が明らかに上昇していることも、ドーパミン過剰仮説を支持する。さらに、統合失調症者では死後、脳やPET（脳代謝を測定する）研究にてドーパミンD_2、D_1結合能に異常が確認されている。このドーパミン過剰仮説を上回る、的確な発症理論がない。

しかし一方、感情鈍麻、自閉といった陰性症状に対してはドーパミンD_2受容体遮断薬の効果がなく、またすべてを神経伝達物質ドーパミンの過剰にて説明するのも短絡的すぎるとの批判がある。

現在では、ドーパミンのほかに、セロトニン、グルタミン酸、γアミノ酪酸（GABA）などの、ほかの神経伝達物質のバランスの崩れも統合失調症者の脳で生じていることがわかっている。実際は、ドーパミンを含んだいくつかの脳伝達物質の乱れと、脳の脆弱性など複数の要因によって発症すると推定される。

3 統合失調症の症状

1 陽性症状と陰性症状

統合失調症の症状は陽性症状と陰性症状とに分けられる。

なお、連合弛緩（思考のまとまらなさ）や内的緊張は、陽性症状と陰性症状の両面の要素がある。

❶陽性症状（健常者にはない症状がみられる）

幻覚妄想、外部に表出される思考のまとまらなさの異常（滅裂思考に基づいた言動）、興奮、奇異な動作など、外からみて明らかに正常ではないとわかる症状。

❷陰性症状★（健常者にあるはずのものがない）

感情鈍麻（生き生きとした感情の喪失）、会話の貧困さ、意欲低下、無為、自閉など、外からみてあまりはっきりとしない症状。

2 急性期の経過と症状

陽性症状は、適切な薬物治療により数週間の単位で回復する場合が多い。一方、陰性症状は薬物治療の効果が乏しく、適切な対応やリハビリテーションがなされないと、しばしば数か月～数年の経過で悪化していく。また非特異的な症状を含めて、精神症状は、明らかな陽性症状発症

★陰性症状
陰性症状をさらに、本質的な症状である一次性の陰性症状（非定型抗精神病薬の効果もあまり期待できない）と、非定型抗精神病薬が効果を示す二次性の陰性症状（陽性症状消退後の神経疲労や、陽性症状治療時の薬物治療による過鎮静など、統合失調症自体の本質ではない症状）とに分けて考えることもある。

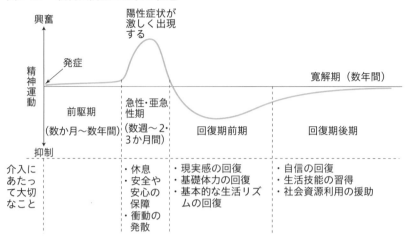

図2-12　統合失調症の症状の経過

の数年前からわずかにだが生じている（前駆期）と考えられる。（p.102
参照）（図2-12）。

　典型的な例では発症初期（急性期の増悪期）には陽性症状が主体で、
陰性症状は陽性症状がやや治まってから明らかになる（図2-12）。

　寛解期には陰性症状が主体となる。この寛解時にはしばしば陽性症状
消退後のうつもみられる。

　再発すると、陽性症状が治療により治まった後に、再発前より陰性症
状が悪化していることがわかる。統合失調症の病気の本質は陰性症状に
ある。というのが多くの研究者の一致するところである。

▎3 長期入院と陰性症状

　社会生活ができない様子が、陰性症状によるものなのか、それとも統
合失調症を患ったことにより二次的に生じているものかはしばしば区別
がしにくい。たとえば陽性症状の改善後も長期入院をやむなく継続して
いる者は、❶脳障害を基盤として陰性症状が進行し、生活障害をきたし
ていて退院が困難となっている者（病気の症状そのものを原因としてい
る）、❷退院の受け皿がない者（長年の入院の間に、家族関係や社会環
境が変化してしまったことが原因となっている、いわゆる社会的入院）、
❸長期入院の結果による施設症をきたしている者（本来の統合失調症の
症状ではなく、処遇によって二次的に生活障害が生じた状態）、とが混
じっている。

4 シュナイダーの一級症状

　従来診断の一つ目に、シュナイダー（Schneider, K.）の一級症状を参考にする考え方があった（**表2-11**）。ここにある症状がみられた場合には統合失調症を強く疑っていた。

　統合失調症以外の疾病、たとえばアルコール精神病などでも、幻覚や妄想はみられる。しかし、その場合には病理が重い**表2-11**の症状は確認できない。この場合、アルコール依存症と統合失調症の合併ではなく、アルコール精神病であろうと判断する。

5 ブロイラーの四つの基本症状

　従来診断の二つ目に、ブロイラーの基本症状（ドイツ語で四つのＡ）を参考にする考え方がある。**表2-12**の①〜④には幻覚や妄想といった急性期の派手な症状は含まれていない。ブロイラーは、幻覚や妄想は病気の本質ではない副次的な症状と考えた。また、この四つの基本症状は幻覚妄想が消退したあとにも観察されることが多く、陰性症状と通じるものである。

★シュナイダーの一級症状

DSM-5の改訂にあたっては、DSM-IV-TRまではかろうじて組み入れられていたシュナイダーの一級症状が、すべて削除された。これはDSM-5は統合失調症をスペクトラム障害として捉えようという考えによる（本節p.103-104参照）ものである。この考えはICD-11に踏襲されている。

表2-11　シュナイダーの一級症状とその例

① 特有の幻聴
　・思考化声（自分の考えていることが声になって聞こえてくる）
　・自分を批判する幻聴（自分が今行っていることにいちいち批判、コメントをしてくる）
　・対話形式の幻聴（２人以上の他人が自分のことで噂しあっている）
② 作為体験
　・被影響体験（たとえば、自分の身体に電波がかけられ操られているなど）
③ 思考奪取（自分の考えていることが誰かに抜き取られている）
　・思考伝播（自分の考えていることがまわりの人に筒抜けになっている）
④ 妄想知覚（たとえば、ここに時計が置かれているのは地球滅亡のサインだ、など実際の知覚に対して論理的にも感情的にも了解できない意味づけがなされる）

表2-12　ブロイラーの四つの基本症状

① 感情の障害（Affektstörung）：感情鈍麻や無関心があり、生き生きとした感じが伝わってこない
② 自閉性（Autisums）：自分の内的世界に閉じこもり、現実の世界から遊離している
③ 両価性（Ambivalenz）：一つのものにまったく相反する感情、思考を向ける
④ 観念連合の障害（Assoziationsstörung）：思考内容のまとまりの悪さがある

1 知覚の異常（幻覚）

幻聴が主にみられる。逆に、幻聴以外の知覚の異常しかみられない場合にはほかの疾患を疑う。たとえば幻視しかみられない場合には統合失調症ではなく、意識障害や脳器質疾患を疑う。

通常は言語性幻聴である。シュナイダーの一級症状にあるように、自分の考えていることが他人の声になって聞こえてくる（思考化声）、自分が今行っていることにいちいち批判をしてくる、複数の他人が自分のことを噂しあっている（対話形式の幻聴）といった形式の幻聴がみられる。

声は、他人に知られたくない自分の心のなかのコンプレックスやわだかまり、話題として触れられたくないもの、恐れていることが、自己と他者との境界の崩壊により、自分の身体の外側に広く公（他人の声）になって、自分がコントロールできない形で現れたものである（図2-13）。したがって本人にとって非常に嫌なもの、聞きたくないものであり、大変な苦痛である。

2 思考内容の異常（妄想）

一次妄想とはその生じ方が心理的に了解できないものをいう。一方、二次妄想とは一次妄想以外のものをいい、その妄想の発生がかろうじて了解が可能なものをいう。一次妄想としては、妄想気分、妄想知覚、妄想着想がある。このなかでシュナイダーの一級症状にある妄想知覚は、統合失調症にのみ確認できることが多い特異的な症状である。

★妄想気分
何となく不気味な気分になり「自分の周辺でただならぬ重大事件が起こっている気配がする」などと感じる。

★妄想知覚
表2-11（p.99）の ④ を参照。

★妄想着想
突然に頭に浮かんだことをそのまま確信するもので、たとえば「私は神だ」と感じたりすること。

図2-13 幻聴と自我障害を理解する模式図

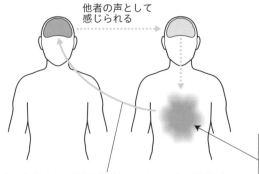

[他者]　　　　　　[本人（自己）]

他者の声として感じられる

・他者に知られたくないこと
・コンプレックス
・わだかまり
・触れられたくないこと
・恐れていること

自己と他者との境界が崩壊し、自己の心の活動が他者の頭の中（脳）で行われていると感じる

妄想の内容は、関係妄想や注察妄想が出現する。

3 思考過程の異常

考えに論理的な結びつきがなくなる。思考が支離滅裂となる。軽症の場合には会話の文脈がまとまらず話の筋がはっきりしない連合弛緩となる。重症の場合には、無意味な言葉の羅列となり言葉のサラダと呼ばれる。また、考えている思考が突然止まってしまう思考途絶がみられる。

4 自我障害

自分の考えや行動が自分のものであるという能動意識が障害される。他人の考えが吹き込まれる（思考吹入）、あるいは干渉してくる（思考干渉）、自分の考えではない考えが浮かんでくる（自生思考）、考えが抜き取られる（思考奪取）、他人の意思で自分が動かされ操られている（させられ体験、作為体験）、自分が存在するという感覚が薄れる（離人症）などがある。

これらは自己と他者との境界（自我境界）の崩壊（図 2-13 参照）による自分の考えが広く他人に伝わってしまっている（思考伝播）と感じる。

また健康人ではごく当たり前な、自分は一人であって二人はいないという感覚（自我の単一性）の障害がみられる。自分は周囲とは区分され、過去も未来も連続する固有の一人であるという感覚（自我の同一性）にも障害がみられる。

5 意欲・行動の異常

自発性の低下（怠惰な生活を送るが退屈を感じていない状態）、発動性欠乏がみられる。自ら何か行おうとすることが薄れ、生活が不規則、身支度に無頓着になる。

その経過のなかで、一過性に緊張型（表 2-14 参照）の症状が出現することもある。

6 統合失調症の感情障害

感情鈍麻、両価性、自閉がみられる。会話は成立しても共感性が乏しく、意思が通じにくくなる（疎通性の障害）。

また急性期の陽性症状が改善したあとにしばしば抑うつ状態が続く。エネルギーを消費してしまった状態と考え、精神病後抑うつという。

★関係妄想
周囲のすべての事柄が自分と関係しているのではないかという妄想をいう。内容は自分のコンプレックスやふれられたくないことを象徴している（図2-13）ので、被害的な内容となる。

★注察妄想
感覚が病的に過敏になり、しばしば自分が他人から見られているという妄想のことをいう。

Active Learning
妄想にはどのようなものがあるか整理し、周囲の者としてどのように対応したらよいか考えてみましょう。

★感情鈍麻
外界からの刺激に対して、自然な感情がわいてこない状態。

★両価性
ある対象に対して、好きと嫌いなどの相反する感情が同時に存在すること。

★自閉
現実の世界との接触を失い、あるいは拒否して自分だけの世界に閉じこもること。

第2章 代表的な精神疾患

図2-14　統合失調症者への精神療法・支援対応の原則

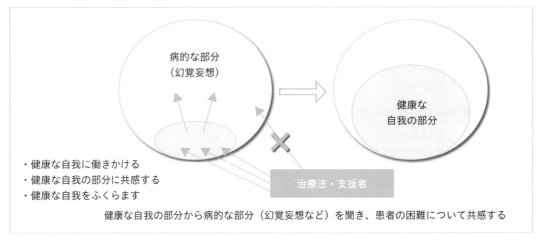

出典：先崎章「"リハビリテーション"のこれが適切な方法です，高次脳機能障害者への適切なケア」『精神看護』第11巻第6号，pp.32-47，2008.

7 病識の障害

　特に急性期には病識がないことが多い。しかし体験しているすべての
ことに客観的な判断ができないのではない。何かおかしいという病感を
しばしばもっている。また、幻聴が辛い、辛いことをなんとかしてほし
い、といった感覚、健康な自我の部分をもっている（図2-14）。この
健康な自我の部分に共感し働きかけるのが治療の原則の一つである。

8 前駆期の症状

　統合失調症の症状がそろう急性期の前に、すなわち前駆期にもさまざ
まな症状が認められる。具体的には、落ち着きのなさ、不安、集中困難
な様子、エネルギーの欠如などである。このような段階で受診すること
は少ない。しかし、この前駆期にも注意して診察すると初期統合失調症
と診断できるという[ii]。具体的には、自生体験、気づき亢進、漠然とした
被注察感、緊迫困惑気分が認められるという。この段階での診断は精神
病未治療期間（DUP：duration of untreated psychosis の日本語訳で、
明らかな精神病症状の始まりから専門的治療が開始されるまでの期間）
を短くする。早期発見・早期治療という予防医学の視点からも重要であ
る。

　発病前であっても前方視野的に、精神病発症危険状態（at risk
mental state：ARMS）という概念が用いられ、早期の適切な介入と
リスクの軽減によって発病に至らずにすむという考え方がある。

★精神病発症危険状態
（ARMS）
❶微妙な陽性症状、❷
短期間の間欠的な精神
症状、❸精神病になり
やすい特性（家族歴や
パーソナリティ特性）
があり社会的機能低下
がある場合をいう。

5 統合失調症の診断

1 症状と経過による従来診断

統合失調症はいまだ器質的な（脳の部位に由来する）異常を同定できない、機能性（脳の働き具合）の精神病である。詳細な MRI 解析によって、側脳室や第Ⅲ脳室の拡大、あるいは前頭葉と側頭葉を中心とした灰白質（皮質）の体積の減少といった器質的な形態の異常が明らかにされてはいるが、それらが何を意味するのか、いまだ不明である。

そのため診断は、がんのマーカー（血液検査で、ある物質が高いと、あるがんの可能性が高いと判断する）のようなものはなく、症状と経過により診断する。というのも横断的な（ある一時期の）症状だけでは診断が難しい事実がある。たとえば、幻覚妄想は統合失調症では普通にある症状だが、ほかの疾患、たとえば意識障害（意識の混濁も含む）、一部の脳器質疾患、一部の神経症性障害、パーソナリティ障害でもしばしばみられる。一口に幻覚妄想といっても、さまざまな病理学的な症状の重さ軽さがある。幻覚妄想を認めることのみを根拠として、統合失調症と診断することはできない。

しかしここで、統合失調症に特異的な症状（統合失調症にしかみられない病理が重い症状）があれば診断に役に立つ。精神医学の歴史を踏まえた「従来診断」（伝統的診断）は、この特異的な症状を観察し体系化してきた。精神医学が歴史を大切にし、ICD-10 や DSM-5 のような現代型の操作的診断があっても、シュナイダーやブロイラーが提唱した古典的な従来診断を、今なお参考にし得る理由がここにある。

2 統合失調症の操作的診断学による診断

地域別に、あるいは国際的に病気の疫学や治療方法を、正確に比較検討するためには、同じ状態なら同じ診断名になることが必要である。そのような要請から操作的診断学は改良を重ねてきた。

現在各国で用いられている ICD-10 による統合失調症の診断基準を、わかりやすく一部改変し **表 2-13** に示す。ICD-10 で症状の持続が 1 か月間未満の場合には急性統合失調症様精神病性障害という診断となる。

また、DSM-5 では、統合失調症スペクトラム障害を、❶妄想、❷幻

★操作的診断
ICD-10、DSM-5に代表される操作的診断は、まだまだ改良の余地が多い、不完全なものと考えるべきであろう。あるいは疾病の統計上の分類、いわば目録にしかすぎないものであり、当事者の理解や治療のための視点はICD-10、DSM-5ではむしろ取り除かれている、と考えるべきであろう。

---

ii　中安信夫『初期分裂病』星和書店，1990.　による定義。

表2-13　統合失調症診断ガイドライン（ICD-10を一部改変）

　a）～ d）までの少なくとも一つの症状、または e）～ i）の少なくとも二つの症状が
1か月以上存在すること。
a）思考化声、思考吹入、思考奪取、思考伝播
b）外部から支配・影響されて抵抗できない内容の妄想や妄想知覚
c）自分の行動にいちいちコメントしてきたり、自分のことを複数の人たちが噂している
　　形式の幻聴
d）その国や文化ではありえない内容の妄想
e）浮動性の妄想や支配的な観念を伴い、数週間以上にわたって継続する妄想
f）思考がまとまらず、あるいは思考が途絶え、会話がまとまらない
g）緊張病性の行動の異常（著しい興奮、昏迷、拒絶、カタレプシー）
h）はっきりとした陰性症状（無気力、会話内容の貧困さ、感情鈍麻、自然な感情の
　　発露のなさ）
i）行動の質的な変化（関心の喪失、目的の欠如、無為、社会的な引きこもり）

出典：WHO, 融道男・中根允文・小見山実ほか監訳『ICD-10 精神および行動の障害——臨床記述と診
　　　断ガイドライン 新訂版』医学書院, pp.98-99, 2005. を一部改変

覚、❸まとまりのない会話（思考）、❹ひどくまとまりのない、または
異常な運動行動（緊張病を含む）、❺陰性症状（情動表出の減少、意欲
欠如）の五つの精神病性症状のうち一つ以上の異常がみられ、この症状
が一時的なものではなく、また物質・医薬品誘発病性でもなく、ほかの
医学的疾患によるものでもない場合に診断するとしている。

　さらに DSM-5 では統合失調症を、A. 前述の❶～❺のうち❶～❸を
含む二つ以上が存在し、かつB. 仕事、社会的、職業的な機能の低下、C.
1か月間ほとんどいつも存在する、持続的な徴候が6か月を超えて続く
など、A～Cを満たす場合に診断するとしている。

★統合失調症
DSM-Ⅳ-TRでは、前
述のAが存在するか、
あるいはシュナイダー
の一級症状の形式をと
る幻聴や奇異な妄想が
一つでもあり、かつ前
述のAの症状を一つ満
たしていれば統合失調
症と診断した。

 ## 6　統合失調症の分類（ICD-10まで）

　ICD-10、そして DSM-Ⅳ-TR でも以下の主に三つの病型（**表 2-14**
①～③）に分類されていた。実際は鑑別不能であったり、同じ症例であっ
ても経過のなかで病型が変遷することも少なくない。すなわち三つの型
を厳格に区分する意義がないという立場があった。そして（DSM-Ⅳ-
TR までは記載があったが）DSM-5、ICD-11 においては、これらの病
型の記載は削除された。

表2-14　統合失調症の病型分類（ICD-10）

① 解体型 （破瓜型）	・破瓜期（破瓜とは漢語で16歳を意味する）すなわち思春期に発症し、月～年単位で徐々に進行していく。 ・幻覚や妄想があまり目立たず、感情鈍麻や自閉といった陰性症状が比較的最初の頃から目立つ。 ・会話や言動にまとまりがなく、何回かの病状増悪期（シューブ：schub）を繰り返し、人格が徐々に解体していく。 ・未治療の場合、最終的には生活障害が進行し欠陥状態に至る。
②緊張型	・突然の興奮や昏迷、緊張病状態で発症する。 ・急性期には精神運動興奮、反響言語（オウム返し）やカタレプシー（蠟屈症）、あるいは突然の激しい緊張状態がみられる。 ・無言や拒絶、常同もみられ得る。 ・適切な治療（電気療法も含む）によって数日～数週間でかなり落ち着いた状態になる。 ・周期的に経過し、寛解期（症状が消失している時期）には人格の崩れは目立たない。 ・DSM-5では統合失調症・緊張型という記載はなくなったものの、この緊張型を含む病態を、緊張病（カタトニア）として独立させた。緊張病（DSM-5）には暫定的に、うつ病や双極性障害など、統合失調症以外の疾患による同状態も含まれる。 ・身体疾患による精神病症状の場合、たとえば抗NMDA受容体自己免疫脳炎では、当初の段階で身体疾患によるものと判別することは困難であり、緊張病あるいは統合失調症スペクトラム障害という診断名がまずは暫定的につく可能性が高い。後に、「他の医学的疾患による緊張病性障害」との確定診断になる。
③妄想型	・30歳前後と比較的遅い年齢で発症する。 ・幻覚や妄想のみの症状が目立つ一方、陰性症状や人格の崩れは少ない。 ・被害関係妄想の程度がひどくなく日常生活に支障をきたさなければ、職業生活を継続している者も多い。 ・一般に病識は乏しく、本人は病院に通院して治療する必要性を感じないので、しばしば治療には至らない。 ・妄想がまとまった体系に発展する場合にはそれを崩せないほど体系化され（妄想体系）、自分の世界のなかで生きているようになる。
その他単純型など	・ICD-10ではさらに、単純型統合失調症（幻覚、妄想がはっきりせず、陰性症状が1年以上にわたって進行する）、残遺型統合失調症（陰性症状を主体とする）、統合失調症後抑うつ（抑うつ症状が主にみられる）が分類として記載されている。

第2章
代表的な精神疾患

7　統合失調症の経過と予後

1　経過

　経過や予後は個別性がありさまざまである。急性期から寛解期にかけての経過は**図2-12**に示したとおりである。

　さらに長く20年、30年という経過でみると、大まかにいって約半数では完全に回復、あるいは軽度の障害を残すものの他人の援助が必要でない程度まで回復する。すなわち、全体の4分の1では職業生活、社会生活に問題ない程度に回復、4分の1では他人の援助なしに生活ができる程度までほぼ回復する。一方、残りの約半数では何らかの他人の援助が必要なレベルにとどまる。

★緊張型（ICD-11）
ICD-11では、緊張病症候群という疾患が新たな疾患概念として追加された。昏迷状態になり精神運動が低下ないし停止する状態を、従来診断では緊張病（カタトニア）と呼び統合失調症と関連づけていた。しかし、ほかの精神疾患や、身体疾患（脳炎、自己免疫疾患、代謝疾患など）でも生じることが明らかになり、ICD-11では一つの独立した疾患概念となった。

全体の４分の１では自立は困難ながらもグループホームや作業所である程度安定した生活が送れる。４分の１では残念ながら増悪と再燃を繰り返し、あるいは治療薬の効果が乏しく、重い生活障害がみられる状態に移行する。しかしながら50歳、60歳を超えて高齢になると、若いときのような症状の激しさがなくなり、全体的に穏やかになり、少量の治療薬ですむことが多くなってくる。

2 予後

予後に関しては一般に以下のような事実がある。

❶急性発症のほうが、緩徐に発症した場合よりも予後がよい、❷緊張型のほうが、解体型よりも予後がよい、❸発症年齢が高いほど、若く発症した場合に比べて予後がよい（早く発症したということは、それだけ脳の脆弱性があったと推定されるからである）、❹発症の誘因があるほうが、誘因がない場合に比べて予後がよい（誘因がないのに発症したということは、それだけ脳の脆弱性があると推定されるからである）。また、❺精神病未治療期間（DUP）が短いほど予後がよい。この事実は、統合失調症においても早期発見・早期治療という予防医学の視点が重要であることを裏づけるものである。

8 統合失調症の治療

統合失調症の治療の基本は、❶薬物療法、❷精神療法、❸家族支援、❹精神科リハビリテーション、である。すなわち、①脳神経伝達物質の過剰なドーパミンをブロックする薬（抗精神病薬）を投与する。②健康な自我の部分が感じている辛さに共感し、健康な自我の部分を膨らませる（図 2-14 参照）。③家族の治療への力を高める。④集団のなかでの活動、作業を通して、対人技能、社会的自己を確立する援助を行う。

このうち❷精神療法、❸家族支援、❹精神科リハビリテーションは他巻で述べられるので、本章では❶薬物療法を中心に解説する。

1 薬物療法（抗精神病薬）

発症して特に５年の間に脳の構造的異常、機能的異常が悪化する。したがって発症した場合には、できるだけ早期からの抗精神病薬の投与が不可欠である。結果的に中枢神経を保護する。治療の遅れは病気の経過

を悪くする。適切な抗精神病薬を投与すれば、急性期の激しい症状は数日で軽減する。また数週間でかなり落ち着いた状態になる。しかし脳の脆弱性自体を治療することにはならないので、寛解後も年単位で抗精神病薬を服用することが必要である。寛解すると、病気は治ったと思って、本人も家族も抗精神病薬を中止したくなる。

しかし、退院後すぐに薬物療法を中止すると1年以内に7割が再発（再入院）する。一方、薬物療法をきちんと継続している場合には、1年以内の再発は3割に減る。さらに薬物療法と精神科リハビリテーションを併用して本人の力を高めると再発は1割に減る。

2 再発の予防

再発を繰り返すと人格水準が低下していく。また再発のたびに症状の改善に時間がかかるようになる。寛解に至る時間も長くなる。統合失調症を発症した者の治療で重要なことは、いかにして再発させないかということに尽きる。再発は発症後最初の2年間に起こりやすい。再発を防ぐためには脆弱性―ストレス対処モデル（**図2-11**参照）の模式図に示されるように、A：ストレスマネジメント（恒常的な生活上のストレスが少ない環境に身を置く）、B：コーピング（社会生活技能訓練（SST）などで対処技能を身につける）、C：規則正しい抗精神病薬の服薬が必要である。

3 デポ剤の使用

服薬アドヒアランス（本人が自主的に服薬を続けること）、あるいは服薬コンプライアンス（服薬遵守といい、決められたとおりに薬を服薬すること）を高めることが再発予防のためにきわめて重要である。そのためには良好な支援者―患者関係を築くことが欠かせない。しかし、どんなに家族や支援者が努力を重ねても服薬を中断し再発を繰り返す者がいる。このような事態が予測される場合には、1回の筋肉注射をすれば持続的に薬効があらわれて2週間、あるいは1か月の効果が期待できるデポ剤（持続性注射剤）を使用する。現在日本ではハロペリドール、フルフェナジン、リスペリドンのデポ剤がある。

4 非定型（第二世代）抗精神病薬の使用

従来型の定型（第一世代）抗精神病薬（鎮静作用の大きいクロルプロマジン、レボメプロマジンに代表されるフェノチアジン系の薬と、幻覚

妄想に対する効果が高いハロペリドールに代表されるブチロフェノン系の薬）は大部分の患者では確かな効果がある。また、特に初期精神病や軽度の精神病状態には鎮静作用が穏やかで抗うつ効果も期待できるベンザミド系のスルピリドをよく用いていた。

　一方、1990年代半ばから各種、副作用（錐体外路症状や過鎮静）の少ない非定型（第二世代）抗精神病薬が日本でも使用できるようになり、セロトニン・ドーパミン遮断薬であるリスペリドン、ペロスピロン、アリピプラゾール、あるいはMARTA（多元受容体標的化抗精神病薬）であるクエチアピン、オランザピンが第一選択薬として使われるようになった。もともとこれらの非定型抗精神病薬でも錐体外路症状などの副作用が皆無というわけではない。また糖代謝異常（高血糖）をきたしやすく、糖尿病があるとリスペリドン、ペロスピロン以外の非定型抗精神病薬は投与できない。

　欧米では難治の統合失調症の治療の切り札として1969年から使用されていたクロザピンが、日本でも2009（平成21）年より、一定の基準（副作用である無顆粒球症に検査対応できる）を満たす医療機関では投与できるようになった。

　これらの非定型抗精神病薬はその薬効から、適量を単剤投与することが薦められるようになった。また副作用を防ぐ薬を併用投与しなくてもすむ場合が多いので、投与する薬の個数や回数が減った。以前の定型抗精神病薬のみの時代に比べると、服薬遵守がなされるようになった。昨今の地域診療所数増加の効果もあり、入院ではなく地域での生活を送りながらの急性期治療、あるいは比較的短期間の入院期間での治療が可能となった。

■5 抗精神病薬の副作用

　薬の比較的よくある副作用として錐体外路症状がある。投与1～2日以内に起こる急性ジストニア（眼球上転がよくみられる）、投与1～2週から目立ってくるパーキンソン症状（両手振戦、前かがみ歩行）、アカシジアがある。これらは抗コリン剤を併用投与することで軽減する。

　投与1年くらいから生じる遅発性ジスキネジアがある。また、的確な治療をしないと死にも至ることがあるという意味で、悪性症候群を見逃さないことが重要である。急激な高熱と発汗、激しい錐体外路症状（四肢の振戦、関節固縮）が出現する。悪性症候群の場合にはダントロレンという薬が第一選択薬である。

★アカシジア
静座不能症。このとき本人は、頭は落ち着いているのに、足がむずむずし落ち着かない、という訴えをする。

★遅発性ジスキネジア
服薬をやめたあとにも出現し得る。出現するか否か個人差が大きい。これは効果のある治療薬がないのでやっかいである。

また悪性症候群のような重篤な副作用でなくても、肝機能障害、肥満、抗コリン作用による便秘はよくみられる副作用（有害事象）である。

6 電気治療（電気けいれん療法）

昏迷や精神運動興奮が非常に重篤な場合、抗精神病薬を投与することがしばしば困難である。あるいは、自殺の危険や衝動性がきわめて高く、一瞬たりとも身体抑制を解くのが困難で緊急の治療が必要な場合がある。このような場合に、頭部の左右のこめかみに専用の器具で100 V程度の交流を数秒間流す電気治療がしばしば選択される。通常は強直間代けいれんが起きるので電気けいれん療法ともいわれる。

麻酔科医の管理のもとで、静脈麻酔をした後でさらに筋弛緩剤を投与しながら行う（修正型電気けいれん療法）と、強直間代けいれんがなく、（脊椎圧迫）骨折のリスクや心肺循環への負担が少なくなる。パルス波治療器を使用することで健忘の副作用も少なくなった。

9 家族支援

患者に対する家族の感情表出（EE：expressed emotion）のあり方が再発の頻度に大きく関係する。拒絶や攻撃、巻き込まれすぎなどの否定的な感情表出が高い（high EE）家族では再発の危険が高くなる。家族教育を含めた家族のサポート、支援が非常に重要である。

10 統合失調症の周辺の疾患

1 妄想性障害（ICD-10、DSM-5、ICD-11）

妄想性障害とは、長期間継続する妄想が唯一の、あるいは中心の症状であり、ほかの精神症状をほとんど認めない疾患である。統合失調症に比べるとはるかに頻度は少ない。好発年齢は中年期である。

妄想性障害の一類型に、古典的にはパラノイアという概念があった。

❶症状

妄想があるが、妄想型の統合失調症ならばほぼ認められる幻聴を、妄想性障害では原則として認めない。また統合失調症に特徴的な精神症状（たとえば、自我障害、思考のまとまりのなさ、感情鈍麻、運動興奮）

★電気けいれん療法
電気治療はパソコンにたとえるとリセットを行うようなもので、適応を選べば非常に医学的に有効な治療法である。緊張病性の昏迷や、過度の興奮がみられ薬物療法が困難な場合にきわめて有用である。毎日あるいは1～2日おきに1回、通常は数回行う。

★パラノイア
para＝「的はずれ」、noia＝「精神」のギリシャ語に由来する。精神状態が普通ではないという意味である。近年は学問的には用語として使用されなくなった。

★妄想性障害の妄想
妄想は長期間（DSMでは1か月以上、ICDでは3か月以上）、一貫していて、しかも妄想の内容は実際には絶対あり得ない奇異なもの（たとえば、宇宙人やエイリアンが自分に交信をしかけている）ではなく、実際にあり得る内容（たとえば、近所の人が自分を仲間はずれにしている）である。妄想は体系化され一貫している。

も出現しない。

❷治療

病識はなく自ら治療目的で精神科を受診することはなく、家族が連れてくる。妄想の内容を受容的な雰囲気のなかで否定しても、その不合理さについて誠意をもって論理的に説明しても、本人には受け入れられない。本人が抱える身近な生活上の問題点、本人が困っているところ（いわば健康な自我の部分）を話し合い、より安心した生活ができるよう解決に向けて努力していこうとさせる対応が求められる。

薬物療法も受け入れることがない。しかし不眠や焦燥に対症的に薬物療法が望ましい場合には、本人がより快適に生活できる（たとえば、熟睡感の確保、気分の安定、あるいは本人が改善したいと思っている心身の不調の改善などをもたらす）薬であることを経験させ、受け入れてもらう努力が必要である。

2 急性一過性精神病性障害（ICD-10、ICD-11）、短期精神病性障害（DSM-5）

急激に精神病症状を発症して、しかも2～3か月以内に（DSM-5では1か月未満と定める）完全に回復して、人格の崩れもなく元の社会生活に戻れるような一群をICD-10、ICD-11では急性一過性精神病性障害*としてほかの疾患と区別している。精神科救急の現場ではよく遭遇する。これは次の非定型精神病といわれていた一群と重なる概念である。

3 非定型精神病（従来診断）

うつや躁と幻覚妄想の両方を同時に発症する精神病のなかから、❶急性発症、周期的な経過、❷意識変容、急性の幻覚妄想状態になるが、（統合失調症とは違って）人格の崩れはない、❸予後がよい（仕事や家庭生活を発症前と同じように破綻なく送れる。長い経過の統合失調症のような人格水準の低下はみられない）、という一群が非定型精神病*と名称を付けられた。この非定型精神病の一部が、次の統合失調感情障害である。

4 統合失調感情障害（ICD-10、DSM-5）

気分障害と統合失調症との両方の特徴を同時期に併せもった病態を操作的診断では分裂感情病（現在は、統合失調感情障害）という。統合失調感情障害（分裂感情病）と診断するためには、❶気分障害と統合失調症の診断基準A（本節p.104参照）を満たす状態が同時に存在する

★急性一過性精神病性障害の特徴
統合失調症のような前駆症状がなく1～2週間程度の間に急性に発症し、幻覚妄想、知覚過敏が顕著にみられるが、その内容が多彩で刻々と変化する。また一過性に幸福感や恍惚感を、あるいは別のときには情動の混乱や不安焦燥を訴える。

★非定型精神病の歴史的背景
クレペリンは内因性精神病を早発性痴呆（現在の統合失調症）と躁うつ病の二つに分類した。しかし、実際にはどちらの特徴も併せもつ（うつと躁がありながら幻覚妄想があるなど）例もある。通常この例は突然に発症し劇的に回復する様相を示すので、アメリカでは急性分裂感情病、ドイツでは類循環精神病と呼んでいた。この状態を呈する人がしばしば同一家系から出ることから遺伝性が推定され、統合失調症や気分障害とも違う別の精神病と考えられた。操作的診断にあるような定型ではないので非定型精神病と名づけられた。

こと、❷気分障害を伴わずに統合失調症の症状（幻覚妄想）だけが２週間あることが必要である。治療によって欠陥を残さずに回復する。

5 感応性妄想性障害（ICD-10）

英語圏では感応精神病、フランス語圏では二人精神病と呼ばれている。社会的に孤立した２人、あるいは３人といった少人数のなかで感化されて妄想が出現し持続する。発端者と被感応者とが密接な関係のなかにある場合に生じる。たとえば同一の家族のなかで、親と子ども、姉と妹といった近いなかで優位になる発端者（親や姉）の妄想が、相対的に劣った被感応者（子や妹）に転移する。発端者の妄想はあり得る範囲のものであって、奇異なものでない。発端者から被感応者を引き離すことによって改善するが、しばしば幻覚や妄想が持続し抗精神病薬の投与が必要となる。

第4節 気分（感情）障害[F3]

学習のポイント

● 気分障害の診断について理解する
● うつ病の症状と治療について学ぶ
● 双極性障害の症状と治療について学ぶ

1 気分（感情）障害

気分（感情）障害（ICD-10）とは、気分または感情の変化を主症状とする精神障害をいう。具体的には、抑うつ気分（うつ病エピソード）や高揚気分（躁病エピソード）が一定期間持続して出現する。ここでの気分とは、比較的長く持続する喜怒哀楽、快不快などの感情をいう。

1 躁うつ病から気分障害へ、そして双極性障害と抑うつ障害群へ

19世紀、クレペリンは、躁状態の時期とうつ状態の時期とを周期的に繰り返す病態を、家族性であることや、周期性があることから、何らかの生物学的な基盤をもつ一つの疾患単位、躁うつ病としてまとめた。同時にもう一つの内因性精神病である統合失調症（当時は早発性痴呆）とは違って、繰り返し症状を発現するが、荒廃状態にはならないことを特徴とすることを指摘した。躁状態の時期がないうつ病もこの躁うつ病の範疇に含められた。

躁うつ病という概念は、1960年代以降、躁状態の時期とうつ状態の時期とを周期的に繰り返す双極性障害と、うつ状態の時期のみを繰り返す単極性うつ病とに分けられるようになった。また、うつ病のなかで心因性のもの（原因として心理的な要素が強いもの）を神経症性うつ病あるいは抑うつ神経症とし、内因性うつ病と区別するようになった。これらの伝統的診断は、原因や病態、あるいは治療法の違いと結びついて理解しやすかったが、診断基準が明確でなく、しばしば医師によって診断が一致しなかった。

そこでICD-9、DSM-Ⅲでは気分障害という名称を用い、外から確認できる症状によって診断するように工夫された。うつ病期しかない病

態をも含めて、一つの気分障害のカテゴリーとしてまとめられた。DSM-5 では気分障害という用語を廃し、双極性障害と抑うつ障害群とを二つの章に分けた。また DSM- Ⅳで採用した非定型うつ病、すなわち状況依存性にうつ病の症状がそろう、もっぱら若い人にみられる気分障害を抑うつ障害群から削除した。

　一方 ICD-11 では、ICD-10 の考えを踏襲し、気分障害群のなかに抑うつ症群と双極性障害群を定めている。

2 診断分類

　気分（感情）障害（ICD-10）の分類では DSM-5 のように章を違えてはいないが、大きくは、反復性うつ病性障害（従来の「内因性うつ病」に相当）と双極性感情障害（従来の「躁うつ病」に相当）に分けられる（図 2-15）。

　ICD-10 では初めての病相をエピソード*と呼び、反復するものと区別している。またどちらも独立した疾患単位としている。一方、DSM-5 におけるエピソードとは、疾患ではなく疾患の構成部分（ある時点での症状群）を示している。そのため、エピソードの診断と疾患の診断の両方を判定することになる。

　初発時には、抑うつエピソード、あるいは躁病エピソードという診断になる。その後に年単位で経過をみていくなかで再びエピソードがみられ、反復性うつ病性障害であった、あるいは双極性感情障害であったということになる。

　気分障害の8割が、抑うつエピソードのみを繰り返す反復性うつ病性障害である。これは中年以降の年齢での発症が多い。なお、ICD-10 のうつ病性障害は、DSM- Ⅳ -TR では大うつ病性障害（「大」（major）とは「はっきりとした」という意味）、DSM-5 ではうつ病に対応する。[i]

　一方、双極性感情障害（DSM-5 では双極性障害）は抑うつエピソードと躁病エピソードとを繰り返すもので、20 歳前後の若い年齢での発症が多い。また、遺伝的素因の影響が大きいことが知られている。なお、躁病エピソードのみの気分障害はまれである。すなわち、躁病エピソードしかないようにみえても、今後経過を追っていくうちに、あるいは過

★DSM-5で気分障害という用語が廃された理由
客観的な症状に基づいて診断する方法がICD-10、DSM-IV-TRに引き継がれた。しかし症状や経過が診断基準を満たすとうつ病と診断されるので、この気分障害の範囲が内因性うつ病（生物学的要因が強く薬物療法の効果が期待できる脳の病気としてのうつ病）より広くなりがちであった。また、薬物療法や経過、予後などの点で、躁うつ病とうつ病とは異なる状態、疾患であるとのコンセンサスをまったく排除して一つの疾患単位にすることに、無理が生じてきた。

★エピソード
気分障害の分類は、従来診断、ICD-10（とほぼ同様な4版までのDSM）、双極性障害と抑うつ障害群とに分けられたDSM-5と、微妙に名称や分類が異なっており複雑である。本節では疾病の分類については一般にわかりやすいICD-10によるものを使用するが、うつ病相、躁病相の各様相についてはそれぞれDSM-5による記載にならって抑うつエピソード、躁病エピソード、軽躁病エピソードとして述べる。

---

i　日本でうつ病の範囲が曖昧に広がりすぎた原因の一つに用語の日本語訳の曖昧さがあった。そこでDSM-5の日本語訳にあたっては、病名の中のdepressive、depressed、depressionをすべて「抑うつ」と統一することにした。ただしmajor depressive disorderを大抑うつ障害とは訳さず「うつ病」と訳すことにした。この場合「うつ病（DSM-5）」と記載すると混乱が少なくなる。

図2-15　気分（感情）障害の病型（ICD-10）とDSM-5におけるエピソード

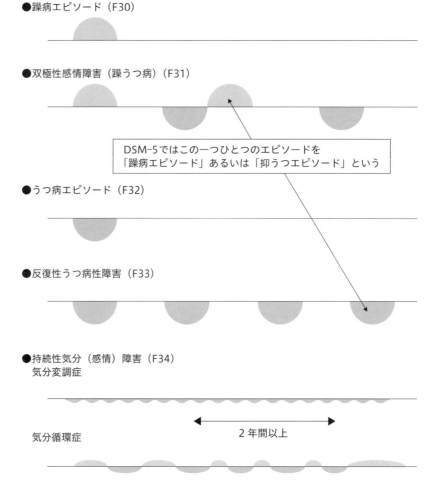

●躁病エピソード（F30）

●双極性感情障害（躁うつ病）（F31）

DSM-5ではこの一つひとつのエピソードを
「躁病エピソード」あるいは「抑うつエピソード」という

●うつ病エピソード（F32）

●反復性うつ病性障害（F33）

●持続性気分（感情）障害（F34）
　気分変調症

気分循環症

2年間以上

去にさかのぼって、抑うつエピソードの時期がほとんどの例で確認できる。

3 気分（感情）障害の病因

　反復性うつ病性障害（抑うつ障害）も双極性感情障害（双極性障害）も、病因はまだ明らかではない。神経学的な病因の仮説としては、❶モノアミン仮説（セロトニンやノルアドレナリンなどの脳内モノアミンの受容体が、ストレスによって変化を起こすというもの）、❷視床下部―脳下垂体―副腎系仮説（生体の副腎皮質ホルモンを含むストレス反応系に障害が起こり、ストレス脆弱性が生じているというもの）、❸神経細胞新生仮説（脳由来神経栄養因子BDNF（brain derived neurotrophic factor）が減少し、海馬などで神経細胞の新生が抑えられ、結果としてストレス脆弱性が生じているというもの）がある。家族性に気分障害が

生じることから、遺伝的素因が関係していることは間違いない。また病前性格も関与する。

しかし、素因と病前性格がそろっていても、それだけでは発症しない。精神的ストレス（焦り、緊張持続など）、あるいは身体的ストレス（身体疲労など）、あるいは社会的要因（社会風潮、秩序など）が強く関与している。具体的には、内因性うつ病は、肉親の死亡、家庭内不和、経済的破綻、身体的病気などの出来事によって生じやすい。また、必ずしもマイナスの価値観をもつ出来事だけではなく、昇進や結婚、事業拡大といった、新たな責任ある環境に投げ込まれることも発症原因となる。このように気分障害の病因は、生物学的、心理学的、社会学的なさまざまなレベルにわたっている。

4 内因性うつ病になりやすい性格

病前性格の研究では、うつ病になりやすい、執着性格（1920 年代に下田光造が提唱した）がある。几帳面、徹底的に熱中する傾向が基本にある。またメランコリー親和型性格★（1960 年代にテレンバッハ（Tellenbach, H.）が提唱した）も執着性格に似た概念である。秩序指向性、他者配慮の強い性格である。

歴史的に知られているものとしてクレッチマー（Kretschmer, E.）の循環気質がある。やや肥満体で、かっぷくのよい者が当てはまる。これは躁うつ病気質とも呼ばれ、社交的で活発、一人で過ごすことがなく、たえず他人との交流、会話を求める。一見、陽気ではあるが現実志向的で、他者と同調して無理にふるまってしまう面もある。

2 うつ病

1 うつ病エピソード（ICD-10）、うつ病（DSM-5）の症状

抑うつ気分が根底にあり活力が乏しくなるのが、うつ病エピソード（ICD-10）、うつ病（DSM-5）の特徴である。以下のような感情の障害、意欲・行動の障害、思考の障害、身体の症状が出現する。

❶感情の障害

① 抑うつ気分

「気分がめいる、落ち込む」「元気が出ない」「ゆううつだ」などと表現される抑うつ気分★がある。気分がゆううつで鉛のように重く沈む。表

第 2 章　代表的な精神疾患

★メランコリー親和型性格

一言でいうと、几帳面で責任感が強い、他人からの依頼を断れない性格である。一方では、柔軟性に欠け、解決不能な問題にも、いい加減に片づけることができず、真摯にまじめに完全に対峙しようとする。課題を抱え込んでしまい課題がやりきれなくなり、ストレスが能力の限界をこえると破綻してしまう。

Active Learning

うつ状態でのつらさを想像してみましょう。

★表情から察する抑うつ気分

軽症の場合には、人前ではむしろニコニコして気丈夫に元気にふるまっている例も少なくない。しかし、うつが進行してくると、いかなる場合にも元気にみせる余裕はなくなり、表情は乏しく、誰に対しても打ちひしがれたような活気のなさとなる。

情はさえず下を向き、発語のテンポはゆっくりとなり、会話数は減少し語調は弱くなる。反応や動きも一瞬、間をおいて行われる。しかし、苦渋ながらも遅れて行われる反応は正確であり、（器質性・症状性精神障害でみられる）意識障害や、（統合失調症でみられる）思路の異常はないことがわかる。

② 興味や喜びの喪失

すべての物事に対する興味や関心がなくなる（興味や喜びの喪失）。自分の趣味や好きなことに対する興味や感情も喪失する。いわば感情が枯れてしまった状態となる。日課にしていた新聞やテレビを見なくなる。あるいは、ぼんやりと新聞の見出しや、テレビの画面をただながめているだけになる。

③ 自責感、無価値観

メランコリー親和型性格であるうつ病（DSM-5）者は他者配慮が高じていて、他人に迷惑や心配をかけてはいけないと感じている。自分から苦悩を明かすことが少ない。周りの人たちに申し訳ないと自分ばかりを責めている（自責）。

何事にも悲観的で、物事を悪い方向にしか捉えられない。自分は価値がなく、生きていても仕方がないと感じている（無価値観）。

❷意欲・行動の障害

① 意欲や行動の低下

何かしようとする意欲がなくなる（精神運動抑制）。話し方や反応も遅くゆっくりとなる。身だしなみなどの最低限の日常生活も行うことが億劫でできなくなる。人と会うのも億劫で人との接触を避ける。うつがさらに重篤になると思考も制止し発動性も途絶え、動きがまったくなくなる状態になる（うつ病性昏迷）。

一方で、頭では何をやらなければならないかわかっているので不安や焦燥が生じる。一部の者では、いらいらと焦燥して徘徊し、不安が強く落ち着かず、多弁で身体をたえず動かして、一見活動的に見えることがある。しかし活動のまとまりがない（激越型うつ病）。交感神経系の過緊張が継続していて不眠もあり身体的には疲労している。また、衝動性が高まっているのでしばしば突発的に自殺することがあり、要注意である。

② 希死念慮と自殺企図

うつ病相では認知に歪みが生じ、極端な自己評価低下がある。自己の能力や境遇について異常に低い見方しかできなくなる。「自分には価値

★うつ病の場合の自責
この点は、「うつ」を自称するパーソナリティ障害、不安障害のうつとは異なる。特にパーソナリティ障害の「うつ」の場合には苦悩を外に訴え、また自分を責めることはなく常に他罰的である（本章第7節参照）。

がなく生きていても他人に迷惑をかけるだけだ」「このようなことなら死んでしまったほうがよい」という思考になる（希死念慮）。この厭世的な思考から脱出することができない。しばしば自死に至る。もっとも、精神運動抑制が最悪の時期には、自殺を企てる（自殺企図）こともできない。自殺すること自体にもエネルギーを必要とするからである。自殺を企てるのは、制止が強くなり動けなくなる前の段階、ある程度回復が得られてからである。

③　日内変動

以上述べてきた症状、抑うつ気分や精神運動抑制が、朝が一番悪く、昼をすぎて夕方になると少しよいという日内変動※を示すことが多い。「朝起きてから布団から出て歯を磨くまで、億劫で身体が鉛のように重く進まず 1 時間かかる」が、「午後になると少し楽になり室内で動けるようになり、夕方は外に散歩に出ることもできる」という言い方をする。

❸思考の障害

①　思考制止

精神運動抑制がさらに重篤になり、考えが進まない、頭が回転しない状態となる。思考が制止する。アイデア自体も浮かんでこないので、判断や決断ができなくなる。本来なら簡単にできることに何倍もの時間をかけても、やり遂げることができなくなる。

②　微小妄想

自己評価の低下が重症な場合には、自分に関する事柄を極端に悲観的に捉え、以下のような訴えが、しばし訂正不能で持続する（微小妄想）。特に、喪失や老化がテーマである高齢者にしばしば認められる。

- 貧困妄想（「貯金もなくなり生きていけない」「入院費が払えなくなった」など）
- 罪業妄想（「過去に重大な罪を犯してしまった、その罰を今受けている」「取り返しのつかない過ちを犯した」など）
- 心気妄想（「重大な病にかかっている、もう先はない」など）

❹身体の症状

①　食欲低下と睡眠障害

通常、食欲低下と睡眠障害が典型的な身体症状である。時に、食欲増進や睡眠過多（この場合でも熟睡感の欠如がみられる）を呈する場合もあるが例外的である。

食欲低下は味覚低下を伴う。「砂をかんでいるよう」「食べたくないが、無理をして食べている」と表現する。食欲がなくなるので体重が減少す

★日内変動
内因性のうつ病性障害、うつ病（ICD-5）に特異的な現象で、不安障害やパーソナリティ障害でみられる抑うつにはこの日内変動はあまりみられない。両者の判別をする際に参考になる。なお、躁病のときの爽快気分には日内変動はみられない。

る。また性欲も低下する。

睡眠障害は、眠っているように見えても熟睡感がない。心身の疲労感があり入眠はできるが、すぐに覚醒してしまう。具体的には「夜中に目が覚めるともう眠れず、あれこれ悪いことを考えてしまい、もんもんとしている」という中途覚醒、「朝方、暗いうちから目が覚めてしまいもう眠れない」という早朝覚醒が確認できる。

② 仮面うつ病

その他の身体症状として、倦怠感、疲労感や全身のだるさ、頭痛、腰痛、下肢の痛み、肩こり、めまい、便秘を訴えることもよくある。このように身体症状ばかりが目立ち、抑うつ気分や精神運動抑制が目立たないタイプのうつ病を仮面うつ病という。

2 仮性認知症（うつ病に伴う特殊な病態）

うつ病では、長い経過でみれば知能低下は原則として生じない。しかし思考制止が強い時期には注意や記憶、判断の力が低下しているので、知能や高次脳機能関連の検査を行うと低下がみられる。特に高齢者ではうつ病相の時期は、器質疾患の認知症様になる。これを仮性認知症という。

3 操作的診断によるうつ病の診断

操作的診断学では診断基準が細かく決まっている。**表2-15**にICD-10によるうつ病エピソード（従来診断の、うつ病に該当する）の診断基準を示す。わかりやすく重症の場合の診断基準を掲載した。症状の数によって重症、中等症、軽症と分けられる。**表2-16**に示すうつ病（DSM-5）の基準も、基本的に同様である。

4 うつ病の対応・治療
❶具体的な休息のさせ方

うつ病の治療の原則は十分な休養である。責任感が強く、自分が休むことによって全体に迷惑をかけてはいけないといった規範に縛られ、「自分がいないと皆が困る」からと休養をとれない。そもそも休息しなさいという指示だけで休めるくらいの鷹揚さ、性格であるのなら、また環境におかれているのなら、うつ病にはならない。休職、休学あるいは安静が必要である診断書により、半ば強制的に義務から解放させることが必要である。どうしても休息がとれないようなら、義務から遮断するため

★仮性認知症
しばしば高齢者では、うつ病による一過性の知能低下（うつがよくなると回復する一時的な知的低下）なのか、脳器質性の認知症（今後も知能低下の回復がない）なのか区別がつきにくい。一般に、質問に間をおいてやっと話し始める、あるいは知的機能の低下についての自覚が強く話題として出てくるのが仮性認知症である。本当の認知症では質問をはぐらかしたり、むしろ多弁であったりする。

表2-15　重症（中等症、軽症）うつ病エピソード（ICD-10）

①抑うつ気分、興味と喜びの喪失、易疲労性の三つすべてがみられること（三つのうち二つなら中等症～軽症うつ病エピソード）。

②さらに以下の症状のうち少なくとも四つがみられること、そのうちのいくつかが重症でなければならない（三つなら中等症うつ病エピソード、二つなら軽症うつ病エピソード）。

　・集中力と注意力の減退
　・自己評価と自信の低下
　・罪責感と無価値観
　・将来に対する希望のない悲観的な見方
　・自傷あるいは自殺の観念や行為
　・睡眠障害
　・食欲不振

　激越や精神運動制止などの重要な症状が顕著で、多くの症状を確認できない場合は、重症エピソードとする。

　重症、中等症、軽症エピソードとも全体で最低2週間以上持続している。しかしきわめて重く重症な発症であれば、2週間未満でも重症エピソードの診断をつけてもよい。

出典：WHO，融道男・中根允文・小見山実ほか監訳『ICD-10 精神および行動の障害──臨床記述と診断ガイドライン 新訂版』医学書院，pp.129-130，2005. を一部改変

に、入院治療を選択する。「回復するまで待っています」という言い方がよいことを伝える。

　患者の周辺の人に、励ましや気晴らしの提案は逆効果になることを伝える。頑張った結果が現在なので、何を頑張ればいいのかがわからない、気晴らし自体も義務になってしまうという説明をする。

　重大な決断は、本人に棚上げにしてもらう。うつ病が改善し頭が働くようになったら判断してもらうよう話す。

❷希死念慮への対応

　自殺をしない約束をさせることが大切である。具体的には、次に会う日時を約束し、それまでの間は死ぬことはしてはいけないとの指示に従ってもらう。真摯な態度で臨めば、メランコリー親和型性格で約束を義理堅く守ってくれる。生きていてもしかたがないか、いっそのこと死んでしまいたいくらいか、と聴くことは健康な者にとってみると、当人を刺激してしまうのではないかと危惧する。しかしプライバシーに配慮した環境にて希死念慮を話題にしても、患者を自殺に追い込むことはない。むしろ本心をわかってくれていると感じ、孤立感を和らげる。その際、傾聴に徹することが大切である。

❸精神療法

　必ず治る病気であることを伝える。あくまでも受容的、支持的に対応するのが安全である。ある程度うつ病期がよくなって、自分のおかれて

Active Learning

「死にたい」と言われたときの対応について、調べてみましょう。

表2-16　うつ病（DSM-5）/大うつ病性障害の診断基準

A．以下の症状のうち5つ（またはそれ以上）が同じ2週間の間に存在し、病前の機能からの変化を起こしている。これらの症状のうち少なくとも1つは(1)抑うつ気分、または(2)興味または喜びの喪失である。 　注：明らかに他の医学的疾患に起因する症状は含まない。 (1)　その人自身の言葉（例：悲しみ、空虚感、または絶望を感じる）か、他者の観察（例：涙を流しているように見える）によって示される、ほとんど1日中、ほとんど毎日の抑うつ気分 　注：子どもや青年では易怒的な気分もありうる。 (2)　ほとんど1日中、ほとんど毎日の、すべて、またはほとんどすべての活動における興味または喜びの著しい減退（その人の説明、または他者の観察によって示される） (3)　食事療法をしていないのに、有意の体重減少、または体重増加（例：1カ月で体重の5%以上の変化）、またはほとんど毎日の食欲の減退または増加 　注：子どもの場合、期待される体重増加がみられないことも考慮せよ。 (4)　ほとんど毎日の不眠または過眠 (5)　ほとんど毎日の精神運動焦燥または制止（他者によって観察可能で、ただ単に落ち着きがないとか、のろくなったという主観的感覚ではないもの） (6)　ほとんど毎日の疲労感、または気力の減退 (7)　ほとんど毎日の無価値感、または過剰であるか不適切な罪責感（妄想的であることもある。単に自分をとがめること、または病気になったことに対する罪悪感ではない） (8)　思考力や集中力の減退、または決断困難がほとんど毎日認められる(その人自身の説明による、または他者によって観察される)。	(9)　死についての反復思考（死の恐怖だけではない）、特別な計画はないが反復的な自殺念慮、または自殺企図、または自殺するためのはっきりとした計画 B．その症状は、臨床的に意味のある苦痛、または社会的、職業的、または他の重要な領域における機能の障害を引き起こしている。 C．そのエピソードは物質の生理学的作用、または他の医学的疾患によるものではない。 　注：基準A〜Cにより抑うつエピソードが構成される。 　注：重大な喪失（例：親しい者との死別、経済的破綻、災害による損失、重篤な医学的疾患・障害）への反応は、基準Aに記載したような強い悲しみ、喪失の反芻、不眠、食欲不振、体重減少を含むことがあり、抑うつエピソードに類似している場合がある。これらの症状は、喪失に際し生じることは理解可能で、適切なものであるかもしれないが、重大な喪失に対する正常な反応に加えて、抑うつエピソードの存在も入念に検討すべきである。その決定には、喪失についてどのように苦痛を表現するかという点に関して、各個人の生活史や文化的規範に基づいて、臨床的な判断を実行することが不可欠である。 D．抑うつエピソードは、統合失調感情障害、統合失調症、統合失調症様障害、妄想性障害、または他の特定および特定不能の統合失調症スペクトラム障害および他の精神病性障害群によってはうまく説明されない。 E．躁病エピソード、または軽躁病エピソードが存在したことがない。 　注：躁病様または軽躁病様のエピソードのすべてが物質誘発性のものである場合、または他の医学的疾患の生理学的作用に起因するものである場合は、この除外は適応されない。

出典：日本精神神経学会 日本語版用語監修，髙橋三郎・大野裕監訳『DSM-5 精神疾患の診断・統計マニュアル』医学書院，pp.160-161，2014.

★うつ病における認知
　行動療法
うつ症状が重い時期には認知行動療法は負担が大きく、あまり益がない。むしろよくなってから、再発の予防やゆとりある生き方を模索する段階になって行うとよい。同様に、詮索的な心理療法（正統な精神分析療法など）は心的負担が多くなりよくない。

いる状況や考え方の振り返りができる場合には、認知のゆがみ、悪いほう悪いほうへとってしまう考え方の癖（自動思考）を修正すべく対話と気づきの作業をしていく（認知行動療法＊）。

❹薬物療法

　中等症〜重症なうつ病の場合には薬物療法が必要である。抗うつ薬を服用しなくても6か月〜1年程度で1回の抑うつエピソードは回復するのが一般的だが、薬物療法によって3か月程度以内に短縮できる。薬物治療が適切に行われないと、苦痛や自殺リスクが格段に高まる。一方、

軽症のうつ病の場合には薬物療法の効果は限定的で、プラセボ投与の場合と比較して有意差はないという報告もある。

　具体的な薬物療法の効果や副作用を**表2-17**に示す。

　抗うつ薬の効果を認めた者では、寛解後（6〜12週間程度の急性期治療により改善後）の継続治療期に抗うつ薬を中止にしてしまうとしばしば再燃（**図2-16**）する。回復後（寛解の後、半年間程度の継続治療期の終了後）にも、再発予防のため、年の単位で、日中の眠気が出ない程度の維持量を服薬したほうがよい（維持治療）。

表2-17　うつ病の薬物療法

- ●抗うつ薬（SSRIあるいはSNRIなど）の気分向上の効果は投薬後2〜3週間程度経過しないと明らかにはならない。投薬後2〜3日後から少しよくなったようにみえる場合は、うつそのものが改善したというよりは、睡眠がとれ、あるいは不安感や焦燥感が緩和した効果による。なお、マイナー・トランキライザーとして一般的に出回っているベンゾジアゼピン系の薬は不安や焦燥、不眠に対処的に効果があるので、抗うつ薬と併用して投与されることが多い。

- ●身体的に不定愁訴が多く食欲もなく、うつ病なのか不安障害なのか、あるいは身体病なのかまだはっきりしない場合にはスルピリドを処方する。SSRIのよくある副作用、悪心の緩和のために、SSRI投与開始後しばらくスルピリドを併用することもある。

- ●SSRIのまれな副作用として、投与始めに、神経過敏や不安焦燥、衝動性が亢進することがある（賦活症候群）。小児や若年者では衝動性を亢進させ、逆に自殺関連事象の危険を増やすことがある。

- ●明らかなうつ病で焦燥感も強い場合、鎮静効果も狙って従来型の三環系抗うつ薬（クロミプラミンやアミトリプチリンなど）あるいは四環系抗うつ薬を投与する。この場合には最初の数日は少量投与し、副作用（「抗コリン作用」による口渇、便秘、尿閉、「抗ヒスタミン作用」による過鎮静、眠気、「αアドレナリン作用」による起立性低血圧、反応性の頻脈、「キニジン様作用」による心伝導障害）が差し障りないことを確認して増量する。

図2-16　うつ病の経過と治療段階

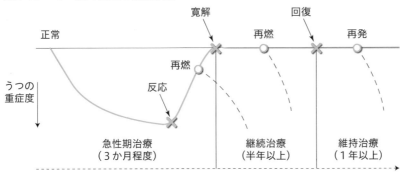

反応：治療により症状が改善したこと
寛解：症状が消退した状態
回復：寛解の状態が半年以上
再燃：反応後あるいは寛解後に悪化
再発：回復後に悪化

出典：Kupfer, D. J., 'Long-term treatment of depression.' *The Journal of clinical Psychiatry*, 52 (Suppl), p.28, 1991. を一部改変

❺電気治療（電気けいれん療法）

　自殺の危険が非常に高く、一瞬たりとも目が離せない状態で、即効的な治療が直ちに必要な場合、あるいは従来の抗うつ薬では副作用が出現するばかりでうつに対する効果がない場合、あるいは昏迷のような非常に重いうつ病像を呈してこのままでは生命の危険もある場合には、電気けいれん療法を行う。躁病の場合も、自殺の危険が非常に高く即効的な効果を必要とする場合に使用される。

　特に高齢者では脊椎圧迫骨折や心肺系への負担を避けるために、静脈麻酔をしたうえで筋弛緩薬を投与（四肢体幹筋のみならず呼吸筋も弛緩するためアンビューバッグによる補助呼吸が必要である）し、けいれんが起きない条件下で頭部に通電療法を行う（修正型電気けいれん療法）。この方法は一般に、総合病院において麻酔科医の協力のもとに行われる。

3　双極性障害

1　双極性障害の躁症状

●躁病エピソードの症状

　気分が高揚し活動性が亢進した状態が躁病相である。以下のような感情の障害、意欲・行動の障害、思考の障害、身体の症状がみられる。DSM-5 では、双極Ⅰ型障害と双極Ⅱ型障害とに分けている。また混合性エピソードとして、双極性障害の経過中に、うつ病の症状と躁病の症状とが入り混じって出現することがある。

①　感情の障害

　高揚気分と爽快気分が生じる。上機嫌で楽しく健康感にあふれる。自信に満ちあふれ開放的になる。軽い躁状態の場合（持続期間が4日程度で入院を要さない軽い場合には DSM-5 では軽躁病エピソードという）には心身好調で疲れを知らず、社会的逸脱もなく、社会生存に有利かのようにみえる。しかし、たいていは1週間以上持続し、気分の高揚にとどまらず情動が不安定で易刺激的で攻撃的となり、些細な事柄に激しく怒ってしまい社会的に破綻する。病気の自覚はなく、自己中心的で、周囲の助言や忠告を受け入れない。職業的機能障害を起こす。

②　意欲・行動の障害

　精神活動が亢進し次から次へとアイデアが浮かぶので、多弁で身ぶり手ぶりも大きくなる。新しい活動を始めて行動がとまらない。一見、意

★双極Ⅰ型障害
通常入院となる、はっきりした躁病エピソードがある場合。過去の抑うつエピソードが確認できなくてもよい。

★双極Ⅱ型障害
期間が4日程度で入院を要さない軽い軽躁病エピソードがある場合。過去に抑うつエピソードが確認できることが必要。

★混合性エピソード
気分（高揚↔沈む）、思考（回転↔停滞）、行動（活発↔不活発）の三要素が同じ方向性にない状態である。この混合病相はしばしば躁状態とうつ状態の移行期にみられる。気分は沈み、思考は停滞しているのに、行動は活発といったことでわかるように、自殺の危険が高い。

欲があり生産的にもみえるが、散漫で長続きせず、また他人への配慮もできないので周囲に迷惑をかける。その事実を指摘すると怒る（易刺激性亢進）。また、抑制がなくじっとしていられず行動を起こす（行為心迫）。冷静な判断能力は失われ、前後の計画性がなくなり浪費・乱費する。たとえばクレジットカードで数十万円単位の買い物を次々にして、それらを気前よく人にあげてしまう。見境なく興味をもった異性に話しかけ一方的に交際を申し込む（社会的逸脱行動）。

③ 思考の障害

　i　観念奔逸

　　爽快気分とともに、頭の回転が速くなり次から次へとアイデアが浮かぶ。しかしそれらは脇道にそれ、どんどん主題から脱線してしまう。次から次へと内容が飛んでしまうので、一貫せずまとまりがなくなる（観念奔逸*）。

　ii　誇大妄想

　　自分は何でもできるといった万能感、根拠のない自信に裏打ちされ、実現不可能なことを実現できると考え、訂正が不能となる。自分は高い地位や立場にふさわしい者だと確信する（誇大妄想*）。

④ 身体の症状

　寝る時間も惜しんで活動するため、睡眠時間は少なくなる。熟睡せず朝早くから夜遅くまで活動しているが、本人は睡眠をとらないことを苦痛とは思わない。食欲自体は旺盛だが、食事に対する関心が薄れ、食事量が減る。活動性が増すため体重は減る。性欲は亢進する。

■2 双極性障害の対応・治療

　病識がないので、躁病エピソード（ICD-10）の時期には説得や説明による制止は難しい。薬物療法が中心になる。双極性障害は一生のうち再発を繰り返すことが非常に多い。双極性障害の1～2割が年に4回以上も躁病エピソードまたは抑うつエピソードを繰り返す急速交代型（後述）である。また治療を受けなかった場合には躁病エピソードは2～3か月程度続き、その後の抑うつエピソードは半年程度続くことが多く、社会的立場や役割を喪失したり、自殺の危険が非常に高くなる。双極性障害は専門家による適切な薬物療法と、本人の治療参加の両方が特に望まれる疾患である。

● 薬物療法

　気分安定作用のある炭酸リチウム*を投与する。これは抗精神病薬によ

★観念奔逸と連合弛緩の違い

観念奔逸では、目に入ったもの、そこにあったものに話題や関心が引きつけられ、注意が一つのことに長続きしない。これらは統合失調症にみられる連合弛緩や支離滅裂とは違って、一つひとつのことは正常な、理解可能な物語性をもっている。しかしそれらの話が次から次へと脱線し、その事実を指摘すると怒る（統合失調症者では話の脱線を指摘しても、我関せずそのまま、まとまりのない話が続く）。

★誇大妄想

エネルギッシュで誇大的な思考や万能感に基づいているところが統合失調症の妄想とは異なる。双極性障害の躁症状としてみられる妄想は、大金持ちになる、発明家になるといったようなことを信じているが、具体的な努力をしない。病識がなく周囲とのトラブルが頻発する。

★炭酸リチウム

双極性障害では、抑うつエピソードの時期に投与した抗うつ薬がしばしば躁転のきっかけをつくるので、この炭酸リチウムを継続投与する。炭酸リチウムには気分低下の予防作用もある。

る鎮静と違って、気分そのものを安定化するので長期的にも投与できる。ただし電解質なので、下痢などの消化吸収不良によって血中濃度が変化する。血中濃度の測定と服薬量の確認が必要である。また、時に甲状腺機能低下や腎機能低下が生じ得るので、甲状腺機能や腎機能の血液検査を定期的に行う。

　抗てんかん薬であるカルバマゼピンやバルプロ酸にも抗躁作用がある。これらの気分安定薬は効果発現に1週間程度かかるので、急性の興奮や多動には治療作用が追いつかない。この場合には抗精神病薬を投与しながら、前述の気分安定薬の効果発現を待つ。

4　特殊な抑うつ障害群、双極性障害

1　季節性感情障害（抑うつ障害群季節型）

　日照時間が短くなる冬季に繰り返しうつ病を呈する者がいる。この場合、季節性感情障害*（抑うつ障害群季節型）という。冬季には精神運動抑制が生じるが、睡眠、食欲についてはむしろ過眠、過食となることが多い。

2　急速交代型双極性障害

　双極性障害の1〜2割程度において、うつ病期、躁病期、混合期を次々に繰り返し（1年間に4回以上のエピソードの交代）、薬物治療があまり奏効しない状態を呈することがある。これを急速交代型という。この原因として、内分泌系の異常、あるいは抗うつ薬の影響（にて躁転しむしろ不安的になる）が考えられる。

5　持続性気分障害

　持続性気分（感情）障害（ICD-10）（図2-16下段参照）は社会生活に大きく支障をきたすほどには重症ではないが、何年間も長期にわたって慢性的に続く気分障害である。個々のエピソード自体は、軽症うつ病エピソードあるいは軽躁病エピソードよりも軽い。しかし本人は社会生活上大きな苦痛を感じている。気分変調症（DSM-5では持続性抑うつ障害という）と気分循環症がある。

★季節性感情障害の治療
この場合、早朝に明るい光線（2500〜3000ルクス）を毎日2時間程度当てる（光を見つめなくてよいが、目から光が入ることが必要）ことにより回復する（高照度光線療法）。

★急速交代型双極性障害
治療は、抗うつ薬を減量し、気分安定薬である炭酸リチウム（躁病の治療・予防にも、うつ病の予防にも効果がある）を中心とした処方に変更する。

1 気分変調症（ICD-10）（ディスチミア）、持続性抑うつ障害（DSM-5）

気分変調症は従来の神経症性うつ病、抑うつ神経症とほぼ同じ概念である。抑うつ気分があり苦悩が多い状態であり、抑うつエピソードにみられる症状を強く自覚している。しかし生物学的な因子の強い内因性うつ病とは違って、心因的な要因の強い、どちらかというと不安障害圏の病態である。

多くは 20 歳代の比較的若い時期に発症する。心因の原因がなくなればすっかりよくなることもあるが、心因が続く限りよくならない、一生にわたって慢性的なうつが続く場合も多く、うつ病としてみた場合に症状は軽いが、治りにくいという意味では予後はよくない。

2 気分循環症（ICD-10）、気分循環性障害（DSM-5）

社会生活に大きくは支障をきたさない程度の、気分の高揚や抑うつが、生活上の出来事とは無関係に出現し持続（2 年間以上）する障害をいう（図 2-15 最下段参照）。通常、医療の対象にはならない。

6 月経前症候群、月経前不快気分障害（DSM-5）

月経周期に一致して気分や情動の変動が生じる障害をいう。一般に月経前期に変動が多く、月経が始まると症状は消退する。不安・焦燥、抑うつ、倦怠、性欲や食欲の亢進、頭痛などが発現する。抑うつというよりは情動不安が特徴である（本章第 1 節 p.71 参照）。

7 非定型うつ病（DSM-Ⅳ-TR）

うつ病はまじめで几帳面な人が無理を重ねて発症する、というのが従来からの見方であった。ところが 1970 年代頃から、まじめで几帳面、献身的といった従来からのメランコリー親和型性格ではない、比較的若い人の「うつ病」が目立つようになってきた。いつもは苦渋に満ちているが、楽しい出来事には反応性に気分が明るくなる。

DSM-Ⅳ（1994 年）から正式に非定型うつ病が取り上げられて診断基準が示され、うつ病の症状のほかに、過食や過眠、拒絶されることに

★ 気分変調症
内因性抑うつと違うところは、抑うつエピソードの程度は比較的軽く、制止はまれでむしろ気が向く事柄は活動的に行い、他罰的で不平不満を外に強く訴えることである（内因性うつ病では自分が悪いという思考になるので、不平不満を言うことがなくじっと耐えている）。また日内変動も一定のものはない。日によって、あるいは時間によって、元気になるときと抑うつ気分がひどいときと変動するが、基本的な日常生活は行えている。

★ 非定型うつ病
気分障害の中核をなす内因性うつ病は自責的で他人を責めることはない。しかしこの新しいタイプの「うつ病」は、時に他人を責める。また抑うつ自体は軽く、自分が好きなことをしているときにはうつとはみえない。しかし義務や気乗りしない物事を前にして、自分はうつだと主張する。あるいはうつ病の症状がそろい、周囲もうつ病であると認めざるを得なかった。

第 2 章 代表的な精神疾患

過敏という特徴が示されていた。一部では双極性障害の様相を呈し、躁病エピソードの時期には積極的な対人関係、活発な社交がみられることも指摘された。

　しかし、うつ病の概念があまりにも曖昧に広がり、治療や対応の面で混乱が生じることになった。うつ病の症状を状況依存的に自ら主張し、単なる怠けまでもがうつ病と診断される可能性も指摘された。

　このタイプの「うつ病」は未熟な性格を基盤としていて、不安症や適応障害（原因となるストレスのある出来事への反応）といえる側面もあり、DSM-5 では削除された。

第5節 神経症性障害、ストレス関連障害および身体表現性障害 [F4]

学習のポイント

- 不安障害（不安症）、強迫性障害（強迫症）の症状と治療について理解する
- 心的外傷後ストレス障害（PTSD）の症状と治療について学ぶ
- 解離性障害（解離症）の種類と症状について学ぶ
- 身体症状症の各種疾患について学ぶ

1 神経症（神経症性障害）とは

神経症性障害は古典的分類では神経症（neurosis）といわれていた。神経症は非器質性で心因性の機能障害をいう。統合失調症やうつ病と違って、自分は病気であるという病識をもっている。また、現実検討能力が保たれている。訴えの内容は了解可能であり、現実社会との接触性も保たれている。

1 神経症発症の理論（精神分析的な考え）

社会で他人と協調し秩序を保った生活を送るためには、各人は本能のままに行動することはできない。その社会での規範（社会生活をするうえで文章にはされていないが、皆が守っている暗黙の決まり）に従っている。「こうでなければならない」という超自我が、「本当はこうでありたい」という本能を抑えている。本能と超自我との葛藤、争いを無意識のうちに調節して生活している。ほとんどの健常者では、無意識の世界に横たわっている欲求不満の処理を、現実的な形でうまく行っている。欲求不満の処理がうまくできなくなったときに神経症が発症すると考えるのが精神分析的な考え方である。

★精神分析的な考え方
葛藤の調節は、個人が幼少期から無意識に行っている。現在の問題は、幼少時の頃からの（本人には意識されない）問題が、未解決のまま残されているからと考える。神経症発症は、欲求不満をうまく解消していくもともとの性格的な基盤が大きく関与することになる。脳科学が発達した今日、このような神経症発症の理論を全面的に取り入れている精神科医は多数派でなくなったが、神経症の病態を理解するうえで役に立つ。

---

i　この神経症という言い方は、精神病の個々の原因もまだわからなかった18世紀後半にカレン（Cullen, W.）が提唱した。その後、生物学的に原因がはっきりしている脳器質性精神病（梅毒による進行性麻痺や認知症など）やてんかん、原因がわかってはいないが生物学的な要因の強い疾患（統合失調症やうつ病などの内因性精神病）が「神経症」から独立していった。19世紀後半からは、残った心因的な疾患が神経症として扱われるようになった。

1980年 のDSM-Ⅲ で
は、心因性の疾患を指
していた神経症という
用語は廃止され、従来
の神経症の中核となる
症状、すなわち「不安」
というものに注目し
た。不安障害というカ
テゴリーで、不安が病
像の中心となっている
疾患がDSM-Ⅲそして
Ⅳ版と細かく分類さ
れ、整理されていった。
そもそも不安とは対象
がない漠然とした恐れ
の感情である。具体的
に対象がある恐れの場
合には、恐怖という。
しかし、疾病の分類で
は恐怖の場合も不安障
害の一つとして組み込
んだ。

一方、ICD-9では神経
症性障害という名が
残っていた。1990年
に採択されたICD-10
では、DSM-Ⅲと同様
に神経症という名がな
くなった。ICD-10で
は、不安障害、強迫性
障害、重度ストレス反
応および適応障害、解
離（転換）障害、
身体表現性障害と整理
され、F4「神経症性
障害、ストレス関連障
害および身体表現性障
害」とまとめられた。

2 神経症から不安障害、さらに不安症へ

脳科学の発達により、従来は心理的なもの、性格的なものとされてき
ていた神経症も、生物学的な基盤に基づいているとわかってきた。そこ
で、DSM、ICD ともに精神分析的な視点が入ってしまう神経症という
用語を使用することをやめ、ICD-10 では不安障害としてまとめられた。

DSM-5 では、障害と呼ぶと改善しないという誤解を与えることを避
け、不安症、パニック症、強迫症などというように「障害」ではなく「症」
と記載するようになった。そして、❶不安症、❷強迫症、❸心的外傷後
ストレス障害、❹解離症、❺身体症状症と五つの疾患単位に分けた。
ICD-11 では、最近の臨床研究、分子生物学的研究、脳機能画像研究の
結果との整合性を保ちつつ、さまざまな社会情勢の変化や、多職種での
対応に使用できるように改訂された。

本節では、ICD-10 に登場する順に疾患ごとに解説し、疾患名は
［DSM-5 での疾患名 / ICD-10 での疾患名］と表記する。ICD-11 で
の変更点は、主に側注で解説する。

2 不安症

1 全般不安症 / 全般性不安障害

普通なら何でもないことを過度に心配し、慢性的に不安が続いていて
生活上支障をきたしている病態を全般不安症（図 2-17）という。不安
は全般的で持続的である（この点でパニック発作とは異なる（図
2-17））。周囲の状況に左右されない。漠然とさまざまなことが不安の
対象となり浮動する（浮動性不安）。ICD-10、DSM-5 とも、出来事
に遭遇したり活動する際に「過度な不安や心配が 6 か月以上」続いてい
る状態とされる。

不安は本人が自分で抑えようとしても、あるいは周囲の人が心配はな
いと保証しても解消できない。パニック症/パニック障害ほどには不安
症状は強くない。しかし、❶常に心配が続いていて（不眠、集中困難に
悩み）、❷運動性緊張（そわそわして落ち着きがなく、筋緊張性頭痛、
振戦がある）があり余計な力が入っている。また、❸交感神経が慢性的
に緊張状態にあり、発汗や頻脈が持続している。

図2-17　不安を中心とする不安症群/不安障害群

●全般不安症/全般性不安障害

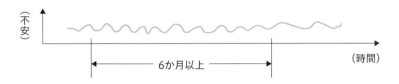

●パニック症/パニック障害

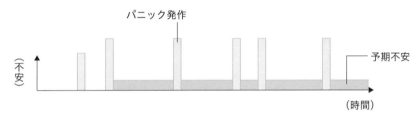

2 パニック症/パニック障害

　さしたる理由がないのに、突然、急激に不安や恐怖が高まることをパニック発作という。発症後数分でピークに達する。パニック発作でみられる身体・精神症状は DSM-5 によれば、動悸、発汗、身震い、息苦しさ、窒息感、胸痛、嘔気、めまい感、寒気、異常感覚、現実感消失、抑制力を失う恐怖、死ぬことへの恐怖である。

　パニック発作が繰り返し生じる疾患をパニック症という。たとえば、ほかに逃げ場がないような満員電車の中で、突然の動悸、息苦しさ、空気が足りないような感じ、めまい、胸痛、しびれ、発汗といった身体症状が急激に出現し、このままでは死んでしまうのではないかと急激な不安に襲われる。ところが、たいていは数分間～数十分間で治まる。救急車で病院に搬送されるとき、あるいは病院に到着する頃には症状は消失していて落ち着いている。心電図などの検査では異常はみつからず、心配はいらないと病院で診断され帰宅する。しかし、今度またいつ（発作が）起きるのか、と不安が常につきまとう（予期不安）。ほかに逃げ場がないような状況、たとえばエレベーターの中や、狭い乗り物、飛行機の中などで起こる。

❶パニック症の原因

　従来は単に、心因的な神経症性障害の一つと考えられていた。しかし最近では、生物学的な基盤がある疾患であり、ほかの不安症や神経症性障害とは独立した疾病である可能性が高いとされている。

★パニック発作と疾患
パニック発作自体は、うつ病や恐怖症、PTSDなどのほかの精神疾患に合併してしばしば発現する。そのためDSM-5ではすべての疾患の診断に際して、パニック発作の有無を特定することになった。また身体疾患、僧帽弁逸脱症候群のような心臓疾患、甲状腺機能亢進症のような内分泌疾患にも、パニック症は併発する。

★日本と欧米のパニック症の違い
日本の若い女性のパニック症は閉所恐怖と関係していることが多い。一方、欧米のパニック症は広場恐怖と関係していることが多い。森田正馬は、自分の日本型のパニック症（夜間のパニック発作）を克服していく過程で森田療法を編み出した。また、フロイトは欧米型の（空間恐怖を伴う）パニック症を自分で治療していく過程で精神分析療法を編み出した。

★パニック症の原因
脳内の青斑核（交感神経を緊張させるノルアドレナリンの放出を増やす）の機能異常や、扁桃体の過活動、セロトニン作動系の乱れが確認されている。

第2章　代表的な精神疾患

❷パニック症の治療

SSRI を中心とする薬物療法、そして比較的長時間持続するベンゾジアゼピン系の抗不安薬を併用する。恐怖や不安がいま起こりつつあるという状況下に、即効性のあるベンゾジアゼピンを頓服することもよく行われる。頓服薬を持ち歩いているだけで安心が得られる。また、パニック発作が起こりやすい状況に少しだけ曝露され、パニック発作が生じないことを確認して自信をつけていくという、恐怖への曝露療法もある。

3　恐怖を中心とする不安症

特定の対象や状況と結びついた不安、すなわち恐怖を中核とする不安症の一群がある。具体的に対象がある点で、限局性であり、全般不安症とは区別される。治療は SSRI を中心とする薬物療法と認知療法（恐怖に感じているものは、実は安全であると認知を修正していく）、曝露療法（不安状況を回避せず、少しずつ向かっていく）、行動療法（慣れて自信をつける）を併用していく。

1　広場恐怖症

屋外の広場のような開放的空間に一人でいるとき、あるいは公衆の場、雑踏の中に一人でいるとき、旅行で自宅から離れた場所にいるときに起こる恐怖と、その状況の回避（外出を避ける）を特徴とする不安症が広場恐怖症である。不安や発作が起きたときに、すぐに逃げ出せないという空間の状況に関連する恐怖が根底にある。

普通ならまったく危険はない状況あるいは対象によって不安が誘発される。そして、動悸やめまいのような身体症状にしか意識が向かなくなり、このまま死ぬのではないか、おかしくなってしまうのではないかといった恐怖が生じる。あらゆることに対して過度に心配し、慢性的に不安が続く。動悸や過緊張といった交感神経緊張状態が続く。ただし、不安症状はパニック発作ほどには劇的ではない。

広場恐怖症で予期不安がある場合は、自宅から外に出ることができなくなってしまう。広場恐怖症の人の3分の1以上は、完全に家にしばられ働くことができない。

★限局性恐怖症
限局性恐怖症では、恐怖を感じる場所や状況を想像しただけでも不安が生じる（予期不安）。そして、不安が生じるのではないかという場所や状況や対象をいつも避けるようになる。そのため、日常生活が円滑に送れなくなる。不安や日常生活の支障から、多かれ少なかれ抑うつ状態にあることが多い。

★広場恐怖症
DSM-5では具体的に、❶公共交通機関（バス、列車、船、飛行機）、❷広い場所（駐車場、市場、橋）、❸囲まれた場所（店、劇場、映画館）、❹列に並ぶあるいは群衆の中、❺家の外に一人でいる、の❶～❺のうち二つ以上の状況で、著明な恐怖や不安、あるいは回避が6か月以上みられる、としている。

2 社交不安症／社交不安障害（社交恐怖）

　人前で話す、数人で食事をする、あるいは公衆便所を使用するなど、他人がいる場面で他人に過剰に緊張し、あがって声が震えてしまい、その場にいたたまれなくなってしまうような不安症を社交不安症という。かつては日本では対人恐怖症といわれ、社会恐怖と訳されていた。人前で、どもってしまうという吃音恐怖、あるいは顔が真っ赤になってしまうといった赤面恐怖はこの疾病に含まれる。それらの要因としては、他人を意識しすぎることが基盤にある。自意識過剰となる思春期に発症することが多い。

3 限局性恐怖症

　特定のものに限局して起こる恐怖症である。特定のものとは、高所（高所恐怖症）、閉所（閉所恐怖症）、とがった物（尖端恐怖症）、血液や注射器（侵襲的な医療処置）、ウイルス（エイズ恐怖症）、動物（虫）など特定の状況、物などさまざまである。通常、複数の状況や対象に恐怖がみられる。これらから恐怖が生じ、パニック発作が誘発されることが持続（6か月以上）している。小児期や成人初期の比較的早期から続いていることが多い。

　恐怖刺激の程度が低いものから高いものへと徐々に慣らしていく曝露療法が有効である。SSRI 内服や、（有効性は定かではないが）刺激遭遇直前にベンゾジアゼピンを内服することが行われている。

　なお、恐怖の程度や回避（恐怖対象や状況を避ける行動）が一般的に了解可能な場合には疾病とはいえない。たとえば、放射線やウイルスに対する恐怖を訴える人は従来存在し、程度が重い場合には恐怖症と診断した。しかし、実際に放射線量が高い地域が東北・関東地方に点在する現在、あるいは新型コロナウイルス感染が全国的にみられる現在、一律に恐怖症と診断し得なくなっている。

4 強迫症

　強迫観念や強迫行為があり、それが本人にとって苦痛である、または社会生活に支障をきたしている病態がある。ほかの精神疾患（たとえば統合失調症）が否定される場合に、強迫症であると診断する。

　強迫症は、精神科以外のさまざまな臨床現場で遭遇する疾患である。

★社交不安症の把握
うつ病、アルコール関連障害、神経性やせ症、あるいはひきこもりの基盤に、長年の（全般性）社交不安症がある場合がある。この場合、社交不安の把握や治療（認知行動療法やSSRI内服）が、原疾患の治療のために必要である。

第2章　代表的な精神疾患

強迫症は強迫症状に関連する病的な不安が病理の中核とされ、DSM-IV、ICD-10までは不安障害の一型とされていた。しかし、強迫症患者のなかには病的な不安がない者、洞察が不良な者もいる。また、成因や神経化学的知見など生物学的な研究が進むにつれ、ほかの不安症との違いが検証されるようになった。そこで、DSM-5ではほかの不安症から分離され「強迫症および関連症群（OCRD）」が独立した。

★強迫症および関連症群（ICD-11）
ICD-11もDSM-5の流れを受け継いでいる。そして、ICD-11では、強迫症の中核の病理を「とらわれ」と「繰り返し行為」としている。さらに不安症との違いとして、洞察水準がさまざまであり、妄想的な場合もあり得るとしている。

■1 強迫症／強迫性障害の症状

❶強迫観念

それ自体は無意味であり、ばかばかしいとはわかっているのにもかかわらず、反復して生じる考えを強迫観念という。

強迫観念は様式別に、❶細菌などの汚染についての強迫観念（常に手に菌がついているなど）、❷疑惑を内容とする強迫観念（家の鍵を閉め忘れたのではないかなど）、❸侵入的な強迫観念（静かな音楽会の会場で大声を出してしまうのではないか、自動車運転中に目をつぶってしまうのではないかなど）が頭から離れない、❹正確さや儀式的な強迫観念（電柱にタッチしないと前に進めないなど）の4類型に分けられる。これらは、気にしないように努力すればするほどかえって強く気になる。

強迫観念と妄想では認識や病識が異なる。

❷強迫行為

強迫観念が行動に出たもの、ばかばかしいとわかっている行為を繰り返さないと気がすまないのが強迫行為である。この強迫行為が本人の重大な苦痛、あるいは社会的な活動の妨げになってはじめて、強迫症と診断する。たとえば、手に細菌がついているのではないかとの不安があって手を数分間程度洗うのみならば、まだ強迫症としては扱わない。しかし、細菌がついていることが非常な恐怖である場合には強迫症と診断し得る。あるいは1時間以上も洗い続け、手洗いのため手がひどく肌荒れして血がにじんでくる、あるいは日常生活が十分に時間をとって行えなくなる場合にも強迫症と診断する（DSM-5では、強迫観念または強迫行為による浪費が1日1時間以上と定めている）。

なお、決まった回数洗うことを自らに課すなど、その儀式行為を行うことによって本人の不安は多少緩和される傾向がある。

強迫確認もよくみられる。外出する際に戸締りがされているか、ガスの栓が閉まっているかなどを何度も何度も繰り返し確認する。車を運転していて誰かをひいてしまったのではないかと、たびたび車を停止させ

★認識・病識
強迫症でみられる強迫観念と統合失調症などにみられる妄想との違いは、前者では病識があり、本人もばかばかしいと思っている、といった説明がわかりやすい。しかし不合理性の認識を認めない例もあり、DSM-5では強迫観念や強迫行為に対する認識の違いから、「病識が（おおむね）十分」「病識が不十分」「病識が欠如・妄想的な信念を伴う」の3段階に分けることになった。また、チック症状が現存している、あるいは既往している場合をチック関連と特定する。

て、車に人をひいた痕がないか調べる。頭では、ばかばかしくてあり得ないとわかっていたとしても、自分では行動をどうすることもできない。

2 強迫症 / 強迫性障害の原因と治療

❶精神力動的な発症原因

強迫症にみられる強迫症状の出現について、精神力動的には次のように説明される。集団生活には秩序がつきものであり、秩序に合わないものを排除するシステムが無意識につくられていく。秩序どおりいかないときには不安を感じるが、通常はうまく処理して不安をあからさまにしない防衛機制（心の無意識の働き）が保たれている。強迫症の患者は、秩序に執着する強迫性格をもっていて不安を異物として捉える。そして、異物の力が強いと、自我を圧迫して強迫症状が出現すると考える。

❷生物学的な発症原因

一方、強迫症は一卵性双生児のほうが二卵性双生児よりも同胞発症率が高いなど遺伝的な要素も強い。どの国でも発症率が 1 ～ 3 ％であり、何らかの脳の生来的な機能異常を基盤としていると考えられる。秩序に縛られることなく柔軟な対応を要求される事柄に遭遇して、セロトニン作動系の乱れが生じ、強迫症を発症するとの仮説がある。脳の尾状核（線条体の一部）の体積が健康人に比べて小さいなど、前頭葉眼窩部―線条体―視床の回路の異常を示唆する所見が知られるが、まだ解明途中の段階にある。

❸治療と予後

強迫症に対しては SSRI を投与する。小児期や思春期くらいまでの早い時期に発症するタイプは、治療をしなくても 1 年以内に治ることが多い。一方、成人期以降に発症し元来の強迫性格とからんでいる場合には、SSRI 治療にもかかわらずしばしば慢性化する。

❹強迫症/強迫性障害の関連障害（DSM-5）

強迫症の関連障害として DSM-5 では、醜形恐怖症/身体醜形障害、ためこみ症、抜毛症、皮膚むしり症を挙げた。どの疾病も、とらわれがあって重大な苦痛あるいは社会的・職業的に著しい障害があることが要件として必要である。ICD-11 では自己臭症という疾患が新たな疾患概念として追加された。

★醜形恐怖症/身体醜形障害
身体的な外見に一つ以上欠陥や欠点があるという過剰なとらわれがある。

★ためこみ症
価値がないものをためこみ捨てられない、捨てることが著しく苦痛である。

★抜毛症
自分の頭皮などの体毛を反復的に抜き、やめようと思ってもやめることができない。

★皮膚むしり症
自分の皮膚を反復的にかきむしり、やめようと思ってもやめることができない。

★自己臭症
自分の身体から周囲の人を不快にさせる臭いを発していると思い込んでいる場合に、従来診断では自己臭症と診断した。自然治癒する例から統合失調症に移行する例まで予後はさまざまであった。①対人的な恐怖、②自己臭という強迫観念、③自己臭という妄想、に由来するものか議論が分かれていたが、ICD-11では②強迫性障害群の一つとして新しく概念化された。

5 重度ストレス反応、心的外傷およびストレス因関連障害群

　激しいストレス、あるいは生活上の出来事や変化などに対する反応を重度ストレス反応（ICD-10）（**図2-18**）という。DSM-5では**図2-19**の図式となる。

　外傷直後には、激しいストレスを原因として直ちに激しい全般性な不安を主とした精神症状が発現し、数時間～数日の経過で回復する急性ストレス反応（ICD-10）（意識野の狭窄や注意の狭小が主な症状）（**図2-18**）、あるいは急性ストレス障害（DSM-5）（PTSD類似の症状が出現するが外傷体験後1か月以内に治まる）がみられる（**図2-19**）。さ

図2-18　重度ストレス反応とPTSD（ICD-10）

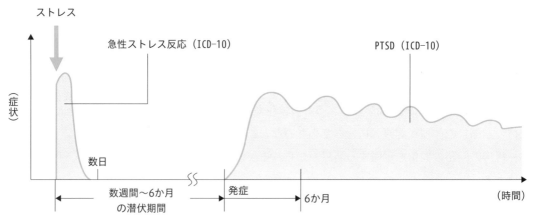

＊　急性ストレス反応とPTSDは別の疾患である。急性ストレス反応のみということが多いが、時にこのように合併することもある。

図2-19　急性ストレス障害とPTSD（DSM-5）

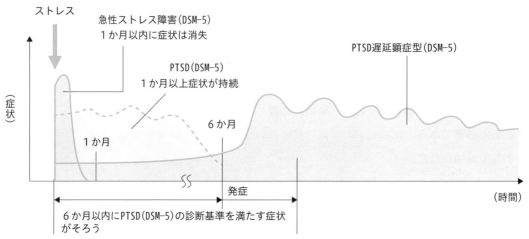

らに、**心的外傷後ストレス障害（PTSD）**（侵入、回避、認知と気分の低下、覚醒亢進といった症状が1か月間以上みられることが要件）、当初は症状が明らかでないものの、数週間〜6か月経過してから明らかになる**遅延顕症型の心的外傷後ストレス障害**（潜伏期間があるPTSD）が知られている。

また、人によっては対処可能なレベルであるストレスや環境の変化に、当人は対応できずに、気分の低下や対処困難な感覚が持続する**適応障害**がICD-10、DSM-5ではストレス関連障害として分類されている。

Active Learning
ストレスの身体症状や精神症状に与える影響について整理してみましょう。

■1 急性ストレス反応（ICD-10）

精神疾患には無縁だった個人が、激しい身体的、精神的ストレスに反応して発症し、数日以内に治まる一過性の障害を**急性ストレス反応**という（**図2-18**左側）。

症状としては、**意識野の狭窄**や注意の狭小化が起こり、事件の意味を理解することができない（**眩惑**）。たとえば、自宅が火事になっても、その自宅の庭で普通にゆっくりと洗濯物を取り入れようとしたりする。また、**軽い見当識障害**を伴うこともある。この状態のあと、**パニック**や**激越**、**過活動**、あるいは逆に**ひきこもり**の状態が続く。具体的には、火事になった自宅を前に走り回り、高揚しながら**多弁**になり、場にふさわしくないことまでしゃべり続ける、あるいは呆然として言葉がなく動けなくなる。

通常は、激しいストレスの出来事が生じてすぐに発現し、数時間〜2、3日で回復する。そのときのことをしばしばあとで思い出せない（**健忘**）。

■2 急性ストレス障害（DSM-5）

心的外傷後ストレス障害（PTSD）（DSM-5）類似の症状が外傷体験直後から出現するが、外傷体験後1か月以内に症状が治まる場合（**図2-19**左側）をいう。

■3 心的外傷後ストレス障害（PTSD）（ICD-10、DSM-5）

生命を危機に陥れる並外れた脅威や、破局的なストレスにさらされたあとに出現する疾患が**心的外傷後ストレス障害**（post-traumatic stress disorder：**PTSD**）である（**図2-18**、**図2-19**。**図2-19**右側は遅延顕症型の場合）。直後には症状がみられなかったにもかかわらず、しばしば数週間程度の潜伏期間を経て精神症状が出現する。

★**激しいストレス**
ストレスの原因は、戦闘、津波のような自然災害、暴行（レイプ）などのような身体に重大な危機をもたらすもの、肉親や知人の悲惨な死に直面するもの、あるいは自宅の火事のように突然生じ非常に脅威なものである。個人差はあるものの、このような非常に激しいストレスにさらされると、どのような人でも起こり得る反応と考えられる。

★**PTSD**
1970年代のベトナムから帰還したアメリカ兵の精神症状の経過から概念化された。1980年のDSM-Ⅲにて正式に診断分類として採用され、1990年にWHO総会にて採択されたICD-10でも採用され、国際的に一つの疾患単位と認定された。我が国では1995（平成7）年の阪神淡路大震災と地下鉄サリン事件の二つの事件を契機に一般に注目されるようになった。

❶PTSD概念の広がり

　当初は戦闘や生命を脅かす災害、惨事などの生命の存続にとって危機的な事件のあとにのみ生じる、と考えられていた。ICD-10では心的外傷を、「ほとんど誰にでも大きな苦悩を引き起こすような並外れた脅威や破局的なストレス」と定義し、「自然災害、激しい事故、他人の変死の目撃、拷問、テロ、強姦その他の犯罪の犠牲になること」としている。しかし、訴訟社会のアメリカで、その適応範囲は恣意的に広げられてきた。直ちには生命の危機に迫るとはいえない出来事があったあとの精神症状にまで、この概念の広がりをみせた。

　すなわち、DSM-Ⅳ では DSM-Ⅲ にあった「通常の人が体験する範囲を超えた出来事」という文言が消え、「死や重傷や危機に自分や他人がさらされていることを体験または目撃またはそれに直面し、強い恐怖、無力感、戦慄を伴う」ことで足りると、概念の範囲を広げ現在に至っている。体罰やがんの告知、あるいは救援活動（死体の回収）などの場合も含むものとなっている。DSM-5 では、「実際にまたは危うく死ぬ、重傷を負う、性的暴力を受ける出来事に直接暴露される、あるいは他人が暴露されたのを見聞きする」ことがあれば足り、主観的な反応（激しい恐怖、無力感、戦慄）は問われなくなった。また、DSM-5 では6歳以下の子どもの PTSD について、遊戯のなかで心的外傷体験が再現されたり、悪夢の内容が心的外傷体験と関連しないことがあることに触れ、大人の場合とは別に診断項目を定めた。

　さらに ICD-11 では、出来事の性質よりも現れている症状を重視している（**表 2-18**）。

表2-18　PTSD関連疾患（ICD-11）

・ICD-11ではPTSDと診断するためには、①再体験(フラッシュバック、悪夢など)、②回避(思考や記憶といった内的回避、活動や人物・場所といった外的回避)、③持続する現在の脅威(過覚醒、驚愕反応)の三つの基本症状が数週間は必要とされる。 ・ICD-11 では PTSD とは別に、complex（複雑性）PTSD という診断名が追加された。 ・complex PTSD は、過去あるいは現在の PTSD に加えて、自己組織化の障害（感情調節不全・陰性自己概念・対人関係困難の三つ）がみられる場合をいう。これは1回のエピソードでも生じ得ることを想定しており、長期反復性の出来事で生じるとした、ICD-11 以前の「複雑 PTSD」とは異なる概念である。	・このように ICD-11 の診断は、出来事の性質によるのではなく、現れている症状の性質による。このことは診断や患者理解を容易にする。非専門家も支援チームに加わる昨今の流れに合う。 ・また、ICD-11 では、遷延性悲嘆症（近親者の死による死別反応が6か月を超えて遷延し、社会生活の障害を生じている）を一つの疾病名とした。

❷PTSDの症状

　症状は心的外傷となった出来事の❶侵入（再体験、フラッシュバック、白昼夢、解離）、❷持続的な回避（不快な記憶や考え、感情を避ける、あるいはそれらを惹起させる場所や人物を避ける）、あるいは❸認知と気分の陰性の変化（疎外感、無感覚、情動鈍麻、アンヘドニア：無快楽症など）、❹覚醒亢進（交感神経緊張、不眠、激しい怒り、驚愕反応など）である。これら四つの症状が1か月間以上みられることが必要である。遅延顕症型では、心的外傷を経験した当初は症状がなかったにもかかわらず、6か月以内に症状が出現し1か月以上は持続する（図2-19）。当初は急性ストレス反応を呈し、PTSDに移行する例も多い（図2-18）。症状は年単位で持続し、3分の1の例では10年以上症状が持続する。

❸PTSDの生物学的要因

　PTSDは単なる心理的な疾患というよりは脳神経の生物学的異常を伴う疾患であることがわかっている。たとえば、脳画像上は、同じストレス下（戦闘や拷問、がん告知）でPTSDになった群はPTSDにならなかった群と比較して、海馬体積が有意に小さいとの数多くの報告がある[*]。また、PTSDでは前頭葉前頭前野の機能低下や扁桃体の機能亢進が認められる。

★海馬の萎縮
海馬の萎縮（仮説）がPTSDと関連する要因の結果なのか、生来性に海馬が小さい者がPTSDになりやすいのかは説が分かれている。

❹PTSDの治療

　このようにPTSDは生物・心理・社会学的次元にまたがる疾患であり、多面的な関与が必要である。患者は心的外傷体験に恐怖、悔恨、罪責など複雑な感情をもつ。また同時に、回避（想起させるものを避ける）、否認（ないものとする）などの心理機制も働く。したがって、信頼関係に基づく支持的な精神療法が基本となる。また、しばしばPTSDに気分障害や不安障害が合併するため、それらの治療を並行して行わなければならない。なお、心的外傷体験後の早期の心理的ディブリーフィング（生々しい体験を直後に積極的に語らせること）はPTSD発現の予防にはならないことがわかっている。

6　適応障害

　適応障害（ICD-10、DSM-5）とは、日常生活上・社会生活上の出来事、たとえば入学や就職、移転、病気や障害をもったことなど、どの

ようなことであれ、あるストレスに対して不適応状態が生じることをいう（ただし、DSM-5 では正常な死別反応は適応障害としない）。

　具体的な症状は、抑うつ、不安焦燥、混乱などの情緒的な症状、不眠、食欲低下、倦怠感、易疲労性、頭痛、肩こりなどの身体症状が出現する。また、対処困難で行動していくことができない感覚、気分の低下により物事を遂行していくことができない感覚が生じる。原因となる出来事から3か月以内（ICD-10 では1か月以内）に症状が出現し、ストレス要因が解消された場合には通常6か月以内に消失する。ストレス要因が持続して6か月以上障害が持続する場合には、持続性（慢性）適応障害と診断する。あるいは、6か月以上継続する場合には（遅延発症型の類適応障害という診断もあり得るが）、気分障害や不安障害への移行など、ほかの疾患の合併や進行を考える。なお、小児では不適応がしばしば指しゃぶりや夜尿症のような退行現象となって現れる。

　この適応障害の治療は、対処的には、症状に対して抗不安薬や抗うつ薬を投与することである。しかし、根本的な解決方法ではない。ストレスへの対処法を自然学習し軽快していくことが多い。すなわち、ストレスに対する適応力をつけることが必要である。しかし、本人の対処が難しい場合には、ストレスの原因から離すという環境調節が必要である。

7 解離症

1 解離症／解離性障害と変換症／転換性障害

　従来は両方を称してヒステリーと呼ばれていた疾患である。一人の患者が同時に、あるいは別の時期に、変換症を呈したり解離症を呈したりすることから、あるいは、変換症は病因では解離症と類似するところがあるために、ICD-10 では解離性（転換性）障害と一つにまとめられている。DSM-5 では解離症と変換症を切り離し、変換症は身体症状症という別の項目に分類されている（p.140 参照）。これは、現象をできるだけその根本にある病因から引き離し、外観を見たままに記述するという DSM の考えの流れによっている。しかし、その結果として DSM-5 の解離症の項目は、異なった水準に属するものが無秩序に並列されることになった。

2 解離症 / 解離性障害の類型

　心理的に意識の障害や記憶の欠損が生じる疾病である。具体的には、記憶や自己の同一性、思考、感覚情報の統合性、連続性が失われる疾患である。解離は自我を守る無意識の症状である（**図 2-20**）。次の各種の類型がある。

❶解離性同一症/解離性同一性障害

　二つ以上の別の人格が一人のなかに存在し、それぞれの人格の間に連絡がない（ある人格が行ったことや経験したことは、ほかの人格は知らない）ものを解離性同一症という。かつては多重人格障害（ICD-10）とも呼ばれていた。

　ある一時点では、一つの人格のみが現れている。ある人格から別の人格に劇的に短時間で変換する。人格は、名前、性や年齢、社会的立場などが、あるいは使用している言語までもが共通せずバラバラである。トラウマに関する回想は、反復的に途切れる。

　人格を変えることによって、生物学的な個体すなわち本来の人格に起きた耐え難い出来事を、他人事として扱うことができる。小児期に虐待（性的虐待も含む）を受けた過去がある場合に、この解離が起こりやすくなるといわれている。すなわち、子どもの頃から自身の意識を変容させ、おぞましい虐待の記憶を封じ込め、あるいは耐えられない感情や人格の一部分を自分から切り離し、別の人格に置き換えていた。この封じ込めや切り離しや置き換えが、容易に行われるようになると解離性同一

図2-20　精神的ストレスと疾病の模式図

ストレス

自分の生物体を
消して対処

［a:自死］

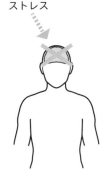

ストレス

自分の人格を
消して対処

［b:解離症/解離性障害］

ストレス

目に見える身体症状に
転換される

［c:変換症/転換性障害］

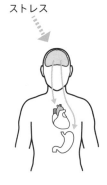

ストレス

身体疾患が生じる

［d:心身症］

（真っ正面から向かい、対処しきれなくなった場合が
［うつ病］）

（目に見える身体症状も身体疾患もなく身体症状の訴
えのみの場合が［身体症状症］）

症になるといわれている。

❷解離性健忘

自分の経歴の一部や自分に関する重要な情報が、突然失われることをいう。たとえば、虐待や戦闘、拷問の状況や事実に関する記憶がなくなる（解離性健忘*）。時に、自分の名前や生活史すべてを追想できない全生活史健忘に至る。これらは突然に発症する。

健忘によって心の安定が得られているので、本人は健忘に困ってはいない。日常生活で必要なことは正常に記銘していくことができる。

なお、一過性全健忘*という疾患があるが、全生活史健忘のような心因性の疾患とは異なる。

❸そのほかの類型

表2-19に示す。

★解離性健忘
心的外傷（トラウマ）や解決困難な心理的葛藤がある場合に、それらと関連する観念や情動、記憶を消し去りたい、切り離したいという無意識の反応によって起きると考えられている。

★一過性全健忘
脳の障害にて一過性に海馬が虚血に陥ったことにより、数時間〜数日の健忘が残る。すなわち、ICD-10の分類ではG4「挿間性および発作性障害」である。

8 身体症状症

■ 変換症（DSM-5）/転換性障害（ICD-10）（機能性神経症状症）

❶症状と診断

変換症/転換性障害とは、無意識に抑制した心理的葛藤が、身体症状（運動障害、感覚障害、自律神経症状など）に転換して発現するものである（図2-20参照）。本人は病気になる意識はないという点で詐病とは異なる。実際によくみられるのは、身体麻痺や痙攣、失声、視力障害、聴力障害である。これらの機能障害があるにもかかわらず、通常はあまり困ったようにはみえない。身体科に通院していることが多い。

確定診断にあたっては、可能性のある器質的な疾患をすべて除外することが必要である。身体症状が発生したことによって心の安定がなされている、という証拠がなければ安易に診断すべきではない。神経学的診察所見で症状の不自然さ、画像診断、電気生理検査（誘発電位、筋電図、磁気刺激など）にて症状を裏づけるに足る所見がみられないことにより診断する。[ii]

★変換症/転換性障害（ICD-11）
DSM-5において変換症/転換性障害は、解離症群とは別の「身体症状症および関連症群」に分類された。本書は疾病を原則ICD-10の分類で提示しているが、ここではDSM-5にのっとり記載している。しかし、ICD-11ではDSM-5の分類ではなく、変換症/転換性障害を、解離症群のなかの「運動、感覚または認知領域の解離症」としてICD-10の考え方（解離症/解離性障害と変換症/転換性障害を同じ範疇の疾病とみる）を踏襲している。

---

ii たとえば、視野あるいは皮膚の知覚脱出が、解剖学的にはあり得ない部位や様相を示しているなどがみられる。症状が動揺し、本人が周囲の病人の症状を無意識に取り入れていく経過が確認できれば、診断の助けになる。

表2-19　解離症のそのほかの類型

解離性遁走（フーグ） (ICD-10)	・フーグという用語はラテン語で「逃げる」という単語から生じた。 ・解決できない苦痛や非常に不快な体験があったときに、職場や家庭から無意識の働きにより、たとえば失踪して自分の身を守ることを解離性遁走という。 ・典型的な例として、ストレスを抱えた真面目な会社員が仕事や家庭を放り出して、突然、誰にも連絡せず放浪の旅に出てしまう。 ・フーグの間のことはあとで思い出せない。すなわち解離性健忘も伴う。 ・その場での会話や行動や記憶は適切なので、周囲からはフーグの状態にあることはわからない。 ・数時間程度継続するものから数日間にわたって続くものまでさまざまである。 ・ときには数か月続くこともあり、この場合は、まったく縁もゆかりもない地域において別人格で生活する。
解離性昏迷 (ICD-10)	・解離性昏迷とは、解離状態にさらに昏迷が重なり、外からの刺激にほとんど反応をしなくなった状態をいう。 ・ほかの人格になりながら、外の刺激には反応しない。 ・一方、解離状態となり、曇った意識のなかでふるまうことをトランスという。 ・たとえば、霊媒者が霊を呼び寄せて、霊になり代わって語り、行動する。意識された演技でなければ、解離状態下のトランスといってよいであろう。 ・解離状態にあり、まるで霊や狐にとりつかれたように発言、行動するのが憑依現象である。
解離性けいれん (ICD-10)	・解離と同時に意識が消失し、身体を硬直させ、あるいは四肢が痙攣様に反復運動するものをいう。 ・古典的には弓なりの緊張（オピスト・トーヌス）が生じ、仰向けで頭と足を床につけて身体は弓のように上部にせり上がり硬直する。 ・また、両上下肢が間代痙攣様にリズミカルに運動する。 ・てんかん発作との違いは、数分以上長時間続くこと（通常、てんかん発作では数秒〜数十秒で治まり、弛緩する）、不自然なリズムであること、尿失禁やチアノーゼが生じないこと、一人でいるときには生じないことが挙げられる。
ガンザー症候群 (ICD-10)	・ガンザー（Ganser, S. J. M.）が19世紀末に、的はずれな応答をする小児のように退行した拘禁状態の囚人（刑が未決）の症例を発表した。 ・的はずれの応答とは、「1足す1は」と聞かれて「3」と即答するような明らかな誤りである。 ・これが意識的にではなく（すなわち詐病ではなく）、現在の処遇に非常な不安があり、そのため解離に近い状態で行われているのだと説明した。 ・このように非常に不安な立場に比較的長時間おかれると、不安を感じないように解離状態となる。 ・その結果として、的はずれ応答や退行がみられ、全体として知的機能が低下してみえる。これをガンザー症候群という。
離人感・現実感消失症／ 離人感・現実感消失障害	・自分の精神活動や周囲の状況が、何か現実でない、しっくりしない、質的に変化して自動化されているように感じる離人体験が繰り返し持続する病態をいう。 ・周囲の人たちは生き生きとした生命感を欠いていて、何か演技をするロボットのように感じられる。 ・自分自身も厚い膜のようなもので世界から切り離されているような、情動が動かない無機質なものに感じられる。 ・このような離人体験は健常者でも、非常に疲労した場合や外界の刺激が一切ない状態（感覚遮断）におかれると、時に一過性に出現する。 ・疾患と診断されるためには、本人に苦痛であるか、社会的・職業的に障害が生じていることが必要である。 ・このような離人体験は、ほかの精神疾患でもしばしば出現する。 ・この場合には、この離人感・現実感消失症の診断ではなく、もともとの病名の診断となる。

第2章

代表的な精神疾患

理論的には、症状の発現に関連した何らかの心理的葛藤が存在する。治療者の援助のもと、これらの心理的葛藤や心的外傷に向き合い、克服していくことが症状の改善につながる。言語的であれ非言語的であれ、健康な形で感情を表出できれば治療につながる。

症状が出現し継続するのは、症状によって何らかの恩恵を受けているからである。一般に、疾病による利得は、身体症状が発生したことによる心の安定（第一次疾病利得）と、身体症状があることにより得られた実質的な利益（第二次疾病利得）とに分けられる。すなわち第一次疾病利得とは、病気や機能障害が、本人の現実では満たされぬ願望を無意識的に満足させていて、病気が精神的安定の手段になっている場合をいう。第二次疾病利得とは、病気や障害があることにより、家族、社会、医療スタッフ、保険会社から得られる二次的な利益をいう。

治療にあたっては、なぜ疾病利得にしがみつき手放せないのかを理解すること、現実のストレスは何なのかを理解することが大切である。具体的には、❶第一次疾病利得については、対決を避けていた葛藤や疾病利得によってしか満たすことのできなかった願望そのものを、本人が洞察し主体的に解決できるような方向に心理的援助を与える。また、❷第二次疾病利得については、家族、医療者、そのほか周囲の人々が、本人の症状に支配や操作されない態勢をつくり、疾病利得を無効化する方向に協力する。この場合にも、症状が持続することによって得ていた、あるいは得ようとしていた心理的・社会的・経済的要求について、断念すべきもの、別の合理的な形で獲得すべきものなど、適切な表現で助言を与えることが必要である。

9 身体的苦痛症（ICD-11）

1 身体症状症（DSM-5）、身体表現性障害＊（ICD-10）

身体症状症は身体表現性障害（ICD-10）と類似の概念である。身体症状に苦悩し6か月以上にわたり反復して深刻に訴える。それに対応する医学的な根拠が十分には見出せない。ICD-10の記載をわかりやすくまとめると「検査では異常がなく、訴える症状は身体的に本当に異常がある場合の訴えとは異なる。訴えの医学的根拠がないと医師が説明しても、医学的な検索をしつこく要求する」「自分としては身体的な病気が

★変換症／転換性障害の治療

実際には、本人には心理的な問題解決の動機づけがなく、むしろ解決されることを無意識では拒んでいるため、治療が難しい。一方、自然経過や環境の変化で自然に改善することもしばしば経験する。

★身体症状症、身体表現性障害

身体症状症や身体表現性障害がICD-11では身体的苦痛症候群または身体的体験症群でまとめられ、「身体（的）苦痛症」とされた。これはICD-10やDSM-IVでの「身体表現性」や「医学的に説明できない」という表現が、誤解を与えるとの見解による。また、「身体完全性違和（四肢切断希望症）」という病名が新たに加わった。

あるのではないかと感じていて、実は心理的な原因によることを話しあうことにさえ抵抗する」様子がみられる。また、円滑な社会活動が送れなくなる。

　繰り返される身体的訴えは、消化器系の訴え（腹痛、悪心、嘔吐、下痢）、異常な皮膚感覚（掻痒感、うずき、しびれ、皮膚の痛み）、頭痛、嚥下障害、四肢麻痺・脱力、耳鳴り、視力障害などである。訴えの箇所や内容は次々に変わるが、どこかの症状を慢性的に訴え続ける。症状を非常に誇張してわざとらしく訴える。しかし、本人にとってみると身体症状が実際に存在しているのであり、詐病とは異なる。

▌2 疼痛を主症状とする身体症状症（疼痛性障害）

　1か所あるいは数か所の身体部位に痛みが持続し、その痛みが身体の異常では十分な説明ができない場合をいう。すべての苦悩は痛みから生じていると捉え、この痛みがなければどんなにか幸せであると考える。心理的要因、社会的要因が痛みの発現に関与していることが多い。身体科では慢性疼痛ともいわれる。痛みを意識し排除しようとすると、余計敏感になり痛みが増強するという悪循環となっている。

　治療では、痛み以外に意識や関心を向ける行動や生活を送らせることが必要である。気分が沈んでいる場合が多く、抗うつ薬（SSRIなど）を投与する。しばしば痛み止めや安定剤に対して薬物依存になっているので、認知行動療法や適度な運動療法を併用する。

★疼痛性障害の治療
自分の気持ちの表出をしないで抑えてしまうために、陰性感情や攻撃性が発散されずストレスが蓄積している場合が多い。この場合、気持ちを外に出すことが症状の改善につながる。

10 心気症（ICD-11）

▌病気不安症（DSM-5）、心気障害（ICD-10）

　些細な感覚の異常を捉えて、何か重大な病気が隠れているのではないかと、執拗に身体的訴えをして身体の病気の心配をしている病態をいう。男女差に関係なく、中高年齢の者に多い。前述の「身体症状症」「身体表現性障害」ではさまざまな症状自体が重大な関心事項であるのに対し、この「病気不安症」「心気障害」では症状のもとになっている臓器や器官の病気（がんなど）を探索することを求めている。したがって、身体症状自体はないか軽度である。

　病気不安症および心気障害の多くに、抑うつや不安がみられる。そのため、精神症状が身体症状として現れているとの考え方もある。妄想と

★身体的訴え
ヒポコンドリア（心気症）の語源であるヒポコンドリウムというラテン語は、季肋部を意味することからわかるように、上腹部の訴えが多い。内科をはじめとする身体科で精密検査を受けるが、異常所見は見つからない。

違うのは、妄想ほどには病気であるとの強い確信がなく、また、病気が隠れているのではないかという点のみに気持ちが向いている点である。なお、うつ病の症状として心気妄想がある。ICD-10 や DSM-5 にてうつ病の診断基準を満たしている場合には、病気不安症や心気障害ではなく、うつ病と診断しその治療を行う。

11 心身症

1 心身症とは

　その現れは身体疾患であるが、発病に関して精神的ストレスが関与している一群を心身症（**図2-20**、**図2-21**）という。日本心身医学会は、身体疾患のなかで、特にその発症や経過に心理社会的な因子が関与し、器質的ないし機能的障害が認められる病態と定義している。

　実際には、本態性高血圧、潰瘍性大腸炎、過敏性腸症候群、緊張性頭痛、書痙、メニエール病、じん麻疹、チック、口腔異常感症など、精神的ストレスで発症、悪化する多くの身体疾患が心身症の可能性をもつ。

2 心身症の発生機序

　強い精神的ストレス状態におかれると、交感神経が持続興奮状態になり自律神経系の調節障害が生じ、あるいは副腎皮質系（ステロイド）の本来あるべき反応機序に障害が生じ、身体的異常が生じやすくなる。

　心身症を生じやすい性格が知られている。いつも時間に追われてい

★心身症
たとえば、精神的ストレスにより胃十二指腸潰瘍や気管支喘息などの身体疾患が生じている場合、それら身体疾患は心身症である。同じ疾患でも、ストレス性の要素がなく、むしろピロリ菌の感染や、特定のアレルゲン吸入によることが原因となれば、心身症とはいえない。

図2-21　心身症と神経症性障害の違い（両者の合併もあり得る）（図2-20-d参照）

iii　ICD-10やDSM-5では、あえて心身症という用語を使用していない。これは心身症を軽視しているのではなく、むしろすべての疾患が心理的な影響を受けているので記載する必要がない、という考えに立っている。すなわち、心身症というひとまとまりの疾患概念があると、それ以外の疾患は心理的要因がないのではと誤解されることを恐れた。あえて心身症という用語を避けて、ICD-10では生理的障害として「他に分類される障害あるいは疾患に関連した心理的および行動的要因」に分類した。

て、競争的で完全主義的な行動特性をもつ**A型行動パターン**（タイプA）では、狭心症や心筋梗塞が起こりやすい。また自分の感情を適切に感じることができない、あるいは感情を言葉にして表出することができない場合（**失感情症**、**アレキシサイミア**、あるいは**失感情言語症**）、情動がもっぱら身体症状という形で出現しやすく、種々の心身症になりやすい。

3 心身症の治療

　心身両面の治療が必要である。内科的治療と並行して、自律訓練法、バイオフィードバック法、認知行動療法、交流分析、森田療法などを併用する。必要に応じて対処的にベンゾジアゼピン系の抗不安薬やSSRIを投与する。

12 神経衰弱

　本来の神経衰弱（ICD-10）とは、それほど大変でないはずの精神的な努力のあとに、普段にも増して**疲労**が大きく蓄積した状態になることをいう。あるいは、精神的な努力のあとに、身体的あるいは肉体的に衰弱し消耗し、筋肉の鈍痛や疼痛、頭痛などが持続しリラックスできない状態をいう。仕事や家事などには集中できず、能率が下がる、休息や気分転換しても改善がない状態が6か月以上長く継続することが、診断には必要である。抑うつや不安がある場合には、気分障害や不安障害と診断され、神経衰弱との診断にはならないので、実際にこの診断名がつけられることは少ない。

★**神経衰弱**
かつて統合失調症が精神分裂病といわれていた時代には、会社や家庭に病名をあいまいにしておくために「神経衰弱」と診断名をつけることがよく行われていた。現在は、このような統合失調症の「別名」として神経衰弱という用語が用いられることは少なくなった。

第6節 生理的障害および身体的要因に関連した行動症候群[F5]

学習のポイント

● 食行動症の種類と症状について理解する

● 摂食症の診断、症状、病理、治療について学ぶ

● 睡眠-覚醒障害の種類と各症状について学ぶ

1 生理的障害とは

　食事、睡眠、性を営むことは本能に由来する、人間にとって欠かすことのできない行為である。これらの障害は ICD-10 では「生理的障害および身体的要因に関連した行動症候群」としてそれぞれ、摂食障害、睡眠覚醒障害、性機能不全障害と分類されている。本節では一般精神科で扱う頻度が高い、食行動障害および摂食障害群（DSM-5）（ICD-11 では食行動症または摂食症群）と、睡眠-覚醒障害群（DSM-5）（ICD-11）を中心に述べる。

2 食行動障害および摂食障害群

　食行動障害には、神経性やせ症 / 神経性無食欲症（anorexia nervosa：AN）と神経性過食症 / 神経性大食症（bulimia nervosa：BN）がある。両者は経過中にしばしば移行する。この食行動障害の発症頻度は国や地域、性別で大きな偏りがある。先進諸国の若年女性に多く、男性や開発途上国では少ない。

1 神経性やせ症 / 神経性無食欲症（AN）

　神経性やせ症とは、心理的要因によって食事を制限したため、あるいは適切でない食行動（過食や嘔吐）のために著しいやせをきたす病態をいう。若い思春期の女性に好発し、最近は学童後期にもみられる。患者本人に、基本的に肥満への恐怖があり、どんなにやせていてもさらにやせることを望んでいる。その根底には、自身の身体のやせを認知できな

★食行動症または摂食症群（ICD-11）
ICD-10では古典的な摂食障害として、神経性無食欲症と神経性大食症に二分されている。一方、ICD-11ではDSM-5と同様に細分化され、「神経性やせ症（神経性無食欲症）」「神経性過食（大食）症」「むちゃ食い症（過食性障害）」「回避・制限性食物摂取症」「異食症」「反芻・吐き戻し症」の診断名が記載されている。

Active Learning
自分自身の「食べること」や食事に対する考え、捉え方について振り返ってみましょう。

い、認知のゆがみが存在している。やせは、ICD-10 では、体重が標準体重の15％以上の低下（標準体重の85％以下の体重）であることを想定している。

❶病前性格と発症原因

神経性やせ症の人の多くが、負けず嫌い、きちんとしていないと気がすまない、潔癖な性格をもっている。また、何でも熱心に行う強迫傾向がある。病前は母親の言うことをよく聞いて、勉強も優秀でよい子として育っていることが多い。しかし、後で振り返ってみると実は我慢して母親に合わせていたということが多く、満たされなさや欲求不満を抱えている。そして、二次性徴へのとまどい、成熟した女性になることへの拒否、家庭や学校におけるストレスや、家族・友達関係の悩みなどから、唯一自分でコントロールできる体重へ関心が集中していく。ただし、当初のきっかけは、友達から太っていると言われたり、一般的なダイエットだったり些細なことが多い。

❷精神症状

身体像の認知に障害があり、顔には頬骨が、胸には肋骨が浮き上がるほどにやせているのにもかかわらず願望体重より太っていると認識し、さらなる低体重を望む。病識はないか、乏しい。低栄養や体重減少により二次的に抑うつが生じ、体重が増加するのではないかとの不安や緊張がみられる。心的葛藤は言語化できない。真の感情を表出できない失感情（アレキシサイミア）がしばしばみられる。空腹感や満腹感がわからない、という表現をする。

❸行動異常

半数の者では過食、隠れ食い、盗み食いがみられる。また体重増加を防ぐために、指を口に突っ込んで嘔吐を行う。そのため、人差し指や中指の背部の付け根、手の甲に、上の前歯にあたってできる吐きダコができる。下剤や利尿剤の乱用もみられる。身体的には飢餓状態となるが、脳内のエンドルフィン物質（麻薬類似作用がある）分泌が亢進し気分はむしろ高まり、非常に活動的になる。過活動、運動強迫がみられる。

❹身体症状

身体的には代謝や内分泌系の活動の低下がみられる。低栄養状態となり、エネルギー消費を最小限度に抑えるために甲状腺機能が低下する。低体温、低血圧、徐脈、高コレステロール血症となる。エストロゲンの低下による無月経、全身の産毛がみられる。

★やせ
DSM-5では、（DSM-IV-TRやICD-10では診断基準にあった）標準体重15％以上の低下という数値基準が削除されて「著しい低体重のみ」となった。また身体症状はDSM-IV-TRでは必須だった、無月経の項目もなくなり、ICD-10に比べて診断範囲がやや広くなっている。

★神経性やせ症の人にみられる特徴
全か無か（all or nothing）の極端な思考になり、柔軟に中間のほどよい状態でいることが苦手であり、完全主義者であることが多い。また、自分に何か極端な苦難を課しそれを乗り越えることによって、満たされなさ、欲求不満、不安を解消しようとする。その苦難が体重のコントロール、減量である。低体重の維持によって、気分はむしろ一時的に安定する。

第2章 代表的な精神疾患

147

治療は、信頼関係をまず築くことが必要である。大切なことは、日常生活に支障をきたさないように体力をつけること、あるいは死に至らないように身体の健康を保つことであって、体重をもとに戻すことではないことを伝える。そして、体重や食事についての誤った認知があることを自覚できるように援助する（支持的な精神療法）。また、体重を減らさなければならないという考え方の癖が、どこから生じるのかをみつけて修正していく認知行動療法も併用する。

身体的に危機的な低栄養状態になったときには入院させ、経管栄養や高カロリー中心静脈栄養にて内科的な治療を優先させなければならない。この場合、強制的に体重を増加させるこれらの処置に抵抗を示すが、心から心配してくれていることがわかると、治療を受け入れる。

★神経性過食症／神経性大食症
DSM-Ⅳ-TRでは、過食と不適切な代償行為の頻度が平均3か月にわたり最低週2回あることとされていた。しかし、DSM-5では頻度の基準が下がり、平均3か月にわたり最低週1回あれば診断されるようになった。なお、神経性過食症/神経性大食症は、神経性やせ症/神経性無食欲症ほどには体重が減少していないということで区別される。また、代償行動が激しくない過食（したがって肥満になる）はDSM-5では過食性障害といい、神経性過食症/神経性大食症とは区別されている。

2 神経性過食症/神経性大食症（BN）、神経性過食（大食）症（ICD-11）

身体的な疾患はないのにもかかわらず、心理的要因によって発作的に短時間にむちゃ食いをする。その直後に不適切な代償行為（自己誘発性の嘔吐や、下剤・利尿剤の乱用、あるいは不食、過剰な運動）により、極端な体重増加を免れている病態をいう。やけ食いをしているときにも、自分をコントロールできない、過食を止められない無力感を感じていることが多い。それにもかかわらず食べることをやめられない。肥満に対する恐怖は存在し、体重を気にしている。過食後に無気力、抑うつ気分が生じる。過食嘔吐という表面上の症状だけを取扱い対応しても改善しない。その背後にある気分や自己嫌悪の感情を扱い修正していく、認知行動療法的な介入が必要である。

3 睡眠覚醒障害

不眠がある場合、背景に精神疾患（うつ病や統合失調症など）や身体疾患（睡眠時無呼吸症候群など）があるのかないのかを判別することが、治療や対応にあたって重要である。精神疾患や身体疾患によらない不眠症を非器質性不眠症（ICD-10）という。これは原発性不眠（DSM-Ⅳ-TR）といえる。DSM-5では不眠は精神疾患や身体疾患により引き起こされたものというよりは、ほかの疾患と併存してあるもの、という考

えをとり、原発性不眠という用語が廃止され広く不眠障害となった。ICD-11では「睡眠–覚醒障害」として独立の障害として扱われている。

　精神生理性不眠症（非器質性不眠症）は生活習慣の改善、あるいは睡眠薬の投与で改善することが多い。一方、不眠が精神疾患や身体疾患によっている場合には、その原疾患の治療が必要である。

1 精神生理性不眠症（非器質性不眠症（ICD-10））

　健常者の不眠の大半が、精神生理性不眠症すなわち原発性不眠である。些細なことが気になり、大脳辺縁系の興奮が沈静せず、入眠困難や夜間の中途覚醒をきたす。床に入っても眠れないので、「何とかして眠らないといけない」とますます精神的緊張が高まり入眠が困難になる。本人は眠りがとれないことに非常に神経質になっている。

　しかし、たいていの場合、睡眠の量は比較的保たれていることが多い。家族からみると、いったん眠ってしまうとよく眠れているようにみえる。眠ろうという努力をやめることでかえって眠れるようになる。

2 精神疾患に伴う不眠症（非器質性不眠症ではないもの）

❶うつ病による不眠

　うつ病では精神的、身体的に疲労感が強く、ぐったりしている。そのため入眠は比較的よい。しかしすぐに目が覚めてしまい、もう眠れないという中途覚醒、あるいは明け方暗いうちから目が覚めてしまい疲労感がとれないという早朝覚醒がみられる。また、眠っているようにみえても浅眠で、本人は眠った気がしないという言い方をする(熟睡感の欠如)。

　一方、季節性のうつ病や現代型の非定型うつ病では過眠がみられる。長い時間眠っているが、朝起きたときに爽快感がなく疲れている。

❷統合失調症による不眠

　精神的緊張や困惑が持続しているので、入眠困難がみられる。通常、抗精神病薬に加えて、睡眠薬が処方される。激しい幻覚妄想状態にある急性期には、興奮状態のまま、まったく眠れずに焦燥する。

❸アルコールによる不眠

　アルコールは大脳神経の働きを抑制する作用があり、少量の飲酒は入眠をよくする。しかし、アルコール代謝過程ではかえって覚醒作用が生じる。脱水や利尿作用（排尿）で中途覚醒し、睡眠が断片化する。また、睡眠前半で抑制されていたレム睡眠（sleep onset REM）が、睡眠後半では反跳的に増加するため、悪夢が生じる。

❹睡眠薬の反跳現象による不眠

　ベンゾジアゼピンが睡眠薬として通常用いられるが、常用量でも長年使用していると身体依存が生じる。そして、服薬を急に中止するとかえって反跳性に不眠がひどくなる。また、ベンゾジアゼピンが抑制していたレム睡眠が急激に増加するので悪夢が生じる。

3 ICD-11 分類による「睡眠－覚醒障害」

❶不眠障害群（ICD-11）

　不眠障害（不眠症）では、それぞれの不眠症状（表2-20）に加えて、不眠が原因で日中の活動に支障（日中症状（表2-21））が生じている。不眠症状と日中症状が少なくとも週に3日以上、3か月以上認めた場合、以下の「不眠障害」と診断し、その原因（表2-22）としてストレスなどが挙げられる。

❶慢性不眠障害：不眠症状が3か月以上持続

❷短期不眠障害：不眠症状が3か月未満

表2-20　不眠症状

入眠障害	以前に比べて寝付くまで30分以上かかる。
中途覚醒	一晩に2回以上、目覚めてしまう。
早朝覚醒	以前に起きていた時間よりも2時間以上早く目覚めてしまう。

表2-21　日中症状

●以下があげられる。 ・疲労または倦怠感。 ・注意力・集中力・記憶力の低下。 ・社会生活や家庭生活や就業生活上に支障、または学業低下。 ・気分がすぐれない、イライラしやすい。 ・日中の眠気。 ・衝動性や攻撃性が増すといった行動の問題。 ・やる気・気力・自発性の低下。 ・過失や事故を起こしやすくなる。 ・眠りについて心配し悩むことが増える。

表2-22　不眠障害の原因

①心理学的原因	ストレスなど。
②生理的原因	不規則な生活習慣、就寝環境（寝室の温度・湿度、騒音など）。
③精神医学的原因	うつ病や不安障害、アルコール依存など精神疾患に伴う不眠。
④身体的原因	身体の病気による不快感・痛みなど。
⑤薬理学的原因	服薬している薬の影響や、酒・カフェイン・喫煙など嗜好品によるもの。

❷過眠障害群（ICD-11）

① ナルコレプシー

覚醒しているときに、突然にレム睡眠が出現する疾患をいう。通常、健常者ではレム睡眠※（図2-22）は入眠して70〜100分後に出現する。ナルコレプシー※では突然の入眠とそれに続くレム睡眠がみられる。したがって、いすに座って他人の話を聞いているときに、唐突に寝てしまったかと思うと、崩れ落ちるように脱力し（睡眠麻痺）いすから床に落ちる。この脱力は、笑ったときや感激したときに数秒間だけ意識が保たれたまま生じることもある（情動脱力発作、カタプレキシー）。脱力時、ありありとした幻を見ているような知覚体験がある（入眠時幻覚）。すなわち、本人は夢を見ているとは感じず、覚醒していると自覚していて、現実感のある鮮明な幻覚と捉え、ひどく驚く（驚愕発作）。

② 反復性過眠症（クライネ・レビン症候群）

周期的ないし間欠的に傾眠状態になり、過眠や過食を呈する疾患をいう。1回の病相期は数日から2週間程度で、この周期を数か月から数年にわたり何度も繰り返すきわめてまれな疾患である。

10代の男子に多い。傾眠の時期には昼夜を問わずとにかく眠り続けるが、食事やトイレのときには覚醒できる。成人になると自然と治癒することから、睡眠覚醒をつかさどる視床下部の、成長期における一時的な不全が原因と考えられる。双極性感情障害の治療薬（リチウム、カルバマゼピン）が効果がある。

★レム睡眠
通常一晩に4回くらい出現する。全身の骨格筋が弛緩するが、夢を見ていて眼球は動いている。

★ナルコレプシー
大脳の視床下部から分泌されるオレキシン（覚醒に関連した神経細胞の活動を維持する）という物質が低下している。情動脱力発作が確認できるタイプ1型のナルコレプシーでは、このオレキシンの欠乏が確認できることが多い。治療は中枢刺激薬のメチルフェニデート（リタリン®）、ペモリンの内服である。脱力発作は三環系抗うつ薬にて軽減する。

Active Learning
自分自身の睡眠の傾向はどのようなものか考えてみましょう。

図2-22　正常睡眠のステージの例

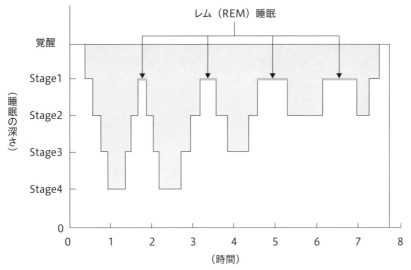

＊　レム睡眠以外の睡眠をノンレム（nonREM）睡眠という。

❸睡眠関連呼吸障害

表 2-23 に示す。

❹概日リズム睡眠-覚醒障害

体内の生物時計の周期は約 25 時間である。そして、朝の光を浴びることによって 1 時間前進し地球の 24 時間周期に同調する。体内時計をつかさどる視床下部や松果体でのメラトニン合成にリズム障害が起こると、睡眠リズムの障害となる。❶睡眠相後退症候群と❷睡眠相前進症候群がある（表 2-24）。

表2-23　睡眠関連呼吸障害（ICD-11）

①睡眠時無呼吸症候群（sleep apnea syndrome：SAS）	・夜間の睡眠時に無呼吸となり、頻繁に覚醒する疾患をいう。 ・そのために不眠と日中の眠気、過眠を訴える。 ・具体的には、睡眠中に 10 秒間以上の呼吸停止が、一晩 7 時間に 30 回以上、もしくは 1 時間に 5 回以上の頻度で出現する場合に診断する。 ・本人は無呼吸が頻回な夜間覚醒の原因とは気づいておらず、非器質性の不眠と自覚していることが多い。 ・中枢型（延髄の呼吸中枢の異常）の場合は少なく、一般的には上気道の閉塞型である場合が多い。
②閉塞性睡眠時無呼吸症候群	・小児の場合には扁桃肥大、中年以降の場合には肥満による上気道の狭窄が原因であることが多い。 ・入眠による筋緊張の低下が加わり、上気道が閉塞し瓶の栓が詰まったようになり、新鮮な空気の呼吸換気が停止する。 ・すると血中の CO_2 濃度が上昇し呼吸中枢が刺激され、激しい呼吸運動が生じ、巨大ないびきが生じる。 ・浅眠となり覚醒する。 ・そのため夜間の熟睡が得られず、日中は慢性的に眠気を感じ、集中力が低下する。 ・夜間は血中 CO_2 濃度が高くなっているので頭部の血管が拡張し、頭痛が生じる。 ・また交感神経活動が亢進し高血圧になる。 ・睡眠に 10 秒間を超える呼吸停止といびきによる呼吸の回復を、頻回に起こしていることを家族に気づかれ病院を受診する。 ・パルスオキシメーター（一晩、耳たぶなどにて非侵襲的に血中 HbO_2 濃度を測定する）や一晩の脳波や筋電図、呼吸運動を測定し（睡眠ポリグラフ検査）、診断する。 ・治療は、夜間睡眠時に、鼻マスクを密着装着させ、気道内に持続的に 5〜15cmH₂O の陽圧をかけて、上気道の閉塞を防ぐ方法がある（経鼻的持続陽圧法：CPAP）。

表2-24　概日リズム睡眠－覚醒障害（ICD-11）

①睡眠相後退症候群	・睡眠リズムが 24 時間を超えてしまい朝起床できず、夜は入眠が遅くなる。 ・思春期に発症することが多い。 ・学校に定時に登校できなくなる。 ・無理に起きて学校に行っても日中眠くなり集中困難となる。治療としては、午後にメラトニン（睡眠リズムを前進させる）を服用する。 ・また、朝に高照度光照射を行う。
②睡眠相前進症候群	・睡眠リズムが 24 時間よりも短くなり、夕方には眠くなる。 ・極端な早寝早起きとなる。 ・高齢者に多い。 ・睡眠相後退症候群のように日常生活に支障をきたすことは少ない。

表2-25　睡眠関連運動障害（ICD-11）

①むずむず脚症候群（restless legs syndrome）	・むずむず脚症候群とは、夜就寝して臥床していると下肢のふくらはぎを中心に、下肢の深部で虫が這うような不快な異常感覚、じっとしていられないような、はがゆい痛がゆさが生じ、入眠困難になる疾患をいう。 ・人口の3〜5％にみられ、特に中年期以降の女性に多い。 ・鉄欠乏性貧血や糖尿病、痛風、パーキンソン病などの各種疾患、妊娠、人工透析を受けている者でみられやすい。 ・入眠したあとも、下記の睡眠時ミオクローヌス症候群（周期性四肢運動障害）のために覚醒してしまう。
②睡眠時ミオクローヌス症候群（周期性四肢運動障害）	・睡眠中に下肢にミオクローヌス様の不随意運動（足関節や膝関節の屈曲、足指の背屈の不随意運動が数秒から数十秒間隔で生じる）が頻発し、そのため覚醒してしまう疾病をいう。 ・本人はどうして覚醒したのかわからないことが多い。 ・むずむず脚症候群の多くの人にみられる。
③レム睡眠行動障害	・レム睡眠時に骨格筋の弛緩が起こらない病態をレム睡眠行動障害という。 ・主に中高齢者にみられる。 ・骨格筋を動かせるので、夢のなかで行動するとおりに身体が動いてしまう。 ・夢に支配されて歩き回ったり、周囲に襲いかかったり、壁や家具にぶつかってしまう。 ・比較的すぐに覚醒する。

❺睡眠関連運動障害

　❶むずむず脚症候群、❷睡眠時ミオクローヌス症候群、❸レム睡眠行動障害がある（**表2-25**）。

❻睡眠時随伴障害

ノンレム睡眠からの覚醒障害

　睡眠中にあるいは睡眠から覚醒するときに生じる病的な現象を睡眠時随伴障害という。さまざまなものがあるが代表的なものを挙げる。小児期にみられる睡眠時随伴障害は、成長とともに消失していく。①睡眠時遊行症、②睡眠時驚愕症（夜驚症）がある（**表2-26**）。

4　悪夢

　悪夢とは、レム睡眠時に生々しい夢と関連した不安や恐怖により覚醒する病態である。レム睡眠中（**図2-22**参照）に起こることから睡眠後半で起こる。この場合にも交感神経の緊張を伴っている。睡眠時夜驚症とは違ってすぐに覚醒し、鮮明に悪夢の内容を覚えている。なお、健常者では、レム睡眠時に骨格筋の弛緩が生じているので金縛りという体験として経験される。病的にレム睡眠時に骨格筋の弛緩が起こらない場合には、前述のレム睡眠行動障害と呼ぶ。

表2-26　睡眠時随伴障害（ICD-11）

①睡眠時遊行症	・睡眠中に突然起き上がって、歩き回るものをいう。 ・睡眠の前半で起こる。 ・睡眠と覚醒が混じった、意識の変容状態である。 ・いわゆる夢遊病であるが、ノンレム（non-REM）睡眠中に起こる病態であり、夢を見て行動しているわけではないので医学的には夢遊病とはいわない。 ・声をかけるとぼんやり反応するが覚醒はせず、周囲に自分から話しかけることはない。 ・周囲の状況には無頓着である。 ・しかし前述のレム睡眠行動障害とは違って、壁や家具にぶつかることはない。 ・しばしば自室や自宅から出て行くほど歩き回ることもある。 ・誘導で抵抗せず戻り再び睡眠に至る。 ・朝覚醒したときには、このエピソードを覚えていない。
②睡眠時驚愕症（夜驚症）	・絶叫してノンレム睡眠（すなわち夢は見ていない状態）から突然覚醒する病態をいう。 ・睡眠前半で起こる。 ・激しい恐怖と交感神経緊張の興奮（発汗、頻脈、過呼吸）を伴う。 ・興奮は数分間持続し、駆け回ったりすることもある。 ・周りで声をかけても容易には覚醒しない。 ・数分間かけてぼんやりとして覚醒する。 ・エピソードを断片的にしか思い出せない。

4　性機能不全（非器質性のもの）

　性に関する行動は個人差が非常に大きく、性関連障害についても議論が多い。ICD-10 では、性欲欠如あるいは性欲喪失、性の嫌悪および性の喜びの欠如、性器反応不全（インポテンツなど）、オルガズム機能不全、早漏、非器質性腟けいれん、非器質性性交疼痛症、過剰性欲が列記されている。

5　産褥に関連した障害

　産褥期（分娩後6週間以内）に発症する、ほかの精神障害の項目には分類できない疾患をいう。産褥期には内分泌のバランスの不全や、出産自体の母体への生物学的な負荷があり、心理社会的な要因も加わって精神的に不安定になりやすい。

　出産直後に生じる、気分障害の診断基準を満たさない、軽いうつの状態をマタニティ・ブルーという。出産後3～7日頃に起こり1日から数日で回復する。過半数の人が経験する。一方、同じ産褥に関連した障害であっても、ほかの疾患の診断基準を満たす場合には、ICD-10 では該

★性関連障害
ICD-10の流れを受けてDSM-5ドラフト（案）では、「性欲過剰障害（性欲が過剰にある）」「パラフィリア強要障害（同意していない相手に性行為を強要する）」「女性の性的関心/興奮の障害（女性において一定期間以上欠如）」「男性の性的関心/興奮の障害（男性において一定期間以上欠如）」が提案された。しかし結局、性欲の過剰や性行為の強要は障害として追加されず、「女性の性的関心・興奮障害（女性において一定期間以上欠如）」「男性の性欲低下障害」がDSM-5で正式に採用された。

当する疾患名をつける。すなわち、産後うつ病や産褥期精神病★は、出産が契機となって一般のうつ病や精神病の状態となったと考え、ICD-10ではそれぞれ気分（感情）障害、統合失調感情障害との診断になる。なお、妊娠や出産に伴う精神障害はDSM-5では抑うつ障害、周産期エピソードのなかに分類されている。

★**産後うつ病**
産後1〜6か月に出現する、抑うつ気分、不安・焦燥、自責感を中心とした気分障害像を呈する。

★**産褥期精神病**
産後比較的早い時期に急性に発症し、思考のまとまりのなさ、錯乱、夢幻様状態といった非定型精神病像を呈する。

パーソナリティ障害と行動の障害[F6]

学習のポイント

● パーソナリティ障害（DSM-5）の分類と特徴を理解する
● 境界性パーソナリティ障害（DSM-5）の特徴、対応について学ぶ
● 自己愛性パーソナリティ障害（DSM-5）、回避性パーソナリティ障害（DSM-5）の特徴を理解する

1 パーソナリティ障害と精神医学

★パーソナリティ障害
DSM-5によると「その人の属する文化から期待されるものより著しく偏った内的体験や行動」が続いていて周囲の人々や社会が悩んで、（あるいは本人が悩んで）はじめてパーソナリティ障害と診断される。「著しく偏った内的体験や行動」とは、具体的には認知、感情、対人的機能、衝動の制御の面についてみられる。当然、何をもって著しい偏りなのか、時代や文化、社会体制によって左右される。

　パーソナリティ障害とは気質や性格に著しい偏りがみられ、一般の人にはみられない考えや行動をとるため、生活や仕事に支障をきたし、社会不適応状態が持続している状態をいう。パーソナリティとは気質（生まれながらの遺伝的な、あるいは器質的なその人のありよう）と性格（気質の心理社会的な側面）とを併せもった概念である。多くは青年期までにその特徴が明らかになる。また生涯持続する。

　パーソナリティ障害の概念や診断は、本人のためというよりは、社会や集団の秩序の安定のために、当人を排除する目的で使用されがちである。精神医学の目的は精神病を治療することであって、精神病とはいえないパーソナリティ障害への対応には消極的な精神医療関係者も多い。

　しかし、パーソナリティ障害に付随するうつや衝動性亢進などの精神病的な症状に対して投薬治療や認知行動療法を行うこと、さらに周囲の人々に対して環境調節や対応法をアドバイスすることは、本人の利益になり、精神医学の領分といえるであろう。

2 パーソナリティ障害の捉え方

Active Learning
パーソナリティについて整理してみましょう。

　ICD-10ではパーソナリティ障害を、統合失調症や気分（感情）障害と並列して、一つの疾患群としていた（ほかの精神疾患との併記は許される）。また、DSM-5でもDSM-Ⅲからの特徴であった多軸診断は廃止され（DSM-Ⅳ-TRではⅡ軸診断におかれていたパーソナリティ

表2-27　病的パーソナリティ特性の五つの項目

	DSM-5	ICD-11	
❶	否定的感情（対　情緒安定性）	不定的感情	不安、抑うつ、罪悪感、羞恥心、怒りなど
❷	離脱　　　（対　外向）	離脱／隔離	かかわりを避ける、ひきこもる、感情体験を避ける
❸	対立　　　（対　同調性）	不社会性	自己のイメージが尊大、自分にだけ特別な取り計らいを要求
❹	脱抑制　　（対　誠実性）	脱抑制	欲求の充足を求めて、その場の感情や刺激に反応して、衝動的な行動に走る、無責任、無謀
❺	精神病性　（対　透明性）	（—）	文化にそぐわない奇妙な、普通でない行動や認知
	精神病性　（—）	制縛性（強迫性）	完全主義、頑固、固執

表2-28　ICD-11におけるパーソナリティ症（障害）の捉え方の特徴

❶パーソナリティ症（障害）の全般的診断基準として、①自己機能の問題（アイデンティティ、自尊心、自己認識および自己志向性の正確性）および／または対人関係機能の不全、②２年以上にわたって持続している、③障害は、不適切な認知、情動体験、情動表現、行動のパターンによって明らかになる、を挙げている。	❷ICD-10・DSM-5にて採用されているカテゴリー的なパーソナリティ障害の診断枠を排除し、臨床上、より重要とされる重症度（軽度・中等度・重度）に視点をおいている。これは治療的予後は、パーソナリティ障害の種類よりも重症度に左右される、あるいは病態は時間や環境によって変わる、という考えによっている。	❸「顕著なパーソナリティ特性」という、チェックする特性機能を新設した。すなわち、①否定的感情（不安、怒り、不信、うつ、低自尊心）、②隔離（ひきこもりや回避）、③非社会性（自己中心性と共感性欠如）、④脱抑制（無分別な行動）、⑤制縛性（強迫性）、である。この組み合わせで「パーソナリティ症」の特性を診断する。

障害は）、ICD-10同様、単独の病名として独立することになった。

　DSM-5ではカテゴリー診断をとりながらも五つの病的パーソナリティ特性（❶否定的感情、❷離脱、❸対立、❹脱抑制、❺精神病性）（表2-27）の有無や、４領域のパーソナリティ機能（①自己同一性、②自己志向性、③共感性、④親密さ）の減損の程度と広がりによって、特定のパーソナリティ障害を診断していく新しい診断モデルを提案した。この考え方を発展させ、ICD-11では、ディメンション診断に変更された。ICD-11におけるパーソナリティ症（障害）の捉え方の特徴を表2-28に示した。

　DSM-5では、パーソナリティ障害を対人関係や感情のあり方によって、奇妙で風変わりなA群（内向的で社会から孤立しひきこもる傾向の強いもの）、演技的で移り気なB群（情緒が不安定で、一見外交的にみえるが、他者との安定した関係性が築けないもの）、不安や抑制を伴うC群（自信がなく、不安げで内向的、臆病で神経症性障害の様相を呈するもの）とに分けている。このDSM-5の分類によって次に、各パー

★パーソナリティ障害の分類

パーソナリティ障害を病理水準の側面から分類すると、❶精神病水準、❷神経症水準、❸正常範囲と分けられる。しかし、精神病との、あるいは正常との区分は不明瞭で難しい。それぞれのパーソナリティ障害が一般人口のどのくらいの割合にみられ得るのか、理解の助けとするために、アメリカでの疫学調査における有病率を記載した。

Active Learning

自分自身の性格傾向について振り返ってみましょう。

157

ソナリティ障害を述べる。

3　社会から孤立しひきこもるタイプ（A群）

1　猜疑性パーソナリティ障害 / 妄想性パーソナリティ障害（DSM-5）

★猜疑性パーソナリ
ティ障害/妄想性
パーソナリティ障害
と妄想性障害の違い
妄想性障害との違い
は、この妄想性パー
ソナリティ障害では固定
した妄想をもっていな
いこと、幻聴や思考障
害を認めないことにあ
る。妄想性障害や統合
失調症との合併もあり
得る。

他人に対する不信があり、すべてを悪意があると疑う。たとえば、他人が自分をだましている、自分を利用していると一方的な被害的な意味づけをする。配偶者に対しては、浮気をしているのではないかと執拗に疑い続ける。周囲の人の親切や誠実さにも、裏があるとの疑惑をもつ。

したがって、自分のことを話すことを非常に警戒する。協調性に乏しいため親しい友達や知人はいない。人に裏切られたと感じ、うらみをもち続けるので、しばしば攻撃的になる。トラブルはすべて他人の責任だと思い込み、好訴的で、独りよがりな解釈によって訴訟を起こす。有病率は0.5 ～ 2.5％である。

2　統合失調質（シゾイド / スキゾイド）パーソナリティ障害

★統合失調質パーソナ
リティ障害と回避性
パーソナリティ障害
の違い
ひきこもりを特徴とす
る回避性パーソナリ
ティ障害では、他人と
の交流をむしろ望んで
いるのに対して、この
統合失調質パーソナリ
ティ障害では一人での
行動や生活を好む。

家族を含めた他人と情緒的な交流をせず、かかわりあいを避け、社会的なひきこもりを一生続ける。温かい人間的な触れあいには不快感を示す。感情の表出は乏しく、生き生きとした様子がなく、周囲の人は感情の平板さを感じる。無関心、疎通性の乏しさ、自閉傾向が目立ち、統合失調症単純型に類似の状態である。もっとも、自我障害や社会生活の破綻は統合失調症者ほどではない。他人とのかかわりあいを必要としない領域で、活動に専念し成功を収め得る。有病率は7.5％である。

3　統合失調型パーソナリティ障害（DSM-5）

★統合失調型パーソナ
リティ障害
統合失調型パーソナリ
ティ障害と統合失調症
との区別はしばしば難
しい。また一部は、長
期経過で統合失調症を
発症し得る。
ICD-10では、離人体
験や自己親和的な（本
人は当たり前のことと
感じていて困っていな
い）自生思考も症状の
一つととり、統合失調
型障害として精神障害
の項目に入れている。

奇妙で風変わりな風貌、思考、行動をとる。他人に対する被害関係的な思考パターン、テレパシーや超能力、魔術などへの強い関心がみられ、独特の信念をもって生活している。話の内容にまとまりがなく、体験したものに対する奇妙な意味づけをし、幻覚ともとれる発言もあるが、統合失調症のように持続しない。また被害関係的な様子も、統合失調症の関係妄想のように明確で確固とまでには至らず、関係念慮の範囲である。有病率は3％である。

4 情緒が不安定で攻撃的で、安定した関係が築けないタイプ（B群）

1 反社会性パーソナリティ障害（DSM-5）、非社会性パーソナリティ障害（ICD-10）

　他人に対する共感性がなく、衝動にまかせて無責任に行動するパーソナリティの障害をいう。他人の気持ちを想像することがなく、罪悪感もなく、些細なことに激怒し、喧嘩や暴力、器物損壊を繰り返す。ただ単に衝動的で行動が粗雑というだけでなく、他人に対する共感性を欠如していることが、この障害の特徴である。社会規範を守れず、窃盗や薬物乱用を平気で行う。責任感がなく、就労を継続することができない。きわめて自己中心的で支配的である。有病率は男性 3 ％、女性 1 ％である。物質使用障害の合併が多い。

第2章 代表的な精神疾患

★反社会性パーソナリティ障害、非社会性パーソナリティ障害
DSM-5の診断基準では、15歳以前にすでに反社会的行動が現れ、素行症/素行障害があったことを診断の要件にしている。すなわち、共感性の欠如や衝動性、易怒性は、ほかの精神障害の二次的な症状として出現するのではなく、元来の素因によるものを想定している。

2 境界性パーソナリティ障害（DSM-5）

❶境界性パーソナリティ障害の症状

　空しさや満たされなさが根底にあり、情緒面の不安定さや行動上の激しさが目立つパーソナリティの障害をいう。ICD-10 では「情緒不安定性パーソナリティ障害の境界型」と命名されていた。初対面では一見まったく問題なく、むしろ言動が魅力的にさえみえる。しかし、関係性ができると、他人との適度な距離がとれず、依存と敵対、あるいは理想化とこき下ろしとの間を極端に揺れ動き、次のような感情面の問題、行動面の問題が明らかになる。

　感情面では、気分不快感、不安、焦燥が突発的に生じる。空虚感が満たされず、常に見捨てられ不安、不満と怒りを抱えている。経過中に抑うつ状態となり、しばしば気分障害や神経性大食症を併発する。

　行動面では自分の怒りを麻痺させるために、あるいは操作的な行動として、手首切傷や大量服薬などの自傷行動を頻回に繰り返す。有病率は 1 ～ 2 ％である。うつ病、アルコール使用障害、物質使用障害をしばしば合併する。

❷境界性パーソナリティ障害への対応

　治療や援助にあたって、逆転移の問題が生じる。すなわち、本人の怒りや攻撃に対して陰性逆転移が、理想化や依存に対して陽性逆転移が生じる。治療・援助側は本人の行動に振り回されないように、適度な距離を維持し、態度や構造を一貫したものにすることが必要である。

★境界性パーソナリティ障害
境界性パーソナリティ障害者は医療機関にてよく遭遇する。空しさが解消されず、浪費、過食、性的逸脱を繰り返す。また、激しい衝動性をもつ。他人が助けの手を差し伸べざるを得なくなる状況をつくる。周囲の人は援助しようとして、本人のペースや意図に操作され、巻き込まれてしまう。

★逆転移
本人が無意識に投げかける感情や行動に、治療者・援助者が無意識にする反応をいう。

具体的には、❶事実関係、介入や支援の目的や目標を明確にし、限界や枠組みを設定する、❷約束や対応を一貫させ、不安や依存を助長させない、❸洞察を中心におくよりも、社会的技能の育成を中心におく、といった対応が安全である。ここでの社会的技能には、今の気分を言語化すること、空虚感とうまくつきあっていくこと、行動を自分で何とか制御する工夫をみつけていくことも含まれる。

▌3 演技性パーソナリティ障害[*]

一見華やかで、外交的、魅力的にみえるが、非常に自己顕示欲が強く、自分が注目の的にならないと途端に不愉快になり、攻撃的になるのが演技性パーソナリティ障害である。初対面の人とでもすぐ表面的には友達になるが、他者配慮や共感性に欠け、きわめて一方的で自己中心的で、実質的な内容が言動に伴わず不誠実なため、周囲はしだいに本人を相手にしなくなる。虚栄心が強く、他人から注目の的でいるために芝居がかった大げさな態度で誇張し、誘惑したり挑発する。怒りを周囲に向け、しばしば自傷や大量服薬など操作的な行動に至る。有病率は2〜3％である。

▌4 自己愛性パーソナリティ障害

自分には優れた能力があるといった誇大な感覚に支配され、非常に度を越した自負心があり、周囲から賞賛や取り計らいを受けることが当然だと信じているパーソナリティの障害をいう。その一方で、人からの評価には非常に敏感で、周囲の人の批判や現実的態度に傷つき、屈辱や羞恥を味わう。この自己愛性パーソナリティ障害者は、他人に評価や批判される場面を恐れて、ひきこもり[*]に至りやすい。その場合でも、自分の能力が正当に理解されていないとの気持ちが常にある。自己顕示的な欲求が強く、周囲の人たちと協調して行動することはできない。うつ病、アルコール使用障害、物質使用障害をしばしば合併する。

一般人口に対する出現割合は1％未満で少なく、ICD-10には自己愛性パーソナリティ障害という診断名はない。

★ 演技性パーソナリティ障害
境界性パーソナリティ障害とは違って、他人の前では安定した役割を演じることはできる。また、自分に価値があるという感覚はむしろ強く、空しさを慢性的に抱えているわけではない。

★ ひきこもり
昨今のひきこもりの青年に多くみられ、相談機関ではよく遭遇する。境界性パーソナリティ障害に比べると、通常は衝動性や行動化は激しくなく、まとまった自我を保っている。ただし、ひきこもりから一転して、世間をあっといわせるために、まれに重大な犯罪、社会的な逸脱行為に至る。

5 不安や神経症的な様相がみられるタイプ（C群）

1 回避性パーソナリティ障害（DSM-5）、不安性パーソナリティ障害（ICD-10）

　自分は他人より劣っているという自己評価の低さのため、他人から批判されたり注意を受けたり、あるいは人前で恥をかくことを極度に恐れる障害をいう。本人は心底では他人と交流し、あるいは相互的な関係のなかにいたいと願っているが、非難されるのを恐れて対人関係を避ける。ICD-10では他人からの批判や拒絶されることへの不安が第一にあって、回避が生じると考え、不安性パーソナリティ障害を病名にしている。

　実は本人の自意識が過剰で、実際のところ他人は何とも思っていない、という客観的な認知ができない。親密な友人は少なく、傷つくのを恐れて、しばしばひきこもりに至る。有病率は1～10%である。

2 依存性パーソナリティ障害

　自分では何も決めることができず、行動のすべてをある特定の人からの助言なしには行えないパーソナリティの障害をいう。自分の意志や判断が正しいか常に助言を求める。このような極端な依存の背景には、他者に見捨てられるのではないかという不安や恐怖がある。一人でいること自体も強い不安となる。

　依存している特定の人から離れることに強く抵抗を示すので、その人の愛情を得るために不本意なことも無理して行うようになる。すなわち、この依存性パーソナリティ障害は、同じように依存が中心テーマである境界性パーソナリティ障害とは違って、怒りや操作的な行動はなく、むしろ自分を委ねて他律的になってしまうという特徴がある。

3 強迫性パーソナリティ障害

　度を越した秩序意識や完全主義にとらわれ、円滑な日常生活や肝心な事柄の遂行が妨げられてしまうパーソナリティの障害をいう。臨機応変さや柔軟性を欠き、予定や順序、約束時間、規則にこだわる。結果よりも形式が重要であり、主要でないどうでもよい部分に意識が集中するので、実質的な作業が進まず、さらに完璧さを求めるあまり課題が終了しない。他人も同じレベルで作業をしないと気がすまないので、他人と一緒に仕事をしたり、仕事を任せたりすることができない。また、秩序維

★ 不安性パーソナリティ障害
日本では対人恐怖と診断される者に、しばしばこの障害をみることができる。そのため、回避性パーソナリティ障害者は、対人恐怖、不安、抑うつを主訴として医療機関や相談機関を訪れることが多い。社交不安症の合併がしばしばみられる。

★ 依存性パーソナリティ障害
主体的な自分がいるという感覚に乏しく、自己評価が低い人が多い。抑うつやパニック発作、心気的な訴えにより医療機関を訪れる。実際に、しばしばうつ病やパニック障害を合併している。

★ 強迫性パーソナリティ障害
強迫性パーソナリティ障害は、しばしば強迫性障害の病前性格として認められる。すなわち、この障害の経過中に強迫思考や強迫行為が顕在化して、しばしば強迫性障害に移行する。

第2章　代表的な精神疾患

持のために、楽しみや人間関係を犠牲にする。お金は将来のために貯金しておくという信念をもっていることが多い。したがって、社会的な機能レベルがむしろ高い人も多い。

6 ▶ 行動（習慣および衝動）の障害、行動の異常

　自己や他人の利益を損なう行為を、合理的な動機がないのに反復してしまう病態が行動の障害、行動の異常である。止めようとする意志はあっても、自分では衝動が制御できない。しばしば犯罪として明らかになる。明らかな精神症状が並存していない場合に、精神疾患として治療の対象とするか否か議論の分かれるところである。代表的な類型は病的賭博（ギャンブル障害）（本章第2節 p.92 参照）であり、そのほかを**表 2-29**で示した。なお、ICD-10 および DSM-5 では、行動の障害とされていたギャンブル依存は、ICD-11 では 2 節の嗜癖性障害群に入れられた。

★作為症と詐病の違い
理由が明らかにあり（たとえば、刑事訴訟や徴兵を免れるために）故意に病気であることを装うのが詐病であるのに対して、作為症/虚偽性障害では動機が明らかではないという特徴がある。

■ 作為症 / 虚偽性障害

　明らかな身体的・精神的な障害や疾病がないのに、繰り返し一貫して症状を偽造する障害をいう。具体的には、自らの身体を傷つけたり、毒物を自らに与える。おそらくは、病人の役を演じたいという心理的な要因があると推察される。そのため、DSM-5 ではこの障害を行動の異常の分類には含めず、神経症性障害の下位分類（身体症状症および関連症

表2-29　そのほかの行動の障害、行動の異常

病的放火（ICD-10）、放火症（DSM-5）	・他人の家に火をつけ燃やすという衝動を制御できない障害をいう。 ・通常の放火は、恨みや復讐、金銭上の理由や思想上の理由により行われるが、この病的放火では、火事を見ること自体に強い喜びを感じ、しばしば動機自体を本人も語ることができない。 ・放火行為の直前に心地よい緊張状態となり、直後に興奮や快感を覚え、また消火活動や騒ぎを見ることに魅せられる。
病的窃盗（ICD-10）、窃盗症（DSM-5）	・窃盗それ自体に快感を覚え、衝動を制御できず窃盗を繰り返す障害をいう。 ・したがって、盗品が欲しいわけではなく換金の目的もない。 ・窃盗の直前に適度な緊張状態となり、直後に興奮や快感、満足感を覚える。 ・経済的に困窮しているわけではない女性が、一人で同じ場所で盗んでも仕方がないような物を繰り返し万引きする場合には、この病的窃盗の可能性がある。
抜毛癖（ICD-10）、抜毛症（DSM-5）	・抜毛することで満足感を得るのが抜毛症である。 ・毛髪を引き抜くことで手応えと充実感を覚える。 ・児童・思春期に多くみられる。 ・このような自己破壊活動は、手首自傷症候群（繰り返しリストカットすることで、生きている手応えや満足感、一時的な安心感を得る）にみられる心的機制と類似するところがある。

図2-23　作為症／虚偽性障害とミュンヒハウゼン症候群、詐病の関係

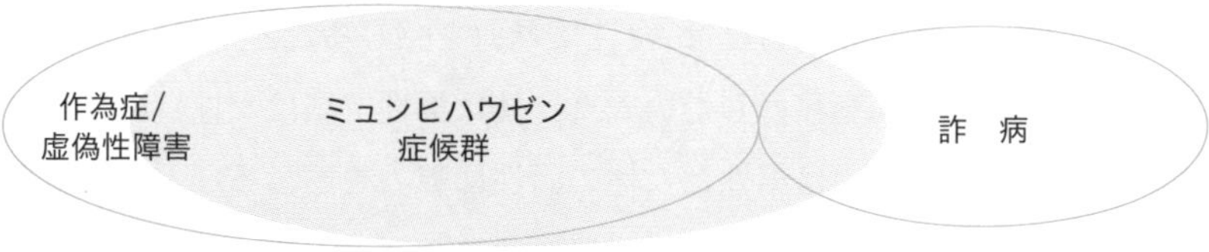

出典：西松能子「虚偽性障害」日本心理臨床学会編『心理臨床学辞典』丸善出版，p.271，2011.

群）としている。

　手術や侵襲的な検査が必要となる愁訴、苦痛の訴えを意図的に繰り返し、身体的には正常にもかかわらず数回の（身体的には不必要な）手術を受けてしまうこともまれではない。これをミュンヒハウゼン症候群という（**図2-23**）。

　しかし一方、他人（自分の子どもであることが多い）を傷つけ医療を受けさせ、自らが看病や介護といった役割を遂行することによって、自身の心的な満足を得る代理ミュンヒハウゼン症候群は、虐待であって作為症／虚偽性障害には該当しない。

7　性行動の障害（性関連性障害）

　性行動は文化的、社会的に規定され、時代や地域、個人差による違いが大きい。性に関した障害の項目（ICD-10）のなかで、医療的にも社会的にも取りあげられることが多い性同一性障害を中心に述べる。

　なお、性同一性障害（ICD-10）という病名は、「性同一性」や「障害」という言葉に、個人の性のあり方に対するスティグマが含まれているということから、DSM-5では性別違和に変更になった。

1 性同一性障害（ICD-10）、性別違和（DSM-5）

❶性同一性障害（性別違和）とは

　性同一性障害（性別違和）とは、身体の性と脳の性とが一致していないため、悩みが生じている状態をいう。性別に違和感をもつ程度の両性役割服装倒錯症と、さらに強い違和感をもち、性転換を具体的に希望している性転換症とがある。医療機関に受診するのは後者である。原因は不明だが、生来的な基盤に由来していると考えられる。

　脳の性の分類、すなわち男女のどちらの性に魅力を感じるかによって

★性同一性障害

「性同一性障害」の診断名はDSM-5（2013年）では廃止されて「性別違和」となったが、ICD-10（1990年）では疾患カテゴリーとして残されていた。ICD-11では性同一性障害という疾患カテゴリー、性転換症、両性役割服装倒錯症とも廃止され、gender incongruenceというカテゴリーになった。すなわち、疾患ではなくcondition（状態）であるとして、F「精神および行動の障害」（ICD-10）から新たにICD-11で創設された17章 でconditions related to sexual healthと命名された。

次の特徴がある。すなわち、女性から男性に性別を移行したい人（身体は女性で脳は男性）の場合には、女性に魅力を感じることが多い。一方、男性から女性に性別を移行したい人（身体は男性で脳は女性）の場合には、男性だけ、あるいは男性と女性の両性に魅力を感じるなど多様である。鑑別診断としては、服装倒錯的フィティシズム、同性愛がある。

服装倒錯的フェティシズムの場合には、異性服装にて性的興奮を覚える。性同一性障害（性別違和）では異性服装にて安心感を覚える。同性愛とは、どの性を指向するかという議論での社会的な用語である（性嗜好障害からはずされた）。性同一性障害（性別違和）は、自分の身体の性に嫌悪を感じる病態を指す医学的な用語である。

❷性同一性障害（性別違和）の経過と治療

ほとんどの性同一性障害（性別違和）者は、性以外の事柄については健康な精神状態にあり社会適応もよい。しかし、幼少時より違和感を覚え、悩みを抱えながら成長してきている。自分が性同一性障害（性別違和）であると診断、認定されると、これまでの自分の悩みは特殊なものではないと理解ができ、それだけで悩みが多少緩和される。しかし、根本的な治療法はなく、重篤な場合には、最終的には脳の性に合わせて身体の性をつくりかえる性別適合手術（いわゆる性転換手術）が行われる。ただし、その過程や手続きは科学的でかつ厳密でなければならない。

通常、日本では慎重に、❶精神療法、❷ホルモン療法、❸外科療法の順に治療を進める。

❶精神療法は、少なくとも1年間以上2人の精神科医によって自我のあり方や気分、行動について慎重に経過を追い、ほかの精神疾患が隠れていないか、本当に性同一性と診断できる病態であるのか診断を確認する。本人がさらなるホルモン療法の段階を望む場合には、主治医以外の専門家を入れた委員会で審査し、客観的に判断する。❷ホルモン療法で、身体の性を脳の性に近づける。それでも本人が、精神的に耐え難いほど苦しんでおり、苦悩がほかのいかなる方法でも解決されない場合には❸外科的に性別適合手術を行う。

2 性嗜好障害（ICD-10）、パラフィリア障害群（DSM-5）

性的な興奮を得るために通常ではあり得ない特異な行為が必要で、その行為が習慣的に反復される病態をいい、パラフィリア（性欲倒錯症）と呼ばれる。ICD-10では、フェティシズム、フェティシズム的服装倒錯症、露出症、窃視症、小児性愛（ペドフィリア）、サドマゾヒズム（苦

★同性愛
同性を性的パートナーに選ぶことを指す。今日、同性愛は社会のなかで市民権を得て、病的とはみなされなくなってきた。そのため、DSM-IVにおいて、性嗜好障害の項目から同性愛は削除された。社会的に許容される範囲が広くなったことで、精神および行動の障害とはみなされなくなった一例である。

★幼少時からの違和感
たとえば、学童期には本来の好みとは違う色のランドセル、服装、役割に戸惑うが、他人には悩みを話すことは許されないなどがある。また、思春期以降には性別に区切られた社会構造のなかで役割葛藤が持続し、アイデンティティの獲得がうまくなされず、混乱やうつが生じる。しばしば、性別や役割を意識しなくてすむフリーターになる。

★フェティシズム
衣服や履物のような特定の物体が、唯一の性的な対象になり、それなしには性的な興奮が得られない病態をいう。

痛を与え辱める性行為を愛好するサディズムと、そうした刺激を受け入れる性行為を愛好するマゾヒズムとは、しばしば同じ一人の人にみられる）が項目として挙げられている。

　一般にパラフィリアと診断するためには、性行動や性対象が普通ではなく、強い性衝動や性的空想を体験すること、衝動（に基づく行動）のために苦悩すること、長期間（6か月以上）続くことが必要である。現実的な他害がなく、本人の苦痛がなければ、障害や疾患とすべきではない。

★**フェティシズム的服装倒錯症**

通常男性にみられ、女性の衣服を着用して性的興奮を感じる、あるいは女性の衣服を身につけたいという性的衝動と性的空想が反復される病態。DSM-5ではフェティシズムという診断名はなくなり、性の区別も取り払い異性装障害と変更されている。

第8節 **精神遅滞（知的障害）[F7]**

学習のポイント

● 知的（能力）障害の定義と程度分類について学ぶ
● 知的（能力）障害をきたす原因と代表的な疾患を学ぶ

1 知的能力障害と精神遅滞

かつては医学用語、法律用語として精神薄弱という名称があった。しかし薄弱は差別用語であり、また特徴を正確には表してはいなかった。学術的、医学的には、知的な発達についての遅れがあるとの精神遅滞（mental retardation：MR）という用語を使用するようになっていった。法律用語としては1999（平成11）年より精神薄弱から知的障害へと名称が変更された。そのため現在、行政的には知的障害、医学的には（従来からの）精神遅滞という用語を用いている。さらにDSM-5では、知的能力障害（intellectual disability）（知的発達症／知的発達障害（intellectual developmental disorder））という用語になった。

★精神遅滞
ICD-10では精神遅滞という用語を用いているが、ICD-11への改訂ではDSM-5での訳語にしたがって、知的能力障害に変更になると思われる。

2 概念と定義

知的能力障害（精神遅滞）とは、精神機能の発達が停止した、あるいは発達が不全な状態である。具体的には、発達の時期に発達が遅いことで明らかになる、認知、言語、運動、社会的能力などの障害である。

診断のためには、❶知能が平均より有意（2SD：2×標準偏差値）に低くIQが70未満であること、❷年齢に比べて低い社会的能力であり、そのことにより不適応が生じていること、❸18歳未満の発達期に現れている知能障害であることの❶〜❸がそろっていることが必要である。

これは世界標準となっているアメリカ精神遅滞協会（AAMR）での精神遅滞の要件でもある。単に知能テストで知的に低いとの結果が出たことだけでは、知的能力障害（精神遅滞）の診断は下せない。

図2-24　理論的な知的障害者数と実際の療育手帳取得者数との関係

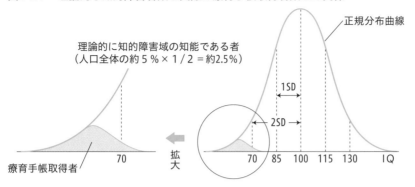

正規分布曲線

理論的に知的障害域の知能である者
（人口全体の約 5 ％×1／2 ＝約2.5％）

1SD

2SD

療育手帳取得者

拡大

70

70　85　100　115　130　IQ

★療育手帳の取得

令和 2 年版『障害者白書』によると、我が国で認定されている知的能力障害（精神遅滞）者数は109万4000人（在宅者96万2000人、施設入所者13万2000人）で、理論的な計算による知能検査上の知的能力障害者数（知能指数が2SDより低い人口は全人口の約 5 ％÷ 2 ＝約2.5％と算出できる）よりもかなり少ない（図2-24）。これは、仮に知能検査をすればIQ70未満であっても、社会に適応できていて福祉サービスを受ける必要はない者が多数いることを裏づけている。

　行政的には更生相談所にて知的機能や適応状況から判定を受け、当事者にとってみれば認定を受け、療育手帳を取得することで知的障害者関連の福祉サービスが受けやすくなる。

3　知的能力障害の程度による分類

1　知能検査の値による分類

　知能指数（intelligence quotient：IQ）の程度と日常生活能力の程度とは必ずしも一致しない。しかし通常は知能指数の重症度別に、①軽度（IQ69〜50）、②中等度（IQ49〜35）、③重度（IQ34〜20）、④最重度（IQ20 未満）と判別することが多い（**表 2-30**）。ICD-10 でも同様である。田中・ビネー式知能検査や WAIS- Ⅲを代表とする知能検査では、おおむね±5 程度の誤差が生じるので、療育手帳発行にあたって知的能力障害（精神遅滞）の重症度を判定する場合には、実務的には±5 程度の範囲を考慮して総合的に判断していることが多い。

2　行動の指標による分類

　知的障害の診断や重症度は ICD-11 以前は知的機能（知能検査の値）によっていた。しかし全世界的な視点でみると、標準化された検査ができる国は限られている。そこで ICD-11 では「行動の指標」（幼児・児童青年期・成人の 3 種類がある）によって知的能力障害の軽度・中等度・重度・最重度を区分するように変更された。**表 2-31** で具体的に成人で一例を示した。具体的に行われていることにより区分をする。

Active Learning

知的障害者の手帳制度について調べてみましょう。

Active Learning

知的障害者が利用できる福祉サービスについて調べてみましょう。

★知能検査が難しい場合

発達水準が低く、言語使用による知能検査が難しい場合は、発達状況を家族から聴取し、発達指数（developmental quotient：DQ）を算出し、知的機能を推定する。

表2-30　知能検査の値による知的能力障害の分類

①軽度知的能力障害（精神遅滞）（IQ 69〜50程度）	・能力にあった自立と社会参加を身につけるよう、療育がなされてきた者では、家族から独立して日常社会生活、職業生活を送ることが可能である。 ・成人後IQ50（＝10歳÷20歳×100）であれば精神年齢は10歳（小学校高学年）程度であることからもわかるように、抽象的な用語を操り思考を展開させることはできない。 ・社会性が身についておらず、情緒的に不安定な例では、実地的な仕事や、育児・家事にうまく対処していくことが難しい。
②中等度知的能力障害（精神遅滞）（IQ49〜35程度）	・成人後IQ35（＝7歳÷20歳×100）であれば、精神年齢は7歳（小学校低学年）程度であることからもわかるように、単純な日常会話は何とか可能だが、計算は簡単な足し算、引き算に限られる。 ・能力にあった訓練を受け、しかも本人の行動パターンや性格を熟知した監督者や保護者のもとでは、最低限の社会生活や単純な仕事が可能である。 ・言語発達や情緒的成熟、身辺処理能力が不十分で、自立した生活を行うことが困難な例も多い。 ・諸能力については以下の重度・最重度の場合と同様に、個人差が非常に大きいといわざるを得ない。
③重度知的能力障害（精神遅滞）（IQ 34〜20程度）	・成人後も精神年齢は3〜6歳（就学前）程度で、1〜2語文レベルで会話は可能だが、日常生活での身辺処理にも見守り、声かけ、援助が必要な場合も多い。 ・しばしば運動能力や巧緻性にも難がある。 ・繰り返し練習を継続できる者では、定められた単純な作業を根気よく行うことが可能である。
④最重度知的能力障害（精神遅滞）（IQ20未満）	・言語でのコミュニケーションは難しい。 ・情緒的には、自閉性障害を合併していて言語以外の意志の疎通も困難な者から、場の状況を理解し喜怒哀楽の表現も可能な者までさまざまである。 ・定型だった作業を行わせることは難しく、身辺処理や日常生活全般にわたって全介助が必要であることが多い。

表2-31　ICD-11の「行動の指標」にみる知的能力障害の重症度区分の具体例（成人18歳以上の場合）

	概念的	実用的
軽度	人の話を聞いたりコミュニケーションをとったりすることができる。 家の住所が言える。	家事全般を一人ですることができる。 多くは公共交通機関を使うことができる。
中等度	手助けがあれば3段階の指示に従うことができる。	安全に家で過ごし、簡単な家電の操作ができる（電子レンジなど）。
重度	語彙が100語以上あり、否定、所有、代名詞などが使える。	カップから一人で飲んだり、スプーンやフォークで食べたりできる。
最重度	音のするほうに視線を向けたり、呼ばれたら反応したりすることができる。	生活面全般にサポートを要する。

出典：松本ちひろ「児童思春期の精神障害」『精神医学』第61巻第3号，pp.301-309，2019. から一部割愛

4 ▶ 原因による分類

　　知的能力障害（精神遅滞）の原因としては、**表2-32**のとおり分類される。実際は、原因がこのどれとも診断できず不明なことも多い。

表2-32　原因による知的能力障害の分類

原因	疾患
①出生前からの染色体異常	・ダウン症候群、脆弱Ｘ症候群、クラインフェルター症候群、ターナー症候群、猫鳴症候群など
②先天性代謝異常	・アミノ酸代謝異常：フェニルケトン尿症、メープルシロップ尿症など ・糖質代謝異常：ガラクトース血症など ・ムコ多糖類代謝異常：ハーラー症候群、ハンター症候群など
③先天性内分泌異常	・クレチン病など
④神経皮膚症候群	・結節性硬化症など
⑤周産期の異常	・胎児の低栄養、母体内での感染：梅毒、風疹、トキソプラズマ、サイトメガロウイルスなど
⑥出産時の異常	・仮死産による低酸素脳症など
⑦出生後の疾病	・脳炎などの感染症、レノックス症候群などの難治てんかん、脳白質ジストロフィーなどの変性疾患、脳挫傷・脳出血などの脳損傷など

5 代表的な疾患

　以下、頻度の高い知的能力障害（精神遅滞）の代表的疾患について述べる。フェニルケトン尿症とクレチン病（先天性甲状腺機能低下症）は、早期発見により知的能力障害（精神遅滞）を予防できる疾患であり、尿による新生児スクリーニング検査が全国的になされている。

1 ダウン症候群

　最初に一つの疾患単位であると発表（1866 年）したダウン（Down, J.L.H.）がイギリスの眼科医であったことに象徴されるように、目じりが切れ上がった独特の顔貌をもつ先天性の症候群である。その後、原因が21 番染色体の過剰（通常、父から１個、母から１個の合計２個であるところが３個）であることが発見された（図2-25）。遺伝子・染色体関連異常のなかでは最も頻度が高い（ダウン症候群以外の染色体異常も数多くあるが、通常は死産になるか、あるいはダウン症候群のようには出生後に長くは生

図2-25　ダウン症候群

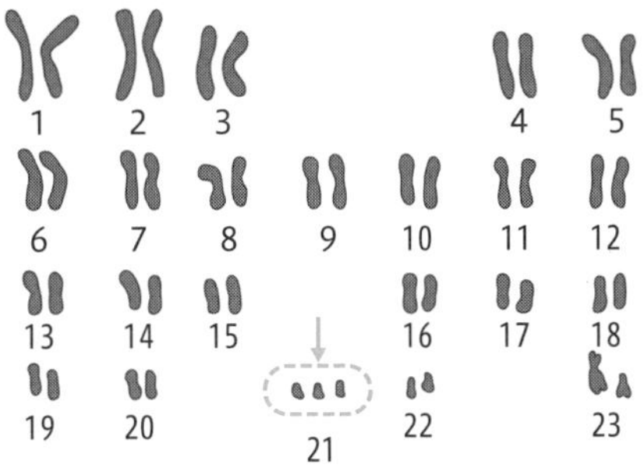

22対の常染色体のうち21番以外の染色体はすべて正常な２本組だが、21番染色体だけは３本組（トリソミー）になっている。これがダウン症候群の原因である。

存できない)。

　母体が高齢なほどダウン症児が出生する確率が高くなる（25 歳で 1200 分の 1、40 歳で 100 分の 1）が、それはこの症候群の約 95％を占める 21 番染色体トリソミー型の場合である。約 5％の転座型（21 番染色体の一部が折れてほかの染色体につながる）の場合には母体の年齢とは無関係である。

　短頭で扁平な丸顔で、切れ長の目で低い鼻、巨舌、手掌には猿線があり第 5 指の屈曲線が 1 本、翼状肩といった身体的特徴をもつ。全身の筋緊張は低下し関節の過伸展がみられる。身体的には生命にかかわる奇形、すなわち心臓や消化管の奇形をしばしば合併している。また視覚異常、自己免疫疾患、白血病、てんかんなどを、健常者と比較すると合併しやすい。早期（40 歳代）に老化する。情緒的には、人なつこくリズム感にあふれ、比較的良好な対人的コミュニケーションを築ける者が多い。

2 結節性硬化症

　結節性硬化症とは、皮膚と脳神経（両者ともに発生学的には外胚葉由来）に結節が多発する、神経皮膚症候群の代表的な疾患である。❶知的能力障害（精神遅滞）、❷けいれん発作、❸顔面の皮脂腺腫（両側の頬、特に鼻周辺に直径数 mm 程度の脂肪の塊のようなオデキが多発する）を三徴候とする。優性遺伝で、5 万人に 1 人の割合で出現する。

3 フェニルケトン尿症*

　肝臓におけるフェニルアラニン水酸化酵素の欠損のために、食物中のフェニルアラニン（アミノ酸）がチロジンへと代謝されず、その結果としてフェニルアラニンの異常代謝物質であるフェニル乳酸・酢酸などが脳神経に蓄積し、大脳の正常な発達が阻害される疾患である。中等度.重度の精神遅滞、痙攣、皮膚および毛髪の色素減少による白色皮膚と赤毛、尿がネズミ尿臭であることが特徴である。常染色体劣性遺伝で 8 万人に 1 人の発生がある。

4 クレチン病*

　先天的に甲状腺機能低下症があると、胎児の時期からの脳の発達が阻害され、さらに出生後の脳発達も阻害され知的能力障害（精神遅滞）が生じる。出生 6 か月頃より、知能・身体発達の遅れ、低体温、乾燥皮膚、巨大舌といった特徴が明らかとなる。

★フェニルケトン尿症の予防

生後早期に全新生児で血中のフェニルアラニンの量を調べ（マススクリーニング）、高値な場合には生後 2 〜 3 か月までに低フェニルアラニン食を開始することで知的能力障害（精神遅滞）を予防している。

★クレチン病の検査と治療

生後早期の血液スクリーニング検査（マススクリーニング）により発見が可能である。甲状腺ホルモンを投与することにより、知的能力障害（精神遅滞）を免れる。

第9節 心理的発達の障害 [F8]

学習のポイント

- 心理的発達障害の種類と特徴を理解する
- 自閉スペクトラム症の特徴と対応について学ぶ
- 発達障害者支援法の対象となる各種障害の特徴と対応について学ぶ

1 心理的発達の障害（ICD-10）、神経発達症群/神経発達障害群（DSM-5）

　心理的な発達障害とは、発達の過程が初期の段階から障害され、言語や認知、社会性や協調運動などの、ある特定の分野について発達の遅れがあり、家庭や学校、社会にて支障をきたしている一群をいう。原因は不明であるが、同胞での発病率が高いことや、発達の比較的初期の段階から特徴が明らかになっていくことから、発症には素質が大きく関与していると考えられる。たとえば学習障害では、知的機能の全体的な発達の遅れがみられる知的能力障害（精神遅滞）とは異なり、機能の獲得が障害された特定の分野以外は、技能や能力は正常であるか正常に近い（図2-26）。

　ICD-10では、特異的発達障害と広汎性発達障害とに分けている。一般的に発達障害という場合には、これらに知的能力障害（精神遅滞）を含めていう。なお小児科領域では、さらに脳性麻痺など心身機能の発達遅滞の者も含めて、発達障害という用語が用いられる。

　DSM-5では、神経発達症群/神経発達障害群という新しいジャンルを設け、そこに「知的能力障害群」「コミュニケーション症群/コミュニケーション障害群」「自閉スペクトラム症/自閉症スペクトラム障害」

Active Learning
発達の概念について、心理学的視点から整理してみましょう。

Active Learning
発達障害の概念が歴史的にどのように変化してきたか整理してみましょう。

---

i　行政上の発達障害：発達障害者支援法（平成16年法律第167号、平成17年4月1日施行）では、知的障害が目立たないのにもかかわらず特別な支援を必要とする要請上の理由から、行政用語として（軽度）発達障害を、「自閉症、アスペルガー症候群その他の広汎性発達障害、学習障害、注意欠陥多動性障害その他これに類する脳機能の障害であってその症状が通常低年齢において発現するものとして政令で定めるもの」と定めた。ここでの発達障害は、これまで述べてきた医学的な用語ではなく、福祉的・教育的な用語である。その後、軽度発達障害という用語は定義があいまいなため文部科学省は2007（平成19）年にこの用語を用いないと通達し、現在、発達障害という用語のみ使用されている。

図2-26　発達障害のパターン

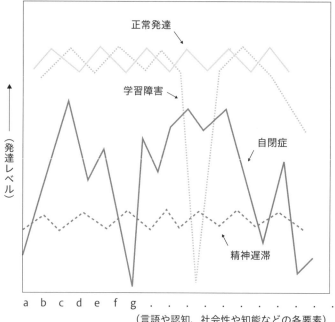

（言語や認知、社会性や知能などの各要素）

出典：山崎晃資「発達障害の概念」『臨床精神医学』第26巻第5号，p.558，1997.

「注意欠如・多動症 / 注意欠如・多動性障害」「限局性学習症 / 限局性学習障害」「運動症群 / 運動障害群」を含めた。

<h2>2　特異的発達障害、
限局性学習症/限局性学習障害</h2>

1 特異的発達障害（ICD-10）、限局性学習症 / 限局性学習障害（DSM-5）

　特異的発達障害（ICD-10）とは、知的障害や運動障害がないにもかかわらず、❶会話や言語、❷学習能力、❸運動機能、のいずれかの領域の発達が遅れるものをいう。教育分野で注目され、学習障害（learning disorder：LD）と呼ばれている。ただし教育分野で学習障害という用語を使用する場合には、❶会話や言語、あるいは❷学習能力の特異的発達障害を指し、❸運動機能の特異的発達障害は含まれない。DSM-5での限局性学習症 / 限局性学習障害も、読字障害、書字表出障害、算数障害の三つの類型を挙げており、特異的発達障害（ICD-10）よりも狭い概念となっている。

2 会話および言語の特異的発達障害（ICD-10）

　会話および言語の特異的発達障害とは、❶言語の理解（聞くこと）、❷表出（話すこと）、❸構音（適切な語音を使用すること）、の三つのどれかが、聴覚系の障害や知的能力障害（精神遅滞）がないのに、精神年齢水準以下にあるものをいう。

　言語の理解ができない、すなわち「聞く」ことができない場合を受容性言語障害という。通常、表出面も重度に障害される。しかし自閉性障害とは異なり、非言語的なコミュニケーションは良好なので、身振りによる意志の伝達は可能で、社会的相互関係が形成できる。ごっこ遊びも可能である。

　一方、この言語理解は正常だが、表出ができない、すなわち「話すこと」ができないのが表出性言語障害である。しばしば構音の障害を伴う。また、語音の発音ができない構音障害のみ認められるのが特異的会話構音障害である。言葉の理解と表出は良好で、非言語的知能は正常である。

　てんかんに伴う後天性の失語症をランドウ・クレフナー（Landau-Kleffner）症候群★という。

3 運動機能の特異的発達障害（ICD-10）★、発達性協調運動症 / 発達性協調運動障害（DSM-5）

　協調運動の発達が障害され、著しいぎこちなさや、極端な不器用さが目立つ一群をいう。粗大な体幹の運動から指先の微細な運動まで、障害のレベルはさまざまである。運動や動作の稚拙さが、精神遅滞や神経系の異常からきているのではなく、視空間認知と遂行の障害、目と手の協調運動の障害を原因としている。

3 広汎性発達障害（ICD-10）、自閉スペクトラム症/自閉症スペクトラム障害（DSM-5）

1 自閉症および自閉症スペクトラムとの関連（図2-27）

　広汎性発達障害（pervasive developmental disorder：PDD）は、社会性やコミュニケーション能力など人間の基本的な機能の発達の遅れを特徴とする障害をいう。（小児）自閉症★がその中核をなす。当初は、不適切な養育による情緒の障害や精神病と考えられていた。

　しかし1960年代に入り、自閉症は言語や認知障害を基本とする発達の障害であると認識されるようになった。さらに1980年代になると、

第2章 代表的な精神疾患

★ランドウ・クレフナー症候群

3〜7歳までは正常な言語発達であった子どもが、知能はその後もほぼ保たれながら、聞くこと話すことができなくなっていく。3分の2が重度の受容性言語障害となること、完全に回復する例もあること、脳波でてんかん性放電がみられることから、何らかの炎症性脳症が示唆される。

★運動機能の特異的発達障害

かつては、このような特徴をもつ群を微細脳機能障害症候群（MBD）と呼んだが、MBDはさまざまな病態を含む曖昧な概念のため、現在は用いられなくなった。

★小児自閉症

小児自閉症は1943年にアメリカの精神科医カナー（Kanner, L.）が情緒的接触を欠いた幼児11名を観察し、最初に報告したためカナー症候群と呼ばれていた。小児期を過ぎても同様の特徴が持続するため、単に自閉症、自閉性障害ともいう。

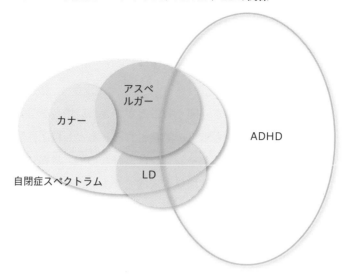

図2-27　自閉症スペクトラム、ADHD、LDの関係

* ADHD：注意欠陥・多動性障害、LD：学習障害、カナー：Kanner症候群（小児自閉症）、アスペルガー：Asperger症候群
出典：内山登紀夫「ADHDの診断」『臨床精神医学』第37巻第2号，p.151，2008.

自閉症は社会性やコミュニケーションの障害であり、同類の疾患も含めて自閉症スペクトラムという広範なグループをなす概念であると認識されるようになった。

2　小児自閉症（自閉症）（ICD-10）

　小児自閉症（ICD-10）は3歳以前に現れる発達障害で、❶相互的社会的関係の障害（視線を合わせない、笑わない、他人への関心が乏しい、共感性がない）、❷コミュニケーション能力の障害（言語機能の発達が乏しく、抑揚がない一本調子の話し方や反響言語（オウム返し）がみられ、言語をコミュニケーションの道具として使用することに難がある）、❸限局した反復的な行動・執着的な行動（状況の変化を極端に嫌い、反復性の常同的な行動がみられる、行う順序や特殊な決まったやり方に固執する）の三つを大きな特徴とする。1000人に2～3人程度の出現率で、男児に3～4倍の頻度で多くみられる。

　各発達時期にみられる特徴は、幼児期には、たとえば視線が合わない、他人に興味がない、呼んでも振り向かないなど、児童期には、身体を同じパターンで動かし続ける、身体に触れられることを嫌がる、ページめくりを繰り返す、思春期には、抑揚がない話し方をする、難しいことばを意味がわからずに使う、他人の気持ちがわからないなどがある。

★自閉スペクトラム症（ICD-11）
ICD-11ではDSM-5の流れを受け継いで、自閉症・アスペルガー症候群・広汎性発達障害などを、根底には共通する特徴を有するものとして、総称して「自閉スペクトラム症」と呼ぶ。ICD-11では小児自閉症（自閉症）にみられる❶相互的社会的関係の障害と❷コミュニケーション能力の障害とは根源が共通しているとの立場をとり、また❸限局した反復的な行動・執着的な行動や常同性が、（従来から指摘されていた）想像力の欠如という性質の外観を成しているとの考えを取り入れている。

　幼児期からのほかの特徴として、物事の本質ではない事柄、たとえば、道具のにおいや感触に特別の関心を示す（感覚の偏り）。偏食（感触を楽しむ）や味覚に対する過敏反応がある。回転する物に執着する。指差しができず、他人の手を使って対象物をとらせる（クレーン現象）。さらに感覚の過敏性がみられ、状況によって不安やパニック、睡眠障害、不機嫌や攻撃がみられる。嫌な過去の場面が突然思い出されて、静かな環境でパニックも生じる（記憶想起現象、タイムスリップ現象）。運動面では、協調運動の拙劣さ（歩行や姿勢のぎこちなさ、手先の不器用さ）がみられることが多い。言語面では、いったん獲得した有意味語（パパ、ママなど）が2歳前に消失するという、折れ線型経過が3分の1の者にみられる。その後、消失した有意味語が再獲得されない場合もある。

　4分の3では知的能力障害（精神遅滞）を合併し、脳波異常やてんかんの合併も健常児・者に比べると多い。重度の知的能力障害（精神遅滞）者では、パニック時にしばしば手首をかむ、頭を打ちつける（バッティング）などの自傷もみられる。

　一方、知能が正常な場合は、高機能自閉症という。アスペルガー症候群にみられるような「場の空気の読めなさ」から、学校ではいじめられ疎外され、青年期以後にさまざまな二次的な精神科的問題（ひきこもり、衝動性の亢進など）が生じ得る。

　他人には心があり、自分とは違う考えがある（心の理論）という自明のことが理解しにくい。成長や療育によってある程度の情感や社会性を身につけていくことは可能だが、対人的相互関係の乏しさやコミュニケーション力のなさ、興味の狭さというパターンは成人に達しても持続する。視覚優位の能力があるので、言語よりも絵や記号、図を利用して介入するとよい。一領域、特に視覚領域に特別な能力を発揮する者もいる（サヴァン症候群）。

　治療・訓練として、TEACCHプログラム（環境を視覚的に構造化し、見通しを立ちやすくする）、応用行動分析技法（よい行動を学習させ強化する）、社会生活技能訓練（ロールプレイで対人的技能を高めていく）、感覚統合療法などを用いる。

■3 アスペルガー症候群（ICD-10）

　自閉症のように相互的社会的関係の障害と、興味や活動の範囲の極端な狭さが目立つが、一方、言語の発達あるいは認知の発達には遅れがみられない一群をアスペルガー症候群という。多くは知的に正常である。

表2-33　アスペルガー症候群の特徴

❶他人の気持ちや事情を考えず自分のペースで行動する	❺考えていることや相手の言ったことをそのまま小声でつぶやく
❷自分が関心があることは他人も関心があると思い、一方的に行動する	❻意味がわからないのに、抽象的で難しい言葉を使いたがる
❸社会の暗黙のルールがわからず、知らない人や初対面の人に心理的距離をとらず話しかける	❼特定の興味のある物を収集する
❹適度な嘘がつけず、対人関係を壊してしまう	❽運動機能の不器用さや協調運動の拙劣さ
	❾感覚の過敏性もしばしば目立つ

　言語機能に低下はないものの、言葉のやり取りに際して同調性の乏しさや相互性の欠如がみられる。たとえば相手の会話の文章をその字義通りにとって、文字の背後にある情緒的な情報に気づくことができない(字義通り性)。相手の目を見て話すことや、自然に抑揚を交えて反応することも自閉症者と同様にできない。さらに具体的には、**表2-33**の特徴がみられる。

　柔軟性に欠け、臨機応変に物事を処理していくことができないため、いつもとは違う事柄に出会うとパニックを起こしやすい。一方、自身の特徴と対応パターンを長年の失敗から学習して、努力して適応的にふるまえるようになり、あるいは人と交わらなくてもすむ職業にて特異な能力を発揮する者もいる。

4　自閉スペクトラム症/自閉症スペクトラム障害（DSM-5）

★ICD-11でのアスペルガー症候群の記載
ICD-11では従来のアスペルガー症候群の場合は、「自閉スペクトラム症、知的機能障害・言語機能障害がない（ないし軽度）」と記す。

　自閉症とアスペルガー症候群との違いは、言語や認知の発達の遅れがあるか否かによるが、その境界は不鮮明である。生活上の困難さを把握し援助をする際に、わざわざ両者を区別する必要性は乏しい。そのため両者を含むより広い概念、すなわち自閉症スペクトラムという概念（スペクトラムとは連続体という意味である）が用いられるようになっていった（**図2-27**参照）。そしてDSM-5では小児自閉症やアスペルガー障害という用語はあえて使用せず、自閉スペクトラム症/自閉症スペクトラム障害のみを診断名とすることにし、ICD-11にも引き継がれている。

5　高機能自閉スペクトラム症（高機能広汎性発達障害）

　ICD-10によるアスペルガー症候群（言語発達の遅れがない）と高機能自閉症（言語発達の遅れがある、あるいは言語発達の遅れが幼少時の発達の過程であった）は原則として知的能力障害（精神遅滞）を伴わない。これらを総称して高機能自閉スペクトラム症（高機能広汎性発達

表2-34　その他のまれな広汎性発達障害

レット症候群 (ICD-10)	・女児にみられる遺伝性の進行性の脳障害（男児では出生、生存できない）。 ・約1万人に1人の発病率である。 ・生後5か月までの発達は正常だが、生後5〜30か月に発症し、それまで獲得していた手の動きや言語が失われる。 ・目的をもった手の動きがなくなり、両手をもみ合わせる常同運動が出現し、失調や不随意運動が加わる。 ・てんかんを合併し、成人期には重度の精神遅滞となる。
小児期崩壊性障害(ICD-10)	・2〜3歳までの発達は正常だが、その後に、落ち着きのなさや過動、そして物事への関心の消失がみられ、数か月の経過で、言語を含めたすべての対人的技能が喪失する原因不明の疾患をいう。 ・約1万人に1人の発病率である。 ・コミュニケーション障害や社会的関係の障害が顕著だが、運動機能や生命予後は悪くない。

障害）という。ここでの高機能とは、知的障害がないという意味である。

　従来の社会福祉体系では、知的能力障害（精神遅滞）がある場合には療育手帳を利用して、サービスを受けることができた。しかし知的能力障害（精神遅滞）を伴わない高機能広汎性発達障害者は（むしろ家庭や社会生活上の困難が多いのにもかかわらず）療育的、教育的、職業訓練的な配慮や援助を受けることができなかったため、行政上の（軽度）発達障害という概念がつくられた（p.171 脚注参照）。

4　その他のまれな広汎性発達障害

　レット症候群（ICD-10）や小児期崩壊性障害（ICD-10）は、DSM-5 では項目から削除されている。DSM-5 では「レット症候群に関連した自閉スペクトラム症」「小児期崩壊性障害に関連した自閉スペクトラム症」と記載する（**表2-34**）。

小児期および青年期に通常発症する行動および情緒の障害[F9]

学習のポイント

● 多動性障害の特徴と対応について学ぶ

● 素行障害（行為障害）について理解する

● 小児期青年期に発症する社会的機能の各種障害について学ぶ

DSM-5、ICD-11 では児童思春期には特化した障害群の項目はなくなり、神経発達症群 / 神経発達障害群という新しいジャンルを設け、そこに「知的能力障害群」「コミュニケーション症群 / コミュニケーション障害群」「自閉スペクトラム症 / 自閉症スペクトラム障害」「注意欠如・多動症 / 注意欠如・多動性障害」「限局性学習症 / 限局性学習障害」「運動症群 / 運動障害群」を含め、現場での対応に則した形になった。それ以外の疾患は、DSM-5 では成人期の精神障害の中に統合された。そして「通常、幼児期、小児期、または青年期に初めて診断される障害」（DSM-Ⅳ-TR）の章は消失した。これは知的障害や神経発達の問題は、発症こそ発達早期だがその影響は生涯にわたって続くという考えによる。

もっとも各疾患の基本的な性質や対応については ICD-10 の場合とほぼ同様である。そこで本章では、2020 年時点の現場で診断分類として使用されている ICD-10 の分類のまま、「小児期および青年期に通常発症する行動および情緒の障害」という本節を残した。

★**成人期の精神障害に統合されたもの**

すなわち、「分離不安症/分離不安障害」「選択性緘黙」は「不安症群/不安障害群」に、「反応性アタッチメント障害/反応性愛着障害」「脱抑制型対人交流障害」は「心的外傷およびストレス因関連障害群」に、「異食症」などの小児期にもみられる食行動異常は「食行動障害および摂食障害群」に、「反抗挑発症/反抗挑戦性障害」「素行症/素行障害」は「秩序破壊的・衝動抑制・素行症群」に組み入れられた。

Active Learning

児童期、思春期、青年期の特徴について、心理学的視点から整理してみましょう。

1 多動性障害（ICD-10）

1 定義

多動性障害（ICD-10）とは、❶不注意（注意の持続が著しく困難で、一つのことを続けて行うことができない。外から刺激があると、その別の刺激に注意が移ってしまう。注意が散漫で、指示に従えない）、❷多動（落ち着きなく動き回り、あるいは絶えず身をどこか動かし、じっとしていることがない）、❸衝動性（我慢ができない。順番を待つことができない。思い通りにならないと他罰的に当たり散らす。規則を衝動的にやぶる）を主症状とする障害である。

これら基本症状の組み合わせにより3種類の下位分類がある。すなわち、①混合型（❶不注意、❷多動、❸衝動性いずれもが著明に認められる）、②不注意優勢型（❶不注意のみが顕著で、学童期以降に明らかになる）、③多動・衝動性優勢型（❷多動と❸衝動性が目立つ）とに分けられる。

診断にあたっては、さらに❹7歳未満の早期発症（DSM-5では12歳未満の発症と規定）、❺6か月以上持続している、❻複数の場面で観察される、ことが必要である。DSM-5では注意欠如・多動症／注意欠如・多動性障害（attention-deficit /hyperactivity disorder：ADHD）と命名している。アメリカや日本では小学校低学年児童の5％程度にみられ、男女別では男児に多い。

2 経過

3歳頃から上記❶～❸の症状が明らかになってくる。5歳から小学校低学年の時期、すなわち、（他児童からの刺激が多く、忍耐を必要とする）学校での集団生活が始まる頃に、最も目立ってくる。多動性障害（ICD-10）はほかのさまざまな障害と並存し、行為障害や学習障害を伴いやすい（図2-27参照）。また多動があると、学業成績も素行も悪く評価され、自己評価も低くなり二次的な問題（抑うつ、情緒の不安定さ、反抗、逸脱行為、薬物・アルコール依存など）が引き起こされる。

多動は成長とともに目立たなくなり、思春期の頃までに落ち着いていくことが多い。衝動性は育つ環境や人格特性の影響を受けやすい。不注意はしばしば成人後も持続する。指導者のもとで物づくりに優れた能力を示すことがあり、適切な職業選択により、学校よりも職場の環境に適応できる。

3 対応

多動性障害（ICD-10）では前頭葉のドーパミンやノルアドレナリンの神経系に機能不全があり、注意機能に障害が起こっていると考えられている。中枢神経刺激薬である塩酸メチルフェニデート（リタリン®）を投与すると、ドーパミンやノルアドレナリンの機能を改善し、症状も改善される。最近では塩酸メチルフェニデートの長期作用薬（コンサータ®）や、選択的ノルアドレナリン再取り込み阻害薬のアトモキセチン（ストラテラ®）が使用される。

運動の不器用さも合併しているケースでは特に、身体の協調運動やバ

ランス感覚を育て、姿勢を保ち集中できるよう感覚統合療法を行う。

　心理社会的には、小集団での社会生活技能訓練（SST）、本人と親へのカウンセリング、ペアレントトレーニング、学校における環境調整を含む教育的支援が必要である。

2 行為障害（ICD-10）と 素行障害（DSM-5）

1 定義

　素行症 / 素行障害（DSM-5）（ICD-10 では行為障害）とは、「反社会的、攻撃的あるいは反抗的な行動パターン」が反復し持続する障害をいう。繰り返される子どもの反社会的な行動（繰り返される非行や犯罪）に精神科的枠組みを与えるために、DSM- Ⅲで採用された概念であり、医学的な疾病や発達障害を指す用語ではない。

　具体的な行動の内容別に、❶人や動物に対する攻撃的、残虐的な行動（首を切り落とすなど）、❷他人の所有物への激しい破壊行為（夜中に学校の窓ガラスをすべて割るなど）、❸繰り返しの嘘や盗み（万引きの常習など）、❹重大な規則違反（バイク暴走による交通規則の無視と警官への挑戦的行動など）の四つの問題行動の類型があると DSM- Ⅳ -TR で示され、DSM-5 に踏襲されている。向社会的な情動に、①後悔や罪責感がない、②冷淡で共感が欠如、③自分のふるまいを気にしない、④感情の浅薄・欠如、という特徴がある。

2 心理面の特徴と併存精神障害

　心理面の特徴として（DSM に指摘があるように）強い衝動性、落ち着きのなさ、欲求不満耐性の低さ、他者への感情移入や思いやりの乏しさ、脅かされていると受け取り他者に攻撃的に反応しやすいこと、他罰的であること、自己評価が低いことが挙げられる。すなわち破壊行為や逸脱行為の背景には、欲求不満や被害感、空虚感、自己不全感がある。これらの心理的特徴は生来的なものではあるが、さらに発達段階で強化された結果と考えることができる。児童福祉や司法関連機関、教育機関の現場で、専門性の高い対応が求められる理由である。なお素行症 / 素行障害のリスクを高める養育的背景として、例として、親の拒絶や無視、児童虐待、保護者の頻繁な交代などが挙げられる。

　素行症/素行障害と併存する疾患があり、ICD-10 ではこれらの併存

★感覚統合療法
前庭覚など身体の各種感覚器に刺激を与え、感覚刺激への反応を評価し、さまざまな遊具を用いて、適切に反応ができるように導く治療法をいう。

★心理社会的支援
「親のしつけ」の失敗、あるいは「学級管理・担任の指導力」の問題と誤解されないよう、多動性障害についての知識と理解の普及が不可欠である。

★行為障害
ICD-10では、これらの行動の様相別に、家庭内に限局して行う家庭限局性行為障害、同年代の仲間や友達がおらず、集団化せず一人で行う個人行動型（非社会化型）行為障害、同年代の仲間にとけこんでいて、集団化して行う集団行動型（社会化型）行為障害、とに分けられている。なお、いわゆる家庭内暴力は家庭限局性行為障害に含まれる。

★素行症/素行障害と 併存する疾患
情緒障害、脳器質性疾患（前頭葉機能障害など）、知的障害や学習障害、多動性障害、不安障害、気分障害、強迫性障害、統合失調症、物質関連障害などがある。

疾患を、素行症/素行障害に優先して診断すべきとしている。

3 反抗挑発症/反抗挑戦性障害（DSM-5）

　授業妨害、教師への反抗など、反抗的・挑戦的な行動が持続する、10歳前後の時期に明らかになる障害をいう。この反抗挑発症/反抗挑戦性障害では、素行症/素行障害（DSM-5）ほどには破壊行動や逸脱行動はなく、他人の人権や法律を犯していない。

★反抗挑発症/反抗挑戦性障害
多くは一過性の問題で終わり、成長とともに消失する。一部の者では、素行症/素行障害に発展する。

3 情緒障害

情緒障害とは

　精神医学での情緒障害は、教育分野での「情緒障害」とはまったく別のものである。小児期にみられる情緒障害としてICD-10では、分離不安障害、恐怖症性不安障害、社会（社交）不安障害、同胞葛藤症（表2-35）、全般性不安障害を挙げている。いずれも本人の気質を基盤とし、環境の変化や過度な不安や葛藤がきっかけとなって表面化してくる。これらは正常な発達過程でも一過性にみられ得るが、通常は成長の過程で解決され、大きな問題となるまでには至らない。

　しかし例外的に反応が激しくて著しい社会心理的な障害が生じてい

★教育分野の情緒障害
情緒の現れ方が偏っていたり激しかったりすることを自分の意志ではコントロールできないことが続き、学校生活や社会生活に支障をきたす状態をいう。

表2-35　小児期にみられる主な情緒障害（ICD-10）

分離不安障害	・幼少時にみられる分離不安が、生理的な程度を超えている場合をいう。 ・愛着の対象（通常は両親）から離れることへの恐れが不安の中心をなす。 ・しばしば、環境の変化や激しい情動体験をきっかけに起こる。 ・親が災難に襲われたり、自分が事件に巻き込まれて引き離されることを極度に心配する。 ・通園や通学、一人での留守番を拒否する。 ・分離を想像しただけで不安や泣き、しつこい身体愁訴がみられる。
恐怖症性不安障害	・動物や雷、注射、ある状況・物（たとえばお祭りでの獅子舞やお面）といった特定のものに異常な恐れを抱き、その恐怖や不安の程度が異常であるものをいう。 ・たとえばそれに出会うことを予期しただけで、泣き叫ぶほど不安定になってしまう。 ・発達のある段階にみられる一時的な状態で、通常その後の成長の過程で消失していく。
社会（社交）不安障害	・乳児期、幼児期にみられる人見知りが異常に激しい場合をいう。 ・人見知り自体は正常な現象で、通常生後8か月程度に生じ1〜2歳では消失する。 ・人見知りが6歳程度以降も継続し、見知らぬ人に激しい恐怖を示し、避けようとする。 ・親しい人には正常な愛着が認められる。この場合、小児期の社会（社交）不安障害と診断する。
同胞葛藤症	・弟・妹の誕生で嫉妬や対抗意識が生じるのは、正常な現象である。 ・しかし、退行（排尿・排便のコントロールをしなくなるなど）したり、親へ極端なかんしゃくを向けたり、弟・妹への敵意を実際に行動で示す（叩く、首をしめるなど）に至る場合には同胞葛藤症と診断する。 ・すぐ下の弟・妹が生まれてから6か月以内に生じる。

る場合、あるいは通常なら解決される年齢や、発達段階を超えても混乱が持続している場合があり、これらを情緒障害と呼ぶ。たとえばある程度の分離不安は誰もが経験し、また乳児期の分離不安は2、3歳時までに解決される。しかしそれが発達段階を超えて、たとえば小学校入学以後も持続する場合には、情緒障害の一つである分離不安障害と診断し得る。

4 小児期および青年期に発症する社会的機能の障害

社会的機能の主な障害として、「場面緘黙、選択性緘黙（ICD-10）」「被虐待児症候群、小児期の反応性愛着障害（ICD-10）」「チック症（障害）」「トゥレット症（障害）」が挙げられる。それ以外の行動および情緒の障害を表2-36に示す。

1 場面緘黙、選択性緘黙（ICD-10）

会話の内容を理解し、話す能力ももっているにもかかわらず、家庭内や親しい人とは話すが、学校内や見知らぬ人とは何も話さない状態を選

表2-36　他の行動および情緒の障害（ICD-10）

遺尿症	・本人が意図しないのに尿をもらす現象を遺尿といい、夜間に起こると夜尿という。 ・原因としては、身体的、器質的要因のほかに、家庭内での葛藤（弟や妹の誕生、過干渉あるいは希薄な養育）や集団場面での緊張など心理的要因がある。 ・治療薬の投与（尿閉傾向となるコリン作用のある三環系抗うつ薬の少量投与）と並行して、家族指導、支持的な精神療法、自信や自尊心を育てる対応が必要である。 ・DSM-5では、この遺尿症と次の遺糞症とを合わせて排泄症群（DSM-5）として一つの疾患単位としている。
遺糞症	・本人は意図しないのに、不随意に不適切な場所で便をもらす現象を遺糞という。 ・遺尿症と同様に身体的要因と心理的要因とが複雑に関与している。 ・情動の障害や行動の障害を伴っていることが多い。 ・異臭から恥を感じ、不潔から周囲の叱責を受け、自信や自尊心を失っている。 ・不安や緊張を緩和する支持的な対応、家族や周囲の理解が必要である。
吃音	・どもりは学校で他人の前で話す・読む際の不安や緊張をきっかけに生じることが多い。 ・いったん吃音が生じると予期不安や緊張によってさらに増悪する。 ・不安・緊張を緩和する支持的な対応、自信をつける環境（言語学級など）での練習が望まれる。
その他の行動および情緒の障害	・哺育障害（体重減少がみられる極端な偏食や拒食） ・異食（知的障害者などにみられる、土や壁紙などの摂食を繰り返すもの） ・常同運動症（正常児でもみられる身体ゆすり、指はじきなど癖のようなものと、知的障害者でみられる手かみ、唇かみ、顔叩きなど自傷行為とがある） ・指しゃぶり、爪かみなど ・症状の基盤に、焦燥感や心理的緊張がある場合には、年齢や能力に合わせた遊びや活動のなかで、不安や緊張を解消させていくことが必要である。

択性緘黙という。就学前後の子どもにみられる。極端な恥ずかしがり、人見知りが基盤にあることが多い。就学時に緘黙がみられても、大部分の子どもでは、成長や慣れとともに改善していく。

2 被虐待児症候群、小児期の反応性愛着障害（ICD-10）

　虐待を受けた幼児にみられる、社会的関係の障害をいう。恐怖と過度の警戒が特徴である。具体的には、人を恐れ過度に警戒する。また同世代の友だちとの交流も乏しくなる。さらに、自分自身や他人へ攻撃的な様子がみられ、無感情で励ましにも無反応である。具体的には自傷行為や他害行為が反応性にみられる。また、たとえば大人の怒鳴り声を聞くだけで（虐待場面が侵入的に回想され）感情が停止してしまう。以上の対人関係における過剰反応は、望ましい環境でよい体験を繰り返していくことによって落ち着いていく。

3 チック症（障害）

　チックとは、限局した筋群に突発的、反復的に起こる不随意の運動や発声をいう。非律動的（不規則）に発生し、ストレスで増強し、睡眠時は消失する。生物学的な素因が発症の原因であるが、症状は心因的要因で変動する。

　症状から運動チックと音声チックとに分けられ、それぞれに単純チックと複雑チック（複数の運動や発声の要素からなる）がある。すなわち、❶単純運動チック（まばたき、顔しかめ、肩すくめなど）、❷単純音声チック（咳をする、ワンワンと吠えるなど）、❸複雑運動チック（跳ねる、自分を叩くなど）、❹複雑音声チック（状況に合わない特定の単語や語句の繰り返しを繰り返す。社会的に発音することがはばかられる特定の言葉、たとえば卑猥な単語などを繰り返す場合には汚言症といわれる）と分類される。

　チックの経過による分類からは、①一過性チック（持続期間が1年未満で、自然治癒に至る）、②慢性チック（運動チックか音声チックのどちらかが1年以上持続する）、③トゥレット症候群（多発性運動チックと音声チックの両方が1年以上続く）とに分類される。

4 トゥレット症候群（ICD-10）、トゥレット症（障害）

　チック症（障害）の一類型である（多発性運動チックと音声チックの両方がある）トゥレット症候群（Tourette syndrome）は、小児期か

★虐待の4類型
身体的虐待、ネグレクト、心理的虐待、性的虐待の4類型がある。

★自傷行為
幼少時の場合には頭の打ちつけ・抜毛、思春期の場合にはリストカットなどがある。

★他害行為
視線が合っただけで殴りかかってくるなどがある。

第2章　代表的な精神疾患

ら青年期に発症し、通常、成人期まで持続する。男児に多い。しばしばチック症状は強く目立ち、強迫性障害や衝動性の亢進などの精神症状も伴いやすい。外見が非常に奇異であるので（本来、神経学的疾患であるが）精神病者とみられ、学校や社会から疎外されやすい。気分障害も併発し、症状や不適応を悲観して、ときに自殺行動にも至る。治療薬としてハロペリドールを代表とするドーパミン拮抗薬が有効である。すなわちトゥレット症候群の発症は、心因性というよりは、なんらかの生物学的要因（神経伝達物質のアンバランス）によっている。

5 DSM-5で新しく提唱された主な疾患概念

1 社会的コミュニケーション症

自閉スペクトラム症／自閉症スペクトラム障害（本章第9節参照）と同様な対人コミュニケーションの異常がみられるが、興味の偏りや行動のパターン化は目立たないもの。DSM-5では「1　神経発達症群／神経発達障害群」に分類されている。

2 重篤気分調節症

持続的ないらいら感が慢性的にあり、頻回にかんしゃくの爆発（激しい暴言や激しい攻撃行動）が繰り返されるもの。通常、6〜10歳から明らかになる。DSM-5では「4　抑うつ障害群」に分類されている。

3 間欠爆発症／間欠性爆発性障害

間欠的に突然生じる制御不能な怒りにより、攻撃的な言動をとるもの。重篤気分調節症とは違って、普段はいらいら感がなく、突然いらいらが生じる。DSM-5では「15　秩序破壊的・衝動制御・素行症群」に分類されている。

6 ICD-11で新しく提唱された主な疾患概念

1 緊張病症候群（ICD-11）

統合失調症より独立した。本章第3節 p.105 **表2-14** 参照。

2 自己臭症（ICD-11）

本章第 5 節 p.133 の側注「自己臭症」参照。

3 複雑性 PTSD

本章第 5 節 p.136 **表 2-18** 参照。

4 身体完全性違和（ICD-11）

身体完全性違和とは、身体障害を負うこと（肢の切断など）への欲求とそれに伴う体調不良など（うつなど）をもたらす状態をいう。まれな状態であるが、ICD-11 から疾患概念化された。

5 ゲーム症（障害）（ICD-11）

本章第 2 節 p.92 参照。

◇**参考文献**

第 1 節～第10節

・加藤敏・神庭重信・中谷陽二ほか編『現代精神医学事典』弘文堂，2011.
・日本心理臨床学会編『心理臨床学事典』丸善出版，2011.
・精神医学講座担当者会議監，山内俊雄・小島卓也・倉知正佳編『専門医をめざす人の精神医学 第 3 版』医学書院，2011.
・野村総一郎・樋口輝彦監，尾崎紀夫ほか編『標準精神医学 第 6 版』医学書院，2015.
・上野武治編『標準理学療法学・作業療法学専門基礎分野 精神医学 第 3 版』医学書院，2010.
・Y. スチュアート・H. ロバート編著，兼子直総監訳『エッセンシャル 神経精神医学と臨床神経科学』西村書店，2010.
・佐藤光源・樋口輝彦・井上新平監訳『米国精神医学会治療ガイドライン コンペンディアム』医学書院，2006.
・N. R. カールソン，泰羅雅登・中村克樹監訳『カールソン神経科学テキスト 脳と行動 第 4 版』丸善出版，2013.
・WHO，融道男・中根允文・小見山実ほか監訳『ICD-10 精神および行動の障害 臨床記述と診断ガイドライン 新訂版』医学書院，2005.
・髙橋三郎・大野裕・染矢俊幸訳『DSM-IV-TR 精神疾患の分類と診断の手引 新訂版』医学書院，2003.
・日本精神神経学会日本語版用語監修，髙橋三郎・大野裕監訳『DSM-5 精神疾患の診断・統計マニュアル』医学書院，2014.
・C. S. エイメンソン，松島義博・荒井良直訳，江畑敬介ほか監『家族のための精神分裂病入門』星和書店，2001.
・「特集国際疾病分類第11回改訂版（ICD-11）の社会精神医学的意義」『日本社会精神医学会雑誌』第28巻第 2 号，pp.116-223，2019.
・「特集ICD-11のチェックポイント」『精神医学』第61巻第 3 号，pp.237-317，2019.

第3章

精神疾患の治療

　精神疾患の治療においては、疾患や障害による制限にもかかわらず新たな自分らしい生き方を再構築するプロセスを支えること、すなわち患者のリカバリーを支援することが重要である。そのためには、精神疾患の生物学的な側面、心理学的な側面、社会学的な側面を考慮することが必要であり、多職種によるチーム医療が基本となる。

　本章では、生物学的な側面に働きかける薬物療法や電気けいれん療法といった身体療法、言語を介する治療である精神療法、そして精神科リハビリテーションについて学習する。精神科リハビリテーションについては他の巻において本格的に学習するが、ここではその概論を把握し、医学的治療との関係性や位置づけを理解することが重要である。

1 精神疾患治療の対象と方法

精神科治療は、精神疾患と診断された人を対象として行われる。治療の対象は精神症状であるが、症状には、診断のポイントとなる主要症状（統合失調症における対話性の幻聴、認知症における中核症状など）としばしば二次的に出現する付随症状（不眠など）が区別される。再発性精神疾患の場合、症状が改善した後は再発予防に治療の重点が移る。また、発症の結果によって生じる障害（生活のしづらさ）の予防や改善も治療の対象となる。さらに、発症やその後に経験する心理的な問題に対するケアも必要になる。多くの場合、精神疾患の発症は家族など近しい人間関係にも影響を及ぼすため、その関係改善を行うことが必要になることがある。このようなことから、精神疾患の治療の際には症状面や生活のしづらさ、心理面、人間関係など、多面的な配慮が必要となる。

精神疾患の治療法として、医療機関では、薬物療法や電気けいれん療法などの生物学的な治療、作業療法や心理教育などのリハビリテーション、カウンセリングなどの心理療法などのほか、家族や職場の関係者に対する環境調整や福祉サービス利用に関する相談援助も治療活動の一環として行われる。医療機関外でも、「障害者の日常生活及び社会生活を総合的に支援するための法律」に基づいて地域の事業所で行われる就労支援などの障害福祉サービスはリハビリテーション活動に分類される。さらに、社会の人々一般を対象とする差別や偏見を解消させるための啓発活動も社会リハビリテーションとして治療的意義をもつと考えられる。

治療の場所は、従来は入院中心であったが、最近は外来中心が目指され、さらには通院できない人に対する訪問診療が注目されている。

★中核症状
認知症では、中核症状を治癒させる治療法は確立されておらず、付随する症状（BPSD）を改善することが治療の対象となる。

2 精神疾患治療の原則

1 生物心理社会モデルに基づく治療

　精神疾患の治療に際しては、エンゲル（Engel, G. L.）[i]が提唱した生物心理社会モデル＊（Bio-Psycho-Social model）[1]を念頭におく。このモデルは、生物的側面、心理的側面、社会環境的側面の三つが、相互に関連し複合的に作用しあって問題状況をもたらしていると捉え、これら三つの側面に対し、総合的にアプローチすることで問題解決を図ろうとする考え方である。

　大切なことは、必ず薬物療法などの医学的治療を先に行い、症状が安定化した後、心理面や社会面に働きかけるのではなく、本人の希望やその時々の状況に応じて、必要かつ可能な支援を柔軟に実施していくことが大切である。

　また、薬物療法＊が必要な場合でも、それだけで治療が完結するわけではないことが多いことを知る必要がある。

2 チーム医療に基づく治療の実施

　生物心理社会モデルに基づく治療を行うためには、チーム医療の実施が必要になる。精神科医療機関に入院して治療する場合には、医師の指示や指導に基づき、看護師、精神保健福祉士（psychiatric social worker：PSW）、作業療法士（occupational therapist：OT）などの専門職がチームとして多角的なアプローチを行う。このために、入院中の診療内容の全体を時間軸で示し、治療や検査を行う時期を一覧表にしたクリティカルパスが導入されるようになってきた。チームのメンバーは適宜相互に報告・連絡・相談するとともに、定期的にカンファレンス等で治療方針等を確認する。

　精神科外来での治療に際しても、同様なチームでの対応が行われる。さらに、医療機関内で支援を完結させることなく、必要に応じて患者に訪問看護や障害福祉サービスの利用を勧めるなど、関係機関と連携して支援を行っていく。

★生物心理社会モデル

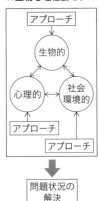

★薬物療法
たとえば注意欠陥多動性障害（attention-deficit/hyperactivity disorder：ADHD）の場合、多動には塩酸メチルフェニデートの長期作用薬などが効果的である。しかし、薬物療法は本人の自尊心を高める支援や、家族や学校などとの間で悪化した関係の改善のための支援を並行して行うことで最善の効果が期待できる。齊藤万比古「ADHD治療システムの中の薬物療法、その意義と限界」『精神神経学雑誌』第110巻第10号, pp.923-931, 2008.

i　〔George L. Engel〕1913-1999. アメリカの精神科医。ニューヨークのロチェスター大学等において、心身医学の臨床・研究・後進の育成に携わるなかで、1977年に生物心理社会モデルの概念を提唱した。

第3章　精神疾患の治療

★治療開始

3 治療決定過程への患者の参画

治療開始に際し、精神科医は治療法の内容を説明して、患者の同意を得なければならない。この過程をおろそかにし、信頼関係が構築されないままで向精神薬を処方しても、服薬が継続されない可能性がある。

従来、医療保護入院などの非自発的入院の患者に対する強制的治療の結果、患者本人に心の傷を残し、長期的な服薬コンプライアンスを低下させるなどの弊害が生じるリスクがあることが指摘されてきた。また、外来では、強制的な治療は行えない。従来、医師が提案する治療に患者が応じない場合、医療が提供されないことがあった。患者に告知せぬまま、家族などが向精神薬を隠し飲ませることが例外的にあるが、緊急でやむを得ない場合に限るべきである。

精神科医療では、医師の提案に患者が応じない場合でも合意の得られる点を見出し、治療関係を維持する工夫をすることが重要である。医師は、説明に対して質問や意見はないか丁寧に聞くなどして、患者の理解や気持ちを十分確認するように努める。患者との間で交わされるこうした対話は、すでに治療の重要な一部である。対話を通して可能となる患者の希望を尊重した治療内容の決定法を、共同意思決定（shared decision making: SDM）という。

4 エビデンスに基づく個別治療

医学的治療では、効果が実証されている治療法を用いることが求められる。これを、エビデンスに基づく医療（EBM）という。精神疾患治療でも効果が確認された向精神薬が用いられる。しかし、このことは診断が確定した後、画一的な処方が行われることを意味するものではない。大多数の精神疾患はいまだ原因が十分解明されておらず、外見上同じ症状を呈していても脳内メカニズムは異なっている可能性がある。また、現在、抗精神病薬や抗うつ薬として複数の薬が処方可能であるが、相互の効果の優劣は判明していないことが多い。

こうしたことから、できる限りエビデンスに基づく医療を実施するために、多くの精神疾患に対し治療ガイドラインが設けられるようになっている。治療ガイドラインを用いることにより、患者に最適と考えられる個別処方が行われるようになる。

5 リカバリー志向

統合失調症やうつ病などの場合、原則として当初の症状が消退した後

でも、再発予防のために通院継続が必要とされる。しかし、なかには長期にわたって症状が改善しない場合のほか、生活習慣の乱れや家族間の関係悪化などが二次的に生じてくる場合も少なくない。

精神疾患では、精神症状の治療と並行して生活習慣病の予防や生活障害の悪化を防ぐためのリハビリテーションを行う必要がある。このような目的で、精神科デイ・ケアの導入や看護師による健康指導などが行われているが、それらの支援と併行して、疾病がもたらす生きづらさにもかかわらず「今、ここで」の自分を肯定し、前向きに生きていくための心理的支援が重要となる。

困難のなかで課題に立ち向かい、障害による制限にもかかわらず、新たな自分らしい価値ある生き方を再構築することをリカバリーという。[2] 患者のリカバリーを重視することが、精神科治療やリハビリテーションの基本となっている。

6 家族との協働と家族支援

治療に際して、医療従事者が患者の家族に協力を求めることは多い。医療保護入院の際に、家族等から入院の同意を得ることもその一つである。また、患者に向精神薬を処方する場合、経過中に生じる危険について同居する家族などに注意を促すことが添付文書に記載されている。

一方、家族は身近にいて、患者の医療機関外での様子をよく知っている存在で、患者の現状や将来に不安を抱いていることが少なくない。患者本人の同意を得て「家族とともに」治療に取り組むことが望まれる。具体的には、家族から情報を収集し、また家族に必要な情報を提供して、家族の協力を得られるようにする。

家族も支援の対象という認識をもって、家族の訴えに耳を傾け、家族の望む支援が何かを知り、その実現を図っていくことが医療機関に勤務する職員に求められている。

★添付文書
ある抗うつ薬の添付文書には、「家族等に自殺念慮や自殺企図、興奮、攻撃性、易刺激性等の行動の変化及び基礎疾患悪化があらわれるリスク等について十分説明を行い、医師と緊密に連絡を取り合うよう指導すること」との記載がある（下線筆者）。

Active Learning
精神障害者の家族に対して、どのような支援が求められているか、考えてみましょう。

◇引用文献
1）Engel, G.L., 'The need for a new medical model: a challenge for biomedicine', *Science*, 196 (4286), pp.129-136, 1977.
2）Deegan, P.E., 'Recovery: The lived experience of rehabilitation', *Psychosoc. Rehabil. J.*, 11(4), 15, 1988.

精神科薬物療法

学習のポイント

● 薬物療法の導入前に必要な情報の聴取、目標設定、説明および理解について学ぶ
● 向精神薬の分類と作用機序について理解する
● 有害事象について理解する

1 精神科薬物療法総論

　精神疾患の治療は、精神疾患の生物学的な側面、心理学的な側面、社会学的な側面を考慮して行うことが一般的である。本節では、生物学的な側面である脳の精神機能に対して働きかけ、障害された精神機能を改善させることを目的とする精神疾患の薬物療法について述べる。

　薬物療法を開始する際には、以下のことに注意する。

1 十分な情報を聴取する

　現症だけでなく、生活歴や家族歴、精神科既往歴、身体的既往歴、嗜好、病前性格などを聴取したうえで、薬物療法を開始する。現症だけに焦点を当てた治療は、改善に至らないばかりか、病状を悪化させてしまう可能性がある。

　十分な情報を収集するために、患者からの情報だけではなく、身近で生活している人からも情報収集することが有用になることもある。

2 長期的かつ広い視野をもった目標設定

　精神疾患の患者は症状に苦しむだけでなく、それらの症状によって、対人関係、就労、家事、自己管理など生活機能全般にわたって障害され、自尊心の低下や家族関係の破綻、経済的困窮に陥ることが多い。医療従事者の精神疾患患者へのかかわりは、症状のみを切り離して対象とするのではなく、患者全体を対象に行う。

　また、精神疾患の治療において薬物療法には大きな役割があり、精神科臨床には不可欠であるが、薬物療法と心理社会的療法を組み合わせた治療法は、それぞれの単独の治療法よりも有効なことが知られている。

★症状の変化
たとえば、現症では抑うつ気分を呈している患者に対して、生活歴を詳細に把握せず、過去に躁症状を呈していたことを見逃して抗うつ薬を用いると、躁症状を呈する可能性がある。

したがって精神疾患の治療における目標設定は、幻覚妄想や抑うつ気分、不安といった臨床症状の改善だけでなく、精神症状によって引き起こされた心理的影響の改善、家庭生活・社会生活機能の回復においても目標を設定することが理想的である。心理社会面での改善を評価せず、薬物療法による臨床症状の改善だけを目標とすると、高用量や多剤併用の薬物療法となり、その結果、薬物依存や副作用を出現させ、生活機能をより低下させてしまう可能性がある。

3 十分な説明と十分な理解

臨床場面で用いられるコンプライアンス（compliance）は服薬指示遵守と訳され、医療従事者側の指示に患者が従うことを意味する。一方、アドヒアランス（adherence）は、患者が積極的に治療方針の決定に参加し、患者が主体となって治療を継続していくことを意味する。薬物療法においてアドヒアランスを向上させるためには、医療者の十分な説明と、患者や患者支援者の十分な理解が前提となる。

★アドヒアランス
薬物療法においては、「服薬アドヒアランス」として用いられる。医療従事者から提案された方法に対し、患者が理解し主体となって決定した方法にしたがって積極的に行動することをいう。

2 精神科薬物療法各論

向精神薬（表3-1）とは、広義には精神活動を変化させる薬物の総称である。したがって、広義には精神異常惹起薬（psychomimetics）やアルコール、タバコまで含まれるが、本節での説明は、狭義の向精神薬である精神治療薬に限定する。

1 抗精神病薬
❶抗精神病薬の歴史

現代の精神科薬物療法は、1952年、フランスの精神科医であったドレー（Delay, J.）とドニケル（Deniker, J.）によって、クロルプロマジン（Chlorpromazine）の精神病性興奮への劇的な効果を見出したこ

★クロルプロマジン
クロルプロマジンが世界に普及し、同時に薬物の開発が進展した。その結果、統合失調症の治療環境は閉鎖病棟といった隔離環境から、開放病棟や外来といった開放的環境へと変化した。

表3-1 向精神薬の分類

①抗精神病薬（antipsychotics）	⑤睡眠薬（hypnotics）
②抗うつ薬（antidepressants）	⑥精神刺激薬（psychostimulants）
③気分安定薬（mood stabilizer）	⑦抗てんかん薬（anticonvulsants）
④抗不安薬（anxiolytics）	⑧抗認知症薬（cognitive enhancers）

とに始まる。1954（昭和29）年には、日本でもクロルプロマジンが使用されるようになった。クロルプロマジンやハロペリドール（Haloperidol）に代表される抗精神病薬を定型（第一世代）抗精神病薬という。

1990年代に入り、それまでの抗精神病薬とは薬理作用の異なる特性をもつ抗精神病薬が出現した。これを、非定型（第二世代）抗精神病薬という。1962（昭和37）年に非定型抗精神病薬であるクロザピンが開発されていたが、クロザピンは副作用として無顆粒球症が出現する可能性があるため、我が国では2009（平成21）年6月まで製品化されることはなかった。現在、非定型抗精神病薬として、リスペリドン（Risperidone）、パリペリドン（Paliperidone）、オランザピン（Olanzapine）、クエチアピン（Quetiapine）、ペロスピロン（Perospirone）、アリピプラゾール（Aripiprazole）、ブロナンセリン（Blonanserin）、クロザピン（Clozapine）アセナピン（Asenapine）、ブレクスピプラゾール（Brexpiprazole）が我が国で使用されている。

抗精神病薬は、統合失調症を代表とする精神病症状を有する疾患に用いられることが多い。統合失調症は、臨床症状が出現してから薬物療法を開始するまでの未治療期間が長いと、予後が悪いといわれている。また、再発を繰り返すことも予後を悪くするといわれている。そのため、以下の抗精神病薬の薬理作用と副作用を理解したうえで薬物療法の必要性を説明し、早期治療と服薬アドヒアランスを保つことが予後の改善につながる。

❷抗精神病薬の薬理作用

抗精神病薬の薬理作用について理解するためには、統合失調症の生物

表3-2　遮断される受容体と臨床症状

遮断される受容体	遮断されることにより出現する臨床症状
ドーパミン受容体	抗精神病作用、錐体外路症状、高プロラクチン血症
セロトニン 5-HT$_{2A}$ 受容体	睡眠の質の改善、情動の安定、錐体外路症状の軽減、高プロラクチン血症の軽減
セロトニン 5-HT$_{1A}$ 受容体	抗不安作用、錐体外路症状の軽減
セロトニン 5-HT$_{2C}$ 受容体	食欲亢進、肥満
ヒスタミン H$_1$ 受容体	体重増加、眠気、過鎮静
ムスカリン性アセチルコリン受容体	便秘、口渇、尿閉、認知機能障害
アドレナリンα_1 受容体	起立性低血圧、過鎮静

学的背景に関して理解する必要がある。

神経情報は、シナプス前ニューロンから放出された神経伝達物質がシナプス後ニューロンにある受容体に結合し、その刺激が情報となることで伝達される。

脳内にはドーパミンを神経伝達物質として使う神経系があり、主要な経路に、中脳辺縁系、中脳皮質系、黒質線条体系、漏斗下垂体系がある（**図3-1**）。中脳辺縁系は、情報行動に重要な働きを担っているが、ドーパミン伝達が過剰であると幻覚妄想が出現する（**図3-2**）。

抗精神病薬は、統合失調症以外の精神疾患でも使用されるが、主に幻覚妄想などの精神病症状を治療するための薬物であり、主要な薬理作用は脳内ドーパミン神経系における伝達遮断作用である。ドーパミン受容体の一つである D_2 受容体の遮断によってドーパミンの過剰な伝達を防

図3-1　ドーパミン経路

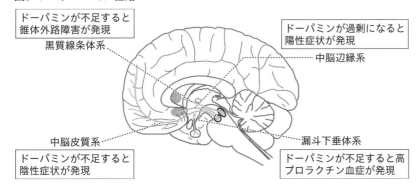

図3-2　ドーパミン神経

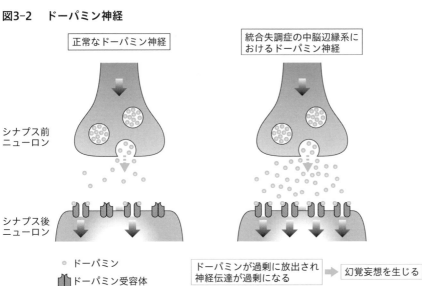

ぎ、精神病症状を改善させる。しかし、D_2 受容体を必要以上に遮断してしまうと、副作用が出現する。

抗精神病薬は、D_2 受容体遮断作用を共通にもつほか、**表 3-2** のそれぞれの受容体に対する結合力の程度（親和性）が異なるため、異なる薬効や副作用が出現する。

多くの非定型抗精神病薬は、セロトニン受容体の一つであるセロトニン $_{2A}$ 受容体遮断作用ももつ。セロトニン $_{2A}$ 受容体遮断作用により、ドーパミン放出の抑制を解除し、過度の D_2 受容体遮断作用を軽減することが、錐体外路症状などの副作用の発現を少なくしていると考えられる。

❸抗精神病薬の副作用

抗精神病薬は、中脳辺縁系においてドーパミン受容体遮断作用をもつだけでなく、中脳辺縁系と同じく脳内ドーパミン系である中脳皮質系、黒質線条体系、漏斗下垂体系でもドーパミン受容体遮断作用をもつ。中脳皮質系、黒質線条体系、漏斗下垂体系でのドーパミン受容体遮断作用は、副作用として出現する。また、前述のとおり、抗精神病薬はドーパミン受容体以外の受容体にも結合するため、それぞれの受容体における親和性が個々の薬剤における薬理学的特徴となり、臨床効果や副作用として出現する。

① 錐体外路症状

黒質線条体系でのドーパミン受容体遮断作用によって錐体外路症状（パーキンソニズム、アカシジア、ジストニア、遅発性ジスキネジア）が発現する。特に、定型抗精神病薬によって生じやすい。

錐体外路症状のなかで抗精神病薬の短期使用で出現するものが、パーキンソニズム、アカシジア、ジストニアであり、長期使用で出現するものが遅発性ジスキネジアである（**表 3-3**）。

② 内分泌・代謝系

漏斗下垂体系でのドーパミン受容体遮断作用によって、高プロラクチン血症が引き起こされることがあり、血清プロラクチン値の上昇によって、月経異常、性欲低下、乳汁分泌、骨粗鬆症が出現することがある。特に、定型精神病薬の使用で生じやすい。体重の増加は、いくつかの非定型抗精神病薬において顕著に認められ、また、体重増加とは別の機序で血糖上昇作用があることが疑われている。

③ 悪性症候群

抗精神病薬の投与中や抗パーキンソン病薬の急な中断時に起こる重篤な副作用である。まれな副作用であるが、高熱、筋固縮、振戦、無動、

表3-3 錐体外路症状

パーキンソニズム	・振戦、歩行および姿勢の障害、姿勢不安定性、筋強剛、仮面様顔貌（笑みや瞬目の減少および呂律障害など）、動作緩慢などの運動障害がある。
アカシジア	・じっとしていられず、四肢を落ち着きなく動かしたり、足踏みをしたり、長時間座っていられないなどの動きがみられる。 ・焦燥や不安および不眠と混同され、見逃されることがある。 ・急性または亜急性に発現するため、不安やいらつきが出現し、自殺企図や攻撃的行動につながることがある。
ジストニア	・筋の収縮や捻転が認められる運動障害で、同時に反復性の歯車様運動が認められる。 ・頸部や舌、顎（くいしばりや歯ぎしり）、眼（眼瞼けいれん、眼球上転）、顔面（しかめ面）、喉頭（嗄声や声の震え）、腕、体幹（前屈）などさまざまな部位に生じる可能性がある。
遅発性ジスキネジア	・反復性で目的のない非自発的な運動を特徴とする。 ・腕や足、および体幹のほか、顔や顎（咀嚼運動や咬合）、舌（何かをとらえるように突き出す）、口唇（舌つづみ、口をすぼめる、口をとがらせる）にもさまざまな動きを認める。 ・遅発性ジスキネジアもアカシジアと同様、自殺と最終的に関連することがあるとの報告があり注意が必要である。 ・ジストニアおよび遅発性ジスキネジアは統合失調症性運動障害と混同されることがある。

自律神経症状、意識障害などが出現し、重篤な場合は急性の多臓器不全、循環虚脱をきたし、死に至ることもある。非定型抗精神病薬と比較し定型抗精神病薬で出現しやすい。早期発見および早期治療が重症化を防ぐ。

❹統合失調症以外の精神疾患に対する抗精神病薬の使用

うつ病は、幻覚妄想を伴うことがある。このような精神病性の特徴を伴う場合、抗うつ薬単独の治療よりも特定の抗精神病薬と併用することが推奨されている。

双極性障害の治療は躁病相、うつ病相、双極Ⅰ型障害、双極Ⅱ型障害によって異なるが、多くのガイドラインでは、治療の第一選択薬として気分安定薬と同様に一部の抗精神病薬が挙げられている。

2 抗うつ薬

❶抗うつ薬の歴史

抗うつ薬の歴史は、1957（昭和32）年から使用されるようになった三環系抗うつ薬であるイミプラミン（Imipramine）から始まる。

★**三環系抗うつ薬**
副作用として便秘や口渇等の抗コリン作用が出現しやすいほかに、過量服用時のキニジン様作用による心毒性が問題となり、より安全性の高い抗うつ薬の開発が期待されるようになった。

---

i　そのほかにも、覚醒剤の乱用などによる物質・医薬品誘発性精神病性障害やせん妄、知的障害など児童領域の精神疾患における異常行動、欲動障害に対して短期的に用いられることがある。

1990年代後半から我が国では、より安全性の高い選択的セロトニン再取り込み阻害薬（Selective Serotonin Reuptake Inhibitor：SSRI）やセロトニン・ノルアドレナリン再取り込み阻害薬（Serotonin Noradrenaline Reuptake Inhibitor：SNRI）、2009（平成21）年からノルアドレナリン作動性・特異的セロトニン作動性抗うつ薬（Noradrenergic and Specific Serotonergic Antidepressant：NaSSA）、2019年（令和元年）年からセロトニン再取り込み阻害・セロトニン受容体調節剤が使用可能となった（**表3-4**）。

❷抗うつ薬の薬理作用

抗うつ薬の薬理作用について理解するために、うつ病における生物学的背景の仮説を理解する必要がある。

うつ病はシナプス間隙に放出される神経伝達物質、セロトニンやノルアドレナリンなどのモノアミンが減少することで引き起こされるとするモノアミン仮説★がある。抗うつ薬は、モノアミンの再取り込みを阻害することによって、シナプス間隙のモノアミン減少を抑える。各薬剤によってその再取り込み阻害作用機序および作用の強さが異なる。

ほとんどの抗うつ薬は内服開始から2～3週間経過しないと効果が発現しない。抗うつ薬は服用後すぐに効果が発現するものではないことを、患者に説明する必要がある。副作用がないか確かめながら、効果が発現するまで十分な量を用いることが必要である。

抗うつ薬による治療を開始して寛解状態になったとしても、約半数は6か月以内に再燃するといわれている。そのため、寛解後6～9か月は抗うつ薬を継続することが推奨されている。副作用に注意しながら、十分な量を十分な期間で用いる必要がある。

❸抗うつ薬の副作用

抗うつ薬は、ムスカリン性アセチルコリン受容体、アドレナリン$_{\alpha 1}$

★モノアミン仮説
現在もモノアミン仮説が有力な考えになっているが、抗うつ薬によりシナプス間隙のモノアミンの量は直ちに正常化するにもかかわらず、うつ症状の改善には1～2週間の時間的ズレが生じる点が説明できない。うつ病の生物的背景を完全に説明し得るものではないが、この仮説が抗うつ薬の開発の基盤となっている。近年、モノアミン仮説とは異なる視点からうつ病の機序を解明しようと試みる研究が多数報告されている。

表3-4　我が国で使用できるSSRI、SNRI、NaSSA

SSRI	SNRI
パロキセチン（Paroxetine）	ミルナシプラン（Milnacipran）
フルボキサミン（Fluvoxamine）	デュロキセチン（Duloxetine）
セルトラリン（Sertoraline）	ベンラファキシン（Venlafaxine）
エスシタロプラム（Escitalopram）	その他（セロトニン再取り込み阻害・セロトニン受容体調節剤）
NaSSA	
ミルタザピン（Mirtazapine）	ボルチオキセチン（Vortioxetine）

受容体、ヒスタミンH_1受容体などにも遮断作用をもつ。特に三環系抗うつ薬で顕著に認める。ムスカリン性アセチルコリン受容体の遮断（抗コリン作用）により便秘、口喝、眠気やかすみ目などが生じ、アドレナリンα_1受容体の遮断（抗αアドレナリン作用）によりめまいや起立性低血圧が生じる。ヒスタミンH_1受容体の遮断（抗ヒスタミン作用）では、体重増加や眠気が生じる。

SSRIでは服用初期の嘔気、嘔吐などの胃腸障害が代表的である。SNRIでは、ノルアドレナリン再取り込み阻害作用があるため、排尿障害や頻脈がSSRIより多い。SSRIの投与初期あるいは用量変更時に生じるものとして、賦活症候群（activation syndrome）が知られている。症状として不安、焦燥、パニック発作、不眠、易刺激性、敵意、衝動性、アカシジア、軽躁、躁状態が挙げられる。自殺関連事象の危険性を高める可能性があり、原因薬剤の減薬、中止を行う。我が国では抗うつ薬全般で小児および若年成人に使用する際の注意喚起がなされている。

❹うつ病以外の抗うつ薬の適応

我が国においては、パニック症/パニック障害、強迫症/強迫性障害、社交不安症/社交不安障害（社交恐怖）、心的外傷後ストレス障害（PTSD）などが適応症として認められている抗うつ薬がある。

3 気分安定薬

炭酸リチウム（Lithium Carbonate）、カルバマゼピン（Carbamazepine）、およびバルプロ酸ナトリウム（Sodium Valproate）、ラモトリギン（Lamotrigine）などが気分安定薬として使用される。

気分安定薬に求められる臨床効果は、主に双極性障害の躁病相あるいはうつ病相の急性治療効果と維持療法における再発防止効果である。

副作用として、炭酸リチウムは治療濃度と中毒濃度が近接しているため、定期的な血中濃度のモニタリングが必要である。甲状腺機能低下や腎機能障害が生じることもあるため、定期的な血液検査が必要である。

4 抗不安薬

1960（昭和35）年、ベンゾジアゼピン（Benzodiazepine：BZ）誘導体は催眠鎮静作用や抗不安作用を有するため、抗不安薬や睡眠薬として使用されるようになった。

主な臨床作用は、不安、緊張、イライラ、焦燥感の改善作用、催眠・

★抗うつ薬の減薬、中止

急激な減量や中止に伴って、めまい、嘔気、頭痛、知覚異常、不眠、不安、焦燥などの退薬症状が認められることがある。特にSSRIで多い。

★カルバマゼピン

まれではあるが重篤な副作用として顆粒球減少症やスティーヴンス・ジョンソン（Stevens-Johnson）症候群が報告されている。バルプロ酸ナトリウムをはじめ、いくつかの薬剤においては副作用として催奇形性が報告されている。

★抗不安薬

抗不安薬としてBZ受容体作動薬であるベンゾジアゼピン誘導体やチエノジアゼピン誘導体（クロチアゼパム、エチゾラム）が主に使用されているほかに、アザピロン誘導体（タンドスピロン）、ジフェニルメタル誘導体（ヒドロキシジン）などがある。情動と密接な関連をもつ海馬や扁桃核などの大脳辺縁系と視床に、選択的な抑制作用をもつ。

鎮静作用、筋弛緩作用、抗痙攣作用、自律神経調整作用である。抗不安作用に加えて、催眠・鎮静作用、筋弛緩作用を有するものは抗てんかん薬として用いられている。

使用に際しては、血中濃度半減期を指標に、短・中・長時間型に分けて症状や生活習慣、社会活動を考慮する。長時間型と比較して短時間型では薬物の蓄積が生じにくいが、連用後の急な中止により初期には反跳性の不安、不眠、その後に振戦、発汗、被刺激性の亢進、せん妄、精神病症状などの退薬症状が出現しやすい。なお、退薬症状（離脱症状）を避けるために一層薬物を求めることを**身体依存**という。

副作用としては上記の身体依存のほかに、眠気、ふらつき、脱抑制行動、薬剤依存形成がある。大量に服用すると呼吸抑制され致命的な状態になることがある。また、長期間の服用により承認容量の範囲内であっても精神依存が形成されるため、安易な処方をせず服用期間を限定した使用が推奨される。

向精神薬のなかでも作用発現が比較的速いため、BZ 受容体作動薬に分類される抗不安薬は、統合失調症、双極性障害の興奮状態、うつ病の不安や焦燥に対して、抗精神病薬や気分安定薬、抗うつ薬と併用されることがある。ただし、BZ 系抗不安薬は常用量でも依存を形成するため、使用自体を避けるか、長期間の使用を避けることが望ましい。BZ 系誘導体は漫然と用いることで、記憶障害や依存形成を引き起こすため、適正な使用目的に奏功したら、病状や社会生活を考慮しながら計画的に漸減し、使用を終了する。

5 睡眠薬

作用機序の違いから、BZ 受容体作動薬、メラトニン受容体作動薬、オレキシン受容体拮抗薬等に分けられる。

BZ 受容体作動薬において、血中半減期が短い短時間型は入眠障害の一時的な改善効果をもち、薬剤の作用が翌朝にもち越されることが少ない。しかし、服用後、入眠までや中途覚醒時に記憶が障害される前向性健忘や、長期の連用後の急な中止は、反跳性不眠を誘発する可能性があり注意が必要である。健忘は、大量の使用やアルコールとの併用で出現しやすい。中時間型や長時間型は中途覚醒や熟眠困難の一時的な改善傾向があり、翌朝に薬剤の作用がもち越されることによって眠気が残ることがある。BZ 受容体作動薬は前述の抗不安薬と同様に、我が国では臨床現場で幅広く使用されているが、常用量でも身体依存や精神依存を形

成することが知られており、安易な処方は避けるべきである。

　我が国では、非BZ系としてラメルテオンが2010（平成22）年から使用できるようになった。メラトニン受容体に高い親和性で結合し、入眠障害に対して使用される。作用機序の違いからBZ系と比較して、筋弛緩作用や記憶障害などの副作用や依存形成、耐性が少ない。また、2014（平成26）年からオレキシン受容体拮抗薬であるスボレキサント（ベルソムラ®）が使用できるようになった。

6 精神刺激薬（中枢神経刺激薬）

　広義には、神経終末でのドーパミン系の刺激伝達促進作用をもつ乱用薬物を含むが、治療で使われるものにメチルフェニデートなどがある。

　適応疾患としてナルコレプシー、18歳未満のADHDが挙げられる。なお、精神刺激薬には分類されないが、ADHDの治療薬として、アトモキセチンやメチルフェニデート、グアンファシン、リスデキサンフェタミンメシルがある。

7 抗てんかん薬

　発作型を特定してから、薬剤を選択する。原則は単剤の少量から始めるが、多くの抗てんかん薬では、治療濃度と副作用出現濃度が近接しているため、血中濃度をモニタリングしながら漸増していく。有効血中濃度に達しても無効である場合は他剤を追加・漸増し、有効血中濃度に達した後に、前薬を漸減する。

　新規発症の部分てんかんに対して、カルバマゼピンやラモトリギン、レベチラセタムなどが用いられる。全般てんかんでは、全般性強直間代発作に対してバルプロ酸ナトリウムが、失神発作に対してバルプロ酸ナトリウムやエトスクシミドなどが用いられ、ミオクロニー発作ではバルプロ酸ナトリウムやクロナゼパム、レベチラセタム、トピラマートが推奨される。近年では2016（平成28）年からラコサミドやベラパミルが用いられるようになった。

8 抗認知症薬

　現在使用できる薬剤に期待できる臨床効果は疾患の進行を遅らせることにあって、進行を止めることには期待できないため、発症早期に導入することで最も効果を期待できる。

　1970年代に、アルツハイマー型認知症の死後脳で神経伝達物質であ

るアセチルコリンの低下が報告された。このコリン仮説に基づいて開発
されたのが、神経伝達物質アセチルコリンの分解酵素を阻害する作用を
もつ、アセチルコリンエステラーゼ阻害薬である。我が国では1999（平
成11）年からドネペジル、2011（平成23）年からガランタミン、リ
バスチグミンが使用されている。別の作用機序をもつものとしては、過
剰となっている神経伝達物質グルタミン酸による神経細胞毒性を抑制す
るために、グルタミン酸の受容体の一つである N-メチル-D-アスパラ
ギン酸（NMDA）受容体の拮抗作用をもつメマンチンが、2011（平成
23）年から我が国で使用されている。

◇参考文献
・渡邉博幸「統合失調症の薬物療法」稲田俊也編，稲田俊也・稲垣中・伊豫雅臣・尾崎紀夫監『精
　神疾患の薬物療法ガイド』星和書店，pp.15-38, 2008.
・Chouinard, G. & Margolese, H.C., 'Manual for the Extrapyramidal Symptom Rating Scale
　(ESRS)', *Schizophr. Res.*, 76(2-3), pp.247-265, 2005.
・Stahl, S. M., 仙波純一・松浦雅人・太田克也監訳『ストール精神薬理学エセンシャルズ——神経
　科学的基礎と応用 第4版』メディカルサイエンスインターナショナル，2015.
・Huhn, M., Nikolakopoulou, A., Schneider-Thoma, J., et al., 'Comparative efficacy and
　tolerability of 32 oral antipsychotics for the acute treatment of adults with multi-episode
　schizophrenia: a systematic review and network meta-analysis', *Lancet*, 394(10202),
　pp.939-951, 2019.
・日本神経学会監，「てんかん診療ガイドライン」作成委員会編『てんかん診療ガイドライン2018』
　医学書院，2018.

第3節 精神療法

学習のポイント

- 精神療法の種類と内容を学ぶ
- 主な精神療法の実施手順について理解する

1 精神療法とは

　精神療法とは、患者もしくはクライエントと呼ばれる対象が抱える心理的課題の改善を、職業的専門家との対人関係のなかで図る治療技法の総称である。心理療法、カウンセリングなども同義に用いられる。

　特定の療法を専門的に習得した治療者が一定の治療構造にしたがって実施する場合、特殊精神療法と呼ぶ。特殊精神療法は、支持的精神療法、洞察的精神療法、表現的精神療法、訓練的療法などに大別されるが、必ずしも整然と分類されるわけではない。一方、一般の精神科臨床で行われている精神療法を一般精神療法と呼ぶ。一般精神療法では緩やかな治療構造のなかで、適宜、特殊精神療法の技術が用いられる。現在、入院精神療法、通院・在宅精神療法が診療報酬の対象となっている。

　精神療法は、参加者の人数によって、個人精神療法と集団精神療法に区別される。集団精神療法では、後述するような集団効果が期待できる。現在、入院集団精神療法と外来集団精神療法が診療報酬の対象となっている。

★治療構造
1セッションの実施時間、頻度、時間外の連絡の可否や方法、1回の報酬とキャンセル時の扱いなど、治療者と患者の間で取り交わされる契約の全体を治療構造という。

2 主な個人精神療法

1 支持的精神療法

　支持的精神療法は、慰め、安心づけ、再保証、説得、励まし、助言などにより、不適応を引き起こしている患者の心的防衛力を強化し、自己評価や自我機能などを改善させることで、不安を除去し、より好ましい行動様式の獲得を図る技法である。具体的には、患者の話をよく聞き（傾聴）、患者が別の見方をできることを伝えること（リフレーミング）が

効果的であることが多い。

たとえば、「自分は回復するのだろうか」と不安を訴える統合失調症の患者に、「以前と比べ、自立した日常生活を行うことができている」などの事実を指摘して「焦らずに今の療養を続けていけば、さらに改善する」と励ましたりする。治療者の説明が患者にとって納得でき、新しい視点を開くものであるとき、効果が発揮される。

支持的精神療法は精神療法の基本であり、精神科臨床で日常的に用いられている。

2 洞察的精神療法

精神療法では、自己の思考や行動パターンを意識化し、その背景や意味について理解することを洞察という。洞察的精神療法は、患者自身が病気の症状やその背景について理解を深め、人格の構造的変化がもたらされることを通じて状態の改善を目指す方法である。

主な洞察的精神療法として来談者中心療法、精神分析療法、力動精神療法、ユング派精神分析などがある。

❶来談者中心療法

来談者中心療法は、ロジャース（Rogers, C. R.）が提唱したもので、治療者が傾聴の姿勢をとり、クライエントに受容的、非審判的、共感的に接するなかで、洞察を促す技法である。

ここで、傾聴とは、❶話し手の目を見て関心を示し、❷内容に応じて相づちを打ったり、❸話の語尾などを繰り返したりしてさらに発言を促し、❹節目で話を整理するための質問をし、❺最後に話を要約して話し手に自分の理解を伝える、という一連の過程からなる技法である。治療者が示す傾聴の姿勢は、ほかの精神療法においても基本となる姿勢である。

❷精神分析療法

精神分析療法はフロイト（Freud, S.）によって創始された。

フロイトは、生涯にわたり、心理的問題を抱える人の心のありように

★力動精神療法

フロイトの精神分析から派生したもので、あらかじめ治療回数を定め、転移（次頁参照）に深入りせずに問題の解決を図る短期精神療法や、集団内で現に生じている人間関係を扱うことによって参加者の洞察を深めようとする力動的集団精神療法などがある。

★傾聴

❶相手の目を見る
❷相づちを打つ
❸発言を促す
❹話を整理するための質問をする
❺最後に話を要約する

精神保健福祉士が患者と接するときには、どのような姿勢が望まれるか考えてみましょう。

---

i 〔Carl Ranson Rogers〕1902-1987. アメリカの心理学者。「カウンセリングと心理療法」（1942）において、「患者」の代りに「クライエント（来談者）」という用語を用い、「カウンセラーはクライエントの力を信頼し、非指示的、共感的に接する」ことを提唱した。

ii 〔Sigmund Freud〕1856-1939. 精神分析の創始者。「夢判断」「性欲論」「精神分析入門」など多数の著書を著した。「症例ハンス」「ねずみ男」「シュレーバー」などの症例研究が有名である。フロイトは神経症の心的機制を研究し、後の精神療法の諸派に大きな影響を与えた。

ついて探求を続け、その結果、以下のような考えに至った。

❶　人の心には、意識、前意識、無意識という三つの心的領域があり、特に無意識の領域が大きな影響を及ぼしている。

❷　人の心に、自我、エス、超自我という精神構造を仮定した。

❸　人の心的現象の背後に、心理学的な力ないし無意識的な動機を仮定し、さまざまな心の防衛機能を明らかにした（図3-3）。

❹　心の機能は、心理的エネルギー（リビドー）によって担われており、ときに自我の機能を抑圧する原因となる。

❺　心的現象は、快楽原則と現実原則からなる。

❻　心的現象は、心理的な起源とその後の発達過程をもっている。

　こうした理論構築の傍ら、フロイトは、自由連想法や夢分析などの技法を生み出した。これらの技法の主な対象は神経症性障害である。自由連想法は、患者を寝いすに仰臥させ、「心に浮かぶことを自由に話してください」と指示し、患者の陳述を得る技法である。この過程で、治療者を過去に出会った重要な人物と重ね合わせる転移現象が見出される。治療者は、転移や患者の言動の背景にある無意識的意味についての考えを患者に伝える（解釈する）ことによって洞察を導く。

　フロイトの学説は解剖学的な基盤を踏まえていないと批判され、また今日、フロイトの精神分析療法が忠実に実施されることは少ないが、患

★ **自我、エス、超自我**
エスが生得的な本能的欲求、超自我は倫理観や価値観、理想などエスに対して批判的に働く部分で、自我がそれらのバランスをとり、現実機能を発揮する。しかし、エスや超自我が強く働き過ぎると自我の働きがゆがめられることになる。

★ **心理的な起源とその後の発達過程**
フロイトは一例として、エディプスコンプレックスという状態を提唱した。これは、男子が母親に性愛感情を抱き、父親に嫉妬する無意識の葛藤感情を意味する。

★ **転移現象**
治療者に好意を抱く陽性転移と、敵意や反抗心などを伴う陰性転移とに区別される。

第3章　精神疾患の治療

図3-3　防衛機能

```
                          ┌── （直接行動…相手に対して愛情を表現する）
                          ├── 抑　　圧………そのような欲求を忘れようとする
                          ├── 投　　射………相手が自分を愛していると思う
ある異性の愛情             ├── 置き換え………相手にイメージの似た別の人に好意をもつ
を得たいという ───────────┤
欲求                      ├── 反動形成………相手に冷たく関心のないふりをする
                          ├── 合 理 化………相手のすばらしさを列挙し、相手を好きになるのは当然であると言う
                          └── 昇　　華………相手への思慕を詩にしたり、あるいは音楽として表現する

                          ┌── （直接行動…相手をなぐる）
                          ├── 抑　　圧………相手への敵意を意識から排除する
                          ├── 投　　射………相手が自分に対して敵意を抱いていると思う
ある人を攻撃し             ├── 置き換え………相手の大切にしているものを壊す
たいという欲求 ───────────┤
                          ├── 反動形成………相手に優しく、丁寧に接する
                          ├── 合 理 化………相手の悪い点を挙げて、自分の感情を正当化する
                          └── 昇　　華………スポーツで相手を打ち負かす
```

出典：上里一郎・末松弘行・田畑治ほか監『メンタルヘルス事典——心の健康大百科 増補新改訂版』同朋舎メディアプラン，337頁，2005. を一部改変

者の言動からその背後に隠された意味を探ろうとする基本的姿勢は、多くの精神療法の理論に引き継がれている。

3 ▶ 表現的精神療法

　表現的精神療法は、葛藤や解決困難な悩みを言葉やそのほかの方法によって表現させることで、不安や不満、憎しみ、悔しさなどの感情の発散を促す技法である。発散により得られる効果をカタルシス効果という。

　表現的精神療法には、芸術療法、遊戯療法（プレイセラピー）、箱庭療法などがある。

　芸術療法は、文字どおり芸術活動を取り入れた精神療法で、絵画・描画、コラージュ、音楽、陶芸、舞踏、俳句や短歌、書道など芸術の多くの領域を対象とした技法が開発されている。なお、心理劇（サイコドラマ）については集団精神療法の項で説明する。

　遊戯療法は、遊びを媒体とする精神療法で、言語での表現が困難な子どもなどに適応がある。

　箱庭療法は、カルフ（Kalff, D. M.）[iii]が発展させた治療法で、内側を青く塗った箱（50 × 72 × 7 cm）に砂を入れ、用意されたミニチュアの人形や玩具を自由に配置し、箱庭を完成させるように促す。信頼する治療者の前で内的世界を表現することで、問題解決が進むとされる。

4 ▶ 訓練的療法

　訓練的療法は指示的精神療法とも呼ばれる。訓練的療法とは、学習理論に基づき、観察可能な行動を対象として、新しい学習、再学習、あるいは訓練などの体験を通じて適応性の改善を図ろうとする療法の総称である。学習理論には、古典的条件付け理論[*]、オペラント条件付け理論[*]、社会学習理論、認知的行動変容と自己統制理論などが区別される。

　訓練的療法として、認知行動療法、行動療法[*]、森田療法、バイオフィー

iii 〔Dora Maria Kalff〕1904-1990. ローエンフェルド（Lowenfeld, M.）が子どものための心理療法として考案した技法を、ユング心理学の理論を取り入れて成人にも適応可能な箱庭療法として発展させた。日本にはKalffのもとで学んだ河合隼雄（1928-2007）が紹介した。

★**古典的条件付け**
犬に餌を与える前に音を聞かせることで、音を聞くという条件刺激だけで唾液が分泌されるようになるなど、後天的反射の形成に関する理論である。パブロフ（Pavlov, I., 1849-1936）らが創始した。

★**オペラント条件付け**
個人の一定の行動に対し報酬ないし罰を与えることで、その行動を強化したり、消去したりすることができるという理論である。スキナー（Skinner, B. F., 1904-1990）らが開発した。

★**行動療法**
行動療法には、オペラント条件付けやモデリングのほか、不安などを惹起する場面を軽いものから系列化し、不安反応を逆制止する刺激を与えて不安反応を順次消去することを目指す系統的脱感作法と、不安場面に直面（暴露）させ、その状態を、回避することを阻止して解消に導くフラディング（暴露療法）などがある。

ドバック、自律訓練法などがある。また、日本で開発された内観療法も訓練的療法に属する。

1 認知行動療法

認知行動療法では、認知的行動変容と自己統制理論に基づき、「刺激→知覚→認知→感情→行動の自己決定→反応」という図式で捉え、歪曲された認知のあり方（認知のゆがみ）に気づき、その修正を図ることで心理的苦痛や不安、非適応的な行動パターンを修正することが目指される。認知のゆがみは、意識されにくい個人的確信であるスキーマに影響を受け、意志に関係なく不快な感情を生み出す（自動思考）。表3-5に認知のゆがみの例を示した。

認知のゆがみに由来する不快な感情は、不適切な行動の原因ともなるため、認知行動療法では、❶認知のゆがみに気づく、❷認知のゆがみについて冷静に検証する、❸代わりとなる適応的な考え方を探す、といった一連の過程を踏み、認知のゆがみを修正する力を養うことによって、最終的にはスキーマの修正を目標とする。

認知行動療法はその創始者のベック（Beck, A. T.）以来、うつ病に適用されて実証的な効果が報告され、2010（平成22）年から診療報酬の対象となっている。また、相談支援活動においても認知行動療法の考え方を活かしたアセスメントツールの活用などが提案されている。

2 森田療法

森田療法は、森田正馬が創始した森田神経質と彼が名付けた病態に対する治療法である。森田は、強迫観念などに悩む人の多くが、内省的、

★内観療法
数日間、部屋の隅に屏風を立てて静座し、親などかかわりが深かった人に対する自分の行動を幼時から振り返り、指導者に報告するなかで他者によって生かされてきた自分に気づき、洞察を得ることを目指す療法。

★森田療法
近年外来でも実施され、神経症性障害のほか、慢性化したうつ病や慢性頭痛性疾患などの心身症、がん患者のメンタルサポートなどにも適用されている。

表3-5　認知のゆがみの10のパターン

1．全か無かの思考	6．拡大解釈（破滅化）と過小評価
2．一般化のしすぎ	7．感情的決めつけ
3．心のフィルター	8．すべき思考
4．マイナス化思考	9．レッテル貼り
5．結論の飛躍	10．個人化

出典：デビッド・D・バーンズ，野村総一郎・夏苅郁子・山岡功一・小池梨花・佐藤美奈子・林建郎訳『いやな気分よ、さようなら——自分で学ぶ「抑うつ」克服法 増補改訂第2版』星和書店，p.35, 1990. を抜粋

iv 〔Aaron Temkin Beck〕1921- アメリカの精神科医。認知療法を創始し、うつ病患者における治療効果を実証した。自記式のベックうつ病評価尺度の開発者としても知られる。

心配性、完全主義など葛藤を起こしやすい性格傾向を有し、「とらわれの機制」が働くことによって神経症症状（森田神経質）が出現すると考えた。彼は、不安や恐怖を排除しようとする感情は、死に対する恐怖とその対極である生の欲望の間の葛藤に由来すると考え、そのどちらも否定しない「あるがまま」の心的態度の獲得を重視した。

「あるがまま」の心的態度を身につけるため、入院当初の7日間は終日個室で臥床して過ごし、食事、洗面、排泄以外は禁じられる（絶対臥褥期）。自己に向き合うことによって心身の活動意欲を高め、その後は、軽作業期（1週間程度）、重い作業期（1～2か月）、実生活での調整期（1か月程度）を経過して退院となる。

森田療法の経験者による「生活の発見会」という自助グループがあり、退院後に参加する者もいる。

5 ▶ 集団精神療法

1 集団精神療法（グループでの話し合い）

広義の集団精神療法には、病棟で毎週行われる「患者会」から対象を限定して行う特殊精神療法までさまざまなものが含まれる。ここでは、精神科領域で診療報酬の対象である入院集団精神療法を取り上げる。

入院精神療法は、医師と精神保健福祉士または公認心理師等により構成される2人以上の者が入院患者のグループに対して、おおむね週1回程度、1回1時間以上実施するものである。職員は、対象者を固定して行うクローズ型か対象者を固定しないオープン型か、テーマを設けるか否か、有期限とするか否か、会の進行方法などについてあらかじめ決めておく。進行中は、参加者全体の集団力動と個人の心理状況を観察し、終了後にアフターミーティングを行い、患者ごとに診療録に記載する。

入院精神療法をはじめ、集団精神療法に共通する治療的因子としてアメリカ集団精神療法学会は、❶普遍性、❷愛他主義、❸希望をもたらすこと、❹情報の伝達、❺原家族経験のやり直し、❻ソーシャルスキルの発達、❼模倣行動、❽凝集性、❾実存的要因、❿カタルシス、⓫対人関係─インプット、⓬対人関係─アウトプット、⓭自己理解の13因子を

ⅴ 〔もりた・まさたけ〕1874-1938. 私立東京慈恵会医院医学専門学校教授。自らの病の体験などから、神経質な性格傾向をもつ者が、感覚と注意が交互に作用すること（心身交互作用）で森田神経質という状態に至ると考え、森田療法を創始した。

挙げ、これらの相乗効果が各人の心的課題の改善をもたらすとしている。

2 心理劇（サイコドラマ）

心理劇は、集団精神療法の一種であると同時に、芸術療法的な側面も併せもっている。すなわち、心理劇では集団療法の長所に加え、作劇の過程で言語や身体の動きによる表現効果も期待できる。

心理劇は、一般的に10人ないし15人程度の集団に対して、1回1時間から3時間行われる。グループがいる場所が舞台となり、治療者が監督（ディレクター）として進行役をつとめる。セッションは、ウォーミングアップから始まり、参加者のなかで、特に解決を必要とする問題を抱えている人などが主役に指名される。監督は、主役の話を聞きながら、補助自我（登場する人、物など）など主役以外の役を順次割り当てていく。監督はその人たちに振り付けを行い、ドラマを展開させ、完成させる。最後に、参加者全員が意見を出しあう時間をもつ。

3 家族療法

家族療法は、家族のいずれかの構成員に生じている心理的問題を、そのほかの構成員も参加する集団面接のなかで解決しようとする治療法である。多くの技法があるが、その背景には、家族は構成員によって形成されるシステムであるという家族システム論の認識がある。

介入の技法によって、構造的家族療法や戦略的家族療法などをはじめとする多くの流派が区別される。いずれも、当初に治療契約を交わし、1～2時間の面接を月1回程度行うことが多い。

家族療法は、統合失調症やうつ病、摂食障害、認知症などの精神疾患のメンバーを抱える家族のほか、子どもの不登校や非行、慢性身体疾患、後天性免疫不全症候群（AIDS）、がんのターミナル期などで行われ、家族の負担が大きく、対応困難な状態のときにも適用される。

4 生活技能訓練（SST）

社会生活技能（Social Skill）とは、社会生活を営むために必要な対人コミュニケーション技術と、良好な関係維持のための行動に関する技能である。生活技能訓練（social skills training：SST）は、統合失調症などの精神疾患に罹患して低下した社会生活技能を対象とし、ロールプレイを通してストレス回避のための行動を学び、日常生活での適応力を高めることを目指す技法である。1970年代にリバーマン

★心理劇
精神科医のヤコブ・モレノ（Moreno, J. L., 1889-1974）と心理療法士で女優でもあった妻のザーカ・モレノ（Moreno, Z. T., 1917-2016）によって創始された。心理劇も入院精神療法として診療報酬の対象となる。心理劇は、心理的な葛藤や精神疾患を有する人のみならず、社会福祉、保健医療、心理、教育など対人援助専門職の研修等にも用いられている。

★家族システム論
❶家族は個々のメンバーの関係性により、独特の組織化が行われている（家族のルール）、❷家族は、急激な変化に抵抗して恒常性を維持しようとする傾向（ホメオスタシス）がある、❸家族のなかでは、一人のメンバーに生じた変化がさまざまな影響をほかのメンバーに与える（フィードバックループ）、❹家族内で生じている関係は単純な因果を越えた連鎖を形成するとみる、などの考え方に立つ。

★SST
統合失調症のリハビリテーションとして発展してきたが、適用の範囲が広がり、近年、ほかの精神疾患のみならず、教育関連施設や矯正施設などでも実施されるようになってきた。

★モデリング
自己の行動を改善する
ために、ある人の行動
を手本（モデル）とし
て、その行動の観察と
模倣を行うこと。

（Liberman, R. P.）らによって開発された。SSTは認知行動療法に分
類され、社会学習理論の基本概念であるモデリング★が重視される。我が
国では1994（平成6）年以降、入院生活技能訓練療法が診療報酬の対象
となったことで普及していった。

SSTは基本訓練モデルと自立生活技能プログラム（social and
independent living skills program）からなる。

基本訓練モデルの実施方法は、たとえば、統合失調症の入院患者5名
ないし10名程度までのグループに対して行う場合、1セッション60
分程度で1週間に1回以上の実施が標準とされる。セッションの流れは、
表3-6に示したとおりである。参加者は、自分の課題を表明し、ほか
の参加者の協力を得て解決法を見出し、リハーサル（ロールプレイ）を
繰り返して、その解決法を身につけ、実践するように努める。

また、自立生活技能プログラムは、疾病の自己管理機能の向上のため
に、服薬自己管理や症状自己管理、ストレス対処技能などのテーマごと
に、いくつかの技能領域に分割（モジュール化）したテキストをもとに
学習するものである。

表3-6　生活技能訓練（基本訓練モデル）の進行

①開始の挨拶 ②新しい参加者・見学者の紹介 ③SSTの目的の確認 ④方法の確認 ⑤ルール・ポイントの確認 ⑥必要に応じてウォームアップ	全体の流れ
❶　宿題の報告 ❷　目標を確認する ❸　場面設定、焦点化 ❹　1回目の予行演習 ❺　正のフィードバック ❻　改善点の提案 ❼　モデルを示す（必要に応じて） ❽　2回目（新しい行動）の練習 ❾　正のフィードバック ❿　実生活場面での練習（宿題、チャレンジ）の設定	1回のセッションでの 1人の練習の流れ

出典：瀧本優子「SST総論」瀧本優子・吉田悦規編『わかりやすい発達障がい・知的障がいのSST実践
　　　マニュアル』中央法規出版, p.9, 2011. を一部改変

◇参考文献
・アメリカ集団精神療法学会，日本集団精神療法学会監訳，西村馨・藤信子訳『AGPA集団精神療
　法実践ガイドライン』創元社，pp.36-41, 2014.

第4節 脳刺激法などの身体療法

学習のポイント

● 電気けいれん療法の概要を学ぶ

● 経頭蓋磁気刺激療法やそのほかの身体療法の概要を学ぶ

1 身体療法の歴史

　精神疾患に対して薬などの有効な治療法が存在しなかった時代には、さまざまな身体療法が行われていた。その代表的な治療法は、持続睡眠療法、インスリンショック療法、前頭葉白質切断術などである。確かに効果があったものもあるといわれているが、身体に大きな危険を伴うものも多く、現在では廃れた治療法ばかりである。

2 現在も行われている身体療法

1 電気けいれん療法（electroconvulsive therapy：ECT）

　電気けいれん療法は、現在も行われている、有効かつ安全な治療法である。1938年にイタリアの医師が初めて行い、その後アメリカで広まった。治療効果はあったものの、問題点として、治療前の患者が不安や恐怖を強く感じること、全身を大きくけいれんさせるため脊椎の骨折が少なくないことが挙げられていた。

　そこで、麻酔薬と筋弛緩薬を使用することにより全身のけいれんを抑えつつ脳に通電を行う、修正型電気けいれん療法（modified-ECT：m-ECT）が開発された。電気けいれん療法と同じ効果で、より安全に行うことができる治療法である。しかしその施行にあたっては、麻酔科医との連携を必要とするため、精神科単科の病院では導入しにくいという問題がある。総合病院の精神科ではほとんどが修正型になっていると思われる。ちなみに、なぜ効果があるのかについては諸説あるが、結論は現在でも出ていない。

★持続睡眠療法
睡眠薬を利用して、10日以上睡眠状態を持続させる治療法である。食事や排泄は、昼間の眠りを浅くして行わせたが、それ以外の時間は、患者はほとんど（1日20時間以上）常に眠った状態であったといわれている。結局、本当に効果があるのかははっきりしなかった。

★インスリンショック療法
インスリンを注射することによって意図的に低血糖昏睡に陥らせ、その後グルコースを注射して覚醒させるということを繰り返す治療法である。統合失調症に対して用いられた。効果はあったようだが、しばしば60回以上も繰り返す必要があり、非常に危険な治療法であった。

●適応・禁忌

ECT の現在の主な適応疾患は、統合失調症と気分障害（うつ病、躁うつ病）である。そのほかに、パーキンソン病（特に精神症状を伴うもの）や悪性症候群にも効果があるといわれている。治療法として第一に選択されることは少なく、ほかの治療法（薬物療法や精神療法）で効果が上がらなかった症例に対して行われる。いわば「最後の手段」の位置づけであるが、有効かつ治療効果が現れるのが早いため、昏迷が続き食事もできないような患者や、希死念慮が切迫して危険な行動をとる患者などに対しては、ほかの治療に先んじて行われることもある。妊娠中の女性に対しても実施することができ、胎児への影響を考えると薬物療法より安全であるのかもしれない。

死亡例は5万回に1回といわれ、見た目が派手な割には安全な治療法である。通常、死亡は心血管系の合併症によるものである。

短所としては、しばしば治療効果が長続きしない場合がある。統合失調症であれ気分障害であれ、ECT のみでは、再発率は50%を超えるとさえいわれている。そこで、定期的に ECT を行う必要性が出てくる。これを、維持療法（メンテナンス ECT）と呼ぶ。ただし回数を重ねると記憶障害が発生しやすくなるという、もう一つの欠点がある。特に短期間に集中的に複数回行った場合に多い。

記憶障害のほとんどは一時的なものであり数日のうちに、または長くても半年以内に回復する。脳に永久的な損傷は与えないことがさまざまな研究で証明されている。対策としては、施行間隔を空けること、刺激装置をサイン波電流のものからパルス波電流のもの（サイマトロン）へ変更することである。サイマトロンは少量のエネルギーで効率よく発作を誘発できるため、記憶障害を減らすことができる。

2 経頭蓋磁気刺激療法（transcranial magnetic stimulation：TMS）

近年注目を集めている治療法であり、主にうつ病に対して用いられ、治療抵抗性のうつ病にも効果があるといわれている。頭部のすぐ近くで磁場を移動させることで、脳の特定の部位に通電する治療法である。麻酔を行わずに利用することができるため、ECT よりも容易に行うことができ、記憶障害などの副作用も目立たない。効果発現のためには反復して行う必要があり、即効性という点では ECT に劣る。

3 そのほかの身体療法

うつ病の患者に対して、あえて睡眠不足にすることで症状を和らげる**断眠療法**がある。効果は直ちに現れるが一時的であり、永続的に断眠させるわけにもいかないため、ほかの治療法と組み合わせる必要がある。

また、冬期にうつ状態となりやすい季節性感情障害（抑うつ障害群季節型）の患者に対し、高照度の**光照射療法**が有効である。

さらに、ハーブの一種である**セイヨウオトギリソウ（セント・ジョーンズ・ワート）**は、うつ病に効果があるといわれている。ヨーロッパで昔から民間療法として使用されてきた薬草である。

◇**参考文献**
・井上令一監，四宮滋子・田宮聡監訳『カプラン臨床精神医学テキスト──DSM-5診断基準の臨床への展開 第 3 版』メディカル・サイエンス・インターナショナル，2016.
・本橋伸高『ECTマニュアル──科学的精神医学をめざして』医学書院，2000.
・尾崎紀夫・三村將・水野雅文・村井俊哉編『標準精神医学 第 7 版』医学書院，2018.

第**3**章　精神疾患の治療

● 精神障害を有する人に対するリハビリテーションの考え方を学ぶ
● 精神科リハビリテーションのプロセスを学ぶ
● 精神科リハビリテーションの諸技法について学ぶ

1 精神科リハビリテーションとは

1 精神科リハビリテーションの意義と定義

　リハビリテーションは、本来「身分、地位、資格、権利、名誉などの回復」という人間の全人間的復権を意味する。そこには、単に原状復帰ではなく、新たな価値観のもとでの再生（成長）が含意されている。

　狭義の医療では、症状を解消するための治療が行われるが、症状が消失しても、障害が残り、社会生活に支障が残る場合がある。そのため、第一次世界大戦後から、疾病や外傷の結果、障害を負った人の機能を回復させるための援助技術が発展し、リハビリテーション_★と呼ばれるようになった。

　現在、リハビリテーションは医療機関における医学的支援の手段としてのみならず、社会、教育、職業の分野でも実施されている。

　統合失調症などの精神疾患では、治療を行っても生活障害が残る場合や、病前と同じ生活環境・生活条件では再発を回避することが困難な場合が少なからず生じる。こうした状況に対し、先進各国における脱施設化や人権意識の高揚に伴い、精神疾患の罹患後に生じるさまざまな困難を解消するための手段として精神障害者へのリハビリテーションが展開されるようになった。精神障害者が障害をもちながらも、地域で自立した生活を送れるようになるためには、多くの場合、「疾患」に対する治療と並行して、「障害」に対するリハビリテーションが必要となるほか、自己内外の差別や偏見がもたらす「体験としての障害」に対する心理社会的支援、就労を含む「生活ニーズ」に対応する支援が必要となる。すなわち、精神障害をもつ人にも医学的、社会的、教育的、職業的分野でのリハビリテーションが必要となる場合があり、その際は各分野の支援

★リハビリテーション
リハビリテーションについて、国連は「障害者に関する世界行動計画」（1982年）のなかで、「身体的、精神的、かつまた社会的に最も適した機能水準の達成を可能にすることによって、各個人が自らの人生を変革していくための手段を提供していくことを目指し、かつ、時間を限定したプロセス」と定義した。

が相互補完的に行われることが必要となる。

こうしたことから、アンソニー（Anthony, W. A.）は精神障害に対するリハビリテーションを「長期にわたる精神障害を抱える人が、専門家の最小限の介入でその機能を回復するのを助け、自分で選んだ環境に落ち着き、自分の生活に満足できるようにすること[1]」と定義し、本人の技能開発と環境面での支援開発の二面を重視した。すなわち、精神科リハビリテーションは、精神障害のある人への訓練と環境からの支援を相互補完的に実施するプロセスであるといえる。

2 精神科リハビリテーションの理念と技法

1970 年代に、主要な精神疾患の症状や生活機能、その経過などが生物学的のみならず、心理社会的条件や本人の対処法といった多次元の要因から説明されるようになり、1977 年にズービン（Zubin, J.）が提唱した統合失調症の病態についての「ストレス－脆弱性モデル」、そのあとを受けたリバーマン（Liberman, R. P.）の「ストレス－脆弱性－対処－能力モデル」が生まれた。その結果、対人環境のありようと本人の主体的対処技能の獲得がリハビリテーションの関心領域となった。折からのレフ（Leff, J. P.）やヴォーン（Vaughn, C. E.）らの感情表出の研究結果とも相まって、心理社会的リハビリテーションの概念が形成されるに至った。

心理社会的リハビリテーションの基本的な考え方を、**表 3-7** に示す。すなわち、心理社会的リハビリテーションは、本人の成長を信じる専門家が、人として対等の立場で社会生活に必要な技能の習得を支援することを通じて、本人の希望する人生の実現を目指すものである。

心理社会的リハビリテーションの展開に伴い、**表 3-7** に挙げた諸原則はリカバリーとエンパワメントという二つの基本的理念に集約される

表3-7　心理社会的リハビリテーションの原則

1. 成長と変化を信じる	7. 早期介入する
2. 技能の獲得に向けた教育的アプローチをとる	8. 環境に積極的に働きかけ、人々の偏見などをも変えていく
3. 自己決定の原則を尊重する	9. 無期限の参加を保障する
4. ノーマライゼーションを目標とする	10. 就労を重視して援助する
5. 個別的ニーズとケアを重視する	11. 医学的な援助より社会的な援助に重点をおく
6. スタッフのメンバーに対する人間的な配慮とパートナーシップを重視する	

出典：Levin S, Brekke, J.S., 'Factors related to integrating persons with chronic mental illness into a peer social milieu', *Community Mental Health Journal*, 29(1), 25-34, 1993.（白石訳）

★**精神障害に対するリハビリテーション**
精神障害者に対するリハビリテーションの定義はほかにも提唱されている。たとえば、田中英樹（2019）は、「精神障害者を対象に、精神障害のある人の参加を得て、その人と状況の最大限の再建を目指して有期限で展開される、一連の訓練と支援を中核とした技術的かつ社会組織的方策をいう」と定義した。田中英樹「精神障害者リハビリテーションの概念」『精神障害者支援の思想と戦略——QOLからHOLへ』金剛出版, p.176, 2019.

★**心理社会的リハビリテーション**
心理社会的リハビリテーションを標榜するプログラムとして、再発予防モデル（アンダーソンらの心理教育モデルやリバーマンの生活技能訓練）、クラブハウスモデル（ファウンテンハウス）、職業リハビリモデル（ボストン大学モデル）、ケアマネジメントモデルなど多くが生み出されてきた。ケアマネジメントモデルのなかには、多職種からなるチームが訪問などにより比較的少数の対象者を統合的、継続的に支援しようとする包括的生活支援プログラム（Program for Assertive Community Treatment：PACT）がある。

精神障害を抱える人
をエンパワメントす
るためには、どのよ
うなかかわりが求め
られるか考えてみま
しょう。

ようになった。ここに、リカバリーは、障害の程度によらず社会的存在
として自らの可能性を最大限に実現することであり、エンパワメントは、
問題状況に対し、自己決定する力をもち、自らの希望を実現させること、
およびその支援の過程を指す。

2 ▶ 精神科リハビリテーションの過程

　精神科リハビリテーションの各領域で実施される特定のプログラム
に関して、それぞれ対象者のアセスメント、プログラムの選択、導入、
実施中のモニタリング、事後評価などを行ってその効果を測定し、また
効果が最大となるように調整するという一連のプロセスが展開される。

1 アセスメント

　特定のプログラム実施に先立ち、本人の気持ちや希望の聴取、現在の
状況に関する専門的アセスメントが行われる。アセスメントの内容には、
現在の精神疾患の病状に加え、日常生活や対人関係のスキル、病状悪化
をきたしやすいストレス、ストレスに対する対処技能などが含まれる。
このような評価に際し、BPRS（Brief Psychiatric Rating
Scale）、PANSS（Positive and Negative Symptom Scale）、GAF
（Global Assessment of Functioning）、LASMI（Life Assessment
Scale for the Mentally Ill）、REHAB（Rehabilitation Evaluation
of Hall and Baker）、SANS（Scale for the Assessment of Negative
Symptoms）など、すでに広く用いられている評価尺度が目的に応じて
実施されることが多い（表3-8）。

　そのほか、本人自身が評価する主観的QOL（quality of life：生活
の質）尺度も開発されている。アセスメントに際しては、本人の「弱み」
だけではなく、「強み」についても過不足なく評価することが大切である。

2 プログラムの開始と開始時期

　プログラムへの参加にあたり、担当者はそのプログラムの概要や目
的、利用頻度などについて十分に説明し、理解を得る。その際、利用希
望者の質問に答え、できる限りその希望を反映させる。参加の前に、プ
ログラムの見学を行い、実施スタッフと話し合いの時間をもつことも有
用である。プログラムに試験参加したのちに正式利用開始とする場合も

★プログラムの開始
医療機関において実施
される場合、利用者本
人の希望と精神科医師
の指示があれば、でき
る限り早期からリハビ
リテーションが開始さ
れるようになってきて
いる。たとえば、入院
後間もない急性期の患
者であっても、精神科
作業療法が実施される
ことがある。もちろん、
このような状態では、
短時間身体を動かすレ
クリエーションや、作
業療法士とマンツーマ
ンで軽作業を行うな
ど、本人の負担を考え
てプログラムを選択す
る。

表3-8　精神症状および生活障害の評価尺度

評価尺度	項目数	特徴
BPRS （簡易精神症状評価尺度）	18	・20 分程度で実施できる簡易評価尺度 ・陽性症状の評価に向いている
PANSS （陽性・陰性症状評価尺度）	30	・統合失調症の総合的な症状査定に適する ・陽性尺度、陰性尺度、総合精神病理尺度からなる
GAF （機能の全体的評定）	10	・社会的機能 ・心理的機能（精神症状の重症度）について ・職業的機能 ・精神疾患：健康という連続軸を仮定
LASMI （精神障害者社会生活評価尺度）	40	・精神障害者の生活障害の程度を評価するための尺度 ・日常生活、対人関係、労働または課題の遂行、持続性・安定性、自己認識の下位尺度からなる
REHAB （日本語版は REHAB-J）	23	・入院患者のなかから地域で自立して生活できる人を選び出すための評価として使用できると報告されている
SANS （陰性症状評価尺度）	30	・統合失調症の陰性症状評価のための尺度 ・BPRS と併せて用いられることもある

ある。

3 利用開始後から終結まで

　利用開始後、関係者は定期的にカンファレンスを開いて、必要に応じて評価表などを用い、これまでの成果をモニタリングする。その結果、目標を修正し、適宜実施時間や実施内容を変更していく。利用期間が決まっている場合には、終了に至る前に本人および関係者が参加して利用状況を振り返り、事後評価を行う。

3 精神科リハビリテーションの実際

　精神科リハビリテーションも身体的なリハビリテーションと同様に、医学的リハビリテーション、教育リハビリテーション、職業リハビリテーション、社会リハビリテーションの4領域で実施される。

1 医学的リハビリテーション：作業療法

　医学的リハビリテーションは、病気の治療や障害の軽減、合併症およ

★リハビリテーションの4分野
リハビリテーションの4分野は相互に関連しており、あるプログラムがどの分野に属するかは必ずしも明確には決定できない場合もある。

び二次障害の予防などを目的として、医療専門職が関与し、主として医療機関内で行われるもので、理学療法と作業療法が該当する。精神障害の場合は、もっぱら作業療法（occupational therapy：OT）が行われている。

作業療法は、「人々の健康と幸福を促進するために、医療、保健、福祉、教育、職業などの領域で行われる、作業に焦点を当てた治療、指導、援助である[2]」と定義されている。ここで作業とは、対象となる人々にとって目的や価値を持つ生活行為を指す。

精神科作業療法は、18世紀に欧米で行われた道徳療法に源を発し、1920年代に米国のマイヤー（Meyer, A.）が精神障害を「生活の障害」と捉えて作業の意義を再評価したことなどから、今日の形ができていった。日本では、第二次世界大戦前、呉秀三の「移導療法」（作業とレクリエーションを併せた介入法）や加藤普佐次郎が現在の都立松沢病院で作業を用いた治療活動を行った事例が知られている。今日の形になったのは、1965（昭和40）年に作業療法士が国家資格となり、1974（昭和49）年から作業療法が診療報酬の対象となって以降である。

精神科作業療法は、医師の指示に基づき、作業療法士が指導し、一定の施設基準を満たす医療施設において、患者1人当たり2時間を標準として25人程度までのグループに実施する場合、診療報酬の対象となっている。今日、作業療法は多くの精神科病院で実施されている。

精神科作業療法の適応となる精神疾患は、統合失調症をはじめ、感情障害、アルコール・薬物依存症、ストレス関連疾患、認知症、発達障害、高次脳機能障害など幅広い。

精神科作業療法で用いられる作業は、手工芸、木工、印刷、農作業または園芸、日常生活の動作等の作業に至るまでさまざまである。作業の内容は、回復段階に応じて適宜選択される。一般に、入院後間もない急性期の患者に対しては、身体運動や簡単な軽作業をマンツーマンで短時間実施し、順次内容と実施時間を拡大していく。作業療法の時間には、集団のなかで各自が自分の決めた作業を行っていることが多い。このような場をパラレルな場と呼ぶ。パラレルな場は、周囲に影響されずに自分のペースで作業ができるようになる過程として意味がある。回復期には、集団活動への参加を促し、しだいに退院後の生活への移行を考えた活動を取りあげる。退院後も、外来で作業療法を実施する場合がある。

精神科医療機関に長期間入院する者が多かった時代には、作業療法は入院生活の安定を担う役割が大きかった。現在は、入院中は早期退院、

在院長期化の防止、退院後は、再燃・再発の予防、社会参加の援助など
の目的のために行われるようになってきた。

精神科作業療法の課題として、一般社団法人日本作業療法士協会は、
❶個別対応が必要な患者への対応が不十分、❷実施時間が 2 時間は長い
と感じる患者が多い、❸身体機能訓練が必要と思われる患者（廃用症候
群、運動器疾患、脳血管疾患等）が年々増加している、❹認知症患者の
退院促進のために病棟への複数の職員の配置が必要、などの調査結果を
まとめている。[3]

2 教育リハビリテーション：心理教育

教育リハビリテーションは障害のある人の能力を向上させて潜在能
力を開発し、自己実現を図れるように支援することを目的として行われ
る。障害のある児童に対する特別支援教育などが該当するが、成人の社
会教育や生涯教育なども含む幅広い教育活動と考えるべきものである。
そのような観点から、ここでは精神科医療機関等で行われている疾病教
育プログラムである心理教育を取りあげる。

精神疾患に罹患した患者は病初期に病気を否認することが多く（病識
欠如）、また障害を受容することが困難であることが多い。したがって、
自らの病気やその治療法を理解し、適切な生活態度や服薬管理などに関
する教育を受けなければ、再発や二次障害などのために、不本意な経過
をたどることが少なからずある。このようなことから、1980 年代以降、
精神科領域で心理教育が行われるようになっている。

心理教育（psychoeducation）*とは、「精神障害やエイズなど受容
しにくい問題をもつ人たちに、正しい知識や情報を心理面への十分な配
慮をしながら伝え、病気や障害の結果もたらされる諸問題・諸困難に対
する対処法を習得してもらうことによって、主体的に療養生活を営める
ように援助する方法」[4]である。教育といっても、単なる情報の提供にと
どまらず、それを自らに即して理解し、悪化防止などに役立てることが
できるようになること（メンタルヘルスリテラシー*）が目標となる。そ
のために、情報提供の仕方に十分な配慮を払う点が心理教育といわれる
ゆえんである。具体的には、本人の気持ちを十分に受けとめ、意思の疎
通を図りながら情報提供を進めたり、ロールプレイなどを通して対処技
能を身につけたりする。

心理教育で伝えるべき方法やその内容は、疾患ごとに、また病期に
よって異なる。たとえば、統合失調症については、❶患者が呈する精神

★**心理教育**
心理教育は、本来診療
場面で主治医から行わ
れることが望ましい
が、体系的な提供や集
団で提供する集団効果
を見込んで、有期限の
プログラムとして通常
の診療とは別に実施さ
れることが少なくな
い。

★**メンタルヘルスリテ
ラシー**
病気の知識に加え、不
調に気づいた場合、周
囲に相談するなどの適
切な判断と行動ができ
ることをメンタルヘル
スリテラシーといい、
2022（令和 4）年か
らの高等学校学習指導
要領の改訂に伴い、学
校現場でも実践される
ことになっている。

第**3**章 精神疾患の治療

Active Learning

自分や家族が精神疾
患に罹患した場合、
どんなことを知りた
いと思うか考えてみ
ましょう。

症状は脳の機能障害に由来するものである、❷疾患は再発の可能性が高く、薬物療法が必要である、❸患者や家族が疾病の療養のために必要な情報や適切な対処技能を獲得することが治療効果の向上と予後改善につながる、といったことを患者や家族が理解することが基本になる。さらに、ある程度安定した時期になると、自立生活技能プログラムが実施される（本章第3節「生活機能訓練（SST）」（p.209）参照）。

また、アルコール依存症では、依存症の理解、アルコールの身体に対する悪影響、離脱症状、断酒の必要性とスリップへの対処、自助グループの効用などの情報を提供して、断酒継続を支援する。

最近は、気分障害や発達障害、摂食障害などに罹患した患者本人や家族に対しても心理教育が行われるようになってきている。

3 職業リハビリテーション

リハビリテーションの目標は、必ずしも職業復帰や経済的自立のみではない。しかし、人が障害の有無によらず、働きがいのある人間らしい仕事（ディーセント・ワーク）をもつことの重要性が認識され、職業リハビリテーションが行われるようになっている。

精神疾患に罹患した人は、その能力を安定して発揮することが困難となり、また対人関係のストレスを抱えやすいなどの特性から、精神疾患に罹患後でも就労している人の比率は低く、また復職や再就職後の定着率もほかの障害に比して低いといわれている。

医療機関における精神障害者に対する職業リハビリテーションとしては、うつ病の休職者に対するリワーク支援プログラムが増加している。リワーク支援プログラムでは、認知行動療法などを取り入れることにより、復職後の再発予防や対人関係の改善が目指されている。医療機関外では、「障害者の日常生活及び社会生活を総合的に支援するための法律」の訓練等給付における就労移行支援事業や就労継続支援事業が多く利用されている。

このほか、障害者雇用を推進するための制度や事業が数多く存在する。

支援方法として近年注目されているのが、1990年代にアメリカで開発された個別就労支援プログラム（individual placement and support：IPS）と呼ばれるプログラムである。このプログラムは、表3-9に示した原則を有し、従来の職業訓練プログラムよりも高い就職率を達成することが実証され、社会的機能の改善、病状の軽減、高い自尊心をもたらすといわれている。

★職業リハビリテーション
WHO（世界保健機関）の「医学的リハビリテーション専門家委員会」（1969年）における職業リハビリテーションの定義は「職業指導、訓練、適職への就職など、障害者がふさわしい雇用を獲得し、又は職場に復帰することができるように計画された職業的サービスの提供」であった。

表3-9　個別就労支援プログラム（IPS）の8原則

1. 短時間の就労時間でも一般就労を目指す
2. 希望すれば、症状が重くても就労支援の対象とする
3. 就労支援と保健医療の専門家でチームをつくり、統合的に支援する
4. 本人が自身の興味や好みに基づいて仕事を探し、障害開示の決定も自身が行う
5. 生活保護や障害年金などに関する相談にのる
6. 本人が希望したときに迅速に就職先を探す就労支援を行う
7. 就労支援の専門家は雇用主と関係づくりを行う
8. 一般企業就職後も継続して支援を行う

出典：片山優美子『一般企業への重度精神障害者の就職をどう支援していくか―包括的な支援のために
　　　IPSを利用する―』ミネルヴァ書房，p.21，2020. を一部改変

4 社会リハビリテーション

　社会リハビリテーション*は、障害者が諸々のサービスを自ら活用して社会参加し、自らの人生を主体的に生きていくために必要な「社会生活力*」を高めることを目指すリハビリテーションの分野である。

　社会リハビリテーションの課題は、以下の**表3-10**のようである。

　社会リハビリテーションは、具体的には福祉サービスの利用援助や環境調整、サービス間の調整、リハビリテーション分野間の連絡調整などのほか、差別・偏見の除去など広く社会環境への働きかけも含むものである。

　精神障害者には、いわゆる「情報弱者」や自らの状況について訴えることが困難な人もいる。精神保健福祉士をはじめ、周囲にいる人々が精神障害者の権利が守られ、自身がそれを主張できるように支援を行っていく必要がある。

表3-10　社会リハビリテーションの課題

A．物理的環境：建築物、交通機関、住宅などハード面の改善等
B．経済的環境：働く場の保障、障害年金・障害手当などの所得保障等
C．法的環境：障害者の生活と権利を守るための法律の整備等
D．社会・文化的環境：差別・偏見の除去、交流の場の設定、障害者運動等
E．心理・情緒的環境：障害受容への援助、権利擁護、カウンセリング等

出典：国際リハビリテーション協会社会委員会「社会リハビリテーションの将来のための指針（ガイド
　　　ライン）」1972.

★社会リハビリテーション

小島蓉子は、社会リハビリテーションを「社会関係の中に生きる障害者自身の全人的発達と権利を確保し、一方、人を取り巻く社会の側に人間の可能性の開花を阻む社会的障壁があれば、それに挑み、障害社会そのものの再構築（リハビリテーション）を図る社会的努力である」と定義した。

★社会生活力

社会生活力について、国際リハビリテーション協会は、1986年、さまざまな社会的な状況のなかで、自分のニーズを満たし、一人ひとりに可能な最大限の豊かな社会参加を実現する権利を行使する力を意味すると定義した。

第3章　精神疾患の治療

221

◇引用文献
1）Anthony, W. A. & Cohen, M. & Farkas, M. & Gagne, c., *Psychiatric Rehabilitation, 2nd. edition*, Boston University Center for Psychiatric Rehabilitation, p.4, 2002.
2）日本作業療法士協会「作業療法ガイドライン（2018年度版）」2019.
3）日本作業療法士協会「精神科の作業療法士ができること」第3回これからの精神保健医療福祉のあり方に関する検討会資料，2016.
4）浦田重治郎「心理教育を中心とした心理社会的援助プログラムガイドライン（暫定版）」統合失調症の治療およびリハビリテーションのガイドライン作成とその実証的研究心理社会的介入共同研究班，p.7，2004.

◇参考文献
・山根寛『精神障害と作業療法 新版 ——病いを生きる、病いと生きる 精神認知系作業療法の理論と実践』三輪書店，2017.
・精神保健医療福祉白書編集委員会編『精神保健医療福祉白書2018／2019——多様性と包括性の構築』中央法規出版，2018.
・片山優美子『一般企業への重度精神障害者の就職をどう支援していくか—包括的支援のためにIPSを利用する—』ミネルヴァ書房，2020.
・小島蓉子『社会リハビリテーション』誠信書房，1978.

第4章

精神科医療機関における治療の実際

　医療機関における治療の場は、外来および在宅といった地域医療と、入院医療とに大別される。従来入院中心であった我が国の精神科医療は、徐々に地域生活を支える医療を重視する方向へと変わりつつある。地域で制度や障害福祉サービスを利用しながら患者が望む豊かな生活を援助することは、精神保健福祉士の中心的役割の一つである。一方、いまだ閉鎖病棟での入院治療を余儀なくされている多くの患者も存在しており、人権に対する配慮は不可欠である。精神保健福祉士には、患者側に立ち、人権感覚にあふれた柔軟な思考と行動でチームを主導することが期待されている。本章では、医療にアクセスするための公的な援助である移送や、医療観察法対象者の支援についても学ぶ。

外来治療、在宅医療

学習のポイント

- 我が国の精神保健福祉施策の理念は、「入院医療中心から地域生活中心へ」である
- 外来治療には診察室での診療以外に、デイケアや訪問支援等多様な心理社会的プログラムが含まれる
- 外来治療と入院治療とは、競いあうものではなく、それぞれが機能分化された、統合的な圏域のサービスを形づくる構成要素である

1 外来治療

1 精神科医療における外来治療の位置づけ

　我が国で精神疾患を有する総患者は約420万人にもおよび、そのうち9割を超える390万人ほどの患者が外来で治療を受けている。数の多さ、ならびに外来治療の充実によって入院を抑止できることから、精神科医療における外来診療の重要性については論をまたない。

　外来で提供される治療は、患者本人に対する薬物療法、精神療法、心理社会的療法などであり、病状に合わせて個別に組み合わせられる。また、必要に応じて家族・学校・職場の関係者あるいは他の支援者・専門家への対応・連携が行われる。身体疾患に由来する精神障害も少なくないこと、精神障害者が身体的合併症を有しやすいことなどから、外来診療では身体症状の診察や治療も重要である。血液・尿検査、心電図や脳波、画像検査などにより、身体疾患の併発や処方薬の副作用を定期的にチェックし、必要であれば適切な診療科での専門的治療につなげることが大切である。

2 我が国の精神科外来治療の特徴

❶精神科外来治療を提供する医療機関

　精神科外来治療を提供する医療機関には、精神科診療所、単科精神科病院、総合病院精神科がある。

　診療所の増加に伴い患者本人が受療しやすくなった一方で、精神疾患の特性から最初に本人の受診が難しい場合や精神科的治療が必要か判断

★精神科診療所
近年では精神科診療所の数が急激に増加しており、外来患者のみを診察する精神科診療所は、1990（平成2）年の1028施設から2014（平成26）年の3890施設へと、約4倍に増えている。厚生労働省「医療施設調査」https://www.mhlw.go.jp/toukei/list/79-1.html

に迷う場合もある。そのようなときは、各地域にある保健所や市町村保健センターの精神保健相談を活用することができる。外来診療は行っていないが、本人以外に家族や知人も相談することが可能である。

最初に本人の受診が困難な場合は、上記の保健機関の相談窓口を活用し、必要に応じて保健機関から地域の精神科医療機関へ紹介してもらうことによって精神科医療へアクセスすることが可能になる場合も多い。病院等の医療機関では、原則としては本人の受診が必要であるが、家族からの相談を最初に受ける場合もある。また、各都道府県および政令指定都市に設置されている精神保健福祉センターでは、より専門的な相談を実施しているが、診療報酬制度のもと、精神科外来診療を実施しているところもある。近年では相談支援体制の導入により、相談支援事業所などに受診相談をすることも可能になっている。

❷外来治療の対象者

従来、我が国の精神科医療体制においては、外来治療は比較的軽症の精神障害を対象とするサービスと捉えられがちであった。しかし今日では、できる限り入院に頼らないケアの提供が求められており、外来診療でもより重度の障害や危機介入が重要になっている。そのため精神科救急体制の整備とともに、各種の在宅ケアや障害福祉サービスとの連携が欠かせない。

❸外来治療と入院治療の関係性

アメリカでACT（包括型地域生活支援（本節 p.234 参照））の開発に貢献したシュタイン（Stein, L. I.）らは、「重度精神障害者の包括的な治療には、病院と地域社会（ここでは外来治療に読み替える）の両方が重要である。病院と地域社会のどちらがより重要かという古くからの議論は有用ではない」と述べており、外来治療と入院治療とは、競いあうものではなく、それぞれが機能分化された、統合的な圏域のサービスを形づくる構成要素と考えられる[1]。

❹地域責任制の観点

精神障害者の地域移行を成し遂げた諸外国においては、適切に設定された圏域を保健・医療・福祉サービスの提供単位とし、圏域内に居住する精神障害者への包括的なサービスを多職種の専門家チームが責任をもって提供し続ける体制がとられ、外来治療の成果を上げてきた。

これに対し、我が国の医療システムの大きな特徴の一つは、基本的には誰もが全国にあるすべての医療機関に受診可能なことであるが、その弊害もある。患者が自由に医療機関を選択できる一方で、医療機関は患

者に対して診療を継続的に提供する義務を負っていない。すなわち、再診予約日に患者が来院しなくても、医療機関は患者の状況確認まで求められることはない。

そのため、統合失調症や双極性障害など内因性の精神障害では、治療中断により病状が再発するリスクが高くなる。また、患者が複数の精神科医療機関をかけもちで受診しても、担当医はその状況を把握できない可能性がある。地域責任制の担保は、後述する障害者ケアマネジメント体制の充実とともに、我が国の課題の一つである。

地域責任性が担保されていないことによる弊害として、どのようなことがあるか考えてみましょう。

❺診療報酬制度

我が国の精神科外来は、薬物療法を併用しながら、比較的短時間の診察のなかで病状や対人関係等生活上の困りごとやその対応について話しあうことが一般的であり、その医療行為のほとんどに健康保険の適用が認められている。

① 通院・在宅精神療法料

診療報酬制度では、初診の場合は30分を超える診療、再診の場合は5分を超える診療をした場合に、通院・在宅精神療法料の請求が認められている。病状や状況によって診察時間が調整されるとはいえ、実際の外来診療場面では、初診は30〜40分、再診は5〜10分程度のことが多いが、これは医師や医療機関の裁量を越えた我が国の診療報酬システム上の課題である。また、通院・在宅精神療法料の請求は通常週1回までだが、退院後4週間以内は週2回まで認められる。投薬とともになされる精神療法としては、支持的精神療法が用いられることが多い。

20歳未満の患者に対しては、条件を満たした場合に20歳未満加算が算定される。診療報酬制度で請求が認められた医療費は、患者の自己負担は3割であるが、精神通院医療を長期間継続する必要があると判断された場合は、医療費の自己負担額を軽減する自立支援医療制度により自己負担が1割ないしは所得状況に応じた上限額に軽減される。

2018（平成30）年より、措置入院患者に対する退院後のケアの強化とともに、自治体と連携した措置入院後の通院精神療法等が診療報酬上評価されるようになった。これには、自治体が作成した退院後支援計画に基づいて支援期間中に、計画に定められた精神科医療機関の医師が行う通院・在宅精神療法の区分の新設と、措置入院を経て退院した患者に対して医師の指示を受けた看護師または精神保健福祉士が、通院精神療法と併せて月に1回以上、服薬や社会参加状況等を踏まえて療養上の指導を行った場合に3月に1回に限り算定できる措置入院後継続支援加算

がある。

② 小児特定疾患カウンセリング料

公認心理師として2018（平成30）年より臨床心理技術者の国家資格化がなされ、2020（令和２）年の診療報酬改定では、小児科および心療内科を標榜する保険医療機関で、医師の指示を受けた公認心理師が、小児特定疾患患者に外来で療養上必要なカウンセリングを行った場合の点数化がなされた。

★カウンセリング
一般の精神科医療機関での実施など、他の条件では公認心理師のカウンセリングは健康保険の適用外であり、医療機関以外で自費診療のカウンセリングルームとの連携が必要なことが多いのが現状である。

▊3 精神科外来における治療の実際

❶初診時（インテーク面接と初診時診療）

精神科外来では、初診時に十分な診療時間を確保するために、❶予約制とする、❷医師の診療前に、受診理由や成育・既往歴、家族状況などの基本情報を収集するための問診票を活用する、❸外来担当医の診察に先立って精神保健福祉士等のコメディカルスタッフや研修医によるインテーク面接（予診）を取り入れる、などを行っている医療機関が多い。

① コメディカルスタッフ等によるインテーク面接

インテーク面接には、患者やその家族の医療者との「最初の出会い」を演出する機能、診断や治療方針を決定するための情報収集機能、面接を実施するスタッフの技術向上を図る機能があり、この３機能のバランスを考慮しつつ実施することが望ましい。

まずは自己紹介を行い、面接の目的や予定の所要時間について伝える。次に「今日はどのようなことでいらっしゃいましたか？」と主訴を尋ね、生活史、家族歴、精神・身体疾患の既往歴、受けている心理社会的ストレス、使用している薬剤などについて情報を収集していく。

② 医師の診察

インテーク面接に続く医師の診察であるが、精神科ではマイクで患者を診察室に呼び込むのではなく、医師が診察室のドアを開けて患者を呼び入れる医療機関もある。「迎え入れる」姿勢を示し、待合室の状況から診察室の外での患者の様子を知り、緊急性をアセスメントする等のメリットがある。また呼び入れる順番の原則は患者本人からだが、誰から呼び入れるか、本人と家族と同席にするか、別々に会うか等も、状況から適宜判断して診察を進めていく。

患者が診察室に入れば挨拶をし、座る位置（角度）や目線、イントネーションにも配慮して話しやすい雰囲気をつくりながら、それまでに得られた情報をもとに問診を行う。「開かれた質問」から始めて「閉じた質問」

に移行し、感情に共感しながらも傾聴と探索的質問のバランスをとり、難解な言葉を用いずにわかりやすく話しかけることが大切である。

円滑に適切な診断にたどり着くためには、意識障害や知能障害、幻覚や妄想の有無などを最初にチェックすべきだが、根掘り葉掘り聞くのではなく、幻聴の有無や性病の既往など患者が言いづらいことはラポールができてから診察の終盤で聞くことが多い。その場合、「～のような声が聞こえてきてつらい思いをしたことがありますか？」と患者の苦痛に配慮した聞き方にすると詰問調にならずにすむ。診療に対する希望とともに、患者が自分の病気をこれまでどのようなモデルで解釈してきたか把握することも重要である。

話をひととおり聞いたあとは面接を要約し、医師は的確に理解できたかどうかを患者に確かめる。いかに2回目以降の診察、さらには治療につなげるかを意識して行うことが肝要である。初診時に労をいとわず関係づくりが進むと、その後の治療によい影響を与えることが多い。必要な場合は心理検査、血液・尿検査、画像検査、脳波検査などを行う。

多くの場合、診断はICDやDSMといった操作的診断基準に基づいてなされるが、精神疾患は初診時に診断が確定できるとは限らないため、症状に応じた治療を行いながらさまざまな情報を集め、一定期間経過をみたうえで確定診断を患者に伝えることも少なくない。初診時に診断が確定しない場合でも、医師は初診時点での見立てと今後の治療方針、療養にあたっての留意点を伝えつつ、治療への動機づけを行う。薬剤を処方した場合には、期待される効果と副作用について説明する。自殺の危険性が高い場合や著しい不穏で在宅での治療が困難な場合には、入院治療を検討する必要がある。

医療行為を行う場合には、インフォームド・コンセント（informed consent：IC）を患者から得る必要があり、外来初診時も例外ではない。しかしながら精神障害を抱えた患者の場合、時にその障害特性や病状の影響によって、医師からの説明を十分に理解し、自らの意思を適切に伝えるのが困難なことがある。その場合には、情報の伝え方を工夫するとともに、患者が意見を表出しやすいように配慮することが求められる。

近年では、医療の質向上や患者の権利尊重を背景に、医師と患者が情報を共有して治療方針を決定するまでの過程に両者が双方向性をもって取り組む SDM（shared decision making）が注目を浴びている。

❷継続診療

初診時に継続的な治療が必要と判断された場合、治療初期は1～2週

間隔の通院で、病状変化や処方薬の効果・副作用等を確認していく。病状が安定すれば間隔を延ばしていくが、病状の程度や変化に合わせる側面だけでなく、患者と治療者の心理的距離を通院頻度で調節する側面もある。寛解状態となれば治療終結となることもあるが、統合失調症や双極性感情障害のように再発防止のための維持療法が必要な疾患もある。短期間で症状や障害の改善が見込みづらい慢性期の状態では、パーソナル・リカバリー★（personal recovery）に向けた支援を継続する。

　継続診療においては、担当医の診療のみで十分な場合もあるが、患者の病状や障害の程度、社会生活環境等の背景事情によっては、多職種による包括的な支援が必要になる。この場合、医療機関内のチームワークにより、心理職によるカウンセリングや精神保健福祉士によるソーシャルワーク、作業療法やデイケア、SST（社会生活技能訓練）、家族教室への参加、訪問看護などの選択肢が提供され得る。一方で、外部の医療機関や障害福祉サービス事業所、行政機関等との連携が必要になる場合も多く、この場合はケースマネジメント（case management）が不可欠である。多くの関係者間の情報共有を円滑に行い、サービスをコーディネートする調整役を担うのがケースマネジャー★である。

　2020（令和2）年度診療報酬改定における精神科退院時共同指導料と関連する療養生活環境整備指導加算によって、限定的ではあるが、医療機関のスタッフによるケースマネジメントを診療報酬で請求できることになった。

2 在宅医療

1 精神保健医療福祉施策の動向

　我が国の精神保健医療福祉施策は、2004（平成16）年に「精神保健医療福祉の改革ビジョン」が示した「入院医療中心から地域生活中心へ」の方向性に沿って進められている。その後、2014（平成26）年4月の精神保健及び精神障害者福祉に関する法律（精神保健福祉法）の改正施行により定められた「良質かつ適切な精神障害者に対する医療の提供を確保するための指針」（平成26年厚生労働省告示第65号）でも、入院医療から地域生活への移行推進、アウトリーチ（多職種による訪問支援）体制の整備等が重点事項として挙げられた。2017（平成29）年2月には、「これからの精神保健医療福祉のあり方に関する検討会」報告書に、精

★パーソナル・リカバリー
ここでいうパーソナル・リカバリーとは、病気や障害による制限を抱えながらも、人生の新たな意義を見出して、その人らしく充実した人生を送れるようになることである。

★ケースマネジャー
我が国の制度上は、相談支援事業所の相談支援専門員がこの役割を担うことを期待されているが、現実的にはその患者や状況により、保健師や外来看護師、担当医、精神保健福祉士等、どの職種でも実質的なケースマネジャーの役割を担う可能性がある。精神保健福祉士は院内と院外、どちらのネットワークにおいてもケースマネジャーの役割を果たすことが多い職種である。

第4章 精神科医療機関における治療の実際

神障害にも対応した地域包括ケアシステムという政策理念が明記され、精神障害者が、地域の一員として安心して自分らしい暮らしをすることができるよう、医療、障害福祉・介護、住まい、社会参加（就労）、地域の助け合い、教育が包括的に確保された地域包括ケアシステムの構築を目指す必要があることが確認された。そして、その構築にあたっては、計画的に地域の基盤を整備するとともに、市町村や障害福祉・介護事業者が、精神障害の程度によらず地域生活に関する相談に対応できるように、圏域ごとの保健・医療・福祉関係者による協議の場を通じて、精神科医療機関、その他の医療機関、地域援助事業者、市町村などとの重層的な連携による支援体制を構築していくことが肝要である。

　ところで、入院という形をとらずに患者を在宅で支える医療の形態には、❶患者が外来に通院して連日点滴を施行する等の濃密な医療を受ける際の、あるいは作業療法やデイケア等を活用する際の支援（患者が通院することで在宅生活を維持）、❷患者が精神症状のために自宅から出られず自力での通院が難しい際の、あるいは通常の医療機関内での外来診療を補完する目的で、医療従事者が自宅に訪問して診療を行う際の支援（訪問支援を活用することで在宅生活を維持）、の両者がある。

　デイケアは前者、訪問診療と往診、訪問看護、アウトリーチ、ACTは後者に位置づけられるプログラムである。以下に、各々の支援形態について説明する。

▌2 デイケア等

　ここでは、精神科デイ・ケア、精神科ナイト・ケア、精神科デイ・ナイト・ケア、精神科ショート・ケアを総称してデイケア等とする。

　精神科デイ・ケアは、地域生活を送っている精神障害者に対して医療機関が提供する治療プログラムである。社会生活機能の回復を目的として、個々の患者に応じたプログラムに従って集団の力を活用して治療するものであり、その対象には、急性期や回復期の患者だけでなく、重症で濃密なケアや長期的な支援を要する者も含まれている。疾患別には、これまで統合失調症の診断をもつ利用者が多かったが、近年では気分障害や発達障害の診断をもつ者の利用者数が増加する傾向にある。

　利用時間に応じて診療報酬が算定されるが、デイケア等が診療報酬の対象となる要件としては、❶施設が一定の基準を満たす、❷プログラムが一定時間提供されている（デイ・ケアは日中6時間、ナイト・ケアは夕方4時以降で4時間、デイ・ナイト・ケアは10時間、ショート・ケ

アは３時間が標準）、❸医師の指示の存在、❹一定の専門職員（看護師、精神保健福祉士、作業療法士、公認心理師等）の配置、が挙げられる。2016（平成28）年度の６３０調査によると、全国1604の精神科病院のうち、９割を超える1537病院が精神科デイ・ケアを、約４分の３の1261病院で精神科ショート・ケアを算定していた。[2]

デイケア等における支援の内容は、その目的や通所する患者の属性によって異なるが、医療的ケアマネジメントとしても位置づけられる個別支援と、グループ活動の組み合わせを基本としている。統合失調症患者が中心のデイケア等では、レクリエーション活動、ピアサポート、心理教育、スポーツ等の治療プログラムが週単位で組まれることが多い。うつ病患者を主対象とするデイケア等では、職場復帰を目標とするリワークプログラムを実施する医療機関も増えている。

今後は、対象疾患の多様化へ対応するとともに、後述するアウトリーチを併用するなどして、医療的ニーズがより高い患者が比較的短期間で、個々が目指している社会参加を果たせるような支援が望まれている。

3　訪問診療と往診

さまざまな理由で通院が困難な患者のもとに医師が出向いて行う在宅医療は、訪問診療と往診に大別される。

訪問診療は、患者の同意のもとに、定期的かつ計画的に医師が患家を訪問して診療を行うものである。これに対して往診は、患者の要請によって医師がそのつど、患家に出向いて診療を行うものである。

精神科領域における訪問診療の診療報酬上のトピックスの推移を**表4-1**に示す。在宅医療の診療報酬体系は、2000（平成12）年度に介護保険制度が開始されて以降、高齢者への訪問診療を中心に基盤整備が行われてきた。そのため、精神科医療の実情にはそぐわない面はあるものの、訪問診療を実施する精神科医療機関は、前述の訪問診療関連の診療

表4-1　訪問診療に関する診療報酬上のトピックス

1981（昭和56）年度	往診料算定開始
1986（昭和61）年度	訪問診療料新設
1998（平成10）年度	24時間対応加算新設
2000（平成12）年度	介護保険制度開始
2006（平成18）年度	在宅療養支援診療所
2008（平成20）年度	在宅療養支援病院
2014（平成26）年度	精神科重症患者早期集中支援管理料
2018（平成30）年度	精神科在宅患者支援管理料

Active Learning

職場復帰のためにはどのような支援が必要か考えてみましょう。

★**デイケア等における支援**

デイケア等利用の効果に関しては、入院抑止効果を認めたとする報告がある一方で、症状が安定した者が長期間通所することのメリットを示す明らかな科学的根拠はないとする報告もある。また精神科ナイト・ケア等は、地域に障害福祉サービスが不足していた1970年代に利用者の居場所として制度化されたものであることから、漫然とした長期通所に対する批判もなされ、2016（平成28）年度の診療報酬改定ではデイケア等の利用期間１年以上の者について通所日数や診療報酬を減らすよう要件が変更となっている。

★**ピアサポート**

障害当事者など、同じ課題をもつ人や同じような経験をした人が、仲間（ピア）同士という対等な関係のなかで、お互いの経験などを共有することによって相互に支えあうこと。

第**4**章　精神科医療機関における治療の実際

報酬および往診料、精神科訪問看護・指導料等を経済的な基盤としてきた。一方で2008（平成20）年度の診療報酬改定では、通院・在宅精神療法料が、訪問診療および往診に加算可能となったことにより、精神科在宅医療の普及はさらに後押しされる形となった。

その後、長期入院後や入退院を繰り返す病状が不安定な退院患者の地域移行を推進するための、24時間体制の多職種チームによる在宅医療に関連して、2014（平成26）年度改定で「精神科重症患者早期集中支援管理料」が算定可能となった。2016（平成28）年の改定で施設基準が多少緩和されたものの、算定点数が高くないうえに要件が厳しく、残念ながら申請施設は僅少にとどまっていた。2018（平成30）年度改定により「精神科重症患者早期集中支援管理料」は廃止され、精神科在宅患者支援管理料が新設された。これにより、患者の状態に応じた評価が導入され、退院後の患者だけではなく、地域で困難を抱えている患者も対象に位置づけられた。専従従事者の配置要件を不要とし、施設基準を緩和する等、全般的に「精神科重症患者早期集中支援管理料」より間口を広く設定し、一方で診療報酬は一律増額となった。2020（令和2）年度には対象者と算定期間に関して改定がなされている。

また、寝たきりの、または通院が困難な在宅患者に対する総合的な医学管理を評価する診療報酬項目である在宅時医学総合管理料は、在宅療養支援診療所として機能する精神科診療所においても該当患者ごとに算定を行う場合がある。

▌4 訪問看護

コメディカルスタッフによる訪問支援は、診療報酬制度上で「精神科訪問看護」と総称されているが、実際は保健師、看護師、准看護師といった看護職だけでなく、精神保健福祉士、作業療法士、その他の補助者による訪問でも算定可能である。ただし、そのためには医師が訪問看護指示書を交付する必要がある。

提供施設は医療機関と訪問看護ステーションの2種であり、それぞれ「精神科訪問看護・指導料」「精神科訪問看護基本療養費」として算定される。前者は精神科専門療法として位置づけられ、1986（昭和61）年から算定可能となったのに対し、後者は2012（平成24）年に訪問看護基本療養費から精神科訪問看護基本療養費として独立した。現行では、前者では看護職系以外に作業療法士や精神保健福祉士も算定の対象となるが、後者は精神保健福祉士の場合算定できない。

★在宅時医学総合管理料

2018（平成30）年度診療報酬改定により、在宅時医学総合管理料を算定する場合に、身体疾患に対して複雑な処置を実施する患者等を除いて、診察ごとに在宅患者訪問診療料は算定できるが、同時に在宅精神療法は算定できなくなった。そのため、今後は精神科領域においては精神科在宅患者支援管理料が主流になっていくであろう。今後、我が国における多職種アウトリーチ支援がよりいっそうの発展を遂げるためには、この精神科在宅患者支援管理料に、在宅時医学総合管理料並みの高い評価を与えることが求められる。

対象者のイメージは、❶長期の入院生活により社会性が低下し、退院後も継続して援助が必要な者、❷単身生活者などで家族から十分な支援が受けられない者、❸退院に際して本人および家族の不安が強い者、❹病状が不安定、あるいは服薬や外来治療の中断のおそれが強い者、などであるが、2012（平成 24）年に精神科訪問看護基本療養費が独立した際に訪問看護の定義が変更されたため、地域生活を継続して就労している場合であってもケアが受けられるようになった。また、患者だけでなくその家族も対象となり得ることはもっと強調されてよいだろう。

精神科訪問看護における目標は、①対象者をエンパワメント（empower-ment）してその自己決定を支えること、②在宅生活を継続するために精神症状や身体症状の悪化などを抑えること、③日常生活や対人関係の支援、④就労・教育も含めた社会生活の援助、⑤危機対応、⑥家族への支援、などである。訪問頻度は、患者の状態や訪問目的に応じてさまざまである。

精神科訪問看護の実施回数の推移は、医療機関からの精神科訪問看護・指導料等は 2011（平成 23）年以降はほぼ横ばいであるが、訪問看護ステーションからの精神科訪問看護基本療養費等は 2015（平成 27）年から 2017（平成 29）年の 2 年間で約 1.8 倍に増加している。[3)]

5 アウトリーチ

アウトリーチは「訪問支援」と訳されることが多いが、既存の訪問看護とは若干ニュアンスの異なる言葉である。もともと「手を伸ばす行為」「貧困者救済」などを意味する言葉であり、元来は、ケースの発見と強く結びつくソーシャルワーカーの活動であったが、ケースマネジメント等、地域生活支援の発展とともに広義に使用されるようになった。

2011（平成 23）～2013（平成 25）年度には厚生労働省が精神障害者アウトリーチ推進事業として、治療中断や未受診者など精神疾患の特性により既存のサービスでは支援が行き届かない対象者に対し、精神科医、看護師、精神保健福祉士、臨床心理技術者、作業療法士等の多職種スタッフが自宅など生活の場を訪問し、地域生活継続を支援するモデルを実施した。これにより医療にかかるアウトリーチは、その一部が「精神科重症患者早期集中支援管理料」として診療報酬化された。

一方、保健所等において多職種チームを設置する枠組みとしては、2014（平成 26）年度より、精神障害者アウトリーチ推進事業が精神障害者地域生活支援広域調整等事業として障害者の日常生活及び社会生活

★エンパワメント
当事者が自らに内在する能力に気づき、人生やライフスタイルに関する選択の責任を取り戻すこと。

★精神障害者アウトリーチ推進事業
24 都道府県 37 機関がアウトリーチ支援を行い、集中的なケアを投入して対象者の状態改善を目指した。支援期間が原則 6 か月間と短期で限界はあるが、関連研究では、チームのケア量、ケア内容、コスト等のデータ収集と分析を行い、診療報酬化に向けての人件費試算等を行った。

第4章
精神科医療機関における治療の実際

を総合的に支援するための法律（障害者総合支援法）に基づく地域生活支援事業に一括計上された。

精神科アウトリーチ支援は機能面で多様であり、訪問対象者の年齢や診断名、精神症状や生活障害の程度等によりさまざまな機能分化した訪問プログラム体系の整備が可能である。チームケアか、医療に重点を置くか、24時間体制か、就労支援やピアサポートも提供するか等、必要とされるケア内容によって、チームの援助構造も変化する。その援助理念で重要なのは、地域に密着して利用者のパーソナル・リカバリーや権利擁護を重視し、課題解決を入院だけに頼らない姿勢である。一方で「訪問看護」を制度ではなく実践として捉えると、その一部は精神科アウトリーチ支援の範疇に含めることもできる。

我が国でアウトリーチ支援を実施する際の代表的な2類型は、以下のようである。一つは、精神科診療所に訪問看護ステーションを併設する型である。より地域に基盤を置いた環境であり、精神科病院とは独立していることから利用者を入院処遇とする経営的な動機がないために地域生活中心の支援に取り組みやすいメリットがある反面、利用者がいったん入院してしまうと病棟との十分な連携が難しい面もある。

もう一つは精神科病院が単独で実施する型であり、同一機関内にある病棟と円滑な連携が行いやすいために長期入院患者や頻回入院を要する患者への支援において効果を発揮しやすいが、病棟があることで問題解決を入院に頼りやすくなるデメリットもあり、「地域生活支援中心」の援助理念が支援チーム内にいかに浸透しているかが問われることになる。

Active Learning

入院に頼りすぎないようにするためには具体的にどのような地域生活支援があるとよいか考えてみましょう。

6 ACT

ACT（assertive community treatment：包括型地域生活支援）は、1970年代にアメリカで開発されたのちに国際的に普及した、心理社会療法の一つである。理念的にも機能的にも精神科アウトリーチ支援の代表的なモデルの一つであるが、対象者を重症精神障害者にしぼっている点が特徴である。

❶在宅で多様なサービスが提供できるように多職種でチームアプローチを行う、❷利用者の生活の場である自宅や職場に出向く訪問支援が中心、❸責任をもって一貫性と機動力のある支援を展開するために多領域のサービスをチームが直接提供する、❹24時間365日、電話などで連絡が取れる体制を保つ、❺濃密なサービスを担保するため、1人

のスタッフにつき10名程度と利用者数の上限を設定する、等の援助構造上の特徴がある。

　職種としては看護師、作業療法士、精神保健福祉士等にあたるスタッフがケースマネジャーとして支援を行い、これに就労支援担当者とチーム精神科医が加わる。チームの装備として携帯電話や自動車が必要になるが、経費の8割ほどは人件費が占める。年齢、居住地、診断、重症度等の観点から作成された加入基準を満たした利用者と関係づくりを行い、保健医療サービス（診察、処方、薬の配達、受診への同行、精神療法、危機介入、入院中の継続支援、身体管理）、福祉サービス（買い物や料理の練習、コンサート同行など社会活動の支援、住居支援、金銭管理等の経済的支援）、家族支援、就労支援、ピアサポート等、さまざまなサービスを、チームでケースマネジメントを行う形で提供する。

　その科学的根拠の豊富さから国内での導入が検討され、2002（平成14）年度から厚生労働科学研究費補助金の助成を受けてモデル・プロジェクト（ACT-J）が開始され、その援助効果が報告されている。我が国では、パーソナル・リカバリーとともに援助理念として、ストレングス・モデル★（strength model）を重視した実践が全国で行われている。

　臨床現場では前述の精神科訪問看護や訪問診療等の既存の診療報酬対象サービスを組み合わせて実施されているが、ACTそのものとして制度化されているわけではないため、十分な普及には至っていないのが現状である。しかしながら、これまでの研究成果も相まって、前述の「精神科重症患者早期集中支援管理料」が重症精神障害者に対する多職種アウトリーチ支援において活用できる診療報酬点数の項目として2014（平成26）年度に新設され、2018（平成30）年度改定で前述の「精神科在宅患者支援管理料」に引き継がれた。この流れを受けて、今後もさらなる支援体制の整備が求められる。

★ストレングス・モデル
アメリカのラップ（Rapp, C. A.）により提唱されたもので、利用者や環境の長所に目を向けて関係づくりや支援に活用していくケースマネジメントのモデルである。

◇引用文献
　1）Stein, L. I. & Santos, A. B., *Assertive community treatment of persons with severe mental illness*, W. W. Norton & Company, 1998.
　2）国立精神・神経医療研究センター精神保健研究所「平成28年度 精神保健福祉資料」
　3）厚生労働省「在宅医療（その4）」（中央社会保険医療協議会総会（第370回）資料）p.64, 2017年11月15日　https://www.mhlw.go.jp/file/05-Shingikai-12404000-Hokenkyoku-Iryouka/0000186845.pdf

◇参考文献
　・西尾雅明「ACT（Assertive Community Treatment）の現状と課題」『精神科治療学』第31巻増刊号，pp.289-294，2016.

● 入院治療の法的根拠と適正手続きについて学ぶ

● 入院中の権利擁護の仕組みとインフォームド・コンセントについて学ぶ

● 行動制限最小化の重要性について学ぶ

1　入院治療の歴史

1　江戸時代〜明治初期

　明治初期以前、我が国では精神障害者の治療および収容を目的とした施設としては、京都岩倉大雲寺をはじめとするいくつかの収容施設が存在した。しかしいずれも小規模であり、その治療は滝行、加持祈祷、民間療法などに頼っていた。精神障害者の多くは私宅に監置されて家族が世話をしており、放置されて浮浪者になったものも少なくなかった。しかし当時の社会は精神障害者に対して比較的寛容で、中世ヨーロッパのような組織的迫害はなかったようである。その後 1875（明治 8 ）年に我が国最初の公立精神科病院である京都癲狂院が設置、1879（明治 12）年には東京府癲狂院（現・松沢病院）が設置されたが、精神障害者が入院できる病床は全国的にはわずかなものであった。

2　精神病者監護法と精神病院法

★相馬事件
1883（明治16）年から1895（明治28）年、精神障害に罹患した旧相馬藩主・相馬誠胤の家臣が、誠胤の処遇が不当であると告発したことを契機としたお家騒動。

　その後、相馬事件をきっかけに、精神障害者の収容や監置が、法的手続きが不明確なまま行われていることが問題となった。その状況に対処するため、1900（明治 33）年に精神病者監護法が成立し、精神障害者を許可なしに監禁することが禁止された。一方で一定の手続きをとれば私宅監置が認められ、精神科病院における監置も強化されるなど、精神障害者の治療と保護というより社会防衛的色彩の強い法律であった。

　精神障害者の私宅監置の状況は悲惨であったため、呉秀三らはその実態を報告し、精神病者の救済と保護は人道問題であり、国家の責任で精神科病院を設立すべきと訴えた。呉らの報告を受け、1919（大正 8 ）年には精神病院法が成立した。これにより、公共の責任で精神病院が設

立されることになったが、予算の関係で公立病院の代わりに私立の代用病院がつくられることが多く、私宅監置は存続していた。

3 精神衛生法から精神保健法、精神保健福祉法へ

　第二次世界大戦後の1950（昭和25）年、精神病者監護法と精神病院法は廃止され、精神衛生法*が制定された。

　しかしその後、1984（昭和59）年に発覚した宇都宮病院事件*を契機に我が国の精神科医療制度が国際的な批判を浴び、精神衛生法は、1987（昭和62）年に入院患者の人権保護と社会復帰の促進を重視した精神保健法に改められ、これにより、本人の同意に基づく任意入院が新設された。それ以外の入院形態として医療保護入院、措置入院、緊急措置入院、応急入院、仮入院が規定され、仮入院を除いては、1995（平成7）年に成立した精神保健及び精神障害者福祉に関する法律（精神保健福祉法）に引き継がれている。

4 入院治療が考慮されるのはどのようなときか

　現在の我が国では、患者が地域生活を送りながら治療する外来治療（一部は訪問診療）が主流となっている。しかし当事者の病状や社会的状況により、入院治療が必要となる状況も生じ得る。表4-2のような項目に当てはまる場合は入院が考慮される。

　入院治療については、精神科治療において一時的に必要となる処置で

★精神衛生法
この法律で規定された入院形態は、「精神障害のために自身を傷つけ又は他人に害を及ぼすおそれがあると認めたとき」知事の権限により入院させる「措置入院」と、患者本人の同意がなくても保護義務者の同意により入院させることのできる「同意入院」のみであった。すなわち、本人の意思に基づく入院の規定は存在しなかったのである。

★宇都宮病院事件
1983（昭和58）年に、栃木県宇都宮市にある報徳会宇都宮病院（精神科病院）で、2名の入院患者が看護職員らの暴行により死亡した事件。

表4-2　入院治療が考慮される状況

❶精神症状が重篤である場合	・幻覚や妄想による異常行動や興奮が激しく、外来や訪問による治療が著しく困難あるいは不可能な場合など。
❷身体の状態が重篤である場合	・大量服薬による急性薬物中毒や、摂食障害による著しい低栄養状態、脳器質疾患による意識障害など。
❸自殺の危険が高い場合	・さまざまな原因により強い希死念慮が生じており、自殺の危険が切迫しているときなど。
❹他人に対する危害を加える危険が高い場合	・たとえば、幻聴の命令に従って他人を傷つけようとした場合など。
❺治療上、環境を変えることが望ましい場合	・家族関係に問題があり、一時的に家庭環境から離れたほうが治療によい場合や、さまざまな事情により自宅では心理的な休養をとることが困難な場合など。

i 〔くれ・しゅうぞう〕1865-1932．東京帝国大学精神医学講座教授、東京府立巣鴨病院（のちの府立松沢病院）院長を歴任。患者の人道的待遇を主張し、『精神病者私宅監置ノ実況及ビ其統計的観察』1918．で私宅監置の悲惨な実情を報告し、精神障害者に対する処遇改善の必要性を訴えた。

あると考え、できるだけ短期間とすべきである。不必要に長期の入院は、社会生活を送るうえでの能力や機能を低下させることがある。また、当事者の状態によっては本人の同意に基づかない入院や行動制限を行わざるを得ない状況も生じ得るが、その処遇が医療的に適切であるか否かの判断は精神保健指定医が本人の人権に十分に配慮したうえで行う。

2 専門病棟

1 精神病床とは

　我が国の病院の病床は、医療法第 7 条第 2 項第 1 号から第 5 号までにおいて**表 4-3** のように定義されている。精神保健福祉法に基づく入院治療は、精神病床に区分される病床で行われる。

　精神病床においては開放処遇が原則である。

　入院中の行動は可能な限り制限されないようにすべきであることは、人権擁護の観点から当然のことであるが、入院患者の病状によっては、たとえば興奮が激しく自身の身の安全が守れない場合など、医療と保護のために本人の行動を制限する必要があると認められることがある。精神病床では、精神保健福祉法に基づき、入院患者の医療または保護のため必要とされる場合には行動を制限することができ、医療保護入院や措置入院などの非自発的入院の場合は閉鎖処遇となることも多い。ただし閉鎖処遇の場合でも、**表 4-4** の権利が制約されることはない。

　開放処遇が行われる病棟は開放病棟、閉鎖処遇が行われる病棟は閉鎖病棟と称されるが、法律上の定義はなく、出入り口が常時施錠されている場合でも運用上ほぼ開放処遇と同様の処遇がなされる場合もあるなど、明確な機能区分がされているとは言い難い現状もある。

　また精神病床は、1958（昭和 33）年に医療法で規定されたいわゆる

★開放処遇
開放処遇とは、「本人の求めに応じ、夜間を除いて病院の出入りが自由に可能な処遇」（精神保健及び精神障害者福祉に関する法律第37条第1項の規定に基づき厚生労働大臣が定める基準（昭和63年厚生省告示第130号））と定義されている。ただし「開放処遇」の解釈には幅があり、24時間開放となっている病棟もあれば、起床時間から消灯時間までの開放、あるいは8時間以上の開放などさまざまである。

★閉鎖処遇
閉鎖処遇とは、前述の開放処遇の定義に当てはまらない処遇、すなわち病棟の出入り口が施錠され入院患者や面会者が自由に病棟を出入りすることができない環境での処遇を指す。

もし自分が閉鎖処遇をされたらどのような気持ちになるか想像してみましょう。

表4-3　病床の区分

❶精神病床	病院の病床のうち、精神疾患を有する者を入院させるための病床
❷感染症病床	病院の病床のうち、一類感染症、二類感染症（結核を除く）、新型インフルエンザ等感染症および指定感染症の患者ならびに新感染症の所見がある者を入院させるための病床
❸結核病床	病院の病床のうち、結核の患者を入院させるための病床
❹療養病床	病院または診療所の病床のうち、❶〜❸の病床以外で、主として長期にわたり療養を必要とする患者を入院させるための病床
❺一般病床	病院または診療所の病床のうち、❶〜❹の病床以外の病床

表4-4 制約されない権利

❶信書の発受（ただし、郵便物の中に明らかに異物が入っていると疑われる場合は、病院職員の前で本人が開封し、異物を取り除くことがある）
❷都道府県・地方法務局などの人権擁護に関する行政機関の職員、入院患者の代理人である弁護士との電話
❸都道府県・地方法務局などの人権擁護に関する行政機関の職員、入院患者の代理人であるもしくは代理人になろうとする弁護士との面会

精神科特例により、一般の病床と比較して医師や看護師、薬剤師などの定員を少なくすることができる。

2 疾患別の専門治療病棟

一部の病院では、疾患別の専門治療病棟での治療が行われている。代表的なものとして、アルコール依存症をはじめとする依存症治療病棟、認知症などの高齢者を対象とする病棟、児童・思春期病棟、精神疾患と身体疾患の合併症を治療する病棟などがある。

❶依存症治療病棟

アルコール依存症などアルコール関連疾患では、入院後まず肝障害などの身体疾患の診断および治療が行われる。さらに離脱症状の管理も必要となり、内科的な評価や治療が重要である。身体症状が改善したあとは、依存症に対する教育的治療が必要となる。これは個別の精神療法と集団精神療法を組み合わせて行われる。精神療法としては、認知行動療法などが取り入れられている。依存症の治療では患者自らアルコールなどの依存物質の摂取を断ちたいという自主性が重視されることから、任意入院で治療が行われることが多い。最近では、物質依存のみならず、ギャンブル依存等、行動嗜癖の治療を目的とした病棟もある。

❷認知症病棟

認知症など高齢者のケアは、主として介護保険によって行われているが、認知症の行動・心理症状（behavioral and psychological symptoms of dementia：BPSD）が激しい場合は精神病床による治療が必要となる場合もある。認知症病棟では、高齢者向けの入浴設備や、歩行などのリハビリテーション設備を備えていることが一般的である。

❸児童・思春期病棟

児童・思春期病棟では、発達障害や摂食障害、境界性パーソナリティ障害など若年者に特有または多くみられる患者の治療を行う。心理的な側面や療育的な視点からの治療が求められる。

★信書の発受
手紙を出すことおよび受け取ること。

★精神科特例
2000（平成12）年の第四次医療法改正で精神科特例の見直しが行われたが、大学附属病院と総合病院（100床超）の精神病床以外では現在も精神科特例が継続されている。ただし、診療報酬上、精神科救急入院料や精神科救急・合併症入院料を算定するためには、一般病床と同等の人員配置が必要である。

★専門治療病棟
ここでは同一または同様の病態の患者を集めることで、集団での精神療法や疾病教育の効果を高めることが期待されるとともに、対応するスタッフの専門性を高めることもできる。

★認知行動療法
認知（ものの考え方や受け取り方）に働きかけてさまざまな困りごとや症状等を改善させる精神療法の一種。

★行動嗜癖
ある特定の行動や一連の行動プロセスに依存している状態。ギャンブルのほか、インターネット、ゲーム、買い物など依存対象は多岐にわたる。

★認知症の行動・心理症状
認知症の中核症状（記憶障害、見当識障害、判断力低下など）に随伴してみられる症状で、興奮や幻覚妄想、攻撃性、徘徊、介護抵抗等の行動や心理症状を指す。

❹身体合併症治療病棟

精神疾患のある患者が身体的な合併症や外傷などの治療を必要としている場合に、精神科と身体科が協力して治療にあたる。精神病床に入院している身体合併症を併発した精神疾患患者に対して、精神疾患、身体疾患両方について精神科を担当する医師と内科または外科を担当する医師が協力し、治療が計画的に提供される場合には、「精神科身体合併症管理加算」を算定することができる。

3 精神保健福祉法における入院形態

精神保健福祉法は、精神科治療における入院に関する法的根拠となる。精神保健福祉法では、精神障害のある人の人権に配慮した適切な医療と保護を実施できるよう、多くの規定がある。精神科治療における入院のみが、精神科以外の医療を規定する医療法とは別の法律によって定められているのは、病状によっては本人の自由意思に反した医療行為を行わざるを得ないことがあるという精神科医療の特性による。

精神保健福祉法に定められた入院形態は以下のとおりである。

1 任意入院

本人の同意による入院であり、原則として本人の申し出により退院できる。ただし、精神保健指定医（以下、指定医）の診察の結果、医療および保護のため入院を継続する必要があると認めたときは、72時間に限り退院を制限することができる。

2 医療保護入院

医療および保護が必要であるにもかかわらず、どうしても本人の同意が得られない場合の入院形態である。指定医が診察した結果、精神障害者であり、入院による治療と保護が必要であると認められ、精神障害のため本人の同意に基づいた入院が行われる状態にないと判定された者が対象となる。この場合、精神科病院の管理者は、本人の同意がなくても、家族等の同意によって入院させることができる。該当者がいない場合は市町村長が同意の判断を行う。

★人権に配慮した適切な医療と保護
人権擁護の観点からも、効果的な医療を実施するためにも、本人の同意による入院（任意入院）が望ましいことはいうまでもなく、この法律では病院管理者に「入院に際して本人の同意を得る努力」が義務づけられている。

★家族等
配偶者、親権者、扶養義務者、後見人または保佐人のいずれかの者。

3 措置入院*

精神障害のため、入院しなければ自分を傷つける、または他人に害を及ぼすおそれ（自傷他害*のおそれ）があると認められた者に対する都道府県知事または指定都市の市長（以下、都道府県知事等）の権限による入院形態である。都道府県知事等は、通報または届け出のあった者について、調査のうえ必要があると認めるときは、2名以上の指定医に診察させなければならない。2名以上の指定医すべてが措置入院の必要があると判断した場合には、本人や家族等の意思にかかわりなく国等の設置した精神科病院または指定病院*に入院させることができる。

4 緊急措置入院

精神障害があり、措置入院に該当する状態の者について、急速を要し、かつ措置入院の手続きがとれない場合の入院形態である。この場合、1名の指定医が措置入院に該当する状態であると判断すれば、都道府県知事等は72時間を限度として本人や家族等の意思にかかわりなく入院させることができる。

5 応急入院

精神障害のため医療および保護の必要性があるが、本人の同意に基づいた入院が行われる状態にないと判定された者について、家族等の同意が得られないが直ちに入院の必要があると認められた場合の入院形態である。この場合、応急入院指定病院の管理者は、72時間を限度として入院させることができる。

前述のいずれの入院形態でも人権への配慮は不可欠であり、入院に際しては定められた書面で患者の権利や処遇を告知し、書面を本人に手渡すことが義務づけられている（**図4-1**）。また任意入院に際しては、病院の管理者は患者本人が自ら入院をすることに同意した旨を記載した書面を入手する必要がある。現在、我が国では任意入院の割合が最も多く、全入院の約5割を占めているが、近年、医療保護入院の割合が増加傾向となっている（**図4-2**）。

入院の継続や、入院中に受けている処遇に納得ができない場合は、患者本人とその家族等には、都道府県知事等に対して退院請求や処遇改善請求を行う権利がある。このため精神科病棟の公衆電話には、請求の窓口となる機関の電話番号・住所が掲示されている。

★**措置入院**
精神保健福祉法第22条から第26条の3までの申請・通報・届出により、必要な場合には法第27条に基づく措置診察が行われる。措置診察は精神保健指定医により行われ、措置入院が必要であると判断されると、法第29条または第29条の2に基づく、措置入院または緊急措置入院が行われる。

★**他害**
他害行為とは、精神保健及び精神障害者福祉に関する法律第28条の2の規定に基づき厚生労働大臣の定める基準（昭和63年厚生省告示第125号）によれば、「殺人、傷害、暴行、性的問題行動、侮辱、器物破損、強盗、恐喝、窃盗、詐欺、放火、弄火等他の者の生命、身体、貞操、名誉、財産等又は社会的法益等に害を及ぼす行為」とされている。

★**指定病院**
厚生労働大臣の定める基準に適合しているとして都道府県知事等が指定した私立精神科病院。

第**4**章 精神科医療機関における治療の実際

Active Learning
近年、医療保護入院の割合が増加傾向となっているのはどうしてか、考えてみましょう。

図4-1　「入院に際してのお知らせ（任意入院）」の例

入院（任意入院）に際してのお知らせ

○○○○　殿

年　　月　　日

1　あなたの入院は、あなたの同意に基づく、精神保健及び精神障害者福祉に関する法律第 20 条の規定による任意入院です。

2　あなたの入院中、手紙やはがきなどの発信や受信は制限されません。ただし、封書に異物が同封されていると判断される場合、病院の職員の立ち会いのもとで、あなたに開封してもらい、その異物は病院にあずかることがあります。

3　あなたの入院中、人権を擁護する行政機関の職員、あなたの代理人である弁護士との電話・面会や、あなた又はあなたのご家族等の依頼によりあなたの代理人となろうとする弁護士との面会は、制限されませんが、それら以外の人との電話・面接については、あなたの病状に応じて医師の指示で一時的に制限することがあります。

4　あなたの入院中、あなたの処遇は、原則として開放的な環境での処遇（夜間を除いて病院の出入りが自由に可能な処遇。）となります。しかし、治療上必要な場合には、あなたの開放処遇を制限することがあります。

5　あなたの入院中、治療上どうしても必要な場合には、あなたの行動を制限することがあります。

6　あなたの入院は任意入院でありますので、あなたの退院の申し出により、退院できます。ただし、精神保健指定医又は特定医師があなたを診察し、必要があると認めたときには、入院を継続していただくことがあります。その際には、入院継続の措置をとることについて、あなたに説明いたします。

7　もしもあなたに不明な点、納得のいかない点がありましたら、遠慮なく病院の職員に申し出て下さい。
　　それでもなお、あなたの入院や処遇に納得のいかない場合には、あなた又はあなたのご家族等は、退院や病院の処遇の改善を指示するよう、都道府県知事に請求することができます。この点について、詳しくお知りになりたいときは、病院の職員にお尋ねになるか又は下記にお問い合わせください。

都道府県の連絡先（電話番号を含む。）

8　病院の治療方針に従って療養に専念して下さい。

病　院　名
管理者の氏名
主治医の氏名

図4-2　入院形態別在院患者数（毎年 6 月30日時点）

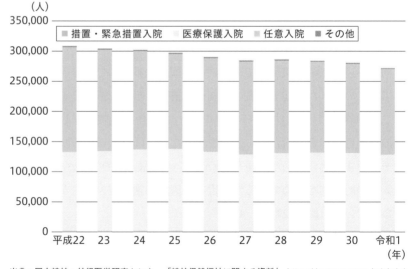

出典：国立精神・神経医学研究センター「精神保健福祉に関する資料」　https://www.ncnp.go.jp/nimh/seisaku/data/

精神保健指定医制度

精神保健指定医は、精神保健福祉法第18条に基づく国家資格であり、1987（昭和62）年の精神衛生法改正（精神保健法の成立）により創設された。

精神科医療においては、非自発的入院や、一定の行動制限を行うことがあるため、これらの業務を行う医師は、患者の人権にも十分に配慮した医療を行ううえで必要な資質を備えていなければならない。そのため、一定の精神科実務経験を有し、法律等に関する研修を修了した医師のうちから、厚生労働大臣が「精神保健指定医」（以下、指定医）を指定し、これらの業務を行わせることとされた。

指定医の資格申請のために必要な要件は以下のとおりである。

❶ 5年以上の臨床経験（うち3年以上の精神科実務経験）があること

❷ 厚生労働大臣が定める精神科臨床経験があること（所定のケースレポートの提出）

❸ 法に規定された研修課程を修了していること

指定医の職務は、勤務先の医療機関の臨床現場における職務と、みなし公務員としての職務に大別される。**表4-5**に、指定医の主な業務を示す。

★非自発的入院
本人の意思によらない入院。医療保護入院、措置入院など。

★みなし公務員
公務員ではないが、職務の内容が公務に準ずる公益性および公共性を有しているものや、公務員の職務を代行するものとして、刑法の適用について公務員としての扱いを受ける者をいう。

第4章 精神科医療機関における治療の実際

表4-5　精神保健指定医の主な業務

医療機関の臨床現場における職務	・任意入院患者の入院継続が必要かどうかの判定 ・任意入院患者の開放処遇制限の判定 ・医療保護入院を必要とするかどうかの判定 ・応急入院が必要かどうかの判定 ・入院患者の行動の制限を必要とするかどうかの判定 ・措置入院・医療保護入院患者の定期報告 ・病院内の処遇改善のための努力 ・措置入院患者の仮退院の判定
みなし公務員としての職務	・措置入院が必要かどうかの判定 ・医療保護入院のための移送を必要とするかどうかの判定 ・移送時の行動制限を必要とするかどうかの判定 ・精神医療審査会において定期病状報告・退院請求を審査する際の診察 ・厚生労働大臣・知事が必要であると認めたときの立入検査時の診察 ・都道府県知事が精神障害者保健福祉手帳の返還命令を出すときの診察

精神保健福祉法では、入院中の精神障害者の人権が擁護されたうえで適切な医療と保護が提供されているかどうかを調査・審査するための重要な仕組みとして、各都道府県および指定都市が精神医療審査会を設置するよう規定されている。

世界人権宣言*の内容を条約化した国際人権規約は、人権に関連する条約のなかでも最も基本的かつ包括的なものであるが（日本は 1979（昭和 54）年に批准）、精神医療審査会は、このうち国際人権 B 規約（自由権規約）における人権擁護の精神を徹底させるために創設された。

精神医療審査会は 5 名の委員の合議体であり、精神障害者の医療に関する学識経験者（指定医に限る）2 名以上、法律に関する学識経験者（弁護士、検事等）1 名以上、精神障害者の保健または福祉に関する学識経験者（精神保健福祉士、保健師等を想定）1 名以上（2016（平成 28）年 4 月 1 日より）から構成されている。

精神医療審査会の具体的内容は以下のとおりである。

❶ 精神科病院の管理者から、医療保護入院の届出、措置入院患者および医療保護入院患者の定期病状報告があった場合、その入院の必要性が適切かどうかを審査する。

❷ 措置入院患者および医療保護入院患者本人、または家族等から退院請求や処遇改善請求があった場合、その入院の継続が必要であるかどうか、またはその処遇が適切であるかどうかを審査する。

都道府県知事等は、審査の結果その入院が必要でない、あるいはその処遇が適切でないと認められた場合、精神科病院の管理者にその者を退院させること、またはその者の処遇の改善のために必要な措置をとることを命じる。退院等の請求を行った者に対しては、都道府県知事等から審査の結果が通知される。

このように、精神障害者の人権が尊重されたうえで治療を受けることができるようにするため、法の整備やそれに基づく仕組みができていった。しかし現在の法的規定や医療体制では精神障害者の人権が十分に擁護されているとは言い難いとの指摘もある。2014（平成 26）年 1 月には、我が国でも障害者の権利に関する条約（障害者権利条約）が批准された。精神障害者は、その障害の特性によって、自ら意思決定を行ったり自分

★世界人権宣言
すべての人民とすべての国が達成すべき基本的人権についての宣言。1948年、第 3 回国際連合総会で採択された。

★国際人権 B 規約
国際人権 B 規約では、「逮捕又は抑留によって自由を奪われた者は、裁判所がその抑留が合法的であるかどうかを遅滞なく決定すること及びその抑留が合法的でない場合にはその釈放を命ずることができるように、裁判所において手続をとる権利を有する」とされており、精神医療審査会はこの裁判所にあたるとみなされている。

の意思を伝えることが困難になったりすることがある。そのような場合であっても、"Nothing About Us Without Us"（私たちのことを、私たち抜きに決めないで）の考え方を重視し、適切な意思決定支援を行うための仕組みが必要である。

6 医療保護入院における退院促進

医療保護入院は、本人の同意を得ることなく行われる非自発的入院であるにもかかわらず、入院が長期化する傾向のあることが問題となっていた。このため、精神保健福祉法の2013（平成25）年改正により、精神科病院の管理者に、医療保護入院者の早期退院に関する措置を講ずる義務が新たに課せられることになった。

具体的な仕組みは以下のとおりである。

1 退院後生活環境相談員の設置

医療保護入院者の退院後の生活環境に関する相談および指導を行う退院後生活環境相談員を、入院早期（7日以内）に入院者1人当たり1名選任する。退院後生活環境相談員の資格要件は、❶精神保健福祉士、❷看護職員（保健師を含む。）、作業療法士、社会福祉士として、精神障害者に関する業務の経験者、❸3年以上精神障害者およびその家族等との退院後の生活環境についての相談および指導に関する業務に従事した経験を有する者であって、かつ、厚生労働大臣が定める研修を修了した者とされている。

退院後生活環境相談員の業務内容は**表4-6**のとおりである。

退院後生活環境相談員1人当たりの担当患者は、おおむね50人以下とされている。

2 地域援助事業者との連携体制の整備

病院の管理者は、医療保護入院者が円滑に地域生活に移行できるよう、退院後に利用する障害福祉サービスおよび介護サービスについて退院前から相談できるように、必要に応じて地域援助事業者を紹介することが努力義務とされた。

★意思決定支援
入院した人が、自分の気持ちを代弁して病院などに伝える役割をする代弁者を選ぶことができるようにすべきとの議論もなされているが、代弁者の実施主体や活動内容などについてはさまざまな意見があり、今後の重要な課題の一つである。

Active Learning

どのような場面で意思決定支援が必要になるか考えてみましょう。

表4-6　退院後生活環境相談員の業務内容

❶入院時に本人および家族等に対し、退院後生活環境相談員として選任されたことや、退院促進への取り組みについての説明

❷退院に向けた相談支援
・本人および家族等からの相談や退院に向けた具体的な取り組みについての相談等を積極的に行い、退院促進に努める。
・退院に向けた相談支援を行うに当たっては、主治医の指導を受けるとともに、他の専門職と連携する。

❸地域援助事業者等の紹介
・本人および家族等が希望した場合等、必要に応じて地域援助事業者*を紹介するよう努める。
・その他、本人の退院後の支援にかかわる者の紹介や連絡調整を行い、退院後の環境調整に努める。

❹退院調整
・医療保護入院者退院支援委員会開催に向けた調整や運営の中心的役割を担う。
・住まいの確保の調整や、地域援助事業者等との連携等、地域生活への円滑な移行を図る。

★地域援助事業者
一般相談支援事業や特定相談支援事業、居宅介護支援事業を行う事業者等。本人や家族からの精神保健福祉に関する相談に応じ、必要な情報提供、助言その他の援助を行う。

3 医療保護入院者退院支援委員会の設置

　病院において、医療保護入院者の入院の必要性について審議するための体制として、医療保護入院者退院支援委員会の設置が義務づけられた。審議の対象となるのは、❶在院期間が1年未満の医療保護入院者のうち、入院時に入院届に添付する入院診療計画書に記載された推定入院期間を超過する者、❷在院期間が1年未満の医療保護入院者のうち、この委員会の審議で設定された推定入院期間を超過する者、❸在院期間が1年以上の医療保護入院者のうち、病院の管理者がこの委員会での審議が必要と認める者である。主治医や看護職員、退院後生活環境相談員等の病院職員のほか、入院者本人の希望や必要性に応じて、本人や家族、地域援助事業者も出席する。

7 インフォームド・コンセント

1 歴史と定義

　インフォームド・コンセント（informed consent：IC）とは、正しい情報を得られたうえでの合意という意味である。ICの深淵は個人の自由を重んじる近代自由主義思想に見出すことができるが、ICがはっきりとした輪郭をもつようになったのはここ数十年のことである。20世紀初頭、アメリカでの裁判において患者の同意がない手術を暴行とした判例があるが、ICという語が初めて使用されたのは、1957年アメ

リカにおける医療過誤裁判（後に IC 裁判と呼ばれる）であった。

　ただし、その前史として1945年11月から1946年10月にドイツで行われたニュルンベルク裁判を踏まえておく必要がある。これを受けて1947年、不法かつ非人道的な人体実験を抑止するニュルンベルク綱領が定められた。そこでは医学上における人体実験の実施条件が示され、その第1条に「被験者の自発的同意が絶対に不可欠である」と掲げられた。1957年のアメリカ・医療過誤裁判では、この綱領を踏まえたうえで IC という語を判決文に用いたのであり、医療行為においては患者への十分な情報開示が必要との司法判断が初めて示されることとなった。その後、IC 概念はアメリカを中心として、医学者・法学者・哲学者・倫理学者・社会学者などによってさまざまな角度から検討が行われ、世界的に拡大していった。

　このような動向のなか、日本では1970年代になって IC 導入が模索されるようになる。まずは医療・保健・福祉などの分野において導入が試みられ、患者の自己決定権について本格的に議論されていった。その際、我が国の医療文化の特徴ともいえるパターナリズムが批判の対象となる。その後、IC は徐々に社会的支持を得ていき、1997（平成9）年に医療法が改正された際、努力義務ではあるものの初めて IC が法的に位置づけられるに至った。1999（平成11）年には日本医師会が、2003（平成15）年には厚生労働省が診療情報の提供に関する指針を作成し、IC を実践していくための制度が充実していく。現在では、医療・保健・福祉以外の領域でも IC は広まっている。

2 インフォームド・コンセントの成立要件と免除事項

❶インフォームド・コンセントの成立要件

　そもそも IC が成立するためには、❶自己決定の能力を有する人が、❷これから受ける行為や処置について適切かつ十分な説明を受け、❸その説明を理解したうえで、❹自己決定に基づいて同意する、という条件がそろわなければならない（表4-7）。このなかでも最も慎重に吟味しなければならないのは、自己決定能力に関する問題である。

❷インフォームド・コンセントの免除事項

　表4-8のような場合には IC を得ることを免除されると考えられている。

★ニュルンベルク裁判
第二次世界大戦時にドイツが行ったとされる戦争犯罪を裁く国際軍事裁判。その過程でナチスによる非人道的な生体実験が次々と明らかにされた。

★パターナリズム
強い立場にある者が弱い立場の者の意思に反して、弱い立場の者の利益になるという理由から介入や干渉、支援等を行うこと。父権主義、温情主義。

第4章　精神科医療機関における治療の実際

表4-7　インフォームド・コンセントの成立要件

❶自己決定能力を有していること	・IC は患者の自己決定権を最優先するため、患者が自己決定能力を有しているかどうか、それをどのように判定するかがきわめて重要になる。 ・一般的には、患者に行われた説明を患者自身が正確に理解し、その内容の重要性を認識したうえで論理的に決定することのできる判断能力、そして、それを明確に他者に伝えることのできる伝達能力、という二つの能力を有していると認められる場合に自己決定能力を有すると考えられている。 ・ゆえに、重度の意識障害や精神障害を有する患者には自己決定能力がないと判断される場合もある。
❷適切かつ十分な説明がなされること	・IC において、医療従事者は患者への適切かつ十分な説明を行う義務がある。説明の際に留意すべき事項としては、一般的には次の五つがあげられる。 ①病名と病態 ②提案された医療の内容、性質、目的、必要性、有効性 ③その医療行為に伴う危険性と発生率 ④代替可能な医療と、それに伴う危険性およびその発生率 ⑤医療行為を拒否した場合に想定される結果とその危険性
❸説明を理解していること	・十分な説明が行われても、それを患者自身が理解していなければ IC は成立しない。 ・特に、生命にかかわる重大な決定を行う場合や高度な専門的説明がなされた場合は、理解するまでのある程度の時間や繰り返しの説明が必要になる。 ・緊急の場合を除き、医療従事者は可能な限り患者の理解促進に努力する必要がある。
❹自己決定に基づいて同意すること	・❶から❸の条件を満たしていたとしても、自己決定に基づいての最終的な同意がなければ IC は成立しない。 ・ゆえに強制や誘導などによって、患者自身が自己決定したとはいえない環境をつくってはならない。 ・たとえば、医療従事者が望む行為を実現するために特定の医療行為の利点を過度に誇張したり、危険性を過小に説明したりすることは IC を不成立にする行為といえよう。

表4-8　インフォームド・コンセントの免除事項

❶患者が IC を自発的に拒否した場合	・患者自身が IC に必要な説明を医療従事者から受けることを自発的に拒否した場合には IC を得ることを免除される。 ・ただしこの場合、IC のための説明を拒否したのであって、医療行為そのものを拒否したわけではないことには留意しなければならない。 ・また、拒否したのちに翻意して患者が説明を求めてきた場合には、医療従事者は適切かつ十分な説明を施さなければならない。
❷緊急の場合	・患者自身の身体・生命が危機的な状況にあり直ちに医療行為を行わなければ患者自身に重大な不利益が生じると明らかに認められる場合には、医療従事者は IC を得ることを免除される。
❸公共の安全や福祉が優先される場合	・患者自身の利益より公共の安全や福祉が著しく脅かされると認められる場合には、患者との IC が免除される。 ・たとえば、感染症患者を強制的に隔離して治療する必要がある場合や極度の暴力性が突発的に発露する可能性のある精神障害者の場合などである。 ・ただし、この場合でも患者自身の同意が免除されるのであって、医療従事者が説明を施す「告知義務」は免除されるとは限らない点には留意が必要である。
❹患者に自己決定能力がないと認められた場合	・患者に自己決定能力がないと認められた場合は IC が免除される。 ・ただし、患者の代理人や代諾者が存在している場合は、必ず患者に代わって IC を得る必要がある。
❺医療行為に伴う危険性が少なく、ごくまれにしか生じない場合	・ごく通常で一般的に普及しており、かつ安全性が十分に確認されている医療行為については IC を得ることが免除される。

3 精神保健福祉と自己決定

❶人権尊重と自己決定の制度化

我が国においては、1987（昭和62）年に改正された精神保健法によって患者の同意に基づく任意入院制度が法制化され、精神障害者の自己決定の尊重が法的に示された。1991年には国連人権委員会で「精神病者の保護および精神保健ケア改善のための諸原則」（国連原則）が採択されている。これらを受けて、日本精神神経学会においても1997（平成9）年に「臨床研究における倫理綱領」が定められた。

なお、日本精神保健福祉士協会による「精神保健福祉士の倫理綱領」でも、クライエントの自己決定を尊重する条文が明記されており、あくまでもクライエントの利益を最優先することが規定されている（**表4-9**）。

❷同意能力の判定

患者自身が自己の意思を決定する能力とは、三つの要素からなるとされる（**表4-10**）。患者がこの三要素を保持しているかどうかがIC成立のための判断材料ともなる。

ロス（Roth, L. H.）は患者の同意能力のテストを、❶選択の証拠、❷選択結果の合理性、❸選択根拠の合理性、❹合理的理由に基づく選択、❺実際の理解、の五つに分類した。❶のテストで合格すれば"同意能力がある"とみなされ、❷で選択したものが合理的であると第三者から判断されれば"合理的判断能力がある"とみなされる。❸では、選択した理由が合理的であるかが判断される。そして❹では、患者の理解度がテ

★**国連原則**
原則11-2には「患者への同意」として、「患者の理解し得る方法と言語」を用いて、適切な情報を「十分に、かつ、患者に理解できるように伝達した後、患者の自由意志により、脅迫又は不当な誘導なしに得られた同意」としてICが定義されている。

★**臨床研究における倫理綱領**
精神障害者に対する臨床研究においては原則的に被験者の自発的同意、さらには代理人等の同意も必要とされ、そのための説明や第三者による患者の同意確認などが定められた。

第4章　精神科医療機関における治療の実際

表4-9　精神保健福祉士の倫理綱領より抜粋

倫理基準
1　クライエントに対する責務
(2)　自己決定の尊重
a　クライエントの知る権利を尊重し、クライエントが必要とする支援、信頼のおける情報を適切な方法で説明し、クライエントが決定できるよう援助する。
b　業務遂行に関して、サービスを利用する権利および利益、不利益について説明し、疑問に十分応えた後、援助を行う。援助の開始にあたっては、所属する機関や精神保健福祉士の業務について契約関係を明確にする。
c　クライエントが決定することが困難な場合、クライエントの利益を守るため最大限の努力をする。

表4-10　意思決定能力を構成する三要素

❶一つにまとまった価値と目的の体系
❷情報を交換し理解する能力
❸決定について理由づけ熟考する能力

表4-11　患者の能力判定レベル

第一の基準	・危険性が少なく、客観的に患者の利益に直結している場合である。 ・たとえば、病因の判明と安全な治療法が確立されている場合には、同意能力のテストは厳密でなくともよいとされる。
第二の基準	・医療行為に危険性があり、患者自身に不利益となる可能性がある場合である。 ・このときに、患者自身の状態と医療行為に対する危険性を理解でき、自身が医療行為の是非を選択できるということを判断できる能力テストが必要とされる。
第三の基準	・危険性がきわめて高く、合理性に反する意思決定を患者が行った場合である。 ・死に至る可能性が高いにもかかわらず医療行為を拒否した場合などは、厳格な能力テストが必要とされる。

ストされ、❺では、同意のプロセスが合理的であるかを判断する。

一方、ドレーン（Drane, J. F.）は医療行為の重大性によって患者の能力判定レベルを三段階に分けている（**表4-11**）。

医療行為を実施するために IC を得る、という試み以前に、患者が自己決定に基づく同意能力を有しているかどうかについては慎重に判断しなければならず、そのための努力が医療従事者には求められている。

4 患者・家族からみたインフォームド・コンセント

精神保健医療福祉の現場では、患者とともに家族と協働しながら種々の問題に取り組むことが多い。IC においては、原則として患者の自己決定を尊重するが、患者自身に自己決定能力が備わっていないと判断された場合で、かつ患者に家族がいた場合、その家族の同意に基づいて患者の援助を行っていくこととなる。これを代理承諾という。

日本社会は伝統的に個人より集団性を重んじる傾向があるため、精神科患者または精神障害者の治療や援助に関しては家族の意向が尊重されることもある。その際、先述した国連原則とは相反する決断をしなければならないことも少なくない。

たとえば、精神障害を抱える患者が精神科での治療行為を明確に拒否していたとしても患者の家族が治療を望んでいるときには、どちらを優先すべきか医療従事者自身が苦悶することになる。また、患者が治療行為に積極性をみせていても、家族がそれを受容しない場合もある。

これらに対しては、患者および家族、医療従事者間において密接な連携と相互理解を得るため努力していくしかないが、精神保健医療福祉の現場において最も優先されるのは利用者（患者）の利益であることは忘れてはならない。

8 精神科医療における行動制限

1 基本的な考え方

　人の自由な行動を制限する行為は、人権を擁護する観点から、本来許されることではない。精神科医療においては、精神症状の影響によって生じた攻撃性や衝動性、興奮のため自身を傷つけたり他人に害を及ぼしたりする危険が切迫している状況に対応しなければならないことも多く、そのような状態の患者を保護したうえで適切な医療を提供し、周囲の安全を確保することが求められる。そのような場合であっても、行動制限はあらゆる代替法が無効である場合のみの、限定的な実施にとどめるよう最大限の努力をしなければならない。

　精神科医療における行動制限には、指定医（精神保健指定医）の判断が必要とされる非自発的入院、隔離や身体的拘束、任意入院における開放処遇制限のほか、通信や面会の制限、持ち込み物品や行動範囲の制限など、患者の自由な行動を制限するすべての行為が含まれる。本節では主として隔離および身体的拘束について述べる。

　精神科医療における隔離および身体的拘束は、「その医療又は保護に欠くことのできない限度において、その行動について必要な制限を行うことができる」という精神保健福祉法第 36 条および第 37 条の規定を根拠として、適正な手続きを経て行われる。「精神病者の保護および精神保健ケア改善のための諸原則」においても、精神障害者の治療は最も制限の少ない環境で、最も制限の少ない治療によるという原則が明記されている。

　医療従事者は、隔離・身体的拘束は、患者の人権と尊厳にかかわる行為であることを十分に認識したうえで、安全確保と精神症状および身体症状の治療を行うために必要な最小限の制限としなければならない。またその際には、患者に対する身体的影響と精神的影響の両面に対して最大限の配慮をする必要がある。したがって、隔離・身体的拘束中には頻回の観察と評価を行い、決して安易な行動制限が長期間にわたって行われることのないよう、常に必要最低限の行動制限とし、早期に隔離・身体的拘束を解くための代替手段を継続的に検討していく必要がある。

> **Active Learning**
> 身体的拘束は患者にどのような身体的・精神的影響を与えるか考えてみましょう。

2 隔離

❶隔離とは

隔離とは、精神保健及び精神障害者福祉に関する法律第36条第3項の規定に基づき厚生労働大臣が定める行動の制限（昭和63年厚生省告示第129号）により「内側から患者本人の意思によっては出ることができない部屋の中へ一人だけ入室させることにより当該患者を他の患者から遮断する行動の制限をいい、12時間を超えるものに限る」と定義されている。しかしこれは法的な基準にすぎず、12時間以内の隔離であっても患者の人権にかかわる行為であり、患者に深刻な影響を及ぼすおそれもあることに留意しなくてはならない。隔離は、一般的には安全性に十分配慮された構造を有する隔離室（保護室）で行わなければならない。

❷隔離の対象と医学的必要性

精神保健福祉法では、患者が**表4-12**のような状態に該当すると指定医が判断した場合に隔離の対象となり得るとされており、隔離以外の代替方法がない場合に行われる。

隔離は、このような医学的必要性に基づいて行う医療行為であり、必要性が認められなくなった際には速やかに隔離を解除しなければならな

表4-12　隔離の対象

❶他の患者との人間関係を著しく損なうおそれがある等、その言動が患者の病状の経過や予後に著しく悪影響を及ぼす場合
❷自殺企図または自傷行為が切迫している場合
❸他の患者に対する暴力行為や著しい迷惑行為、器物破損行為が認められ、他の方法ではこれを防ぎきれない場合
❹急性精神運動興奮等のため、不穏、多動、爆発性などが目立ち、一般の精神病室では医療または保護を図ることが著しく困難な場合
❺身体的合併症を有する患者について、検査および処置等のため、隔離が必要な場合

表4-13　隔離の遵守事項

❶隔離を行っている閉鎖的環境の部屋に、さらに患者を入室させることは危険であり、行ってはならない。
❷隔離を行うにあたっては、患者に対して隔離を行う理由を知らせるように努める。
❸隔離を行った場合は、隔離を行った旨およびその理由ならびに隔離を開始した日時、解除した日時を診療録に記載する。
❹隔離を行っている間は、定期的な会話等によって職員の注意深い臨床的観察と適切な医療および保護を確保する。
❺洗面、入浴、掃除等によって患者および保護室の衛生を確保する。
❻隔離が漫然と行われることがないように、医師は少なくとも毎日1回診察を行い、診察結果を診療録に記載する。

い。

❸遵守事項

隔離を行うにあたっては、**表 4-13** で示したことを遵守しなければならない。

3 身体的拘束

❶身体的拘束とは

「精神保健及び精神障害者福祉に関する法律第 36 条第 3 項の規定に基づき厚生労働大臣が定める行動の制限」（昭和 63 年厚生省告示第 129 号）の定義では、**身体的拘束**とは、「衣類又は綿入り帯等を使用して、一時的に当該患者の身体を拘束し、その運動を抑制する行動の制限」とされている。拘束の部位は、患者の状態に応じて、体幹や四肢の一部であったり、全部であったりする。身体的拘束は制限の程度が強く、**肺塞栓**やストレス性潰瘍などの二次的な身体障害を生じる可能性もあるため、代替方法が見出されるまでのやむを得ない処置としなければならず、できるだけ早期に他の方法に切り替えるべきである。

❷身体的拘束の対象と医学的必要性

精神保健福祉法では、**表 4-14** のような状態に該当すると**指定医**が判断した患者であり、身体的拘束以外の代替方法がない場合に行われるとされている。

身体的拘束が不要になった場合は遅滞なく解除されるべきであるが、身体的拘束の期間を最小限とするため、全面的な解除に先立って、病状

★肺塞栓
血液のかたまり（血栓）などの物質が血液の流れに乗って肺の動脈に運ばれ、そこを塞ぐことにより生じる疾病。広範な肺塞栓の場合は突然死の原因となり得る。

表4-14　身体的拘束の対象

❶自殺企図または自傷行為が著しく切迫している場合
❷多動または不穏が顕著である場合
❸❶または❷のほか、精神障害のために、そのまま放置すれば患者の生命にまで危険が及ぶおそれがある場合

表4-15　身体的拘束の遵守事項

❶身体的拘束を行うにあたっては、患者に対してその理由を知らせるように努める。
❷身体的拘束を行った場合は、拘束を行った旨およびその理由ならびに拘束を開始した日時、解除した日時を診療録に記載する。
❸身体的拘束中は、職員による常時の臨床的観察を行い、適切な医療および保護を確保する。
❹身体的拘束が漫然と行われることがないように、医師は頻回に診察を行い、診察結果を診療録に記載する。

第4章 精神科医療機関における治療の実際

を慎重に観察しながら部分的に拘束を解除していく方法がとられることもある。

❸遵守事項

身体的拘束を行うにあたっては、**表4-15**で示したことを遵守しなければならない。

▌4 行動制限最小化

行動制限最小化とは行動制限を適正に行って不必要な行動制限を防止することであり、行動制限の適正化とも言い換えることができる。隔離・身体的拘束は、医療上の必然性があって実施される行為であるため、行き過ぎた最小化は危険性を増し、適切な医療の妨げとなる可能性があることにも留意する必要がある。**表4-16**に適切な対応を示す。

なお、隔離・身体的拘束解除の判断は、人権の制限とは逆の行為であることおよび行動制限が不要になった場合には速やかに解除されるべきであることから、指定医でなくても可能となっている。ただし、隔離・身体的拘束を解除することが、本人および周囲の人にとって不利益となる可能性については、解除に先立って十分検討されるべきである。

表4-16　行動制限最小化への適切な対応

❶代替方法の検討	・たとえば、転倒や転落を防止するために行う身体的拘束の代替手段としては、ベッドの代わりにマットレスや畳を用いること、患者が離床した場合センサーが作動する「離床センサー」などの利用が考えられる。 ・点滴の抜去防止のためには、チューブの走行を工夫することもできる。 ・また刺激を遮断することが主目的である隔離については、特殊な構造をもつ保護室でなくとも、通常の個室での対応が可能な場合もある。 ・付き添いや見守りなどによる対応の可能性を検討し、場合によっては家族に付き添いを依頼することも考慮する。
❷きめ細かい観察	・隔離・身体的拘束中は、通常よりも重点的な観察を頻回に行う。 ・その際にはすべての職員が、たとえば、攻撃性、衝動性、非協調性、現実検討能力などをきめ細かく観察・記録し、指定医に適切な報告を行うべきである。 ・それによって、指定医が隔離・身体的拘束の継続や解除を検討する際に、より適切な判断を行うことができ、不必要な行動制限を避けることにつながる。 ・職員が、隔離・身体的拘束中の患者に対して適切に対応し、観察すべき項目を認識できるようにするためには、職員の教育や研修のあり方を工夫することも重要である。
❸行動制限最小化委員会	・2004（平成16）年の診療報酬改定では、精神科を有する医療機関に対して行動制限最小化委員会の設置が求められた。 ・この委員会では精神科医師や看護師、精神保健福祉士などの専門職が、隔離・身体的拘束の状況報告から、不適切あるいは過剰な行動制限を行っていないかどうかを検証する。
❹第三者による審査	・隔離・身体的拘束の適切性を客観的に評価するためには、行政による外部監査や精神医療審査会の審査、日本医療機能評価機構などの第三者による審査も有用である。

5 予防的介入

　興奮状態の患者や攻撃性の高まった患者に対しては、言語的・非言語的なコミュニケーション技法によって衝動性や攻撃性をやわらげることも重要である。基本的な姿勢としては、患者の尊厳を保ちながら、抱えている不安に寄り添う誠実な対応が求められる。すなわち行動制限を最小にするためには、職員のコミュニケーションスキルの向上も必要なのである。興奮や攻撃性に対して有効な技法としては、包括的暴力防止プ

表4-17　ディエスカレーションにおける対応のポイント

❶周囲の環境の管理	・応援の召集を判断し、必要以外の人を移動させる。 ・近くにいる他の職員に対して状況を説明し、協力を求める。 ・家具などを移動して必要な空間を確保するか、別の安全な場所に移動する。 ・テレビやラジオは消す。 ・武器になる可能性のあるものは取り除く。
❷挑発的な態度・ふるまいを避ける	・凝視を避ける。ただし、完全に目をそらさずアイコンタクトは保つ。 ・淡々とした表情を保つ。 ・高慢、威圧的な印象を与えるのを避けるため、姿勢や態度に注意する（腰に手を当てたり、腕組みをしない）。 ・ゆっくりと移動し、急な動作を行わない。 ・身体の動きは最小限にし、身振り手振りが多過ぎることや、そわそわと体をゆすったり、体重が移動するのを避ける。
❸相手のパーソナルスペース^{※1}を尊重し、自分自身が安全なポジションを保つ	・患者に対応する前に、暴力発生を誘発したり、けがの原因になる、あるいは武器として使用される可能性のある所持品を除去する（ネクタイ、スカーフ、装飾品、ペン、ハサミ、バッジなど）。 ・いかなるときも相手に背を向けない。 ・通常より広いパーソナルスペースを保つ（最低でも腕の長さ2本分以上）。 ・対象の真正面に立つのを避け、およそ斜め45度の立ち位置とする。 ・両手は体の前面に出し、手のひらを相手に向けるか、下腹部の前で軽く組むなど、相手に攻撃の意思がないことを示し、万一の攻撃・暴力発生に備える。 ・出入口を確認し、自分と対象の双方の退路を保つ位置に立つ。出入口やドアの前に立ちふさがらない。 ・壁やコーナーに追い詰められないようにする。 ・警告なしに相手に触れたり、接近しない。
❹言語的コミュニケーションスキル	・ラポール^{※2}を築くように試み、ともに問題解決する姿勢を強調する。 ・脅すのではなく現実的な条件を提示して交渉する。 ・穏やかに、はっきりと、短く、具体的に話す。 ・努めて低い声で静かに話す。 ・相手が意見を表現できるように助け、注意深く聴く。 ・苦情や心配事、欲求不満については理解を示すが、肩入れし過ぎたり、その場限りの約束をしないように注意する。 ・批判を避け、感情を話すことを認める。先取りして「あなたの気持ちはよくわかります」などと伝えるのは逆効果である。 ・飲み物や食べ物をとるよう勧める。

※1：パーソナルスペース：身体の周囲の心理的な縄張り空間のこと。他人がこの空間に侵入すると不快感が生じる。空間の大きさは個人差があり、状況や相手との関係性、心理状態などにより変化する。
※2：ラポール：主として1対1の関係性における相互の信頼。「心が通いあっている」「何でも話せる」と感じられる関係。

ログラム（comprehensive violence prevention and protection program：CVPPP）で行われるディエスカレーションが知られており、このような技法を職員研修で取り入れることも、行動制限を減らすことに役立つ可能性がある。ディエスカレーションにおける対応のポイントを表4-17に示す。

6 隔離・身体的拘束をめぐる現状

隔離・身体的拘束については、近年増加傾向にあることが指摘されている。その背景にある要因については諸説あり、原因解明のための実態調査が実施されているところである。隔離・身体的拘束は、厳格な運用が求められているにもかかわらず、最近でも不適切な身体的拘束が行われている実態が明らかになったり、隔離・身体的拘束中の死亡事故についても報じられたりしている。精神科医療に携わる者は、行動制限の実施にかかわる際には、その行動制限は真に必要なのか、必要最低限となっているかを常に検証し、やむを得ず行動制限を行う際には、適正手続きを経て遵守事項を守ることを徹底しなくてはならない。

9 移送制度

1 移送制度創設の背景

1997（平成9）年7月19日、日本精神科救急学会の設立総会が開かれた。その日の朝刊に「警備会社、精神病院へ搬送」という見出しで、「症状が悪化しているのに治療を拒む肉親を抱えた家族からの依頼で、民間の複数の警備会社が、患者を精神病院に連れていく搬送業務をしている」との記事が載った。学会のシンポジウムにおいても、警備会社による患者搬送の問題が取り上げられ、保健所の機能を強化するなどして、患者の人権に配慮した精神科救急体制を整備する方向性が語られた。

この背景には、精神科病院の往診のあり方が関係している。かつては、精神科病院が入院を前提とした往診を行っていたが、それが「患者狩り」と揶揄されるようになり、往診は途絶えていった。一方で、症状が悪化しているのに治療を拒む患者を抱えた家族は高齢化や孤立化が進み、受診させることがさらに困難になっていった。そのような家族が、警備会社など民間事業者に患者搬送を依頼することは、ある意味仕方のない流れだったともいえる。

このような背景のもと、1999（平成 11）年の精神保健福祉法の改正により移送制度が創設され、2000（平成 12）年 4 月から施行された。

措置入院に伴う移送については、2000（平成 12）年 11 月 22 日付の警察庁生活安全局長から厚生省大臣官房障害保健福祉部長宛に出された「国民からの相談等に的確に対応するための取組みに対する協力について（要請）」のなかに、その背景となる部分を見出すことができる。同文書のなかには、一部保健所では警察官通報に伴う「精神保健福祉法に基づく対応が円滑に履行されておらず、被保護者の移送・入院手続きが早期に行われないばかりか、警察の業務に支障をきたしているところである」と書かれている。本通知は、移送制度が施行された 2000（平成 12）年に発出されているが、移送制度が誕生した後もそれ以前からある問題が解決していないことを表しているともいえる。

2 医療保護入院のための移送

緊急に入院が必要な状態にもかかわらず、家族等が説得しても本人が精神障害のために受診することを納得せずにいる。そこで、医療保護入院または応急入院をするために応急入院指定病院まで移送することが、精神保健福祉法第 34 条に規定されている移送制度である。

移送制度は、次のように展開される。

まず、保健所に家族等が受診について相談に訪れる。相談を受けた精神保健福祉相談員★等は、精神保健福祉法第 47 条に規定されている地域精神保健福祉活動を展開することになる。たとえば、本人のところに訪問して、受診を説得するようなことを行っていく。しかし、状況に変化がなく、このままでは病状が悪化し、本人の生活や周りの家族に不利益なことが起こる可能性があり、移送制度の実施が最も適切であると推定する。

そこで、移送制度について家族に説明し了承してもらう。多くの場合、家族は移送制度のことを知らないで相談に訪れている。そのため、制度について理解してもらい、家族としての役割、責任について了承してもらう必要がある。

その後、移送制度に伴う調査を実施し、その結果を踏まえて移送の実施が適当であることを判断する。次に入院先となる応急入院指定病院や関係機関との調整、指定医（精神保健指定医）や対象者搬送のための補助者の依頼等をして、準備を進めていく。

移送を実施する当日は、指定医、補助者、保健所の精神保健福祉相談

★**精神保健福祉相談員**
保健所や精神保健福祉センター等において、精神保健や精神障害者の福祉に関する相談に応じ、精神障害者やその家族等に必要な指導や援助を行う職員。精神保健福祉法第48条に規定されている。

員等が本人のところに出向き、指定医の診察が実施される。その結果、医療保護入院または応急入院が必要であると判断されれば、都道府県の用意した車両によって応急入院指定病院に搬送され、到着後そのまま入院となる（**図4-3**）。

精神保健福祉法第34条運用のポイントは**表4-18**のとおりである。

図4-3　精神保健福祉法第34条移送の実施の流れ

表4-18　精神保健福祉法第34条運用のポイント

❶通常の地域精神保健福祉活動から第34条事前調査への移行	・通常の地域精神保健福祉活動と移送制度に伴う事前調査の境界が不明確にならないよう、手続き上一線を明確にしておく必要がある。
❷家族確定等における精神保健福祉法の厳密な運用	・移送制度に関する相談は家族からとは限らず、近隣住民からの相談もあり得る。 ・その際、家族を確定する作業を実施する必要がある。 ・家族がいない場合、市町村長の同意による医療保護入院の可能性もあるが、本人の承諾なしに居住地に入ることはできないことを考えると、家族がいないことは事実上移送制度の実施が難しいといえる。
❸組織として対応する仕組み	・移送制度の実施については、担当者の判断だけでなく保健所組織として判断する仕組みが必要である。 ・また、実施についても担当者個人に過剰な負担がかからないよう、チームによる対応が求められる。
❹家族の役割と意思確認	・移送制度の実施には、家族の理解と協力が不可欠である。 ・移送制度の実施によって、家族は本人と厳しい関係になることもあり得る。 ・また、家族は、移送を実施したことを後悔することもある。 ・そのようなことがあったとしても、長期的にみると本人にとってよい結果になることを理解してもらう必要がある。
❺医療の継続性担保への配慮	・これまでの医療の継続性を考えると入院先については、本人や家族の希望に沿えるような配慮がされるべきである。
❻診察前の打ち合わせ	・診察や移送の実際の段取りをつけるため、関係者に集まってもらい打ち合わせを行う機会をもつことが望ましい。
❼入院後の支援	・移送の相談があった時点で、保健所は退院後の本人の生活を見通して、地域での継続的支援活動も視野に入れた支援計画を立てることが望ましい。

出典：全国保健所長会精神保健福祉研究班編『精神保健福祉法第34条に基づく移送にかかるマニュアル』日本公衆衛生協会，2004.

表4-19　精神保健福祉法第34条適応の判定基準

❶精神障害者であること。

❷当該精神障害による病状の程度が重篤であること。

　ここでいう病状の重篤とは、幻覚・妄想その他の現実認識のゆがみと、そうした自己の状態に対する洞察の欠如によって、現実との関係を適切に保つことが困難となり、基本的な生活維持のために通常必要とされる能力にも支障が生じる程度に精神機能が損なわれている状態、すなわち「精神病状態」が持続または反復していることを指す。

❸その者の状態が以下の①か②いずれかに該当すること。

　①生活維持のための基本的な能力が損なわれた結果、自己の健康または安全の保持に深刻な困難が生じていること。

　②直ちに入院治療を行わなければその者の状態にさらに深刻な悪化をきたし、回復がいっそう困難になるなどの身体的・精神的健康上の損失がもたらされる可能性が高いこと。

❹入院治療によってのみ一定以上の治療効果が期待できること。ただし、その入院は単に現在の環境からの一時的な分離や避難を主たる目的とするものではないこと。

❺当該精神障害により、判断能力が著しく低下しているため入院治療の必要性が理解できず、本人の同意による入院が行われる状態にないこと。

❻措置入院の要件を満たさないこと。

出典：益子茂「精神障害者の受診の促進に関する研究」『平成11年度厚生科学研究（障害保健福祉総合研究事業）分担報告書』1999.

★**自己の健康または安全の保持**

たとえば栄養摂取、睡眠確保、清潔保持、寒冷・暑熱の防御、火の始末、水道やガスの元栓管理等を指す。

第**4**章　精神科医療機関における治療の実際

　また、指定医による第34条適応の判定基準は**表4-19**のとおりとされる。

3 措置入院のための移送

　1999（平成11）年の精神保健福祉法改正によって、措置入院に付随して従来から実施されていた移送についても明確化された。

　2000（平成12）年3月に発出された厚生省大臣官房障害保健福祉部長通知「精神障害者の移送に関する事務処理基準について」（平成12年3月31日障第243号）によると、移送の開始は、都道府県職員が事前調査を行い、措置入院の必要性を判定するために指定医による診察および移送が必要であると判断した時点からとなっている。

　さらに移送手続きの終了は、移送先の応急入院指定病院に入院した時点、または措置入院が不要と判断された時点としている。措置入院が不要と判断された場合で、医療保護入院または応急入院が必要なときは、第34条による移送により医療機関に搬送されることもある。また、措置入院が不要と判断され、かつ入院自体不要と判断された場合、対象者の求めがあれば移送を開始した場所まで搬送するよう努力しなければならないとしている。

　警察業務との関係については、都道府県知事が精神保健福祉法第27

条または第29条の2の規定による診察が必要であると認めた者に対し、第27条の規定による1回目の診察または第29条の2の規定による診察のために行う当該診察の場所までの移送は、都道府県知事の責務としている。また、移送の安全確保のため、警察官に臨場要請を行うなどの配慮をする必要がある。ただし、臨場した警察官は移送用の車両を運転することや、対象者の乗降を補助するようなことなどには従事しないよう留意するとしている。

■4 移送制度の現状と課題

Active Learning
移送や非自発的な入院など本人の意思に反する医療を減らすために必要なことは何か考えてみましょう。

　移送制度の課題としては、全体に実施件数の少ないことと実施件数に地域的な偏りがある点である。全保健所を対象として実施されたアンケート調査においては、第34条の移送が「機能していない」と回答した保健所は170か所で、回答した保健所のうち約6割にあたっていた。その理由として、「手続きが煩雑で利用しにくい」「人権尊重を考えると安易に利用すべきではない」「適用できる事例が少ない」等の答えであった。また、応急入院指定病院の設置数が少ない状況も、実施を困難にしている要因の一つとも思われる。

　移送制度は近年減少傾向であるが、これは、往診や訪問診療を実施するクリニックの増加、訪問看護やアウトリーチの普及などが影響していることが考えられる。一方で、警備会社等による患者搬送は、現在でも続けられているという現実もあり、移送制度の適切な運用のあり方については今後もさらなる検討をしていく必要がある。

◇引用文献
　1）伊東秀幸・岩崎香・長谷川千種他「精神保健福祉法第34条による移送制度の現状と課題——保健所アンケートの結果から」『鴨台社会福祉学論集』第21号，2012.

◇参考文献
・精神保健福祉研究会監『精神保健福祉法詳解 4訂版』中央法規出版，2016.
・精神保健福祉白書編集委員会編『精神保健福祉白書——改革ビジョンから10年——これまでの歩みとこれから 2015年版』中央法規出版，2014.
・岡本珠代「インフォームド・コンセントの50年」『人間と科学』第10巻第1号，2010.
・熊倉伸宏『臨床人間学——インフォームド・コンセントと精神障害』新興医学出版社，1994.
・中根允文・松下正明責任編集『臨床精神医学講座 S12 精神医学・医療における倫理とインフォームド・コンセント』中山書店，2000.
・日本精神科救急学会監，平田豊明・杉山直也編『精神科救急医療ガイドライン』へるす出版，2015.
・日本総合病院精神医学会教育・研究委員会編『身体拘束・隔離の指針』星和書店，2007.
・高岡道雄編著『保健所精神保健福祉業務における危機介入手引——平成18年度地域保健総合推進事業「精神保健対策の在り方に関する研究」』日本公衆衛生協会，2008.
・伊東秀幸「精神保健福祉法第34条による移送制度の現状と課題」『田園調布学園大学紀要』第5号，2010.

医療観察法における入院・通院治療

学習のポイント

- 医療観察法の制度概要と専門用語等について学ぶ
- 医療観察法における入院・通院治療について理解する
- 医療観察法における対象者の処遇全体の流れを理解する

　心神喪失等の状態で重大な他害行為を行った者の医療及び観察等に関する法律（医療観察法）とは、心神喪失または心神耗弱の状態で重大な他害行為を行った精神障害者について、検察官が、精神障害等を理由に不起訴処分とした者、あるいは裁判において自由刑を科せられなかった者に対して、審判の申立てを行う。申立てを受理すると裁判所は、審判を行い医療観察法による入院決定（医療を受けさせるために入院をさせる旨の決定）、通院決定（入院によらない医療を受けさせる旨の決定）を行うものである。

　医療観察法での当初審判は、地方裁判所で行われ、裁判官以外に、精神保健審判員と精神保健参与員が、対象者の処遇決定に関与することになっている。医療観察法の審判では、裁判官と精神保健審判員の合議で審判決定がなされる。精神保健参与員は、その審判の決定過程で、意見をいう立場でかかわる。裁判所の審判により入院決定、通院決定など処遇の決定が行われる。この期間において対象者は、鑑定命令により鑑定医療機関に入院し、鑑定が行われている。そして、医療観察法の対象者には、その処遇の決定に基づき、厚生労働省の定めた医療機関（指定入院医療機関・指定通院医療機関）において、専門的な治療およびリハビリテーション、社会復帰支援などの医療サービス等が提供される。

1 ▶ 医療観察法における入院治療

1 指定入院医療機関

　医療観察法の当初審判において入院決定がなされた場合、対象者は、通常、厚生労働大臣が指定した指定入院医療機関に入院することになる。指定入院医療機関では、おおむね18か月での入院対象者の退院を目指

★重大な他害行為

殺人、放火、強盗、強姦、強制わいせつ、傷害（軽微なものは除く）の6罪種（未遂を含む）。

★当初審判

重大な他害行為が心神喪失等の理由で不起訴となり、検察官により医療観察法の申立てがなされ、地方裁判所で行われる最初の審判。そのほかに、退院許可申立審判、入院継続申立審判などがある。

★精神保健審判員

医的的な観点から審判の判断を行うため、精神科医療の専門家として経験のある精神科医から選任される。身分は、裁判所の特別職、非常勤の国家公務員。

★鑑定医療機関

医療観察法では、鑑定のために厚生労働省が指定した鑑定医療機関に、地方裁判所が対象者を入院させ、審判決定がなされるまでの期間（標準で2か月、延長した場合3か月程度）の入院を命令する。

し、急性期、回復期、社会復帰期に分けて標準期間と治療目標を設定して医療を行っている。これは厚生労働省の標準的モデル（**図 4-4**）で、入院期間は、治療反応性、疾病性、社会復帰要因（退院調整等）により、18 か月以上にも以下にもなり得る。

各期の標準的期間と治療目標については、以下のとおりである。

❶　急性期は、3 か月程度を目安とし、①病的体験・精神状態の改善、②身体的回復と精神的安定、③治療への動機づけの確認、④対象者との信頼関係の構築を行う。

❷　回復期は、9 か月程度を目安とし、①病識の獲得と自己コントロール能力の獲得、②治療プログラムへの参加による日常生活能力の回復、③病状の安定により院内散歩や院外外出ができるようにする。

❸　社会復帰期は、6 か月程度を目安とし、①病状の安定により院外外出および外泊ができるようにし、②治療プログラムへの参加による障害の受容、③社会生活能力（服薬管理、金銭管理等）の回復と社会参加の準備をする。

▌2 医療観察法病棟

医療観察法病棟（**図 4-5**）とは、指定入院医療機関内に設置された司法精神医療を行う専門病棟である。標準的な医療観察法病棟では、病棟内を急性期、回復期、社会復帰期などに区分したユニットをもち、各種セラピールームや作業療法室、ケア会議室を病棟内に整備している。治

図4-4　入院処遇の概要と医療観察法の手続き

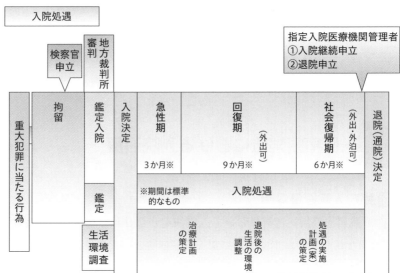

療や社会復帰の進行にあわせて、対象者が病棟内の各ユニットを移行していくことで、各ユニットにおける対象者の治療内容や治療目標を明確にすることができ、それらにあわせた疾病教育やリハビリテーション、社会復帰援助などの必要な関連プログラムを有効に運用することができるような構造になっている。

　また、医療観察法病棟では、厚生労働省の指定入院医療機関の運営のための各種ガイドラインにより多職種チームによる治療・リハビリテーション・社会復帰支援が提供されることになっている。多職種チームは、このガイドラインにおいて MDT（multi-disciplinary team）といわれ、その職種（精神科医、看護師、精神保健福祉士、作業療法士、公認心理師により構成され、指定入院医療機関において医療観察法による治療、リハビリテーション、社会復帰支援を行うために専任で病棟に配置されている）や職種ごとの役割なども規定されている。

　このような MDT での医療は、精神医療的な問題のみならず身体的な治療や、社会的および心理的問題などの多様な問題にきめ細かく対応できるため、本人のニーズに応えて、各職種がその専門的な治療、リハ

★多職種チーム
（Multi-disciplinary
team：MDT）
チーム医療における担い手。多職種チームによる医療では、精神医療的な問題のみならず多様な問題にきめ細かく対応し、各職種がその専門的な治療、リハビリテーション、社会復帰援助等を総合的かつ有機的に提供することができる。

第4章　精神科医療機関における治療の実際

図4-5　医療観察法病棟配置図

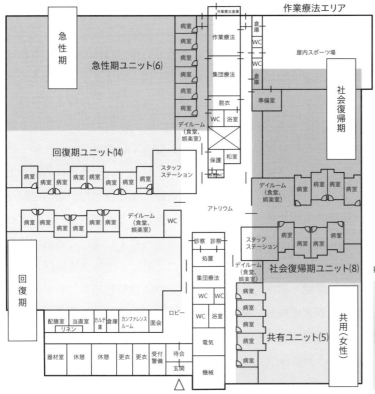

病棟の外観

ビリテーション、社会復帰援助等を総合的かつ有機的に提供することができる。

また、入院当初より、退院予定地の保護観察所（社会復帰調整官）と協力体制を整え、退院調整や社会復帰援助のために、対象者のケアマネジメントを中心とした CPA 会議（対象者および病院関係者、地域関係者が退院支援および地域調整を行うためのケア会議）を定期的に開催し、入院時から退院を見通した医療を重視している。

2 医療観察法における通院治療

1 指定通院医療機関

医療観察制度による通院処遇（**図4-6**）は、裁判所において通院決定を受けた日から、原則3年間とされているが、対象者の病状や状況等により裁判所の決定で短縮される場合もある。また、3年を経過する時点で、なお医療観察制度による処遇が必要と認められる場合には、裁判所の決定により、その後2年を超えない範囲で通院期間を延長されることがある。

この通院期間中の処遇は、保護観察所が作成する処遇実施計画に基づき、対象者個々の病状や生活環境に応じて、必要となる医療および精神保健観察、援助等が提供されることになっている。具体的には、対象者は、指定通院医療機関に通院し、訪問看護や精神科デイケアなどを受けながら、保護観察所による精神保健観察、行政機関や精神障害者等福祉関係機関により行われる各種援助などの必要な福祉サービスなどを受け、病状の改善と社会復帰を目指すことになっている。

また、指定通院医療機関では、1か月に1回以上、対象者に個別の治療計画を策定し、定期的に対象者の評価を行うなど各職種が連携を図りながら、医療を提供するために、対象者を担当する多職種チームにより多職種チーム会議を開催することが義務づけられている。この指定通院医療機関の多職種チーム会議では、必要に応じて、当該医療機関以外の地域の医療・保健・福祉関係者および社会復帰調整官の参加を求めていく。また、対象者に対して複数の指定通院医療機関から医療が提供される場合（訪問看護等をほかの機関との連携で行う場合）には、医療機関相互の連携を十分に保つため、定期的に評価等の会議を行うこととされている。

★CPA会議

医療観察法病棟内のケア会議のことをいう。日本の医療観察制度の導入において、イギリスの司法精神医療システムが参考とされた。特に医療観察法病棟では、イギリスの司法病棟のケアマネジメントである care programme approach meeting を参考としたCPA会議が行われている。

★CPA（care programme approach）

イギリスの司法病棟などで行われているケアマネジメント手法。利用者中心主義、ケア会議（CPA会議）によるケア計画の調整、文書化されたケア計画、ケアの総括責任者の選任、定期的な見直しなどを特徴としている。

★処遇実施計画

医療観察法により保護観察所の長に（地域）処遇の実施計画の作成が義務づけられている（第104条）。医療、精神保健観察および援助は、この実施計画に基づいて行われなければならないと定められており（第105条）、退院後の地域処遇の基礎となる重要なケア計画であると位置づけられている。

図4-6 通院処遇の概要

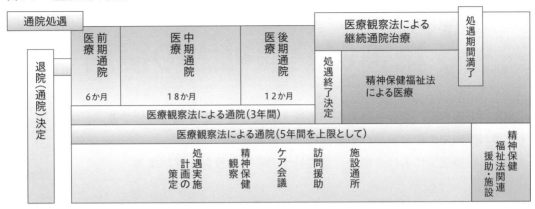

2 保護観察所が定期的に主催するケア会議

　保護観察所は、指定通院医療機関が行う多職種チーム会議とは別に、地域社会における処遇に携わる関係機関が、対象者に関する必要な情報を共有して処遇方針の統一を図るほか、処遇実施計画の見直しや各種申立ての必要性等について検討するため、定期的または必要に応じ、ケア会議を開催する。

Active Learning

医療観察制度による通院処遇が終了した後には、どのようなケアが必要か考えてみましょう。

第4章 精神科医療機関における治療の実際

精神科医療機関における精神保健福祉士の役割

学習のポイント

- 精神科医療機関における精神保健福祉士の成り立ちと現状を理解する
- 精神科医療での権利擁護の重要性について考える
- 精神科医療機関における精神保健福祉士の多様な役割を理解する

1 「精神保健福祉士」資格の成立過程とその役割

★**精神病者監護法**
我が国最初の近代的な精神障害者の医療と保護に関する法律。ただし、その実態は、精神障害者の治療保護に関する規定は少なく、私宅などへの監置を合法化した部分が中心となっていた。

★**精神病院法**
精神疾患のある患者を精神科病院に保護し治療を行うことや、道府県での精神科病院の設置の促進を目的とした法律。ただし、道府県等の財政難などから病院の設置はほぼ進まなかった。また、私宅監置を廃止していないなど問題が多かった。

★**精神保健福祉士法**
精神保健福祉士の資格や業務などを定めた法律。

　我が国最初の精神障害者の処遇や医療に関する法律は、1900（明治33）年に制定された精神病者監護法といわれている。以降、1919（大正8）年に精神病院法が制定されたが、その後も、精神障害者の処遇や医療水準などは、欧米諸国にくらべ大きく立ち遅れていた。戦後、我が国では、社会制度や環境など社会の各分野が大きく進展し、欧米諸国並みの発展を遂げるなか、精神障害者への取り組みは、精神科入院医療機関の量的な拡大のみが先行し、患者の権利擁護や退院促進、地域における社会復帰、社会参加支援などは、欧米諸国に比べ立ち遅れた状態となっていった。そのため、精神科医療機関の入院期間は、欧米諸国に比べ極端に長く、また、入院中の精神障害者への人権侵害などが多数報告される状況であった。

　我が国のこのような状況において、以前より精神医療・保健・福祉の業務のなかで人権問題にも取り組むことが多かった精神科のソーシャルワーカーに対しては、精神障害者の退院促進とともに人権問題の改善などが期待され、1997（平成9）年に精神保健福祉士として国家資格化された。

　精神保健福祉士の役割については、精神保健福祉士法（平成9年法律第131号）の第2条で、精神保健福祉士とは「精神障害者の保健及び福祉に関する専門的知識及び技術をもって、精神科病院その他の医療施設において精神障害の医療を受け、又は精神障害者の社会復帰の促進を図ることを目的とする施設を利用している者の地域相談支援の利用に関する相談その他の社会復帰に関する相談に応じ、助言、指導、日常生活への適応のために必要な訓練その他の援助を行うことを業とする者」と

規定されている。

　精神保健福祉士法の規定やこのような我が国の精神科の医療・保健・福祉の状況から、精神科医療機関における精神保健福祉士の役割は、精神疾患やその障害への主治医を含む精神保健や福祉に関する専門的知識・技術をもった精神医療保健福祉領域のソーシャルワーカーとして、精神障害者の権利擁護や退院調整、社会復帰支援に対して、患者本人および家族、チーム医療を行う多職種チームへの助言や指導とともに、地域の関係機関（行政、医療・保健・福祉等の関係機関）への連絡・調整などを行っていくこと、そして、日常生活への適応のために必要な訓練（精神科デイケアなどの精神科リハビリテーション）などの援助を、前述の多職種チームなどと協力して行っていくことなど、とされている。

　精神科医療機関における精神保健福祉士の配置状況は、**図4-7**のとおりである。

図4-7　精神保健福祉士の配置状況

医療 
11,192人

○病院　　　　　　　　　　　　　　9,557人
　┌　精神科病院　6,839人（1施設あたり6.3人）
　└　一般病院　　2,718人（1施設あたり0.4人）
○一般診療所　　　　　　　　　　　1,635人
出典：病院：平成28年病院報告（平成28年10月1日現在）※常勤換算
　　　一般診療所：平成26年医療施設調査（平成26年10月現在）※常勤換算

福祉 
13,446人

○障害福祉サービス等事業所　　12,330人
　┌　療養介護事業　　　　　　　　57人
　│　生活介護事業　　　　　　　623人
　│　短期入所事業　　　　　　　743人
　│　共同生活介護・援助事業　1,547人
　│　自立訓練事業　　　　　　　642人
　│　就労移行支援事業　　　　　884人
　│　就労継続支援事業　　　　2,430人
　└　その他　　　　　　　　　5,404人

○障害者支援施設等　　　　　　930人
　┌　障害者支援施設　　　　　　60人
　│　地域活動支援センター　　868人
　└　福祉ホーム　　　　　　　　2人

○その他の社会福祉施設等　　　186人

出典：平成28年社会福祉施設等調査（平成28年10月現在）（障害福祉サービス等事業所は除く）
　　　※障害福祉サービス等事業所は常勤の実数、その他は常勤換算

保健等 
1,552人
※資格の再掲を含む

○精神保健福祉センター　　　180人（資格の再掲）
　　　出典：平成29年度衛生行政報告例（平成29年度末現在）※常勤の実数
○保健所　　　　　　　　　　648人（資格の再掲）
　　　出典：平成28年度地域保健・健康増進事業報告（平成28年度末現在）※常勤の実数
○市町村　　　　　　　　　　517人（資格の再掲）
　　　出典：平成28年度地域保健・健康増進事業報告（平成28年度末現在）※常勤の実数
○保護観察所（社会復帰調整官）　207人　　出典：法務省（平成30年4月1日現在）
　　　※実数（採用時に把握している精神保健福祉士の資格取得者数）

資料：厚生労働省

　精神科医療は、世界的にも過去に多くの入院患者への不法行為や虐待などの問題を起こしてきた。ただし、1963年のアメリカ議会におけるケネディ（Kennedy, J. F.）の精神疾患および知的障害者に関する特別教書（ケネディ教書）以降、欧米諸国においては、一般の精神科病院の解体が進み、精神障害者の病院生活から地域生活への転換の政策がとられたことで、精神科病院の長期入院や社会的入院を起因とする精神障害者の人権侵害の問題については、しだいに落ち着いていった。

　一方、我が国では、この時期に欧米諸国のような政策がとられず、かえって精神科病院の増設や増床の政策が進められていった。そのため、1980年代になると、我が国は、欧米諸国に比べ、対人口比に占める精神病床が極端に多く（**図4-8**）、長期在院患者や社会的入院の割合が増えていった。このような我が国の特殊な精神科医療の環境は、精神科の入院医療において人権侵害の温床となりやすく、宇都宮病院事件など数多くの精神障害者への人権侵害に関する事件を引き起こしている。

　精神保健福祉士は、このような歴史的経緯や現状をよく理解したうえで、精神障害者の権利擁護の重要性に十分配慮して、その役割を果たしていかなければならない。

Active Learning

我が国で精神科病院の増設や増床の政策が進められたのはなぜか、考えてみましょう。

図4-8　精神病床国別推移グラフ（／1万人）

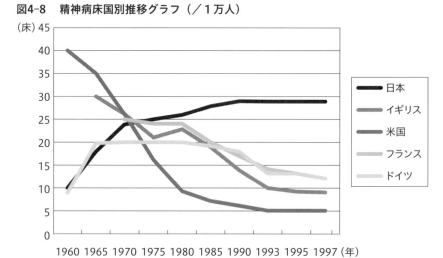

出典：OECD Health Data より筆者一部改変

3 精神科医療機関における精神保健福祉士の役割

1 権利擁護などに関する役割

　精神科医療機関の精神保健福祉士は、精神保健及び精神障害者福祉に関する法律（精神保健福祉法）における入院形態とそれに伴う要件や書面告知などの手続き等の規定、行動制限等の入院患者の処遇の規定、精神医療審査会への退院申立てや都道府県知事への処遇改善請求などを正しく理解し、患者やその家族に対して必要な情報提供や相談支援を行うとともに、所属する医療チームにおいても適切な助言などを行うことが求められている。

　また、心神喪失等の状態で重大な他害行為を行った者の医療及び観察等に関する法律（医療観察法）においては、指定入院医療機関の精神保健福祉士が、入院してきた精神障害者に対して入院決定の不服申立てである抗告の手続きを適切に説明し、必要なら弁護士への連絡、裁判所との調整を行うことが定められており、入院中の対象者に権利擁護に関する講座を開設し、医療観察法における入院患者の諸権利等について情報提供を行うことなど、精神保健福祉士の入院患者への権利擁護についての役割が、厚生労働省の入院処遇ガイドライン★等に明記されている。

　また近年、精神科病院内では、行動制限最小化委員会★の委員、また外部においては、都道府県の精神医療審査会の委員や地方裁判所における医療観察法★審判の精神保健参与員★など、精神障害者の人権にかかわる各種の委員等の役割も担うようになっている。

　精神保健福祉士が関係する診療報酬、施設基準等は、**表 4-20** のとおりである。

2 外来、入院患者への支援についての役割

　精神保健福祉士は、精神科医療機関において、患者の受診受療支援や心理的サポートなどとともに、各種の社会保障・福祉制度の情報提供、適切な手続き支援などの役割を担っている。近年、我が国の社会保障や福祉制度は充実してきており、また、新たな制度や政策も多く打ち出されてきているが、制度自体は複雑化しており、障害年金の申請や生活保護の受給手続きなど、適切な時期に必要な手続きを行わない場合、不利益になることが多い。精神保健福祉士は福祉を基盤とする職種として、疾病だけではなく、精神障害者の生活のしづらさなどに寄り添い、生活

★入院処遇ガイドライン
医療観察法における指定入院医療機関の対象者の処遇、施設運営方法については、厚生労働省の入院処遇ガイドライン、指定入院医療機関運営ガイドラインに細かく定められている。

★行動制限最小化委員会
入院患者等の人権に配慮し、行動制限全般（隔離、拘束、処遇制限など）を必要最小限にすることを目的とする病院内の委員会。2004（平成16）年診療報酬改正で、医療保護入院等診療科の施設基準として設置が義務づけられた。

★医療観察法
心神喪失または心神耗弱の状態で、重大な他害行為を行った人に対して、裁判所の審判の決定に従って、必要な医療を確保して、病状の改善や社会復帰を促進することを目的とした法律。

★精神保健参与員
精神保健福祉の観点から地方裁判所の医療観察法審判において意見を述べるため、経験のある精神保健福祉士などで厚生労働省の研修を受けた者から選任される。身分は、裁判所の特別職、非常勤の国家公務員。

表4-20　精神保健福祉士が関係する診療報酬、施設基準等

A103 精神病棟入院基本料　精神保健福祉士配置加算	I002 通院・在宅精神療法　注7 措置入院後継続支援加算
A230-2 精神科地域移行実施加算	
A230-4 精神科リエゾンチーム加算	I002-2 精神科継続外来支援・指導料　注3に規定する加算(療養生活環境を整備するための支援を行った場合の加算)
A231-3 重度アルコール依存症入院医療管理加算	
A231-4 摂食障害入院医療管理加算	
A246 入退院支援加算	I002-3 救急患者精神科継続支援料
A247 認知症ケア加算	I005 入院集団精神療法
A311 精神科救急入院料　院内標準診療計画加算	I006 通院集団精神療法
A311-2 精神科急性期治療病棟入院料	I006-2 依存症集団療法
A311-4 児童・思春期精神科入院医療管理料	I008 入院生活技能訓練療法
A312 精神療養病棟入院料　注5 退院調整加算	I008-2 精神科ショートケア
A314 認知症治療病棟入院料　注2 退院調整加算	I009 精神科デイケア
A318 地域移行機能強化病棟入院料	I010 精神科ナイトケア
B001 ウイルス疾患指導料	I010-2 精神科デイナイトケア
B005-10-2 ハイリスク妊婦連携指導料2(必要に応じてPSWが参加していること)	I011 精神科退院指導料
	I011-2 精神科退院前訪問指導料
B006-3 退院時リハビリテーション指導料	I012 精神科訪問看護・指導料
	I015 重度認知症患者デイケア料
	I016 精神科在宅患者支援管理料

★**退院後生活環境相談員**
医療保護入院者の早期退院のための多職種連携や、行政機関を含む院外の機関との調整を行うなど、個々の医療保護入院者の退院支援のための取り組みにおいて、中心的役割を果たす。資格要件は、❶精神保健福祉士、❷保健師等であって精神障害者に関する業務の経験がある者、❸上記職種以外の者で精神障害者の退院支援に関する実務について3年以上の経験があり、かつ厚生労働大臣が定める研修を修了した者。

★**医療保護入院者退院支援委員会**
病院において、医療保護入院者の入院の必要性について審議するための体制として設置が義務づけられた委員会。主治医や看護師、退院後生活環境相談員、本人や家族、地域援助事業者も出席。

の実態に目を向けながら、このような制度などを活用した支援を行っていく必要がある。

　また、精神障害者の社会的入院の解消や退院の促進は、我が国の精神科医療機関において重要な課題である。特に、長期入院になるほど退院調整が難しくなる傾向が強くある。そのため、入院初期から本人の意思を確認しながら、病棟内の多職種チームと連携して退院支援を行っていく。そして、外部関係機関とのケア会議での調整も含めた地域の環境調整や支援、社会資源の活用、家族調整など必要な退院支援を行う。2013(平成25)年の精神保健福祉法の改正においても、医療保護入院者の退院による地域における生活への移行を促進するための措置として、退院後生活環境相談員*の選任や医療保護入院者退院支援委員会*の設置などが義務づけられ、いずれも精神保健福祉士が主要な職種や構成メンバーに位置づけられている。

3　家族支援等の役割

　精神科医療機関おいて精神保健福祉士がかかわる家族支援として、「家族相談」がある。「家族相談」自体は、多職種チームにより行われることも多い。精神障害は、医療的な側面とともに、生活のしづらさなど障害的な部分に対する福祉的な支援を必要とするところが大きく、精神保健福祉士は、医療機関における福祉を基盤とした専門職として、相談

援助を行うことが求められている。

　精神保健福祉士が行う「家族相談」は、入院初期の家族に対する心理的サポートや社会保障、社会福祉制度の紹介、退院後の病院や地域での支援システムや社会資源の活用および説明など多岐にわたっている。また、未受診の患者では、その家族から受診援助などの相談を求められることも多い。家族支援として、その病院全体または認知症や依存症など特定の疾患、デイケアなどその部門ごとに「家族会」が組織されていることがある。このような「家族会」に精神保健福祉士は、多職種チームとともにその活動に協力し、家族と病院との調整や家族会自体の運営などの役割を担うことも多い。

◼️4 精神科医療機関におけるチーム医療の担い手としての役割

　前述のような患者への直接支援や退院支援、家族支援以外に、精神科医療機関において、精神保健福祉士が多職種チームと連携し、治療・リハビリテーション・社会復帰支援などの場面にかかわることが多くなってきている。個別の患者を対象とした多職種チーム以外にも、精神科リエゾン、精神科デイケア、訪問支援・アウトリーチチーム、アルコール依存症や認知症、摂食障害、児童・思春期自殺未遂者に関するケアチームなど、精神保健福祉士が関与する精神科医療機関内の多職種チームは多岐にわたっている。

　また、医療観察法においても、指定入院医療機関の病棟の職種の配置基準に精神科5職種として、医師、看護師などとともに精神保健福祉士の専任配置が義務づけられ、ガイドラインではその多職種チームにより、チーム医療を提供しなければならないことが明記されている（**図4-9**）。

Active Learning

精神科デイケアでは精神保健福祉士はどのような役割を担っているか、考えてみましょう。

★指定入院医療機関の多職種チーム

医師（1名）、看護師（1〜2名）、作業療法士（1名）、臨床心理技術者（1名）、精神保健福祉士（1名）がそれぞれ選任され、対象者の担当多職種チーム（5〜6名）として編成されている。

図4-9　指定入院医療機関における多職種チームによる医療体制

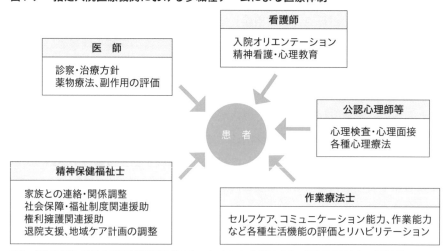

出典：厚生労働省「指定入院医療機関運営ガイドライン」および「指定入院・通院医療従事者研修資料」

◇参考文献
・三澤孝夫「医療観察法における地域（通院）処遇の現状と課題」『こころの科学』第199号，pp.45-50，2018.
・三澤孝夫「指定入院医療における多職種の役割とプログラム」『精神科』第29巻第2号，pp.139-144，2016.
・平林直次・三澤孝夫「司法精神医療・福祉分野におけるケアマネジメント」山内俊雄編『司法精神医学⑤ 司法精神医療』中山書店，pp.319-334，2005.
・厚生労働省「入院処遇ガイドライン」「指定入院医療機関運営ガイドライン」2005.

第5節

精神保健福祉士と協働する職種

学習のポイント

● 協働する職種を把握する

● 協働する職種の資格について理解する

　現在、精神科医療機関ではチームによる治療が展開されている。チームの一員である精神保健福祉士は、協働する職種について理解しておく必要がある。各職種の専門性や役割を理解することによって、適正な連携ができると思われる。医師、薬剤師、看護師については、医療法の基準により入院患者数等により配置基準[★]が決まっている。各職種についての概要は、次のとおりである。

1　医師

　医師法第1条には、医師は、医療および保健指導をつかさどることによって公衆衛生の向上および増進に寄与し、もって国民の健康な生活を確保するものとすると規定されている。

　業務独占の資格で、医師でなければ医業をなしてはならない（第17条）とし、また、医師でなければ、医師またはこれに紛らわしい名称を用いてはならない（第18条）と規定されている。また、診療に従事する医師は診察治療の求めがあった場合には、正当な事由がなければ、これを拒んではならない（第19条）としている。

　絶対的欠格条項として、未成年者には免許を与えない（第3条）とし、相対的欠格条項として、心身の障害により医師の業務を適正に行うことができない者、麻薬、大麻またはあへんの中毒者等には免許を与えないことがある（第4条）としている。

　医師の守秘義務については医師法には規定されておらず、刑法第134条に、正当な理由なしにその業務上取り扱ったことについて知り得た人の秘密を漏らしたときは処罰すると規定されている。なお、薬剤師、助産師や弁護士等も同様に刑法第134条の対象となっている。

　我が国においては、医師国家試験に合格し医師免許を取得すれば、い

★配置基準
たとえば、一般病院であれば、入院患者16名に対して医師1名、70名に対して薬剤師1名、3名に対して看護師1名となっている。また、さまざまな基準により専門職の人員配置が決まっており、たとえば、50名規模のデイケアであれば、精神科医1名、看護師1名、作業療法士等1名、精神保健福祉士等1名となっている。

ずれの診療科においても診療ができるが、諸外国のなかには、そもそも国家資格ではない国などがある。

2 ▶ 薬剤師

★薬剤師法
医師と同じく、絶対的欠格（第4条）と相対的欠格（第5条）が規定されている。守秘義務については、医師と同じく刑法第134条の対象となっている。薬剤師は、大学で6年間学んだあと国家試験を受験することになるが、大学での6年間の教育が必要となるのは、医師、歯科医師、獣医師等と同じである。

薬剤師法第1条には、薬剤師は、調剤、医薬品の供給そのほか薬事衛生をつかさどることによって、公衆衛生の向上及び増進に寄与し、もって国民の健康な生活を確保するものとすると規定されている。

業務独占の資格で、薬剤師でなければ販売または授与の目的で調剤をなしてはならない（第19条）としているが、医師、歯科医師が自らの処方せんにより自ら調剤するときはこの限りではない。また、薬剤師でなければ、薬剤師またはこれに紛らわしい名称を用いてはならない（第20条）と規定されている。また、調剤に従事する薬剤師は調剤の求めがあった場合には、正当な理由がなければ、これを拒んではならない（第21条）としている。

精神科医療機関における薬剤師は、患者に対する副作用の説明やアドヒアランスへのかかわりなどを担当することになる。

3 ▶ 保健師・看護師

★保健師助産師看護師法
心身の障害により保健師、助産師、看護師または准看護師の業務を適正に行うことができない者、麻薬、大麻またはあへんの中毒者等には免許を与えないことがある（第9条）、と規定されている。保健師、看護師または准看護師の守秘義務については第42条の2に規定されており（助産師の守秘義務は刑法第134条）、名称独占については、紛らわしい名称を使用してはならない（第42条の3）、と規定されている。

保健師や看護師は、保健師助産師看護師法によって規定されている。保健師とは、厚生労働大臣の免許を受けて、保健師の名称を用いて、保健指導に従事することを業とする者で（第2条）、看護師とは、厚生労働大臣の免許を受けて、傷病者もしくはじょく婦に対する療養上の世話または診療の補助を行うことを業とする者（第5条）、と規定されている。なお、准看護師とは、都道府県知事の免許を受けて、医師、歯科医師または看護師の指示を受けて、傷病者もしくはじょく婦に対する療養上の世話または診療の補助を行うことを業とする者（第6条）、と規定されている。

保健師は、助産師と同じく看護師免許をもっていることが前提となった資格であり、保健所や市町村等に所属して公衆衛生業務を担当することが多い。近年では、児童相談所に配属されている者や社会復帰調整官として保護観察所に勤務している保健師もいる。

業務独占の資格で、保健師でない者は第２条に規定する業務をしてはならないとし、看護師、准看護師についても、資格をもっていない者がそれぞれ第５条、第６条の業務をしてはならないとしている。

4 作業療法士

作業療法士は、理学療法士及び作業療法士法に規定されている。第２条では、作業療法とは、身体または精神に障害のある者に対し、主としてその応用的動作能力または社会的適応能力の回復を図るため手芸、工作そのほかの作業を行わせること、としている。

また、作業療法士とは、厚生労働大臣の免許を受けて、作業療法士の名称を用いて、医師の指示のもとに作業療法を行うことを業とする者としている。第16条に守秘義務、第17条に名称独占の規定がある。

精神科医療機関における作業療法士は、デイケア部門で利用者に対する作業療法のプログラムを担当することが多い。

5 管理栄養士

管理栄養士は、栄養士法に規定されている。第１条に管理栄養士とは、厚生労働大臣の免許を受けて、管理栄養士の名称を用いて、傷病者に対する療養のため必要な栄養指導、個人の身体の状況、栄養状態等に応じた高度の専門的知識および技術を要する健康の保持増進のための栄養の指導ならびに特定多数人に対して継続的に食事を供給する施設における利用者の身体の状況、栄養状態、利用の状況等に応じた特別の配慮を必要とする給食管理およびこれらの施設に対する栄養改善上必要な指導等を行うことを業とする者、としている。

精神科医療機関における管理栄養士は、入院患者に提供する食事に関した給食管理から、入院・通院患者を対象とした生活習慣病予防の栄養指導などを担当することになる。

★栄養士法
栄養士については、都道府県知事の免許で、栄養士の名称を用いて栄養の指導に従事することを業とする者と第１条で規定している。管理栄養士は、傷病者に対する療養のため必要な栄養の指導を行うにあたっては、主治医の指導を受けなければならないとしている。第６条には名称独占の規定がある。

6 公認心理師

　公認心理師は、2015（平成27）年に成立した公認心理師法によって
規定された精神保健医療福祉領域では最も新しい国家資格である。公認
心理師は、公認心理師という名称を用いて、保健医療、福祉、教育、産
業、司法分野において、心理学に関する専門的知識および技術をもって
業務を行う者としている。その業務としては、心理状態の観察と分析、
カウンセリング、コンサルテーション、心の健康に関する啓発普及とし
ている（第2条）。

　また、第3条には、心身の故障により公認心理師の業務を適正に行う
ことができない者等は、公認心理師になることができない、と欠格事由
が規定され、第40条に信用失墜行為の禁止、第41条に秘密保持義務、
第43条に資質向上の責務、第44条に名称の使用制限が規定されている。
また、第42条では、保健医療、福祉、教育等との密接な連携のもとで
総合的かつ適切に支援できるよう、関係者との連携を保たなければなら
ないとし、さらに主治医の指示を受けなければならないとしている。精
神科医療機関における公認心理師は、カウンセリングや心理検査の実施、
集団精神療法などを担当することが多い。

7 社会福祉士

　社会福祉士は、社会福祉士及び介護福祉士法に規定された国家資格で
ある。社会福祉士とは、社会福祉士の名称を用いて、専門的知識および
技術をもって、身体上もしくは精神上の障害があること、または環境上
の理由により日常生活を営むのに支障がある者の福祉に関する相談に応
じ、助言、指導、福祉サービスを提供する者、または医師そのほかの保
健医療サービスを提供する者や、そのほかの関係者との連携および調整
そのほかの援助を行うことを業とする者（第2条）、と規定されている。

　第44条の2に担当する者が個人の尊厳を保持し、自立した日常生活
を営むことができるよう、常にその者の立場に立って、誠実にその業務
を行わなければならないという誠実義務が規定されている。第45条に
信用失墜行為の禁止、第46条に秘密保持義務、第47条に連携、第47
条の2に資質向上の責務、第48条に名称の使用制限が規定されている。

第5章

精神医療と
保健、福祉の連携

　この章は精神医学の地域社会での実践について述べている。精神医療が地域住民の生活とどのようにつながっているかを理解する。治療導入に向けた支援では、精神疾患へのスティグマと早期介入の重要性、地域のさまざまな機関や学校保健、産業保健とのつながりを学ぶ。また、重要性の高い精神科救急や認知症の初期集中支援について学ぶ。再発予防や地域生活に向けた支援では、服薬自己管理という本人に身近なところから、精神障害にも対応した地域包括ケアシステムの構築まで、本人、家族、地域を含む全体像を学ぶ。

治療導入に向けた支援

学習のポイント
- 精神疾患への早期介入の必要性について理解する
- 精神障害者や家族を取り巻く関係機関間の役割と連携について理解する

1 早期介入

★メンタルヘルスリテ
ラシー
診断、治療あるいは予
防を援助する精神疾患
に関する知識および認
識を意味する。一般社
会でのリテラシーが乏
しいと、精神疾患への
差別・偏見が増大する
だけでなく、本来は社
会全体で取り組むべき
問題である精神疾患の
予防、支援といった活
動の大部分が精神科
サービスのみの取り組
みに限定されてしまう
という問題が生じると
されている。水野雅文
「治療への導入に向け
た支援」『新・精神保
健福祉士養成講座①
精神疾患とその治療
第 2 版』中央法規出版,
pp.328-338, 2016.

精神疾患の早期発見・早期介入を実現するためには、一次予防である
メンタルヘルスリテラシー*（mental health literacy）の向上（**表
5-1**）と、二次予防である早期相談・早期介入が重要であり、「精神障
害にも対応した地域包括ケアシステム」の構築においても、早期介入の
概念と実践を包含することにより、精神疾患の顕在発症を予防し、仮に
発症した場合でも良好な予後を獲得できるようにすべきであろう。[1]

精神疾患の早期発見・早期介入の重要性について、統合失調症の治療
臨界期仮説（critical period hypothesis）では、発症後およそ 5 年以
内の治療の成否が長期予後を決定づけるうえで重要であり、この時期の
治療介入はその有効性が高いとされる。[2] 精神疾患の70%は24歳以前に
発症しているとの報告もあり、[3] 精神疾患の好発年齢である思春期・青年
期への早期介入は重要である。2009（平成21）年に厚生労働省が発表
した「精神保健医療福祉の更なる改革に向けて」には、「若年者が統合
失調症を発症した場合の重症化の予防のため、また、その他の様々な精
神症状に的確に対応するため、段階的に早期支援体制の構築に向けた検
討を進めるべきである」と記載されているが、この取り組みはいまだ定
着していない。

表5-1　メンタルヘルスリテラシーの構成要素

①精神疾患の状態を認識する能力
②精神疾患の危険因子や原因に関する知識
③精神保健の情報を得る方法に関する知識
④入手可能な専門家の支援に関する知識
⑤自助努力（自己対処に関する知識）
⑥認識や援助希望をバックアップするうえでの姿勢

出典：Jorm, A. F., 'Mental health literacy. Public knowledge and beliefs about
mental disorders', *British Journal of Psychiatry*, 177, pp.396-401, 2000.

スティグマとセルフ
スティグマがどう関
係するか考えてみま
しょう。

図5-1 精神病の初期経過と早期介入

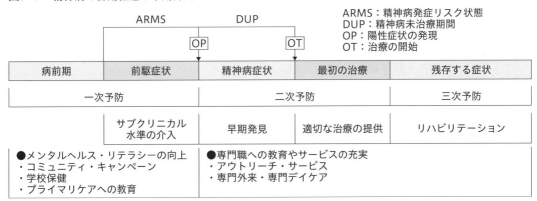

出典：松下正明総編集, 岡崎祐二担当編集, 水野雅文責任編集『専門医のための精神科臨床リュミエール5 統合失調症の早期診断と早期介入』中山書店, pp.92-93, 2009. を一部改変

明らかな精神障害の症状が発現してから精神科治療の開始までの期間を DUP[★]（duration of untreated psychosis：精神病未治療期間）といい、統合失調症の顕在発症に向かう過程において、発症するリスクのある精神状態を ARMS（at risk mental state：精神病発症リスク状態）という（**図5-1**）。

早期介入を阻害する因子としてスティグマ[★]（stigma）が挙げられる。セルフスティグマ（精神障害者自身の精神疾患への偏見や自分が偏見を受ける存在であるという意識。内なる偏見）は援助希求行動を遅らせ、早期介入を困難にする。

精神疾患の早期発見・早期介入については、産後うつ病の予防、アルコール使用障害のスクリーニングや簡易介入、専門治療、自助グループへの紹介、学童期・思春期から成人期に向けた保健対策を通しての摂食障害の予防、育児におけるマルトリートメント予防を通しての自傷行為や自殺企図、物質乱用、危険な性的行動の予防などが研究され、また取り組まれている。これらの発展も注意深く見守っていく必要がある。

2 ▶ 精神保健福祉センター、保健所、市町村保健センターとその役割

精神保健福祉センターは、精神保健及び精神障害者福祉に関する法律（精神保健福祉法）第6条に規定された都道府県（指定都市）の精神保健福祉に関する技術的中核機関である。一方、保健所は地域保健法第3章に規定された地域保健対策の広域的・専門的・技術的推進のための拠点である。同法第4章に規定されている市町村保健センターは、住民に

★DUP

DUPと予後との関連については、DUPを短縮することによって治療反応性を比較的良好に保ち、症状の重症化や社会機能、QOL（quality of life：生活の質）の低下、再発などをある程度予防し得る可能性が示唆されている。西田淳志「早期精神障害への支援と治療——その根拠と目的」『こころの科学』第133号, pp.13-19, 2007.

★スティグマ

「特定の集団に対する偏見を含んだ否定的な態度」を意味する。スティグマを軽減させる取り組み（アンチスティグマ）として、❶精神障害および精神疾患に関する正しい情報提供、❷マスコミ報道の是正、❸当事者との直接接触体験、が有効である。宇田川健「アンチスティグマとリカバリーについて当事者は何が言えるのか」『こころの科学』第210号, pp.28-32, 2020.

Active Learning

自分の住んでいる都道府県や政令指定都市の精神保健福祉センター、保健所、保健センターがどこにあるか、どのような名称か調べてみましょう。

対し、健康相談、保健指導および健康診査そのほか地域保健等の必要な事業を行う。

1 精神保健福祉センター

「精神保健福祉センター運営要領について」（平成 8 年 1 月 19 日健医発第 57 号）によると、精神保健福祉センターの目標は、地域住民の精神的健康の保持増進、精神障害の予防、適切な精神医療の推進から社会復帰の促進、自立と社会経済活動への促進のための援助までの広範囲にわたる。その業務については、❶企画立案、❷技術指導および技術援助、❸人材育成、❹普及啓発、❺調査研究、❻精神保健福祉相談、❼組織育成、❽精神医療審査会の審査に関する事務、❾自立支援医療（精神通院医療）および精神障害者保健福祉手帳の判定が挙げられている。

精神保健福祉センターは、地域精神保健福祉活動推進の中核機関として、医療、福祉、労働、教育、産業等の関係機関と緊密な連携をもとに、保健所および市町村への技術指導・技術援助を行うことが求められている。

2 保健所

保健所は、1965（昭和 40）年の精神衛生法の改正において、精神衛生行政の第一線機関として位置づけられた。1992（平成 4）年に 852 か所存在した保健所は、1994（平成 6）年「保健所法」から「地域保健法」への改正などによって統廃合が進み、472 か所（2019（平成31）年 4 月 1 日現在）まで減少した。これによって所管人口や面積が拡大するとともに広域的な機能を担うこととなった。

保健所の業務は、「保健所及び市町村における精神保健福祉業務について」（平成 12 年 3 月 31 日障第 251 号）に記載されており、人権に配慮し適正な精神科医療体制の整備、指導・監督、地域の状況に応じた施策の企画・立案、入院等関係事務（措置入院関係、医療保護入院関係）、精神保健福祉法等に基づく精神障害者保健福祉手帳の普及や福祉サービスの拡充のための支援、すべての住民に対する普及啓発の保健福祉施策など、幅広い業務を行うこととされている。

現在の主要な課題は、「入院医療中心から地域生活中心へ」の理念をもとに、「精神障害にも対応した地域包括ケアシステムの構築」「多様な精神疾患等に対応できる医療連携体制の構築」を地域の実情に合わせて官民協働で推し進めることである。また、2018（平成 30）年 3 月 27

★入院等関係事務
医療保護入院届および退院届の受理と進達、措置入院および医療保護入院の定期病状報告の受理と進達。

★「入院医療中心から地域生活中心へ」
2004（平成16）年 9 月に厚生労働省が示した「精神保健医療福祉の改革ビジョン」では、「入院医療中心から地域生活中心へ」を推し進めるために「国民意識の変革」「精神医療体系の再編」「精神保健医療福祉施策の基盤強化」という柱が掲げられた。厚生労働省「精神保健医療福祉の改革ビジョン（概要）」https://www.mhlw.go.jp/topics/2004/09/dl/tp0902-1a.pdf

図5-2　精神障害者に対する包括的な退院後支援のイメージ

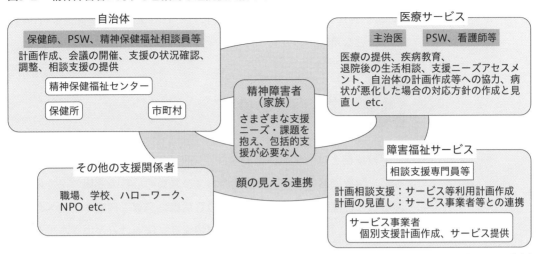

出典：国立精神・神経医療研究センター精神保健研究所「2018（平成30）年地方公共団体による精神障害者の退院後支援に関する研修会」資料を一部改変

日に厚生労働省から示された「地方公共団体による精神障害者の退院後支援に関するガイドライン」に基づき、入院した中重度の精神障害者（措置入院者および医療保護入院者等）のうち、地方公共団体が中心となって退院後の医療の支援を行う必要があると認められる者について、地方公共団体が入院先医療機関や地域援助事業者等と連携・協力（**図5-2**）して、精神障害者の退院後支援を現行の法のもと（精神保健福祉法第47条）で取り組んでいる。

3　市町村保健センター

　市町村保健センターは、保健所と同じく地域保健法によって設置され、住民に身近な保健サービスを実施している。保健師、看護師、栄養士等が配置され、地域住民に対する健康相談、保健指導、母子健康手帳の交付、予防接種や各種健康診査など、住民に身近で利用頻度の高い保健サービスを提供する施設として位置づけられている。地域住民の生活や健康に直結しているため、産後うつ、発達障害、依存症など、こころの健康問題をいち早く捉えて介入しながら、保健所や医療機関等の関係機関へつなぐ支援機能をもっている。

　また、市町村は、「保健所及び市町村における精神保健福祉業務について」で、保健所の協力と連携のもとで、その地域の実情に応じて精神保健福祉業務を行うよう努めることとされている。人権保護上の十分な配慮が必要な医療保護入院における市町村長の同意は、市町村の重要な精神保健福祉業務の一つである。

★精神保健福祉法第47条
本条は精神障害者に係る相談指導等に関する規定。相談指導とは、「急性期の精神症状が現れているときの相談指導（受診支援）」と「社会復帰および社会参加促進のための相談指導（退院支援）」である。

★医療保護入院における市町村長の同意
1988（昭和63）年に厚生省が示した「市町村長同意事務処理要領」において、法第33条第3項による市町村長同意の対象となる者の要件や市町村において行われる手続き、同意後の事務等が定められている。

このように、入院医療から社会復帰や福祉施策にその幅が広がるにつれて、都道府県および保健所を中心に行われてきた精神保健福祉行政は、より身近な市町村の役割が大きくなっている。

3 ▶ 学校保健の役割

学校保健とは、学校保健安全法（昭和33年法律第56号）にあるように、学校において、児童生徒等および職員の心身の健康の保持増進を図ること、集団教育としての学校教育活動に必要な健康や安全への配慮を行うこと、自己や他者の健康の保持増進を図ることができるような能力を育成することなど、学校における保健管理と保健教育である。我が国の学校保健の領域においてはさまざまな課題があるが、近年、児童虐待やひきこもりなどの社会問題に関し、児童・生徒の心の健康問題は重要な課題であり、その対策として児童生徒等の心身の健康に関し、健康相談等が求められている。

1 学校内の体制整備

児童生徒の心の健康問題は非常に幅広く、その対応も難しい。家庭や友人関係などの複雑さも加わり、教員が個別に対応するだけでは解決できないことも多い。そのため、学校内の体制強化が求められており、担任教諭、養護教諭、学年主任、管理職、スクールカウンセラー、スクールソーシャルワーカー、学校医などがチームとして問題解決にあたることが望まれている。ただし、事案によっては学校内のみでは対応しきれないこともあるので、精神科医療機関や地域の専門相談機関等との連携が必要になる。

2 地域の専門相談機関との連携

地域との連携の方法はさまざまであるが、難しい事案の場合はケース会議を開催して検討することが一般的である。学校の担当者をはじめ、必要に応じて教育相談所、子ども家庭支援センター、児童相談所、保健所、保健センター、精神保健福祉センター、警察等が参加する（状況によっては本人や家族も参加する）。

★スクールカウンセラー
スクールカウンセラーの業務は、児童生徒に対する相談のほか、保護者および教職員に対する相談、教職員等への研修、事件・事故等の緊急対応における被害児童・生徒の心のケアなど多岐にわたっている。

★スクールソーシャルワーカー
教育分野に関する知識に加えて、社会福祉等の専門的な知識や技術を活用し、問題を抱えた児童生徒に対し、当該児童生徒が置かれた環境に働きかけたり、関係機関等とのネットワークを活用したりするなど、多様な支援方法を用いて、課題解決への対応を図る。

4 産業保健の役割

1 職場における現状

　近年、職場において、ストレスやハラスメント、自殺などが社会問題として取りあげられ、職場のメンタルヘルスに対する関心が高まっていることから、さまざまなメンタルヘルス対策が実施されている。労働安全衛生法（昭和47年法律第57号）の改正に基づいて2015（平成27）年に義務化されたストレスチェック制度においては、その実施者は、医師または保健師のほか、厚生労働大臣が定める一定の研修を修了した看護師または精神保健福祉士とするとされており、精神保健福祉士も専門職としての役割が期待されている。

　厚生労働省の「平成30年労働安全衛生調査（実態調査）」によると、「現在の仕事や職業生活に関することで、強いストレスとなっていると感じる事柄がある労働者の割合」は、58.0％であった（**図5-3**）。その内容（主なもの三つ以内）をみると、「仕事の質・量」が59.4％と最も多く、次いで「仕事の失敗、責任の発生等」が34.0％、「対人関係（セクハラ・パワハラを含む）」が31.3％となっている。

2 職場のメンタルヘルス対策

　我が国における職場のメンタルヘルス対策は、1988（昭和63）年に当時の厚生省が策定した「事業場における労働者の健康保持増進のため

★**ストレスチェック制度**
労働者に対して行う心理的な負担の程度を把握するための検査（ストレスチェック）や、検査結果に基づく医師による面接指導の実施などを事業者に義務づける制度である。

Active Learning
2020（令和2）年に労働施策の総合的な推進並びに労働者の雇用の安定及び職業生活の充実等に関する法律（労働施策総合推進法）が改正され、雇用管理上必要な措置をとることが事業主の義務となりました。ハラスメントの類型や具体例を考えてみましょう。

図5-3　現在の仕事や職業生活に関することで、強いストレスとなっていると感じる事柄がある労働者の割合

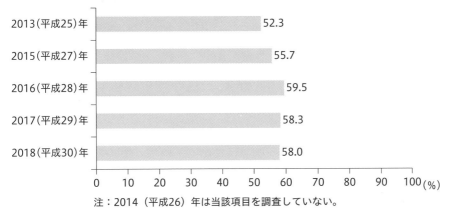

年	割合
2013（平成25）年	52.3
2015（平成27）年	55.7
2016（平成28）年	59.5
2017（平成29）年	58.3
2018（平成30）年	58.0

注：2014（平成26）年は当該項目を調査していない。

出典：厚生労働省「平成30年労働安全衛生調査（実態調査）」

の指針」に基づく心とからだの健康づくり運動（Total Health Promotion Plan：THP）によって取り組まれることとなった。同指針では、労働者の健康保持増進を目的に健診の結果に基づく運動指導や栄養指導、保健指導とともにメンタルヘルスケアの実施が事業所の努力義務とされた。また、2000（平成 12）年には、「事業場における労働者の心の健康づくりのための指針」において、「心の健康づくり計画」の策定と、「セルフケア」「ラインによるケア」「事業場内産業保健スタッフ等によるケア」「事業場外資源によるケア」の 4 つのケア（**表 5-2**）が示された。

　表 5-2 の 4 つのケアが適切に実施されるよう、事業場内の関係者が相互に連携し、**図 5-4** の取り組みを積極的に推進することが求められている。

表5-2　「心の健康づくり計画」の策定

1．セルフケア	労働者によるストレスへの気づきとストレスへの対処
2．ラインによるケア	管理監督者による職場環境等の改善と個別の指導・相談等
3．事業場内産業保健スタッフ等によるケア	産業医、衛生管理者等による職場の実態の把握、個別の指導・相談等、ラインによるケアへの支援、管理監督者への教育・研修
4．事業場外資源によるケア	事業場外資源による直接サービスの提供、支援サービスの提供、ネットワークへの参加

注：「労働者の心の健康の保持増進のための指針」でも同様である。

図5-4　メンタルヘルスケアの具体的進め方

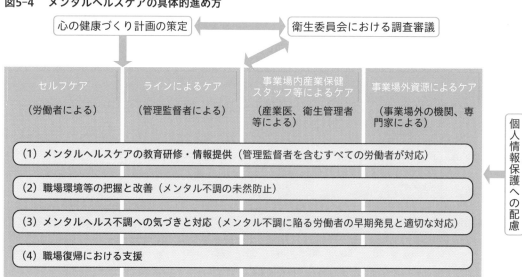

出典：厚生労働省「職場における心の健康づくり——労働者の心の健康の保持増進のための指針」2020.

5 精神科救急医療システム

1 精神科救急医療システムの整備

　我が国における精神科医療は、入院医療中心から地域生活中心に進み精神科救急医療体制を整備する必要性が高まった。[4] そして国は、措置入院等の非自発的救急受診事例を主たる対象とした都道府県単位の精神科救急医療体制の整備に1995（平成 7）年に着手し、診療報酬においても1996（平成 8）年に精神科急性期入院料を、2002（平成 14）年に精神科救急入院料を新設した。さらに2010（平成 22）年の精神保健福祉法の改正で、都道府県の精神科救急医療体制整備の努力義務を規定した（法第 19 条の 11）。

　精神科救急医療体制整備事業の概要については、**図 5-5** のとおりであるが、精神科救急医療体制の整備や運用状況は都道府県ごとで大きく異なっている。[5]

第 5 章　精神医療と保健・福祉の連携

図5-5　精神科救急医療体制整備事業の概要

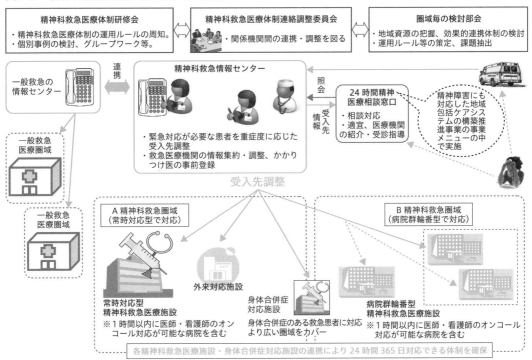

資料：厚生労働省

▌2 精神科救急医療体制整備事業

精神科救急医療体制整備事業は、次のように構成されている。なお、精神科救急医療体制整備事業にあった「精神医療相談事業」については、2020（令和2）年度から「精神障害にも対応した地域包括ケアシステムの構築推進事業」に組み替えられた。

❶精神科救急医療体制連絡調整委員会等

医療計画等に基づく救急医療対策における関係機関による連絡会議等の間で、精神障害者等の移送の実施体制や身体科や精神科との連携体制の構築等、地域の実情を踏まえた連携体制を検討する。

❷精神科救急情報センター

身体疾患を合併している者も含め、緊急な医療を必要とする精神障害者等の搬送先となる医療機関との円滑な連絡調整を行う。原則24時間365日対応できるよう整備するものとされている。ただし、時間帯により固定の担当機関を置き、適切に情報を引き継ぐ体制を整備することも可能とされている。

❸搬送体制

精神保健福祉法第34条に関する搬送体制の整備を図るとともに、消防機関、精神科救急医療施設等の協力を得ながら、患者を速やかに搬送することが可能な体制を整備する。

❹精神科救急医療確保事業

緊急な医療を必要とするすべての精神障害者等に対し医療が提供できる体制を整え、入院を必要とする場合には入院させることができるよう空床を確保する。受け入れ施設を**表5-3**に示す。

❺身体合併症救急医療確保事業

身体合併症患者に対し医療を提供する。少なくとも二つの精神科救急医療圏域に1か所整備するよう努めることとされている[6]。

Active Learning

精神保健福祉法第34条による移送はどのような対象が想定されているでしょうか。

表5-3　精神科救急の受け入れ施設

精神科救急医療施設	病院群輪番型	・各精神科救急医療圏で、複数病院の輪番制による受け入れ体制を整備する。
	常時対応型	・24時間365日、同一医療機関において、重度の症状を呈する精神科急性期患者に対応する。
外来対応施設		・外来診療によって初期精神科救急患者に対応する（夜間、休日、全時間帯を同一の医療機関において体制を整えている場合は、「常時型外来対応施設」として指定）。

3 精神科救急医療システムの課題

すべての国民が等しく質の高い精神科救急医療を受けられるようにするためには、精神科情報センター機能、地域生活支援や身体合併症の対応の充実の構築が課題である。

4 精神科救急事例を減らすために

精神科救急事例を減らすためには精神科医療のみならず、障害福祉サービスや自助グループにおいても、急性増悪の可能性を念頭において、本人を含めたチームでリスクマネジメントの取り組みを進めることが望まれる。

具体的には、❶自分の病気について知る、❷自分の不調のサインを知る、❸自分の病気の処方を知る、❹自分に適した対処法をみつける、ということである。もし、夜間や休日に具合が悪くなってしまったら、①定時薬を服用し、様子をみる、②頓服薬を服薬する、③自分に適した対処法を試す、④通院先に対処法を相談する、⑤家族や周囲の人に状態を伝える、⑥精神医療相談窓口もしくは精神科救急情報センターに相談する、といった対処を自らの手で行うことができるようにすることが地域生活には必要であろう。

また、入院治療を終えて退院後に自宅での生活に戻った場合に、地域社会とのつながりが乏しく孤立した状況に置かれることや、相談支援や障害福祉サービス等の支援とつながっていないことで、精神障害者自身のSOSや病状悪化のサインを見逃すことになり、結果として重篤な状態で精神科救急医療の対象になることも少なくない。そのため、入院中から地域生活を見据えた地域の支援体制を整えることも重要である。

6 認知症初期集中支援チーム

2013（平成25）年に策定された、「認知症疾患推進5か年戦略（オレンジプラン）」で、認知症初期集中支援チームが創設された。

認知症初期集中支援チームは、認知症になっても本人の意思が尊重され、できる限り住み慣れた地域のよい環境で暮らし続けることができるように、認知症の人やその家族に早期にかかわり、早期診断・早期対応に向けた、アセスメントや家族支援などの初期の支援を包括的および集中的（おおむね6か月）に行い、自立生活のサポートを行う。同チーム

★**身体合併症の治療**
身体科合併症患者に対し、身体科治療と精神科治療が並行して同時に行われるものを並列モデルという。縦列モデルは治療優先度の高い問題から、身体科と精神科それぞれの専門的対応を順次行うものである。

は、認知症サポート医や保健師、看護師、作業療法士、社会福祉士、介護福祉士等の医療と介護の専門職により構成されており、地域包括支援センター等に配置されている。同チームの対象者は、**表 5-4** のとおり認知症が疑われる者である。[8]

認知症初期集中支援の利点(効果)については、**図 5-6** のとおりであるが、認知症初期集中支援チームの活動は、単に認知症患者へのアウトリーチ活動の機能・効果は本人・家族にとどまらない。自治体にとっては、早期発見や医療・介護連携の体制づくりのツールやチームのマネージメントを通じたガバナンスの向上に利点がある。また、活動するチーム員にとっては、多職種連携の実践、個人のケア技術の向上につながる。さらに地域にとっては、地域住民を巻き込んだ認知症患者にやさしい街づくりへと発展することが期待できる。[9]

表5-4　認知症初期集中支援チームの対象者

40 歳以上で、在宅で生活している、認知症が疑われる人または認知症者で次の基準のいずれかに該当する人 ❶医療サービス、介護サービスを受けていない人、または中断している人で次のいずれかに該当する人 　・認知症疾患の臨床診断を受けていない人 　・継続的な医療サービスを受けていない人 　・適切な介護保険サービスに結びついていない人 　・診断されたが介護サービスが中断している人 ❷医療サービス、介護サービスを受けているが認知症の行動・心理症状が顕著なため、対応に苦慮する人

図5-6　認知症初期集中支援の利点(効果)

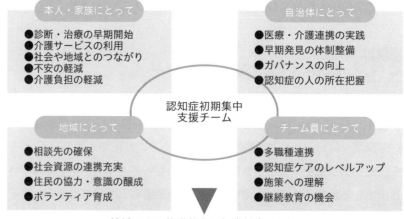

出典：鷲見幸彦「認知症初期集中支援チームの流れとこれまでの状況」国立長寿医療研修センター『認知症初期集中支援チーム研修会』2018. https://www.ncgg.go.jp/kenshu/kenshu/documents/2018-2-nagare.pdf

◇引用文献

1）根本隆洋「統合失調症をめぐる精神科医療の変化――病院から地域，そして早期介入へ」『臨床精神医学』第49巻第 2 号，pp.195-202，2020.

2）Birchwood, M. J., McGorry, P., Jackson, H., Early intervention in schizophrenia, *Br. J. Psychiatry*, 170(1), pp.2-5, 1997.

3）Kessler, R. C., Berglund, P., Demler, O. et al., Lifetime prevalence and age-of-onset distributions of DSM-IV disorders in the National Comorbidity Survey Replication, *Arch. Gen. Psychiatry*, 62(6), pp.593-602, 2005.

4）平田豊明「地域生活支援のための精神科救急医療とは？」『季刊地域精神保健福祉情報 Review』第10巻第 3 号，pp.8-12，2002.

5）平田豊明「精神科救急医療の包括的評価および医療・行政連携推進のサービスの質向上と医療供給体制の最適化に資する研究」『精神科救急医療における質向上と医療供給体制の最適化に資する研究』2020.

6）厚生労働省「夜間休日精神科救急医療機関案内窓口」 https://www.mhlw.go.jp/kokoro/support/ercenter.html

7）塚本哲司「精神科救急情報センター」『精神科臨床サービス』第10巻第 1 号，pp.65-67，2010.

8）鷲見幸彦「認知症初期集中支援チームについて」『日老医誌』第52巻第 2 号，pp.138-146，2015.

9）鷲見幸彦「認知症初期集中支援チームの流れとこれまでの状況」国立長寿医療研修センター『認知症初期集中支援チーム研修会』2018. https://www.ncgg.go.jp/kenshu/kenshu/documents/2018-2-nagare.pdf

◇参考文献

・日本精神保健福祉士養成校協会編『新・精神保健福祉士養成講座① 精神疾患とその治療 第 2 版』中央法規出版，pp.328-338，2016.

・精神保健福祉研究会監『四訂 精神保健福祉法詳解』中央法規出版，2016.

・「『措置入院の運用に関するガイドライン』について」（平成30年 3 月27日障発0327第15号）

・「『地方公共団体による精神障害者の退院後支援に関するガイドライン』について」（平成30年 3 月27日障発0327第16号）

・日本学校保健学会『子どものメンタルヘルスの理解とその対応――心の健康つくりの推進に向けた組織体制づくりと連携 第 3 版』2010.

・山下俊幸編著『教職員のための手引き（改訂版）学校における精神保健に関する健康相談――児童・生徒のこころの健康支援のために』2004.

・厚生労働省「労働者の心の健康の保持増進のための指針」2015.

・中央労働災害防止協会『平成17年度職場におけるメンタルヘルス対策のあり方検討委員会報告書』2006.

・「精神疾患における厚生労働省各予算事業の概要」第16回医療計画の見直し等に関する検討会資料，2019.

再発予防や地域生活に向けた支援

学習のポイント

● 服薬自己管理の支援を理解する
● 精神障害にも対応した地域包括ケアシステムの構築に至る経緯と基本的な考え方を理解する
● 精神障害者を支えるさまざまな機関の役割を理解する

1 服薬自己管理の支援

1 服薬自己管理

現在の精神科医療において薬物療法は中心的な治療の一つに位置づけられており、服薬治療の継続を必要とすることが多い。我が国ではこれまで多剤併用療法*が多かったが、非定型抗精神病薬*の普及とともに単剤化が進んでいる。服薬管理は、入院当初は看護師によって行われるが、症状の安定とともに、看護師や薬剤師等による退院に向けての自己管理の指導が行われる場合がある。薬物療法の効果や副作用等について学び、安心して服薬できるようになれば、薬物療法の効果を実感し、自分にとって必要なものであると認識するようになる。

このため、患者が医療従事者の指示どおりに処方された薬を服用する「コンプライアンス」ではなく、患者が治療方針を理解して、自ら積極的に治療に取り組む「アドヒアランス」の向上が重視されるようになっている。

2 さまざまな機関における自己管理支援

❶医療機関

医療機関の服薬支援は、患者自身が治療の必要性を理解し、服薬治療を生活のなかに組み込んでいけるように支援する。退院後も服薬治療が継続できるよう、治療上で考えられる問題（誤薬、怠薬など）に遭遇したときに対処できるよう支援する。患者と医療従事者の間に信頼関係が構築され、患者が退院後も安心して服薬治療を継続できるようなかかわりが重要である。

★多剤併用療法
薬物療法にあたり、複数の薬剤を同時に用いること。多剤併用は単剤投与より優れているという科学的根拠は乏しく、副作用の出現率が高く、その有効性を検証しにくいなどの理由から望ましくないとされている。

★非定型抗精神病薬
抗精神病薬には定型抗精神病薬と非定型抗精神病薬がある。定型抗精神病薬のうちハロペリドールなどの高力価抗精神病薬は、幻覚妄想に対する効果が強い反面、錐体外路系の副作用が出やすい。1990年代に登場した非定型抗精神病薬は、錐体外路系の副作用が少ない。また、双極性障害のうつ状態やうつ病にも適応がある。

具体的には、主治医、看護師、薬剤師、精神保健福祉士等が「退院後に自分で薬を管理する予定か」「怠薬の既往があるか」「処方どおり服薬する自信があるか」等、患者の服薬自己管理の必要性、妥当性、適性をアセスメントする。

次に、薬剤師が服薬指導や心理教育を行い、退院後の生活を見据え、どのような管理・保管・服薬方法がよいかを患者と話しあい、主治医とともに決定する。管理方法（薬袋、箱、服薬カレンダー等）を検討し、1回の服用分の薬包や錠剤をまとめるか、薬袋に日付を入れるかなど、患者本人や家族とともに考えていく。薬剤師による服薬指導や心理教育は、患者の理解度や希望などを考慮し、必要に応じて継続する。

患者が退院後どのような生活を送りたいのかを知り、そのためには治療を続ける必要があること、服薬の自己管理が必要であることを自覚できるよう支援する。誤薬や怠薬があったときの対処方法について、事前に決めておくことも必要である。入院中に実施していた管理方法を退院後も継続できるよう、退院支援カンファレンスや退院時共同指導で情報を共有することによって、地域の支援者へスムーズにつなぐことが可能となる。

❷訪問看護

精神科訪問看護は、通院先の医療機関と訪問看護ステーション★等で実施されている。

医療機関を退院したばかりの利用者については、医療機関で実施していた管理方法を継続するなど、利用者が慣れている方法や希望する方法を尊重しながら検討していく。また、服薬治療の経過のなかで誤薬や怠薬が起こった場合の対処方法を、利用者やその家族と確認する。

症状が悪化したときの頓服薬の服用方法を知らない利用者や、入院中は頓服薬を服用しなかった利用者が、十分な説明や指導を受けないまま、服用せずに余った頓服薬を退院時に持たされている場合があるので注意が必要である。

身体疾患を合併して精神科治療薬と他科の治療薬を服用している利用者の場合は、どのように服薬治療を行っているのかを把握する必要がある。たとえば、糖尿病治療を併せて行っている利用者の場合は、PTPシート★のままだと、食前薬や食後薬など区別がつきにくく、服薬が不規則になるので、服薬時間に合わせて一包化することが望ましい。

入院中は、看護師が管理しやすくするために患者の持参薬は一包化され、退院後もそれが継続されることが多い。しかし、利用者はクリニッ

★**訪問看護ステーション**

在宅での生活を安心して過ごせるように、訪問看護師等が、かかりつけの医師との連携のもとに看護サービスを提供し、心身の機能の回復を支援する。都道府県から指定を受ける。

★**PTPシート**

薬を包装する方法の一つで、錠剤やカプセルをプラスチックとアルミで挟んだシート状のもの。

クや調剤薬局で一包化できることを知らない場合がある。また、退院後に他科を受診するとPTPシートの処方に戻ってしまうこともあるため、訪問看護ステーション等から調剤薬局等への調整が必要となる。

❸宿泊型自立訓練（生活訓練）事業所

宿泊型自立訓練（生活訓練）事業所は職員が常駐している。退院後にアパート等での一人暮らしに不安を抱えている場合、同事業所を利用して、生活や服薬に関する支援を受けた後にアパート等に転居する場合がある。服薬支援については、利用者が主体的に自己管理できるように、きめ細かい支援を行う。2週間分や4週間分処方された薬は薬袋や箱、服薬カレンダー等を利用する。利用者によっては、4週間分の薬を自分で所持することにストレスを感じることもあるので、たとえば、一包化された薬袋を4分割した箱（朝、昼、夕、寝る前など）に、1日分から1週間分や2週間分など利用者の状態に合わせて分けて入れ、適切な服薬ができているかどうかを確認する。こうしたかかわりは、利用者の服薬についての不安を軽減し、自信をつけ、地域での生活を送ることを後押しする。

❹そのほか自助グループやピアサポーターなど

当事者間で、長期にわたって服薬を続けていることの負担や不安、服薬管理の工夫等をお互いに共有できる、自助グループやピアサポーターの活動も有効である。また、相談支援事業所等の相談機関や家族が、患者本人の不安を受けとめ、服薬していること自体をねぎらうことや、調剤薬局等における薬の一包化なども服薬自己管理を支える。

2 精神障害にも対応した地域包括ケアシステムの構築

1 精神保健医療福祉施策の変遷

我が国の精神障害者支援が入院処遇を中心として発展した背景には、私宅監置をなくすために、まずは入院できる病床の整備が推進されてきたことがある。

1954（昭和29）年の全国精神衛生実態調査では、精神障害者の全国推定数130万人のうちの要入院者は35万人であったが、当時の精神病床（約3万床）は、その10分の1にも満たず、その後30年かけて国策として精神病床の整備は進められてきた。しかし、1984（昭和59）年に起きた精神科病院の人権侵害事件を契機とした国内外からの強い批

★ピアサポーター
ピアサポートの担い手として、仲間（ピア）同士の関係を大切にし、経験や感情を共有しながら活動を実施する者。活動は、本人の力を信じ、本人の自己決定を尊重した人権感覚を意識したボランティアベースの取り組みである。また、ピアサポーター自身も活動をすることによって、自己効力感を感じたり、自身の経験を客観的に整理する機会を得ることができる。

★私宅監置
1900（明治33）年の精神病者監護法は、監護義務者が行政庁の許可を得て、精神障害者を私宅または精神病院・病室に監置する手続きを定めた。精神科医療施設がほとんどなかった当時において、私宅監置は精神障害者の主たる処遇方法であった。

判を受けて、1987（昭和62）年に精神障害者の人権擁護、適正な医療
と保護の確保および社会復帰の促進等の観点から、精神保健法に改正さ
れた。さらに、1993（平成5）年の障害者基本法の成立を受け、1995（平
成7）年に精神保健及び精神障害者福祉に関する法律（精神保健福祉法）
に改正され、社会復帰の促進が図られることとなった。ただし、その進
展が十分ではなかったことから、厚生労働大臣を本部長とする精神保健
福祉対策本部を設置し、2004（平成16）年9月に精神保健医療福祉の
今後の方向性を示す「精神保健医療福祉の改革ビジョン」が公表された
（**図5-7**）。

　その後、2014（平成26）年4月の精神保健福祉法の改正により、「良
質かつ適切な精神障害者に対する医療の提供を確保するための指針（厚
生労働大臣指針）」を定め、入院医療中心の精神医療から地域生活を支
えるための精神医療の実現に向け、精神障害者に対する保健医療福祉に
携わるすべての関係者が目指すべき方向性が提示された。

　2017（平成29）年2月の「これからの精神保健医療福祉のあり方に
関する検討会」報告書では、「入院医療中心から地域生活中心へ」とい
う理念に基づく施策をより強力に推進するために「精神障害にも対応し
た地域包括ケアシステム」という新たな基軸が提案された。この検討会

Active Learning
精神障害者福祉制度
の発展経緯を振り
返ってみましょう。

第5章 精神医療と保健、福祉の連携

図5-7　精神保健医療福祉の改革ビジョンの枠組み

精神保健福祉施策について、「入院医療中心から地域生活中心へ」改革を進めるため、
①国民の理解を深化、②精神医療の改革、③地域生活支援の強化を今後10年間で進める。

国民の理解の深化

「こころのバリアフリー宣言」の普及等を通じて精神疾患や精神障害者に対する国民の理解を深める

精神医療の改革

救急、リハビリ、重度などの機能分化を進め、できるだけ早期に退院を実現できる体制を整備する

地域生活支援の強化

相談支援、就労支援等の施設機能の強化やサービスの充実を通じ市町村を中心に地域で安心して暮らせる体制を整備する

「入院医療中心から地域生活中心へ」という
精神保健福祉施策の基本的方策の実現

資料：厚生労働省を一部改変

★障害福祉計画

障害者の日常生活及び社会生活を総合的に支援するための法律（障害者総合支援法）第87条に定められた障害福祉サービス等の提供体制および自立支援給付等の円滑な実施を確保することを目的とした基本指針に即して、都道府県および市町村が3年ごとに作成するもの。

Active Learning

地域共生社会と「精神障害にも対応した地域包括ケアシステム」のつながりを考えてみましょう。

★基幹相談支援センター

障害者総合支援法の地域生活支援事業に位置づけられ、地域の相談支援の拠点として総合的な相談業務を担う。専門的な職員を配置し、地域移行・地域定着の取り組み、地域の相談支援体制の強化の取り組み等を行う機関である。

での議論を踏まえ、同年3月に第5期障害福祉計画に係る国の基本指針において、精神障害にも対応した地域包括ケアシステムの構築を目指して、2020（令和2）年度末までにすべての障害保健福祉圏域・市町村ごとに保健・医療・福祉関係者による協議の場を設置するという成果目標が設定された。

2 「精神障害にも対応した地域包括ケアシステム」の基本的な考え方

「精神障害にも対応した地域包括ケアシステム」は、精神障害者が地域の一員として安心して自分らしい暮らしをすることができるよう、医療、障害福祉・介護、住まい、社会参加（就労）、地域の助け合い、教育を包括的に確保しようとするものである（図5-8）。この仕組みは、「入院医療中心から地域生活中心へ」の理念を支えるものであり、多様な精神疾患等に対応するための地域の基盤となることが期待されている。

「精神障害にも対応した地域包括ケアシステム」の構築範囲は、日常生活圏域が基本となるが、精神科医療機関やそのほかの医療機関、障害福祉サービス事業所等、市町村による包括的かつ継続的な連携支援体制の確保が求められる[1]。都道府県、保健所、医療機関、市町村、基幹相談支援センター等がそれぞれの役割や責任を全うすることによって、重層的な連携体制を地域につくることができる。

3 地域生活を支える多機関の役割

精神障害者を地域で支えるためには、都道府県（精神保健福祉主管課、精神保健福祉センター）、保健所、医療機関、市町村、基幹相談支援センター等がそれぞれの役割をもとに、重層的で相補的な連携支援体制を構築することが重要である。

そのなかで、基幹相談支援センターは地域の相談支援の拠点として、障害福祉に関する総合的な相談業務を担うよう位置づけられている。しかし、厚生労働省が全市町村（市町村数1741）を対象に行った相談支援事業の実施状況に関する調査によると、2019（平成31）年4月時点で基幹相談支援センターを設置しているのは全市町村の39%（687市町村846か所）であった。このうち、市町村の委託により設置しているのは84%（712か所）であった[2]。このように、基幹相談支援センター

図5-8　精神障害にも対応した地域包括ケアシステムの構築

精神障害にも対応した地域包括ケアシステムの構築（イメージ）

○ 精神障害者が、地域の一員として安心して自分らしい暮らしをすることができるよう、医療、障害福祉・介護、住まい、社会参加（就労）、地域の助け合い、教育が包括的に確保された地域包括ケアシステムの構築を目指す必要がある。

○ このような精神障害にも対応した地域包括ケアシステムの構築にあたっては、計画的に地域の基盤を整備するとともに、市町村や障害福祉・介護事業者が、精神障害の程度によらず地域生活に関する相談に対応できるように、圏域ごとの保健・医療・福祉関係者による協議の場を通じて、精神科医療機関、その他の医療機関、地域援助事業者、市町村などとの重層的な連携による支援体制を構築していくことが必要。

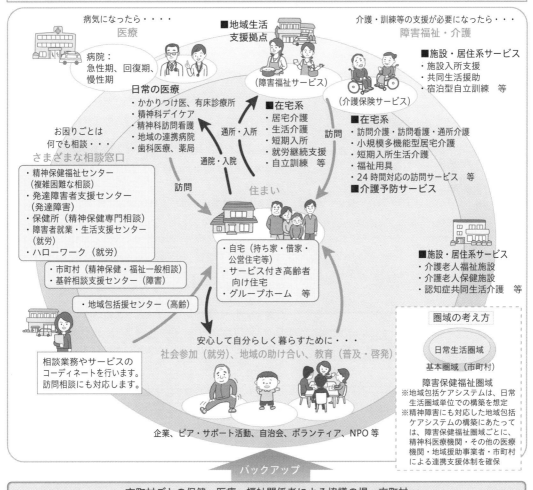

は十分に普及していないのが実態である。

　その一方で、精神障害者の地域生活を支えるのは行政機関や医療機関等以外にも「地域の助け合い・教育（普及啓発）」「住まい」「社会参加（就労）」「保健・予防」「医療」「障害福祉・介護」の要素が必要となる（**表5-5**）。これらの要素を満たすためには、地域にある多機関の連携が欠かせない。

　これら六つの要素が重層的に連携していくためには、保健医療・福祉関係者による協議の場の設置が必要である。第5期障害福祉計画では、

表5-5　精神障害にも対応した地域会議システムの構成要素

構成要素	構成要素の内容（例）
❶地域の助け合い・教育（普及啓発）	・当事者、家族等と連携した、精神障害の理解促進に向けた普及・啓発の推進 ・精神障害者を対象としたボランティア団体の養成、育成
❷住まい	・精神障害者が入居可能な賃貸住宅の登録促進、マッチング、入居支援 →市町村地域生活支援事業の住宅入居等支援事業（居住サポート事業）の活用 ・障害福祉サービスの自立生活援助の活用
❸社会参加（就労）	・精神科病院、障害福祉サービス事業所、ハローワーク、企業の連携促進 ・障害者の身近な地域において就業面と生活面の一体的な相談・支援を行う「障害者就業・生活支援センター」の活用 ・障害福祉サービスの就労定着支援事業の活用 ・ピアサポーターの活躍の機会の確保
❹保健・予防	・日常生活圏域における精神保健相談業務の充実、窓口の周知、相談ルートの整備 ・家族支援の充実（家族教室、ひきこもり家族教室、家族会等） ・ひきこもり支援、自殺予防施策等との連携
❺医療	①精神障害者が適時適切に必要な医療にアクセスするための体制整備 ・保健・医療的アウトリーチの充実と効果的な支援のあり方（医療と保健の連携等）の検討 ・精神科救急医療体制整備 ・地域の身体科医療機関、学校、職場、行政等との連携
	②精神障害者を地域で支える医療の強化 ・多様な精神疾患等に対応できる医療連携体制の推進 ・外来機能（デイケア、訪問診療、訪問看護など）の強化 ・精神医療と身体科医療の連携 ・入院患者の早期の地域移行・地域定着への取り組みの実施
❻障害福祉・介護	・地域移行支援、地域定着支援の利用促進 ・精神障害者支援の質を確保するための障害福祉サービス事業所等の育成 ・介護支援専門員等への精神障害についての普及啓発による介護と精神保健福祉の連携強化 ・生活困窮者自立支援制度との連携

★住宅入居等支援事業（居住サポート事業）
賃貸契約による一般住宅への入居を希望しているが、保証人がいない等の理由により入居が困難な障害者に対し、入居に必要な調整等に係る支援や、家主等への相談・助言を通じて障害者の地域生活を支援する事業のこと。

★自立生活援助
一人暮らしに必要な理解力・生活力等を補うため、定期的な居宅訪問や随時の対応による日常生活における課題を把握し、必要な支援を行う。

★就労定着支援事業
一般就労に移行した人に、就労に伴う生活面の課題に対応するための支援を行う。

★生活困窮者自立支援制度
現在は生活保護受給ではないが、生活保護に至るおそれがある人で、自立が見込まれる人を対象に、各種相談や、安定した生活に向けて、仕事や住まい、子どもの学習等さまざまな側面で支援する制度。

2020（令和２）年度末までにすべての障害保健福祉圏域・市町村ごとに保健・医療・福祉関係者による協議の場を設置することとなっている。まずは地域の現状および課題を明らかにし、その後、協議の場において共有を図る。そのうえで「地域ビジョン（地域のあるべき姿）」と具体的な目標設定および目標達成への役割分担と計画の作成が求められる[3]。

さらに、個別の支援を通じて関係者が顔の見える関係をつくり、その関係から地域支援の体制を構築していく土台づくりを目的とした協議も必要である。すなわち、この協議の場は、地域全体を見渡したシステム構築を行っていく重要な場になる。

4　障害福祉サービス

2012（平成 24）年に成立した障害者総合支援法は、自立支援給付と地域生活支援事業で構成されている。自立支援給付は、介護給付や訓練等給付、相談支援、自立支援医療、補装具である。地域生活支援事業は市町村地域生活支援事業と都道府県地域生活支援事業等である。自立支援給付のサービスを利用する際はそれぞれプロセスが異なる。

障害福祉サービス等の利用者数は、2018（平成 30）年４月時点において約 88.2 万人であり、そのうち精神障害者の利用者数は 24.3 万人と３割弱を占めている。過去１年間の伸び率は 4.6％で、身体障害者および知的障害者の伸び率（それぞれ－2.7％と 1.5％）を大きく上回っている[4]。

また、国民健康保健団体連合会のデータで精神障害者におけるサービス別利用者の推移をみると、2017（平成 29）年４月時点で就労継続支援Ｂ型の利用者数が約８万人で最も多く、次に居宅介護であって、就労訓練の場、在宅生活の維持・向上のニーズが高かった。

介護給付および訓練等給付のサービスを利用するためには、指定特定相談支援事業者の相談支援専門員が作成する「サービス等利用計画案」等の提出が必須である。精神科病院への長期入院によって生活能力の低下した精神障害者が、退院後に在宅生活を維持していくには、気軽に相談できる人、食事、入浴・清拭等の清潔保持、日中活動の場、住まいに関する支援が必要である。精神障害者のさまざまな生活上の課題や希望する生活を相談支援専門員が聴き取り、目標を定めて（インフォーマルサービスも含めた）障害福祉サービスを組み合わせたサービス等利用計

Active Learning

障害福祉サービス等の利用者のうち、精神障害者の伸び率が高い理由を考えてみましょう。

画を立てる。そのうえで市町村が支給決定し、障害福祉サービスを開始した後には定期的にモニタリング（評価）を行う。

相談支援専門員は日常生活全般における不安を軽減し、社会生活能力の向上を図り、精神障害者が地域で安心・自立した生活を継続して送ることができるよう、各サービスをつなぎ合わせ、地域全体で支える役割をもつ。

5 地域相談支援（地域移行支援・地域定着支援）

精神障害者の退院支援は、医療機関が中心を担ってきた歴史があり、精神科病院に負担が重くのしかかっていた。障害者総合支援法の成立によって、地域生活への移行に向けた支援と地域で支える支援（地域移行支援・地域定着支援）が自立支援給付のなかに位置づけられた。このサービスは、指定一般相談支援事業所が行うこととなっている（表5-6）。

地域移行支援を利用するには、本人が退院を希望し、サービスを申請する必要がある。しかし長期入院を余儀なくされた精神障害者は、病院生活に慣れ、地域生活への不安を抱える人が多い。また、退院後の住居や利用できるサービス、支える人材が不足していて退院支援が十分に行えていないという現状もある。

その一方で、精神科医療機関や市町村、指定一般相談支援事業所がチームとなって退院支援プログラムを行っている事例がある。たとえば、精神科病院の病棟内プログラムの一環として退院後の生活や利用できるサービス・制度等の説明やピアサポーターの体験談を聞くこと、入院中の精神障害者が地域の事業所等を見学して作業活動を体験すること、院

Active Learning

長期入院を余儀なくされた精神障害者には高齢者が少なくありません。その理由を考えてみましょう。

表5-6　地域移行支援・地域定着支援の対象者

地域移行支援	・障害者支援施設・児童福祉施設または療養介護を行う医療機関の入院者 ・精神科病院に入院している精神障害者 ・救護施設または更生施設に入所している障害者 ・刑事施設（刑務所、少年刑務所、拘置所）、少年院に収容されている障害者など
地域定着支援	[緊急時等の支援体制が必要と見込まれる者で次に該当する者] ・居宅において単身で生活する障害者 ・居宅において同居している家族等が障害、疾病等のため、緊急時等の支援が見込まれない状況にある障害者 ※施設・病院からの退所・退院、家族との同居から一人暮らしに移行した者、地域生活が不安定な者も含む

内にピアサポーターを派遣し、退院への思い等を共有し、動機づけのための面接を行うこと等の取り組みを行っている。

　このように、実際に退院して生き生きと地域で生活をしている当事者の話を聞くことや、実際に地域に出向いて体験を行うことで、退院することへの安心感が生まれるとともに、退院後のイメージや意欲を高めることができ、支援者の退院支援意欲も高まり、地域移行支援の利用につながることとなる。

◇引用文献
1）日本能率協会総合研究所「精神障害にも対応した地域包括ケアシステム構築のための手引き（2019年度版）」p.20，2020.
2）厚生労働省「障害者相談支援事業の実施状況等の調査結果について」p.2，2020.
3）日本能率協会総合研究所「精神障害にも対応した地域包括ケアシステム構築のための手引き（2019年度版）」p.43，2020.
4）厚生労働省「統計情報」 https://www.mhlw.go.jp/stf/seisakunitsuite/bunya/hukushi_kaigo/shougaishahukushi/toukei/index.html

◇参考文献
・加藤敏・神庭重信・中谷陽二・武田雅俊・鹿島晴雄・狩野力八郎・市川宏伸編集委員『縮刷版 現代精神医学事典』弘文堂，2016.
・岩上洋一・全国地域で暮らそうネットワーク『地域で暮らそう！精神障害者の地域移行支援・地域定着支援・自立生活援助導入ガイド』金剛出版，2018.
・日本精神科看護技術協会政策・業務委員会編『精神科看護ガイドライン2011』精神看護出版，2011.
・厚生労働省「精神障害にも対応した地域包括ケアシステムについて」 https://www.mhlw.go.jp/stf/seisakunitsuite/bunya/chiikihoukatsu.html
・精神保健医療福祉白書編集委員会編『精神保健医療福祉白書2018／2019——多様性と包括性の構築』中央法規出版，2018.

第6章

精神医療の動向

　日本の精神科医療は入院偏重といわれ、諸外国と比較して、人口当たりの病床数の多さや、平均在院日数の長さが指摘されてきた。近年では病床数そのものの変化は少ないものの、入院患者のプロフィールは変化し、外来患者が大きく増加するなど、精神科医療の内容は変化してきている。その背景には、ここまでの章で学んだような、薬物療法やリハビリテーション、障害福祉サービスの量的・質的な向上、医療・保健・福祉を結ぶ介入手法や地域連携のシステムの普及や、我が国の医療・保健施策や診療報酬制度などがある。

　ここでは、精神保健福祉士として、我が国の精神科医療の実態と、背景にある近年の保健医療施策の流れや新たな考え方・制度について、基本的な知識をもっていてほしい。

学習のポイント

- 日本の精神科医療機関の実態について学ぶ
- 精神疾患患者の最近の動向について把握する

1 精神疾患患者数の推移

1 「精神疾患患者」とは？

「精神疾患患者」と聞くとどのような人を想像するだろうか？　たとえば、精神科病棟に入院している人、メンタルクリニックに通院している人、精神科病棟に入院中に身体疾患の治療のため一般病棟に転院した人、身体疾患で一般病棟入院中にメンタルケアも受けている人、すべて「精神疾患患者」である。このように「精神疾患患者」の定義はさまざまであり、精神疾患患者の動向をみる際には、どのような定義に基づきどのような調査方法で得られたデータかに留意する必要がある。

精神疾患患者の動向を知るうえで、しばしば用いられるデータとして、まず厚生労働省が行っている患者調査★が挙げられる。これは、医療機関の入院・外来の患者数を一定の抽出率で3年ごとに調査したものであり、疾患ごとの推計の入院患者数、外来患者数などが報告されている。

2 患者数の推移

図6-1・図6-2 に示すとおり、2017（平成29）年の患者調査における患者数をみると、精神疾患の推計入院患者数は全体で約30万人、推計外来患者数は全体で約400万人である。特に近年は外来患者数の増加が顕著であることがわかる。

また、疾患構成の特徴は入院患者と外来患者とで異なっている。入院患者の過半数は「統合失調症、統合失調症型障害および妄想性障害（50.9%）」であり、「認知症（血管性等およびアルツハイマー病）（25.6%）」が次に多く、続いて「気分障害（躁うつ病含む）（9.9%）」という構成になっている。他方、外来患者は「気分障害（躁うつ病含む）（31.7%）」が最も多く、「神経症性障害、ストレス関連障害および身体

★**患者調査**

患者調査における精神疾患の範囲は、精神保健及び精神障害者福祉に関する法律（精神保健福祉法）で定める精神疾患をいい、国際疾病分類（ICD-10）でのFコードに分類されるものから、知的障害を除き、てんかんを加えたものである。

★**患者数**

患者調査における患者数は、医療機関に受診した患者のみが計上され、主病名により分類される。このため、1人の患者が複数の精神疾患の診断をもっている場合（例：うつ病と認知症、あるいは統合失調症とてんかん等）は、調査時の主病名が選択されている。また、身体疾患と精神疾患の合併（例：高血圧と不安障害、あるいは胃がんとせん妄等）で、身体疾患が主病名の患者は精神疾患患者には含まれない。したがって、実際には統計上の数値よりも多くの人が精神疾患に分類されるような疾患をもっていることになる。

図6-1 精神疾患の入院患者の推移

（千人）

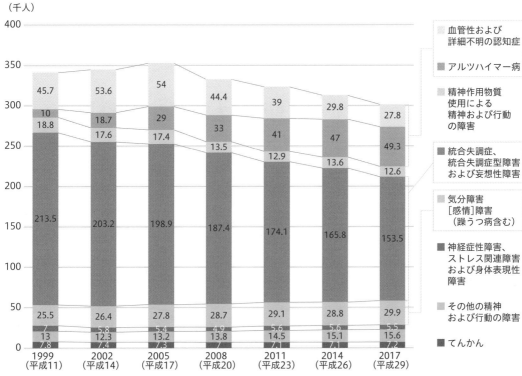

資料：厚生労働省「患者調査」

図6-2 精神疾患の外来患者の推移

（千人）

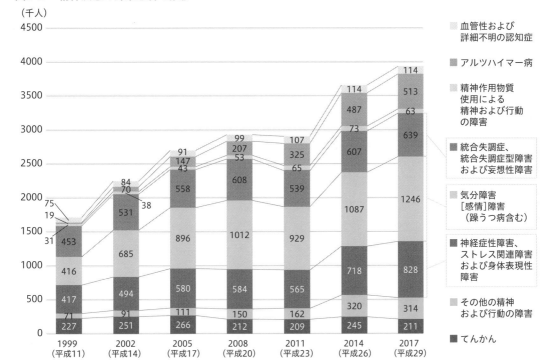

資料：厚生労働省「患者調査」

表現性障害（21.1％）」、「統合失調症、統合失調症型障害および妄想性障害（16.3％）」がこれに続いている。

■3 疾患ごとの推移

次に疾患ごとの年次推移をみてみる。

精神疾患の入院患者数（**図6-1**参照）は全体的にやや減少傾向であり、特に大きく減少しているのは「統合失調症、統合失調症型障害および妄想性障害」である。1999（平成11）年時点では全入院患者に占める「統合失調症、統合失調症型障害および妄想性障害」の割合は62.6％であったが、その後は一貫して減少しており、2017（平成29）年時点では50.9％であった。一方で「アルツハイマー病」の全入院患者に占める割合は、1999（平成11）年では2.9％であったのに対し、2017（平成29）年では16.4％になっており、顕著に増加している。

精神疾患の外来患者総数（**図6-2**参照）は1999（平成11）年から2017（平成29）年にかけて増加傾向であるが、特に「気分障害（躁うつ病含む）」が1999（平成11）年から2005（平成17）年にかけて約2倍に、そこからさらに2017（平成29）年までの間に約1.5倍増加しているのが特徴である。また、入院患者と同様に「アルツハイマー病」の患者数も増加している。

■4 年齢階級ごとの推移

次に年齢階級ごとの推移をみてみる。

図6-3のとおり、精神疾患入院患者における65歳未満の年齢層は、年度ごとに多少の差はあるものの、1999（平成11）年から2017（平成29）年にかけて全体として減少傾向にある。一方で65歳以上の患者は全体的に増加傾向になっていることがわかる。

精神疾患外来患者の年齢階級ごとの推移を**図6-4**に示す。1999（平成11）年から2017（平成29）年にかけて、全体的に増加傾向にあるなかで、特に40歳以上65歳未満の患者の増加が顕著である。そして、75歳以上の層も大きく増加してきているのが特徴である。

入院患者の疾患や年齢などについて現状や過去から未来までの傾向の特徴を話しあいましょう。

外来患者の疾患や年齢などについて現状や過去から未来までの傾向の特徴を話しあいましょう。

図6-3　精神疾患入院患者の推移（年齢階級）

（千人）

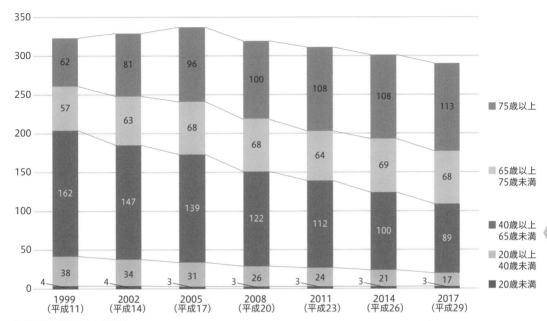

資料：厚生労働省「患者調査」

図6-4　精神疾患外来患者の推移（年齢階級）

（千人）

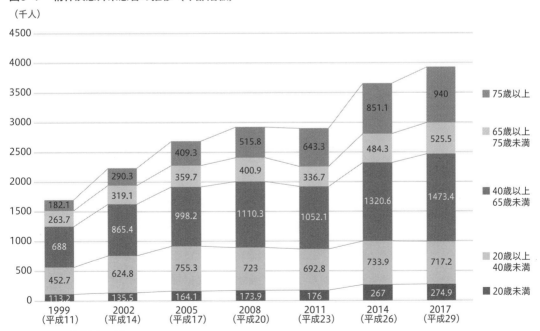

資料：厚生労働省「患者調査」

第6章 精神医療の動向

2 平均在院日数の推移

図 6-5 は精神病床数の推移を、**図 6-6** は医療施設調査★による精神病床のみを有する精神科病院数の推移を表す図である。

図 6-5 のように、1955（昭和 30）年は 5 万床に満たなかった精神病床★は、1988（昭和 63）年にかけては 35 万床超まで増加したが、1990 年代をピークに徐々に減少している。精神病床の減少と同時に、精神病床に入院している患者の平均在院日数も、近年減少してきている。

図 6-7 は病院報告★の結果である。1994（平成 6）年では、精神病床の平均在院日数は 450 日以上であったが、2018（平成 30）年には平均 265.8 日まで減少している。この背景として、薬物療法をはじめとする治療法の進歩や障害福祉サービスの充実なども考えられるが、たび重なる精神保健福祉法の改正や診療報酬の改定等で、厚生労働省が施策として「入院医療中心から地域生活中心へ」の理念を推し進めてきたことも少なからず影響しているものと思われる。

近年では、「精神障害にも対応した地域包括ケアシステム」の構築推進により、「入院医療中心から地域生活中心」の施策がさらに推し進められるため、今後も平均在院日数は減少傾向が続くことが予測される。

しかし**図 6-3** の入院患者の年齢分布のとおり、1999（平成 11）年には全体の 19.2％だった「75 歳以上の患者」が、2017（平成 29）年には全体の 39.0％を占めており、身体合併症や介護需要のある患者層が増えるものと考えられる。在院患者の高齢化が、今後平均在院日数にどのような影響を与えるのか注視していく必要がある。

3 精神病床から退院した人の帰住先

図 6-8・表 6-1 は精神保健福祉資料★（630 調査）による精神病床から退院した人の行先についてまとめたものである。**図 6-8** のように、現在は精神病床への入院患者の約 9 割は 1 年以内に退院をしている。では、精神病床から退院した患者はどこに帰住するのだろうか。

図 6-8・表 6-1 に示すように、精神病床からの退院者の帰住先で最も多いのは、在宅（自宅）である。それに次いで多いのが、「他院の精神病床以外の病床」と「介護施設」である。

★医療施設（静態・動態）調査
医療施設（病院および診療所）について、その分布および整備の実態を明らかにするとともに、医療施設の診療機能を把握し、医療行政の基礎資料を得ることを目的として、厚生労働省が実施している調査である。3 年ごとの10月 1 日に行われる医療施設静態調査と、開設・廃止等の申請・届出に基づく医療施設動態調査によって構成されている。

★精神病床
医療法第 7 条第 2 項により、「精神疾患を有する者を入院させるための病床」と定められている。

★病院報告
全国の病院、療養病床を有する診療所における患者の利用状況を把握し、医療行政の基礎資料を得ることを目的として、厚生労働省から全国の病院、療養病床を有する診療所から毎月報告を求めている調査である。

★精神保健福祉資料
主に全国の精神科もしくは心療内科を標榜している医療機関を対象として、毎年6月30日の状況を収集する630 調査（ロクサンマル調査）を中心とした精神科関連医療機関の情報等によって構成されているデータベースである。

図6-5　我が国の精神病床数の推移

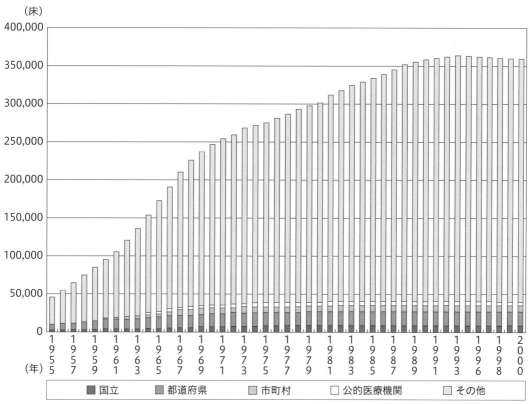

資料：精神保健福祉課調査

図6-6　精神病床のみを有する精神科病院数

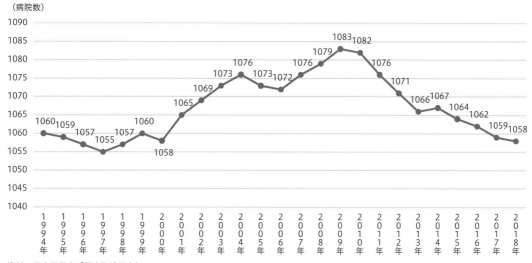

資料：厚生労働省「医療施設調査」

図6-7　精神病床の平均在院日数

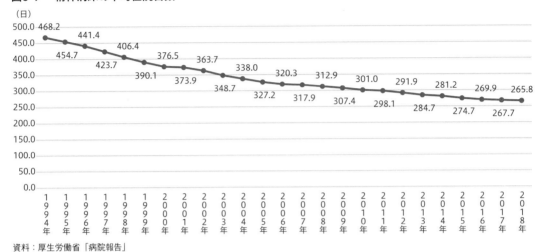

資料：厚生労働省「病院報告」

図6-8　精神病床からの退院者のその後の転帰（在院期間別／6月1か月間の退院者数）

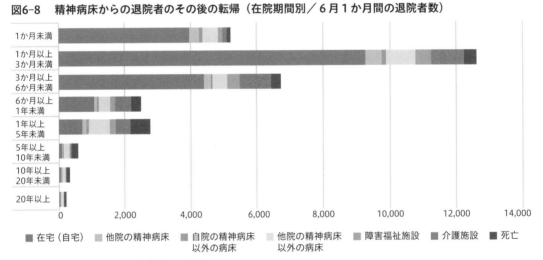

資料：令和元年度「精神保健福祉資料（630調査）」

表6-1　精神病床からの退院者のその後の転帰（在院期間別／6月1か月間の退院者）

主診断	精神病床からの退院先							
	在宅（自宅）	他院の精神病床	自院の精神病床以外の病床	他院の精神病床以外の病床	障害福祉施設	介護施設	死亡	不明
F0　症状性を含む器質性精神障害	1,890	271	209	1,348	138	2,044	1,266	2
F2　統合失調症、統合失調症型障害及び妄想性障害	6,860	611	94	1,099	654	510	435	26
F3　気分（感情）障害	5,305	177	51	343	112	276	111	16
その他の精神疾患	5,070	194	39	356	437	193	118	20

資料：令和元年度「精神保健福祉資料（630調査）」

表6-1の主診断別の内訳をみると、「他院の精神病床以外の病床」と「介護施設」に退院している患者の疾患としては、「症状性を含む器質性精神障害」が最も多い。「症状性を含む器質性精神障害」の多くは認知症であることから、身体的なケアや介護を必要とする患者が精神病床から施設に入所したものと推察される。

次に図6-8の在院期間別退院者の内訳をみると、入院した後「1か月以上3か月未満」の期間に退院する人数が最も多いことがわかる。また、在院期間が「5年以上10年未満」「10年以上20年未満」の患者は、「他院の精神病床以外の病床」へ退院（転院）する割合が増加している。すなわち、入院が長期になるほど自宅への退院が困難となる傾向があるといえる。

4 精神病棟の機能ごとの役割

表6-2は精神保健福祉資料（630調査）による病棟機能の年次推移である。

精神病床は、表6-2に示すとおり、さまざまに機能分化されている。「15対1入院基本料」の病棟は2007（平成19）年の13万6886床から2019（令和元）年の12万4209床へ、「精神療養病棟入院料」の病棟は、9万3025床から9万1630床となっており、どちらも微減はしているものの、依然として全体に占める割合が最も高い状態が続いている。その次に病床数が多い「認知症治療病棟入院料」は一貫して微増傾向にある。

また、全体に占める割合はまだ少ないものの、「精神科救急・合併症入院料」が2008（平成20）年の140床から2019（令和元）年の638床に増加しており、ここにも入院患者の高齢化や身体合併症の増加の影響が推察される。また「精神科救急入院料」も2007（平成19）年の2480床から2019（令和元）年の1万616床へ増加している。同様に、「精神科急性期治療病棟入院料」も2007（平成19）年の1万5046床から2019（令和元）年の1万8179床へ増加しており、急性期に集中的に手厚い治療を行い、可能な限り早期に退院を目指す方向性がみてとれる。

2007（平成19）年からの推移をみていくと、医療観察法での入院病棟関係の病棟、認知症治療病棟、精神科救急病棟、精神科救急・合併症

表6-2　精神病床の病棟機能推移（病床数）

病棟入院料	2007(平成19)年	2008(平成20)年	2009(平成21)年	2010(平成22)年	2011(平成23)年	2012(平成24)年	2013(平成25)年	2014(平成26)年	2015(平成27)年	2016(平成28)年	2017(平成29)年	2018(平成30)年	2019(令和元)年
精神科救急入院料	2,480	2,422	3,215	4,172	5,300	6,152	6,876	7,805	8,199	9,003	9,586	10,349	10,616
精神科救急・合併症入院料		140	210	224	397	526	469	650	464	398	454	567	638
精神科急性期治療病棟入院料	15,046	12,006	13,307	14,825	16,125	16,882	16,880	17,561	17,696	17,404	17,833	18,067	18,179
認知症治療病棟入院料	27,892	29,312	31,640	31,995	33,000	34,230	34,503	34,245	34,540	35,440	35,257	35,888	35,882
特殊疾患病棟入院料		4,157	3,059	3,144	3,211	3,529	3,708	4,076	4,144	4,464	4,720	4,779	4,807
小児入院医療管理料	513	290	360	54	25	0	0	0	0	0			
児童・思春期精神科入院医療管理料						844	962	1,161	1,232	1,246	1,175	1,198	1,346
医療観察法関係実病棟数	334	420	409	556	635								
医療観察法入院対象者入院医学管理料						705	764	787	804	838	813	863	854
地域移行機能強化病棟入院料										485	1,985	2,137	2,046
10対1入院基本料	1,934	1,521	1,361	1,039	1,506	1,447	1,172	1,320	1,372	1,835	1,211	1,217	1,170
13対1入院基本料				16,198	7,077	8,530	7,225	8,704	8,033	8,221	5,189	5,143	5,185
15対1入院基本料	136,886	143,900	145,959	131,857	138,927	137,899	136,603	132,515	131,681	133,132	133,017	130,477	124,209
18対1入院基本料	27,197	23,294	17,655	14,492	11,846	9,497	10,222	9,614	7,305	6,735	4,529	4,094	4,038
20対1入院基本料	17,179	11,295	9,265	6,009	4,999	3,884	2,875	2,362	1,794	1,222	1,522	1,602	1,537
特別入院基本料	10,782	8,278	5,521	4,618	3,659	4,262	3,590	2,483	2,457	1,906	1,740	1,939	1,445
特定機能病院入院基本料（7対1）	233	98	220	160	250	238	198	237	260	329	406	446	446
特定機能病院入院基本料（10対1）	223	197	261	409	473	517	664	622	566	575	553	544	561
特定機能病院入院基本料（13対1）				800	1,457	1,341	1,420	1,248	1,499	1,296	1,177	1,317	1,419
特定機能病院入院基本料（15対1）	2,844	2,825	2,971	1,716	2,037	1,636	916	1,204	1,401	907	583	299	178
特殊疾患療養病棟入院料	4,389												
精神療養病棟入院料	93,025	100,153	101,280	103,280	102,289	101,175	99,810	97,681	95,350	97,501	94,819	93,612	91,630

・2007（平成19）年まで「老人性認知症疾患治療病棟入院料1・2」とされていた入院料は、2017（平成29）年度以降の表記である「認知症治療病棟入院料」に統合して計上している。
・2008（平成20）年～2016（平成28）年まで「認知症治療病棟入院料1・2」とされていた入院料は、2017（平成29）年度以降の表記である「認知症治療病棟入院料」に統合して計上している。
・2008（平成20）年～2016（平成28）年まで「精神科救急入院料1・2」とされていた入院料は、平成29年度以降の表記である「精神科救急入院料」に統合して計上している。
・2007（平成19）年～2016（平成28）年まで「精神科急性期治療病棟入院料1・2」とされていた入院料は、2017（平成29）年度以降の表記である「精神科急性期治療病棟入院料」に統合して計上している。
・2007（平成19）年～2010（平成22）年まで「小児入院医療管理料3」、2011（平成23）年～2016（平成28）年まで「小児入院医療管理料5」とされていた入院料は、どちらも2017（平成29）年度以降の表記である「小児入院医療管理料」に統合して計上している。
・2007（平成19）年～2011（平成23）年まで「医療観察法関係実病棟数」であったものは、2012（平成24）年以降の「医療観察法入院対象者入院医学管理料」に統合して計上している。

病棟、地域移行機能強化病棟など専門性の高い病棟数が増加したり、新
設されたりしている。今後さらに病棟の分化が進み、より専門的な役割
をもつ病棟が増える可能性も考えられる。

学習のポイント

● 医療法に基づく「医療提供体制の確保」の考え方を理解する
● 近年の保健医療政策の流れを理解する
● 「国民皆保険制度」に基づく診療報酬制度を理解する

1　医療法（医療施設の類型、医療計画）

　現在の日本の医療制度は、万人に医療がいきわたるように工夫されている。そのなかでも柱となっているのは「医療提供体制の確保」と「国民皆保険制度」の二つの考え方であり、「医療提供体制の確保」については、医療法で内容が規定されている。

　医療法の制定は、1948（昭和23）年にまでさかのぼる。第二次世界大戦後、復興の途上にあった日本では、医療機関の量的整備が急務とされると同時に、医療の水準確保が図られる必要があった。その際、医療機関を開設する際の施設基準や、良質かつ適切な医療の提供のあり方等を定めたのが医療法である。

1　医療施設の類型

❶病院区分

　医療法では、医業を行うための場所を、「病院」と「診療所」とに限定している。20床以上の病床を有するものを病院と、病床を有しないものもしくは19床以下の病床を有するものを診療所と定義している。一般的に、病床を有する診療所を「有床診療所」、病床を有しない診療所を「無床診療所」と呼ぶ。

　また、医療法では、ある一定の機能を有する病院について、一般の病院とは異なった要件を定めて、その要件を満たした病院については地域医療支援病院などの特別な名前を称することができるように定めている。

　このように、特定の病院について役割を定めることには、高度化・多様化していく医療のなかで、病院の機能分化・連携を進めるねらいがあ

★医療法

このほか、医療法では助産師が公衆または特定多数人のためその業務（病院または診療所において行うものを除く）を行う場所を「助産所」として規定している。また、「介護老人保健施設」と「介護医療院」は、介護保険法によって規定されている。

★機能を有する病院

地域で必要な医療を確保し、地域の医療機関の連携等を図る観点からかかりつけ医等を支援する病院である「地域医療支援病院」、高度な医療の提供や、医療技術の開発・評価、研修の実施等を行う能力を有した病院である「特定機能病院」、質の高い臨床研究や治験を推進するため、国際水準の臨床研究や医師主導治験の中心的な役割を担う病院である「臨床研究中核病院」が存在する。

る。病院ごとの役割分担をはっきりさせていくことで、急性期、回復期、在宅療養など、地域全体で切れ目なく必要な医療を提供することができると考えられている。

❷病床区分

さらに、それぞれの病床にどのような患者を入院させるかの区分についても医療法で定義されている。病床区分には時代ごとの変遷があるが、入院対象とする患者の疾患・状態によって、現在は精神病床、感染症病床、結核病床、療養病床、一般病床の五つに分けられている。

そのうち、精神疾患を有する者を入院させるための病床として定められているのが、「精神病床」である。1958（昭和 33）年に発出された厚生省事務次官通知によって、精神病床の許可基準については、医師の定数は一般病床の 3 分の 1、看護師の定数は 3 分の 2 で構わないとされた。このいわゆる精神科特例は、戦後、精神病床が不足するなか、民間による精神科病院の設置促進の流れのなかで生まれたものである。この特例は、2000（平成 13）年の医療法改正において大学病院や総合病院では一般病床と同様の定数に是正されたが、それ以外の精神科病院においては現在に至るまで継続されている。一般医療と精神科医療のデータを比較する際には、この差異を踏まえておく必要がある。

2 医療計画

❶医療圏の区分

医療法はその時代のニーズに合わせて、大小の改正を繰り返しながら今に至っている。当初は医療の量的・質的確保がその主な目的であったが、医師による開業の自由、診療科標榜の自由などが認められていたこともあり、次第に地域における医療機関や診療科の偏在や、病床数の不均衡などが指摘されるようになった。そのため、1985（昭和 60）年の医療法第 1 次改正では、これら医療資源の地域偏在の是正と、医療施設間での連携の推進を目指して、医療計画制度*が導入された。

医療計画制度で重要な考え方の一つが基準病床数である。基準病床数（一般病床と療養病床の合計）は、全国統一の計算式で算出され、すでに存在する病床数が基準病床数を超過する地域では、公的医療機関等の開設・増床を許可しないことができる。したがって、病床過剰地域での新規病院の開設を制限することで、日本全国での病床増加を抑制すると共に、地域偏在を是正することが期待されている。

基準病床数を決めるための地域単位は、医療圏として設定されてい

★医療計画制度
医療法では「都道府県は、（国の定めた）基本方針に即して、かつ、地域の実情に応じて、当該都道府県における医療提供体制の確保を図るための計画（医療計画）を定めるものとする」と規定されている。

表6-3　医療圏の区分

医療圏	医療圏の機能	一般的な圏域の範囲
一次医療圏	身近な医療を提供する。	市町村を単位として設定されることが多い。
二次医療圏	特殊な医療を除く、一般の入院に係る医療を提供する。	複数の市町村を一つの単位とすることが多い。地理的条件等の自然的条件、日常生活の需要の充足状況、交通事情等の社会的条件を考慮して、一体の区域として設定する。
三次医療圏	臓器移植等の先進的技術を必要とする医療や、高圧酸素療法等の特殊な医療機器の使用を必要とする医療等の、特殊な医療を提供する。	都道府県の区域を単位として設定されることが多い。ただし、都道府県の区域が著しく広いことその他特別な事情があるときは、複数の区域または都道府県をまたがる区域を設定することができる。

る。医療圏は、小さな規模から一次、二次、三次まで設定されており、それぞれに担う機能が想定されている（**表6-3**）。

さらに、地域における精神科医療特有の事情を鑑みたうえで、都道府県における精神医療圏を設定していこうとする考え方がある。また、都道府県における精神科救急医療のカバー領域を設定するための精神科救急圏域という考え方も存在しており、目的に応じた複数の圏域が併存している。これら医療圏の整合性や連携体制のあり方については、現在も検討と構築が行われている。

❷疾病または事業ごとの医療体制

2007（平成19）年の第5次医療法改正により、政策上重要とされる「4疾病（がん、脳卒中、急性心筋梗塞、糖尿病）・5事業（救急医療、周産期医療、小児医療、へき地医療、災害医療）」について、必要な医療機能や医療機関・施設の名称を、都道府県の地域医療計画に掲載することが義務づけられるようになった。さらに、2013（平成25）年度からは、4疾病・5事業に新たに精神疾患と在宅医療が加えられ、5疾病・5事業および在宅医療としての医療連携体制整備が求められるようになった。

これら疾病または事業ごとの医療体制については、「各都道府県が、患者動向、医療資源等地域の実情に応じて構築するものである」と自治体の裁量が認められている。このような流れのなかで、地域における精神疾患の医療連携体制を、今後どのように具体的に構築していくかが課題となっている。

★精神医療圏
精神医療圏の設定にあたっては、二次医療圏を基本としつつ、障害保健福祉圏域、老人福祉圏域、精神科救急医療圏域等との連携も考慮し、地域の実情を勘案して弾力的に設定すること、とされている。

2 保健医療政策

1 精神障害者に関連する法律の変遷

　日本における、精神障害者に関連する初めての法律は、1900（明治33）年に制定された精神病者監護法である。しかしながら同法は、精神障害者の私宅監置を認めるなど、必要な精神医療を十分に提供するという視点に立ったものではなかった。また、1919（大正8）年には精神病院法が制定され、公的精神科病院の設置などがうたわれたが、病院の建設は進まず諸外国と比較して病床数は少ないままであった。

　戦後、精神障害者に適切な医療と保護の機会を提供するという理念のもと、1950（昭和25）年に精神衛生法が成立し、私宅監置が撤廃された。その後、1964（昭和39）年にいわゆるライシャワー事件が起こり、これを受けて公布された1965（昭和40）年の精神衛生法の一部改正では、在宅精神障害者の訪問指導や、措置入院制度が強化された。精神科特例による精神病床の急増といった背景もあり、日本の精神保健医療政策はしばらく隔離重視の方向へと傾き、社会的背景もあいまって精神障害者の長期入院が大きな課題となった。

　その後、1984（昭和59）年に報道された宇都宮病院事件により、精神障害者への人権擁護の声が高まり、1987（昭和62）年、精神衛生法は精神保健法へ改正された。さらに、1993（平成5）年に制定された障害者基本法により精神障害者への福祉が法的に規定されたことを踏まえて、1995（平成7）年、精神保健法は精神保健及び精神障害者福祉に関する法律（精神保健福祉法）に改正された。精神保健福祉法は、従来の保健医療施策に加えて、「自立と社会参加の促進のための援助」という福祉の要素を新たに位置づけたものである。

2 近年の精神保健医療福祉政策

　これら近年の精神保健医療福祉政策の流れのなか、2004（平成16）年9月に策定された精神保健医療福祉の改革ビジョンにおいて、入院医療中心から地域生活中心へという理念が改めて示された。また、2014（平成26）年には、精神保健福祉法に基づく「良質かつ適切な精神障害者に対する医療の提供を確保するための指針」により、この理念を支えるための精神医療の実現に向けた、精神障害者に対する保健医療福祉に携わるすべての関係者が目指すべき方向性が提示された。

★ライシャワー事件
駐日アメリカ大使であったライシャワー氏が、精神科治療歴のある青年に刺され、重傷を負った事件。精神衛生法改正の議論において、社会防衛的な色彩を与えたことで知られる。

Active Learning
宇都宮病院事件について、その詳細を調べましょう。

★精神保健法
同法は精神障害者の人権擁護、社会復帰の促進の理念に基づいており、本人の同意に基づく入院の明確化（任意入院の創設）、入院時における権利擁護に関する告知義務、入院の必要性や処遇の妥当性を審査するための精神医療審査会制度の創設、精神保健指定医とその職務の規定など、数多くの改革がなされた。

★精神保健医療福祉の改革ビジョン
厚生労働省精神保健福祉対策本部はこの改革ビジョンにおいて、「国民意識の変革」、「精神医療体系の再編」、「精神保健医療福祉施策の基盤強化」という柱を掲げ、「入院医療中心から地域生活中心へ」という方策を推し進めていくことを示した。

さらに、2017（平成29）年の「これからの精神保健医療福祉のあり方に関する検討会」における報告書では、精神障害者が地域の一員として、安心して自分らしい暮らしができるよう、医療、障害福祉・介護、社会参加、住まい、地域の助け合い、教育が包括的に確保された「精神障害にも対応した地域包括ケアシステム」の構築を目指すことが、新たな理念として明確にされた。

このように、日本の精神保健医療福祉政策は、脱施設化、地域生活重視の方向へと舵を大きく取りつつある。その一方で、戦後の精神科医療を支えた民間精神科医療機関等における医療資源を、地域を支える仕組みのなかでどのように活用していくかが、今後問われている。

3 ▷ 診療報酬制度

1 診療報酬

国民皆保険制度は、1958（昭和33）年に改正された国民健康保険法が法的な根拠となっており、現在の日本の医療システムの柱の一つである。国民皆保険制度のもとでは、国民全員が何らかの公的医療保険に加入することになっており、国民は自らの加入する保険を利用して一部負担金を支払うことで、診療、投薬、手術などの医療（保険診療）を受けることができる。

保険診療のサービス対価として、保険医療機関や保険薬局が受け取るのが「**診療報酬**」である。診療報酬では、個別の医療行為の単価を、1点が10円にあたる点数で定めている。これらの点数は、全国どの医療機関でも一律であり、各々の医療行為の内容も規定されているため、診療報酬制度は国内での均質な医療の提供に寄与する側面がある。

医療機関は、厚生労働大臣が告示した点数表をもとに診療報酬の計算を行う。その時、一つひとつの医療行為の点数を全て積算していく計算方式のことを**出来高払い制度**と呼ぶ。他方、入院期間中に治療した病気のなかで、最も医療資源を投入した一疾患のみに、定額からなる包括評価部分（入院基本料、検査、投薬など）と、従来どおりの出来高評価部分（手術、リハビリテーションなど）を組み合わせて計算する方式を、**DPC（Diagnosis Procedure Combination）による包括払い制度**と呼ぶ。DPCによる包括払い制度は、出来高払いによって高騰し続ける医療費を抑制することを視野に入れ、2003（平成15）年度に導入さ

たものであり、主に急性期病院を中心に採用されている。

2 診療報酬改定の方針

　これら診療報酬の改定は、原則として 2 年に 1 回行われている。具体的な点数の設定や算定条件等は、厚生労働大臣の諮問機関である中央社会保険医療協議会（中医協）によって議論される。そして、中医協における審議は、内閣が予算編成過程において決定した「改定率」と、社会保障審議会の医療保険部会・医療部会で策定された改定の「基本方針」に基づいて行われている。そのため、診療報酬改定には、その時々の政府の予算方針と、時代ニーズに基づく医療政策の方針が反映されているともいえる。

　国民医療費は増加の一途をたどる一方で、少子高齢化や経済の低成長により、国民皆保険制度における安定した財源確保は年々厳しさを増している。持続可能な形で現在の医療制度を維持するために、医療機能の分化・連携の促進、平均在院日数の短縮、高齢者や障害者の生活機能を維持するための地域全体によるケア等、構造的な取り組みが必要とされている。

Active Learning

医療制度改革について、そのメリット、デメリットを話しあいましょう。

Active Learning

医療保険制度について、イギリス、アメリカの制度を調べ、日本の制度を比較してみましょう。

第 6 章　精神医療の動向

医療機関の医療機能の明確化

第3節

学習のポイント

- 病床機能分化の流れにおける、病床機能報告制度を知る
- クリティカルパスの意義と使い方を知る
- 地域医療連携による、地域完結型医療の重要性を理解する

1 病床機能分化

少子高齢社会の流れのなかで、限られた医療資源を効果的かつ効率的に活用し、急性期から亜急性期、回復期、療養、在宅に至るまでの流れを構築するためには、一般病床についてさらなる機能分化を進めていくことが必要とされている。

そのため、2014（平成26）年の地域における医療及び介護の総合的な確保を推進するための関係法律の整備等に関する法律（医療介護総合確保推進法）による医療法改正に基づき、都道府県は地域医療構想を策定し、医療計画に反映することが義務づけられるようになった。地域医療構想において、都道府県には、地域の医療機能の必要量推計や現存するデータ等を活用して、その地域にふさわしいバランスのとれた医療機能（**表6-4**）の分化と連携を推進するためのビジョンを策定することが求められている。

一方で、地域における医療機能の必要量を把握するには、地域に存在する医療提供内容の状況を正しく把握する必要があることから、病床機能報告制度が開始された。同制度においては、一般病床もしくは療養病床をもつ病院または診療所の管理者が、病棟のもつ医療機能を、**表6-4**のうちからいずれか一つ選んで都道府県知事に報告すること、また都道府県はその報告内容を公表しなければならないこととされている。

しかしながら、2020（令和2）年現在、精神病床、結核病床、感染症病床の、特殊病床のみを有する医療機関は、病床機能報告制度の報告対象外とされている。医療計画における5疾病・5事業に追加された精神疾患であるが、地域における病床機能分化の考え方において、どのように精神病床を位置づけていくかの方針は未だ明確になっておらず、今

★**地域医療構想**
地域医療構想の背景には、医療におけるいわゆる2025年問題がある。2025（令和7）年は団塊の世代が75歳になる年であり、医療・介護需要が最大化することが懸念されている。

★**病床機能報告制度**
実際の病棟にはさまざまな病期の患者が入院していることから、当該病棟において、いずれかの機能のうち最も患者の割合が多いものを報告することとなっている。

318

表6-4　医療機能の名称および内容

医療機能の名称	医療機能の内容
高度急性期機能	・急性期の患者に対し、状態の早期安定化に向けて、診療密度が特に高い医療を提供する機能
急性期機能	・急性期の患者に対し、状態の早期安定化に向けて、医療を提供する機能
回復期機能	・急性期を経過した患者への在宅復帰に向けた医療やリハビリテーションを提供する機能 ・特に、急性期を経過した脳血管疾患や大腿骨頸部骨折等の患者に対し、ADL の向上や在宅復帰を目的としたリハビリテーションを集中的に提供する機能（回復期リハビリテーション機能）
慢性期機能	・長期にわたり療養が必要な患者を入院させる機能 ・長期にわたり療養が必要な重度の障害者（重度の意識障害者を含む）、筋ジストロフィー患者又は難病患者等を入院させる機能

後の検討が必要とされている。

2　クリティカルパス

1　クリティカルパスとは

　良質かつ標準的な医療を、効率的かつ適正に提供するための手段として開発された診療計画表が、「クリティカルパス」（クリニカルパスとも呼ばれる）である。もともとは、1950 年代にアメリカの工業界で開発された、プロジェクト開始から終了までの工程を効率よく管理するための手法であった。診療の標準化、根拠に基づく医療の実施（Evidence Based Medicine：EBM）などが重視されるなか、1980 年代に医療の分野に導入され、1990 年代には日本の医療機関においても一部で用いられるようになった。

　一般的なクリティカルパスでは、一連のプロジェクトを段階や領域別に分解し、それらを時系列に沿って並べ、フローチャートと呼ばれる表に表す（**表 6-5**）。日本では、工程管理による経営的な側面よりも、ある疾患の治療等において、患者にいつ頃何を行うのかがわかりやすく記載されたスケジュール一覧表的な側面が重視されている。同時に、医療機関にとっては、主治医やスタッフの違いにかかわらず、提供する医療のばらつきを抑える効果がある。また、治療の段階がどの程度まで進んでいるのかを多職種間で共有することで、効果的なチーム医療を提供し、

Active Learning

クリティカルパスのひな型を利用し、疾患や患者の状況などを任意に想定したクリティカルパスを作成してみましょう。

表6-5 クリティカルパスのひな形の例

A.診療計画表

記入者

項目	入院時（~2週間）	1か月	3か月	6か月	1年	10年

患者氏名　　　　（性別　　　　）　　生年月日　　　　　　身長・体重

急性期病院予約・連絡先
急性期病院主治医・連絡先
かかりつけ医度・連絡先

治療目標／アウトカム

入院時（~2週間）
【目標】
□ 精神・職業状態の改善
□ 安全な状態の確保
□ 睡眠・休息の確保
□ 病態の把握
□ 栄養状態の改善
（精神・身体状態の確保）
・入院の必要性について理解できる・協力が得られる
・静かな環境で落ち着いて過ごせ、隔離解除
・医療の援助に慣れる・隔離解除
・入院の目標・退院時状態を共有する
【評価】
□ 精神・身体状態
・安定度
・活動性
・食欲
・睡眠
・排泄
・保清
□ 服薬
・コンプライアンス
・作用・副作用の評価
□ 身体管理がなされている

1か月
【目標】
□ 状態（症状）の安定、病前体験の改善
□ 生活リズムを整える
□ 病識の獲得
（精神・身体状態の確保）
□ 入院治療の目標・病気の再確認と目標
・退院後の目標への参加
・主体的な集団への参加
・主体的な退院後の生活に応じることができる・自立
・スタッフに自分のことを話せる
・病棟内（大部屋）での生活の自立
・家族との良好な関係の築き
・食事・洗面・入浴・洗濯などの振り返り
・ADLの向上
【評価】
□ 服薬
・コンプライアンス
・作用・副作用の評価
□ 症状の増減の評価
□ 退院後の生活の評価

3か月
【目標】
□ 退院準備に向けて行動できる
□ 退院の準備・外出する
□ 単身での外出、買い物の確保
□ 服薬を継続する服薬の必要性を理解する
□ 通院の必要性を理解する
□ 治療に主体的に参加することができる
【評価】
□ 服薬
・コンプライアンス
・作用・副作用の評価

6か月
【目標】
□ 安定して地域生活が送れる
□ 安定した外来通院ができる
・デイケアに通う
・短期的な服薬の自己管理ができる
・再発・再燃の予防
・服薬など将来の目標設定ができる
【評価】
□ 精神・身体状態
・安定度
・活動性
・食欲
・睡眠
・排泄
・保清

1年
【目標】
□ 精神症状の安定
□ 安定した外来通院ができる
・安定した地域生活が送れる
・服薬の自己管理ができる
・自ら希望する生活に向かう準備をする
（就労の準備）
・就労のステップアップ

10年
【目標】
□ 精神症状が落ち着いて自立した生活ができる
□ 症状悪化時の対処に早期の対処ができる
・定期的な外来通院ができる
・障害者枠での就労

治療行為／タスク

入院時（~2週間）
【医師】
□ 薬物療法
□ 精神療法の指示
□ 作業療法の検討
□ 入院時カンファレンス
【看護師】
□ 各検査（血液、尿、X線検査、心電図等）
□ 看護面接
□ 入院診療計画書
□ 薬剤の調整
□ 制限内容の調整
□ 身体管理
□ 入院時の診察・説明、告知
□ 精神症状・問題行動の把握および観察
□ 睡眠状況の確認
□ 危険物・貴重品の確認
□ 栄養評価
□ 服薬指導

1か月
【医師】
□ 薬物療法
□ 服薬指示
□ 精神療法
□ 作業療法
（治療に向けての本人・家族の希望確認）
□ 中間カンファレンス
・退院に向けての治療方針検討
□ ケア計画再検討
【看護師】
□ 看護面接（看護師＋PSW）
【OT】
□ 病棟OT参加
□ 行動制限見直し
□ 診断、服薬指導、確認など
□ 心理教育
□ 薬物療法の評価、実施（副作用のチェック）
□ 疾患教育
□ 家族面接
□ 精神症状の評価
□ 退院に向けての指針
□ SST等の作業療法・治療処方箋等の記入）
□ 服薬の振り返り
【心理士】
□ 心理検査（EEG、胸部Xp、心電）
□ 心理面接

3か月
□ 外出・外泊訓練
□ 服薬自己管理
□ 服薬指導の実施と副作用の観察
□ 家族指導
□ 退院前カンファレンス（患者、家族）
□ 家族面談
□ 再検討について（心理教育）
□ 退院前訪問
□ 退院時の状況の確認と対応
□ 治療反応性・行動の評価

6か月
【医師】
□ 薬物療法
□ 栄養指導
・通院（回/月）
□ デイケア
□ 疾病教育
□ 訪問看護（回/週）
・精神状態の評価

1年
【医師】
□ 外来診察
・通院（回/月）
□ 精神科作業療法
□ 薬物療法
・症状改善の評価
・本人の就労意欲の確認

10年
【医師】
□ 外来診察
・通院（回/月）

かかりつけ医

入院時（~2週間）
□ 情報提供書の依頼
・他科受診等

1か月
□ 診療報酬提供書を準備する

3か月
□ 診療情報の提供
・入院時の経過と治療方針の共有
・継続診療の依頼

6か月
□ 患者とかかりつけ医、入院時の医師、コメディカルによるカンファレンス

社会資源の利用

入院時（~2週間）
【PSW】
□ 制度の利用状況を確認する
・経済状況確保
・自立支援医療
・限度額認定証の説明

1か月
【PSW】
□ 生活支援に関する情報収集・提供
・デイケア
・訪問看護
・家族会

3か月
□ 制度利用に必要な手続き
・障害程度区分認定
・自立支援医療継続
・訪問看護導入
・作業療法への参加見学
・家族会
・ピアサポーターの活用

6か月
・日中の活動場所利用（デイケアなど）
・福祉資源の利用・見直し
□ 訪問看護
・就労支援学校
・家族会
・作業療法

1年
【PSW】
□ 対象者のニーズに合わせ協議
・通院する医療機関の見学
・職業訓練プログラム利用
・作業所等の利用
・就労支援学校
・家族会

10年
・アルバイト等の就労
・福祉制度の利用を見直し
・必要時に訪問看護を継続
・家族会との連携

その他

出典：安西信雄「精神障害者の重症度判定及び重症患者の治療体制等に関する研究」「厚生労働科学研究費補助金障害者対策総合研究事業（精神障害分野）研究報告書」平成25-27年度総合研究報告書、2014.

さらには患者と情報を共有し、治療目標に向けた意思決定を支えることのできるツールとなる。

2 地域連携クリティカルパス

また近年、「地域連携クリティカルパス」（以下、パス）が、がんや脳卒中において取り入れられるようになった。これは、急性期から回復期を経て、早期に自宅に帰るところまでを視野に入れた診療計画であり、その過程で治療や検査、リハビリテーションが提供されるすべての医療機関で共有して用いるパスとして想定されている。

診療にあたる各々の医療機関は、このパスに沿って役割分担を決め、その診療内容を患者にわかりやすく示すことによって、患者が安心して医療を受けることができるようにする。パスの内容としては、施設ごとの治療経過に従って、診療ガイドライン等に基づいた診療内容や達成目標等を診療計画として明示することなどが挙げられる。

これらのパスのメリットとして、たとえばパスを共有することで、回復期病院においては、患者がどのような状況で転院してくるかをある程度把握できることが挙げられる。そのため、効果的なリハビリテーションを速やかに開始したり、不要な検査を省略することができる。このような効果により、医療連携体制に基づく地域完結型医療を具体的に実現するための助けになることが期待されている。

3 地域医療連携（地域完結型医療）

1 「病院完結型医療」から「地域完結型医療」へ

戦後から現代にかけて、生活環境の改善や医療技術の進歩等による年齢調整死亡率の大幅な低下、また少子高齢化による若年人口割合の減少などにより、疾病構造は大きく変化した。結核や胃腸炎といった感染症が激減し、高血圧や糖尿病といった生活習慣病や、それらに基づく循環器系疾患やがんが増えた。

これにより、医療に求められる役割も、単一の医療機関における救命、治療、社会復帰を目的とした「病院完結型医療」から、病気や障害と共存しながら住み慣れた地域全体で病者を支えていこうとする「地域完結型医療」へと変容していくことが求められている。

地域全体で機能を分担する地域完結型医療においては、患者は医療施

Active Learning
病院完結型医療から地域完結型医療への、その必要性と問題点について話しあってみましょう。

設、介護施設、在宅へと、必要に応じて移動を求められる。そのような状況で、限られた医療資源をより効率的・効果的に活用していくためには、次に利用するサービス提供者への紹介を円滑に行っていくための、地域医療連携システムの確立が求められる。

■2 協議の場

　特に精神障害者への支援では、これまで精神科病院等の医療機関が中心に活動してきたこともあり、今後の地域の受け皿や連携のあり方を、どのように整備していくかが大きな課題の一つである。その場合、いわゆる長期入院患者の地域移行のみを焦点にするのではなく、統合失調症、うつ病・躁うつ病、認知症、児童・思春期精神疾患、依存症などの多様な精神疾患等に対応できる医療連携体制の構築を通じて、精神障害にも対応した地域包括ケアシステム（本章第2節 p.316 参照）の整備を目指すことが重要となる。

　そこで、各都道府県においては、障害保健福祉圏域ごとの保健・医療・福祉関係者による「協議の場」を通じて、精神科医療機関、その他の医療機関、地域援助事業者、市町村などとの重層的な連携による支援体制を構築する必要がある、とされている。

　この協議の場とは、都道府県が障害保健福祉圏域ごとに、また市町村が市町村ごとに設置する「保健・医療・福祉関係者による協議の場」のことを指す。協議の場において、異業種・異分野からなる地域のステークホルダーが議論を行うことで、顔の見える関係の構築と、地域医療連携システムの醸成が図られると考えられている。

　また、協議の場においてスムーズに議論を行うには、議論の共通認識の土台となる実際のデータを理解していくことが必要である。そのため、地域の精神保健医療福祉資源の活用実態状況を網羅的に把握できるデータベースとして、地域精神保健医療福祉資源分析データベース（Regional Mental Health Resources Analyzing Database：ReMHRAD）の整備が進められている。これは、複数のデータソースから、精神保健医療福祉に関する各種の指標や、精神科病院における入院患者の状況、各福祉サービス等の社会資源に関する情報などを視覚的に把握できるデータベースである。

　精神保健医療福祉の分野においてもこのようなデータを共有し、有効に活用していくことで、地域医療連携がより一層促進することが期待されている。

資料 1 主な向精神薬一覧

一部の薬剤において麻薬および向精神薬取締法上向精神薬に分類されない薬剤が記載されているがここでは臨床学的見地から便宜上同一覧に含めた。

■ 主な抗精神病薬

非定型抗精神病薬	dopamine system stabilizer：DSS	アリピプラゾール	ブレクスピプラゾール
	multi-acting receptor-targeted antipsychotics：MARTA	オランザピン クエチアピンフマル酸塩	アセナピンマレイン酸塩 クロザピン
	serotonin-dopamine antagonist：SDA	パリペリドン ブロナンセリン	ペロスピロン塩酸塩 リスペリドン
定型抗精神病薬	フェノチアジン誘導体	クロルプロマジン塩酸塩 フルフェナジンマレイン塩酸 フルフェナジンデカン酸エステル プロクロルペラジンマレイン酸塩	プロペリシアジン ペルフェナジンフェンジゾ塩酸 レボメプロマジンマレイン塩酸
	ブチロフェノン誘導体	スピペロン チミペロン ハロペリドール	ハロペリドールデカン酸エステル ピパンペロン塩酸塩 ブロムペリドール
	ベンズアミド誘導体	スルトプリド塩酸塩 スルピリド	チアプリド塩酸塩 ネモナプリド
	インドール誘導体	オキシペルチン	
	チエピン誘導体	ゾテピン	
	ジフェニルブチルピペリジン誘導体	ピモジド	

■ 主な抗うつ薬

選択的セロトニン再取り込み阻害薬（SSRI）	エスシタロプラムシュウ酸塩 セルトラリン塩酸塩	パロキセチン塩酸塩水和物 フルボキサミンマレイン酸塩
セロトニン・ノルアドレナリン再取り込み阻害薬（SNRI）	デュロキセチン塩酸塩	ミルナシプラン塩酸塩
ノルアドレナリン作動性・特異的セロトニン作動性抗うつ薬（NaSSA）	ミルタザピン	
その他（セロトニン再取り込み阻害・セロトニン受容体調節剤）	ボルチオキセチン臭化水素酸塩	

三環系	アミトリプチリン塩酸塩	ドスレピン塩酸塩
	アモキサピン	トリミプラミンマレイン酸塩
	イミプラミン塩酸塩	ノルトリプチリン塩酸塩
	クロミプラミン塩酸塩	ロフェプラミン塩酸塩
四環系	セチプチリンマレイン酸塩	ミアンセリン塩酸塩
	マプロチリン塩酸塩	
その他	トラゾドン塩酸塩	

■ 主な気分安定薬

| カルバマゼピン | バルプロ酸ナトリウム |
| 炭酸リチウム | ラモトリギン |

■ 主な抗不安薬

ベンゾジアゼピン 受容体作動薬	チエノジアゼピン 誘導体	短時間型	エチゾラム	クロチアゼパム
	ベンゾジアゼピン 誘導体	短時間型	フルタゾラム	
		中間型	アルプラゾラム ブロマゼパム	ロラゼパム
		長時間型	オキサゾラム クロキサゾラム クロラゼプ酸二カリウム クロルジアゼポキシド	ジアゼパム フルジアゼパム メキサゾラム メダゼパム
		超長時間型	フルトプラゼパム	ロフラゼプ酸エチル
ジフェニルメタン誘導体			ヒドロキシジンパモ酸塩	
アザピロン誘導体			タンドスピロンクエン酸塩	

■ 主な睡眠薬

オレキシン受容体拮抗薬			スボレキサント	
メラトニン受容体作動薬			ラメルテオン	
ベンゾジアゼピン 受容体作動薬	チエノジアゼピン 誘導体	短時間作用 型	エチゾラム ブロチゾラム	リルマザホン塩酸塩水和物 ロルメタゼパム
	ベンゾジアゼピン 誘導体	超短時間作 用型	トリアゾラム	
		中間作用型	エスタゾラム ニトラゼパム	ニメタゼパム フルニトラゼパム
		長時間作用 型	クアゼパム ハロキサゾラム	フルラゼパム塩酸塩
	その他	超短時間作 用型	エスゾピクロン ゾピクロン	ゾルピデム酒石酸塩

主な中枢神経刺激薬

選択的ノルアドレナリン再取り込み阻害薬	アトモキセチン塩酸塩
ドパミン・ノルアドレナリンの再取り込み抑制作用	メチルフェニデート塩酸塩
選択的α2Aアドレナリン受容体作動薬	グアンファシン塩酸塩
その他	リスデキサンフェタミンメシル酸塩

主な抗てんかん薬

エトスクシミド	ゾニサミド	プリミドン
ガバペンチン	トピラマート	ラモトリギン
カルバマゼピン	バルプロ酸ナトリウム	ラコサミド
クロナゼパム	フェニトイン	ベラパミル
クロバザム	フェノバルビタール	

抗認知症薬

アセチルコリンエステラーゼ阻害薬	ガランタミン臭化水素酸塩 ドネペジル塩酸塩 リバスチグミン
N‐メチル‐D‐アスパラギン酸（NMDA）受容体拮抗作用	メマンチン塩酸塩

資料 2 日本精神保健関係年表

1873（明治6）年	医制（76条）成立
1874（明治7）年	東京衛成病院に精神病室（この後、各地の衛成病院に精神病室設置）
1875（明治8）年	内務省に衛生局を設置
	京都癲狂院、南禅寺方丈を借りて開業（我が国最初の公立精神病院）
1879（明治12）年	相馬家、当主誠胤を居室に監禁
1884（明治17）年	京都に岩倉癲狂院設立
1887（明治20）年	旧相馬藩士錦織剛清ら入院中の相馬誠胤を東京府癲狂院から連れ出す
1889（明治22）年	大日本帝国憲法発布
1893（明治26）年	錦織剛清、相馬順胤・中井常次郎・志賀直道らを相馬誠胤毒殺の疑いで告訴
1900（明治33）年	精神病者監護法公布
1901（明治34）年	呉秀三、東京帝国大学医科大学教授に任命
1902（明治35）年	日本神経学会創立
	精神病者慈善救治会設立（現在の日本精神衛生会の前身）
1918（大正7）年	呉秀三・樫田五郎『精神病者私宅監置ノ実況及ビ其統計的観察』
1919（大正8）年	精神病院法公布
1921（大正10）年	内務省衛生局に予防課を設置（精神病者を管轄）
1935（昭和10）年	日本神経学会を日本精神神経学会と改称
1938（昭和13）年	厚生省設置
1940（昭和15）年	国民優生法公布
1945（昭和20）年	第二次世界大戦終結
1946（昭和21）年	生活保護法公布
	日本国憲法公布
1947（昭和22）年	全日本看護人協会（現・日本精神科看護協会）発足
	保健所法公布
1948（昭和23）年	医師法・医療法公布
1950（昭和25）年	精神衛生法公布
1951（昭和26）年	世界保健機関（WHO）に加盟
	覚せい剤取締法公布
1952（昭和27）年	国立精神衛生研究所設置
1953（昭和28）年	日本精神衛生連盟発足
1954（昭和29）年	精神衛生実態調査実施
1956（昭和31）年	厚生省に精神衛生課を設置
1958（昭和33）年	学校保健法公布
1961（昭和36）年	国民皆保険実現
1963（昭和38）年	老人福祉法公布
	精神衛生実態調査実施
1964（昭和39）年	ライシャワー事件
	日本精神医学ソーシャル・ワーカー協会（現・日本精神保健福祉士協会）発足
	全国公立精神衛生相談所長会（現・全国精神保健福祉センター長会）発足
1965（昭和40）年	精神衛生法改正
	全国精神障害者家族連合会発足
1970（昭和45）年	朝日新聞「ルポ精神病棟」の連載
1974（昭和49）年	日本精神神経科診療所協会発足
1976（昭和51）年	日本てんかん協会（波の会）発足

1977（昭和 52）年	国立久里浜病院にアルコール中毒専門病棟開設
	共同作業所全国連絡会発足
	日本いのちの電話連盟発足
1978（昭和 53）年	アルマ・マタ宣言
1981（昭和 56）年	国際障害者年
1982（昭和 57）年	全国精神保健福祉相談員会発足
	老人保健法公布
1983（昭和 58）年	国連・障害者の 10 年始まる
1984（昭和 59）年	宇都宮病院事件の報道
1985（昭和 60）年	障害者インターナショナル（DPI）、国際法律家委員会（ICJ）、国際保健専門職委員会（ICHP）、日本の精神医療視察のため来日
1986（昭和 61）年	ICJ 訪日調査報告「日本における精神障害者の人権と治療」
	WHO オタワ憲章（ヘルスプロモーション）
1987（昭和 62）年	精神衛生法改正（精神保健法と名称変更）
1993（平成 5 ）年	大和川病院事件の報道
	障害者基本法（心身障害者対策基本法改正）成立
1994（平成 6 ）年	地域保健法（保健所法改正）成立
1995（平成 7 ）年	阪神・淡路大震災
	精神保健及び精神障害者福祉に関する法律（精神保健法改正）成立
1997（平成 9 ）年	介護保険法公布
	精神保健福祉士法公布
1998（平成 10）年	薬物乱用防止 5 か年戦略始まる
	自殺死亡者数が 3 万人を超える
2000（平成 12）年	児童虐待の防止等に関する法律（児童虐待防止法）公布
2001（平成 13）年	厚生労働省発足
	配偶者からの暴力の防止及び被害者の保護に関する法律（配偶者暴力防止法）公布
2002（平成 14）年	健康増進法公布
	日本精神神経学会が「精神分裂病」を「統合失調症」に名称変更することを決議
2003（平成 15）年	心神喪失等の状態で重大な他害行為を行った者の医療及び観察等に関する法律（医療観察法）公布
2004（平成 16）年	発達障害者支援法公布
2005（平成 17）年	障害者自立支援法公布（2012（平成 24）年「障害者の日常生活及び社会生活を総合的に支援するための法律」（障害者総合支援法））
	精神保健福祉法改正で「精神分裂病」は「統合失調症」に呼称変更
2006（平成 18）年	自殺対策基本法公布
	がん対策基本法公布
	「障害者の権利に関する条約」採択（国連総会）
2007（平成 19）年	全国精神障害者家族会連合会（全家連）が破産申立て、解散
2011（平成 23）年	東日本大震災
2013（平成 25）年	いじめ防止対策推進法公布
	刑の一部執行猶予制度導入
	障害を理由とする差別の解消の推進に関する法律（障害者差別解消法）公布
	「障害者の権利に関する条約」国会承認
	アルコール健康障害対策基本法公布
2014（平成 26）年	過労死等防止対策推進法公布
	労働安全衛生法改正（ストレスチェック制度）
2015（平成 27）年	公認心理師法公布
2016（平成 28）年	相模原障害者施設殺傷事件
2018（平成 30）年	ギャンブル等依存症対策基本法公布

注：原則として、法律はすべて公布年月で統一した。また施設は開設、組織・団体は発足、行政関係は設置を基準とした
出典：松下正明「日本精神保健関係年表」日本精神衛生会編『図説日本の精神保健運動の歩み 改訂増補版』日本精神衛生会，2018. をもとに作成

索引

A ～ Z

AA	86
AC	87
ACT	234
ADHD	179
AIDS	66
AN	146
ARMS	102, 279
A 型行動パターン	145
A 群	157, 158
BGT	52
BN	148
BPRS	216
BPSD	59, 239
BSE	66
BZ	199
BZ 系抗不安薬	200
B 群	157, 159
CAT	52
CDR	51
CPA 会議	264
CT 検査	55
CVPPP	256
C 群	157, 161
DARC	86
disability	28
DPC による包括払い制度	316
DSM	38
DSM-5	39
DUP	102, 279
EBM	19, 190
ECT	211
EE	95, 109
GABA 系神経	23
GAF	216
HDS-R	50
HIV	66
HRS	53
IC	246
ICD	37
ICD-10	38, 39
ICD-11	41
ICF	28
IPS	220
IQ	31, 167
JCS	30
LASMI	216
LD	172

MCI	60
MDMA	90
MDT	263
m-ECT	211
MMPI	52
MMSE	50, 61
MRA	55
MRI	55
NA	86
NaSSA	198, 323
OP	279
OT	218, 279
PANSS	216
P-F スタディ	53
PTP シート	291
PTSD	134, 135
RCPM	51
REHAB	216
ReMHRAD	322
SANS	216
SAS	152
SCT	53
SDM	190, 228
SDS	53
SLE	70
SLTA	51
SNRI	198, 323
SPECT	55
SPTA	51
SSRI	198, 323
SST	209
TAT	53
TEACCH プログラム	175
THP	284
TMS	212
UHC	28
VPTA	51
WAB 失語症検査	51
WAIS-IV	50
WHO	26, 37
WISC-IV	50
WMS-R	52
YG 性格検査	52

あ～お

愛着障害	183
アウトリーチ	233
アカシジア	108, 197

悪循環のわな	82
悪性症候群	108, 196
悪夢	153
アスペルガー症候群	175, 176
アセスメント	216
アセチルコリン系神経	23
アセトアルデヒド	82, 86
アダルト・チルドレン	87
アドヒアランス	193
アパシー	63
アヘン	88
アミロイド β	61
アメンチア	30
アルコール依存症	82
アルコール関連障害	82
アルコール幻覚症	87
アルコール使用障害	82
アルコール性（嫉妬）妄想	87
アルコール精神病	87
アルツハイマー型認知症	61
アルツハイマー病	60
アレキシサイミア	145, 147
アンソニー，W.A.	215
アンフェタミン	89
医学	19
医学的リハビリテーション	217
医師	273
意識	30
意識狭窄	30
意識混濁	30
意識変容	30
意思決定支援	245
異食	33
維持療法	212
異性装障害	165
移送制度	256
依存症候群	78
依存性パーソナリティ障害	161
一過性全健忘	140
一酸化炭素中毒	69
一般病床	313
遺尿症	182
イネイブリング	84
遺糞症	182
意味性認知症	64
意欲	32
意欲・行動の異常	101
医療観察法	261, 269
医療観察法病棟	262

医療計画制度 313
医療圏 313
医療施設調査 306
医療法 312
医療保護入院 245
…のための移送 257
医療保護入院者退院支援委員会 246, 270
いわくら病院 5
飲酒 82
インスリンショック療法 211
陰性症状 94, 97
インターネット依存 92
インターフェロン 71
インテーク面接 227
インフォームド・コンセント 246
ウェクスラー記憶検査 52
ウェクスラー式知能検査 50
ウエスト症候群 76
ウェルニッケ脳症 70, 86
牛海綿状脳症 66
内田クレペリン精神作業検査 52
宇都宮病院事件 237, 315
うつ病 115, 120
うつ病エピソード 112, 114, 119
うつ病性昏迷 116
運動性言語中枢 20
運動性失語症 20
栄養師法 275
エクスタシー 90
エス 205
エビデンスに基づく医療 190
演技性パーソナリティ障害 160
塩酸メチルフェニデート 179
遠城寺式分析的発達検査 50
延髄 13
エンパワメント 215, 233
応急入院 241
往診 231
応用行動分析技法 175
オーバードーズ 88
オペラント条件付け 206
オンラインゲーム依存 92

か〜こ

外因性 37
絵画欲求不満テスト 53
概日リズム睡眠－覚醒障害 152
回想法 60
外側溝 15

解体型 105
ガイドライン 190
海馬 14, 21
海馬傍回 14
回避 137
回避性パーソナリティ障害 158, 161
開放処遇 238
開放病棟 238
外来患者総数 304
外来治療 224
解離 33
解離症 138
解離性けいれん 141
解離性健忘 140
解離性昏迷 141
解離性障害 138
解離性同一症 139
解離性遁走 141
カウンセリング 85, 203, 227
過活動型 67
学習症 172
学習障害 172
覚醒剤 89
覚醒剤精神病 89
覚せい剤取締法 89
隔離 252
仮性認知症 118
画像検査 54
加速現象 65
家族システム論 209
家族精神医学 18
家族相談 270
家族等 240
家族療法 209
カタルシス効果 206
価値切り下げ 25
学校保健 282
活動期 39
活動制限 33
活動電位 12
渇望 79
カフェイン中毒 91
カフェイン離脱 91
過眠障害群 151
仮面うつ病 118
仮面様顔貌 65
カルバマゼピン 199
カルフ, D.M. 206
カレン, W. 36
寛解期 98
感覚性失語症 21

感覚統合療法 175, 180
関係妄想 101
間欠性爆発性障害 184
間欠爆発症 184
看護師 274
ガンザー症候群 141
患者数 302
患者調査 302
感情 32
感情失禁 32
感情障害 41, 101, 112
感情鈍麻 32, 97, 101
感情表出 95, 109
感情平板化 32
感染症病床 313
間代発作 74
鑑定医療機関 261
観念運動失行 62
観念奔逸 32, 123
間脳 14
感応精神病 111
感応性妄想性障害 111
管理栄養士 275
キールホルツ, P. 36
記憶 31
…の障害 21
記憶障害 51
記憶想起現象 175
基幹相談支援センター 294
危険ドラッグ 91
儀式行為 132
器質性精神障害 58
希死念慮 116
記述的精神病理学 18
基準病床数 313
季節性感情障害 124
吃音 182
機能画像 54
揮発性溶剤 88
規範 127
気分安定薬 199, 324
気分循環症 114, 125
気分循環性障害 125
気分障害 41, 112
気分の検査 53
気分変調症 114, 125
基本訓練モデル 210
記銘 31
記銘障害 31
記銘力障害 62
虐待 183

逆耐性現象	90	訓練的療法	206	甲状腺機能低下症	70
逆転移	159	芸術療法	206	高所恐怖症	131
逆向健忘	86	頸神経	17	口唇傾向	21
ギャンブラーズ・アノニマス	92	継続診療	228	構成障害	62
ギャンブル症	92	形態画像	54	抗精神病薬	106, 193, 323
ギャンブル障害	92	傾聴	204	向精神薬	193
嗅覚発作	75	ゲイトウェイ・ドラッグ	80	向精神薬一覧	323
救護法	6	経頭蓋磁気刺激療法	212	公的扶助	8
急性一過性精神病性障害	110	軽度精神遅滞	31	抗てんかん薬	201, 325
急性ジストニア	108	軽度認知障害	60, 67	後天性免疫不全症候群	66
急性ストレス障害	135	軽度発達障害	177	行動化	25
急性ストレス反応	135	ケースマネジメント	229	行動科学	18
急性薬理作用	82	ケースマネジャー	229	行動嗜癖	239
急速交代型双極性障害	124	ゲーム症	93, 185	行動・心理症状	59
橋	13	血液検査	54	行動制限	251
教育リハビリテーション	219	血液生化学検査	54	行動制限最小化	254
共依存	84	結核病床	313	行動制限最小化委員会	269
境界性パーソナリティ障害	159	血管性認知症	64	行動の障害	162
協議の場	230, 322	月経前症候群	71, 125	後頭葉	14, 21
胸神経	17	月経前不快気分障害	125	行動療法	130, 206
強直間代発作	74	欠神発作	73, 76	公認心理師	276
強直発作	74, 76	結節性硬化症	170	抗認知症薬	201, 325
共同意思決定	190	ケネディ教書	268	更年期障害	71
強迫観念	32, 132	ケネディ大統領教書	4	広汎性発達障害	173
強迫行為	132	ゲルストマン症候群	20	抗不安薬	199, 324
強迫症	131	幻覚	30, 31, 100	口部自動症	75
強迫性障害	132	幻覚剤	90	高プロラクチン血症	196
強迫性パーソナリティ障害	161	幻覚妄想	89, 97	興奮系精神作用物質	81
恐怖症	131	幻覚妄想状態	31	光明山順因寺	5
恐怖症性不安障害	181	幻嗅	31	コーピング	96
虚偽性障害	162	限局性恐怖症	130	コカイン	90
居住サポート事業	296	健康	26	語間代	62
緊急措置入院	241	検査	47	国際疾病分類	37
筋固縮	64	幻視	31, 63, 65, 84	国際人権規約	244
禁酒	85	現実検討	25	国際人権B規約	244
緊張型	105	幻触	31, 84	国際生活機能分類	28
緊張病症候群	184	検体検査	54	黒質	13
クッシング症候群	71	幻聴	31, 99, 100	国民皆保険	8
グッド・トリップ	87	見当識障害	30, 86	国民皆保険制度	316
クライネ・レビン症候群	151	健忘	31	国連原則	249
クリティカルパス	319	幻味	31	こころ	18
クリニカルパス	319	行為障害	180	心の健康づくり計画	284
クリューバー・ビューシー症候群	21	抗うつ薬	23, 197, 323	心の理論	175
グループ	208	交感神経	17	5疾病・5事業および在宅医療	314
クレーン現象	175	高機能自閉症	175	誇大的内容	32
呉秀三	236	高機能自閉スペクトラム症	176	誇大妄想	123
クレチン病	170	膠原病	70	古典的条件付け	206
クレペリン, E.	36, 94	高次行為	20	言葉のサラダ	101
クロイツフェルト・ヤコブ病	66	高次脳機能障害	68	個別就労支援プログラム	220
クロザピン	108, 194	高次脳機能の局在	19	コミュニティケア	4
クロルプロマジン	4, 193	抗酒剤	86	コルサコフ症候群	86

根拠に基づく医療 ······ 19, 319
混合性エピソード ······ 122
コンサルテーション・リエゾン精神医学 ······ 19
コンピュータ断層診断装置 ······ 55
コンプライアンス ······ 193
昏迷 ······ 32

さ～そ

サービス等利用計画案 ······ 297
在院期間別退院者 ······ 309
猜疑性パーソナリティ障害 ······ 158
罪業妄想 ······ 117
サイコドラマ ······ 209
最重度精神遅滞 ······ 31
再生 ······ 31
在宅医療 ······ 229
在宅時医学総合管理料 ······ 232
細胞内情報伝達系 ······ 12
催眠 ······ 30
サヴァン症候群 ······ 175
作業療法 ······ 218
作業療法士 ······ 275
作為症 ······ 162
作為体験 ······ 33, 99, 101
錯語 ······ 21
作話 ······ 86
させられ体験 ······ 33, 101
詐病 ······ 162
残遺期 ······ 41
三環系抗うつ薬 ······ 197
産業保健 ······ 283
産後うつ病 ······ 155
34条 ······ 259
産褥期精神病 ······ 155
3 Hz 棘徐波複合 ······ 73
ジアゼパム ······ 85
シアナミド ······ 86
自我 ······ 205
自我意識 ······ 32
自我境界 ······ 101
視覚失認 ······ 21
視覚性過敏反応 ······ 21
自我障害 ······ 101
磁気共鳴画像 ······ 55
磁気共鳴血管画像 ······ 55
「事業場における労働者の健康保持増進のための指針」に基づく心とからだの健康づくり運動 ······ 283
視空間機能 ······ 20

自己愛性パーソナリティ障害 ······ 160
思考 ······ 31
思考化声 ······ 99, 100
思考干渉 ······ 101
思考吹入 ······ 101
思考制止 ······ 32, 117
思考体験 ······ 32
思考奪取 ······ 99, 101
思考伝播 ······ 99, 101
思考途絶 ······ 32
思考内容 ······ 32
自己決定権 ······ 247
自己臭症 ······ 133, 185
自殺企図 ······ 33, 116
自死 ······ 117, 139
支持的精神療法 ······ 203
支持的な精神療法 ······ 148
視床 ······ 14
視床下部―脳下垂体―副腎系仮説 ····· 114
自傷行為 ······ 183
自助グループ ······ 85
ジストニア ······ 196, 197
ジスルフィラム ······ 86
自生思考 ······ 101
姿勢反射障害 ······ 64
姿勢発作 ······ 75
自責 ······ 116
施設基準 ······ 270
施設症 ······ 98
持続睡眠療法 ······ 211
持続性気分障害 ······ 114, 124
持続性（慢性）適応障害 ······ 138
持続性抑うつ障害 ······ 125
私宅監置 ······ 7, 292
市町村保健センター ······ 281
失外套症候群 ······ 62, 69
疾患コード ······ 42
失感情 ······ 147
失感情症 ······ 145
失語 ······ 51
失行 ······ 20, 51
失認 ······ 51
失念 ······ 64
質問紙法 ······ 52
指定医 ······ 240, 243
指定通院医療機関 ······ 264
指定入院医療機関 ······ 261, 271
指定入院医療機関の運営のための各種ガイドライン ······ 263
指定病院 ······ 241
自動思考 ······ 120, 207

児童・思春期病棟 ······ 239
自動症 ······ 75
児童精神医学 ······ 19
シナプス ······ 11
自発性の低下 ······ 101
自閉 ······ 101
自閉症 ······ 173
自閉症スペクトラム障害 ······ 173, 176
自閉スペクトラム症 ······ 173, 176
嗜癖行動症 ······ 92
司法精神医学 ······ 19
社会生活技能訓練 ······ 175
社会生活力 ······ 221
社会精神医学 ······ 18
社会的コミュニケーション症 ······ 184
社会的入院 ······ 98
社会的要因 ······ 115
社会不安障害 ······ 181
社会福祉士 ······ 276
社会不適応状態 ······ 156
社会リハビリテーション ······ 221
ジャクソン発作 ······ 75
社交恐怖 ······ 131
社交不安症 ······ 131
社交不安障害 ······ 131, 181
ジャパン・コーマ・スケール ······ 30
醜形恐怖症 ······ 133
重症度評価尺度 ······ 50
修正型電気けいれん療法 ····· 109, 122, 211
住宅入居等支援事業 ······ 296
集団精神療法 ······ 208
執着性格 ······ 115
重篤気分調節症 ······ 184
重度ストレス反応 ······ 134
周辺症状 ······ 58, 59
就労定着支援事業 ······ 296
宿泊型自立訓練事業所 ······ 292
主訴 ······ 45
主題統覚検査 ······ 53
受動攻撃性 ······ 25
シュナイダー, K. ······ 36
シュナイダーの一級症状 ······ 99
受容性言語障害 ······ 173
受容体脳炎 ······ 69
循環気質 ······ 115
遵守事項 ······ 254
純粋失読 ······ 21
障害 ······ 28
障害者基本法 ······ 8, 315
障害者権利条約 ······ 244
障害者の権利に関する条約 ······ 244

障害等級	33	神経性過食症	148	心理検査	47, 48
障害福祉計画	294	神経精神薬理学	18	心理師	276
障害福祉サービス	297	神経性大食症	148	心理社会的支援	180
症候	47	神経性無食欲症	146	心理社会的リハビリテーション	215
症候性てんかん	72	神経性やせ症	146	心理的ディブリーフィング	137
症状	30, 47, 69	神経生理学	18	診療所	312
使用障害	79	神経伝達	22	診療報酬	270, 316
症状性精神障害	69	神経伝達物質	11	診療報酬制度	226
情緒障害	181	神経内分泌学	18	心理療法	203
情動	32	神経認知障害群	67	遂行機能障害	20
常同行為	64	神経梅毒	66	錐体外路系	21
衝動性	178	神経発達障害仮説	95	錐体外路症状	108, 196
情動麻痺	32	神経発達障害群	178	睡眠覚醒障害	148
小児期崩壊性障害	177	神経発達症群	178	睡眠－覚醒障害	150
小児欠神てんかん	73	神経ベーチェット症候群	70	睡眠関連運動障害	153
小児自閉症	174	人権に配慮した適切な医療と保護	240	睡眠関連呼吸障害	152
小児特定疾患カウンセリング料	227	進行性核上性麻痺	64	睡眠時驚愕症	154
小脳	14	進行性非流暢性失語症	64	睡眠時随伴障害	153
ショート・ケア	230	人工透析関連障害	70	睡眠時ミオクローヌス症候群	152
初期統合失調症	102	進行麻痺	66	睡眠時無呼吸症候群	152
処遇改善請求	241, 244	信書の発受	239	睡眠時遊行症	154
処遇実施計画	264	心身医学	19	睡眠障害	117
職業せん妄	84	心身症	144	睡眠相後退症候群	152
職業リハビリテーション	220	心神喪失等の状態で重大な他害行為を		睡眠相前進症候群	152
食行動	33	行った者の医療及び観察等に関する		睡眠ポリグラフ検査	152
食行動障害	146	法律	261	睡眠麻痺	151
職場のメンタルヘルス対策	283	振戦	64	睡眠薬	88, 200, 324
自律神経系	10, 17	振戦せん妄	84	スキーマ	207
自律神経症状発作	75	身体依存	81, 200	スクールカウンセラー	282
自立生活援助	296	身体因	37	スクールソーシャルワーカー	282
自立生活技能プログラム	210	身体合併症	287	すくみ現象	65
尻拭い	84	身体合併症救急医療確保事業	286	スクリーニング検査	50
シルビウス裂	15	身体合併症治療病棟	240	スティグマ	279
思路	32	身体完全性違和	185	ステロイド精神病	71
心因	37	身体醜形障害	133	ストレス	135
心因性	37	身体症状	30	ストレス－脆弱性－対処－能力モデル	
心気症	143	身体症状症	140, 142		215
心気障害	143	身体の苦痛症	142	ストレス－脆弱性モデル	215
心気妄想	117	身体的原因	37	ストレスチェック制度	283
神経系	10	身体的拘束	253	ストレングス・モデル	235
神経原線維変化	61	身体的ストレス	115	スピリチュアル	26
神経膠細胞	11	身体表現性障害	142	スプリッティング	25
神経細胞	10	身体療法	211	性格検査	52
神経細胞新生仮説	114	診断	44	生活環境相談員	245
神経症	127	…の流れ	47	生活技能訓練	209
神経症状の評価	46	診断分類	37	生活訓練事業所	292
神経症性うつ病	125	心的外傷後ストレス障害	135	生活困窮者自立支援制度	296
神経症性障害	127	シンナー	88	生活保護法	8
神経心理学	18	人物誤認	62	性関連性障害	163
神経心理学的障害	68	心理教育	219	性機能不全	154
神経衰弱	145	心理劇	209	性行動の障害	163

制止 32
性嗜好障害 164
脆弱性 95
脆弱性―ストレス対処モデル 107
脆弱性―ストレスモデル 95
精神医学的アプローチ 18
精神依存 78, 80, 88
精神医療圏 314
精神医療審査会 244
精神運動発作 75
精神運動抑制 116
精神衛生法 7, 237, 315
精神科アウトリーチ支援 234
精神科救急医療確保事業 286
精神科救急医療システム 285
精神科救急医療体制整備事業 286
精神科救急医療体制連絡調整委員会 286
精神科救急・合併症入院料 309
精神科救急圏域 314
精神科救急情報センター 286
精神科救急入院料 285
精神科在宅患者支援管理料 232
精神科ショート・ケア 230
精神科診療所 224
精神科退院時共同指導料 229
精神科デイ・ケア 230
精神科デイ・ナイト・ケア 230
精神科特例 239
精神科ナイト・ケア 230
精神科病院 306
精神科リハビリテーション 19, 214
精神現象 18
精神作用物質 78, 81
精神刺激薬 201
精神疾患 2
精神疾患患者 302
精神障害 28
精神障害者アウトリーチ推進事業 233
精神障害にも対応した地域包括ケアシステム 229, 294, 316
精神症状 30
…の評価 47
精神神経免疫学 18
精神生理性不眠症 149
精神遅滞 166
精神的原因 37
精神的ストレス 115
精神的不健康 28
精神病 2
精神病院法 6, 236, 266

精神病後抑うつ 101
精神病者監護法 6, 236, 266, 315
精神病床 238, 306, 313
精神病床国別推移グラフ 268
精神病床数 306
精神病性否認 25
精神病性歪曲 25
精神病発症危険状態 102
精神病発症リスク状態 279
精神病未治療期間 102, 279
精神分析 24
精神分析的 127
精神分析療法 204
精神分裂病 95
精神保健 19, 27
精神保健医療福祉の改革ビジョン 293, 315
精神保健及び精神障害者福祉に関する法律 315
精神保健参与員 261, 269
精神保健指定医 238, 240, 243
精神保健審判員 261
精神保健福祉士の倫理綱領 249
精神保健福祉士法 266
精神保健福祉資料 306
精神保健福祉センター 280
精神保健福祉センター運営要領について 280
精神保健福祉相談員 257
精神保健福祉法 8, 240, 315
精神保健福祉法第5条 29
精神保健福祉法第34条 258
精神保健福祉法第47条 281
精神保健法 8, 237, 315
精神盲 21
精神療法 203
精神療養病棟入院料 309
性転換症 163
性同一性障害 163
生物心理社会モデル 189
性別違和 163
セイヨウオトギリソウ 213
性欲倒錯症 164
生理的障害 146
世界人権宣言 244
世界保健機関 26, 37
脊髄 12
脊髄神経 10, 17
赤面恐怖 131
摂食障害群 146
絶対的欠格条項 273

窃盗症 162
セルフスティグマ 279
セロトニン系神経 23
セロトニン再取り込み阻害・セロトニン受容体調節剤 198, 323
セロトニン受容体 196
セロトニン・ドーパミン遮断薬 108
セロトニン・ノルアドレナリン再取り込み阻害薬 198, 323
全か無か 147
前駆期 39, 98
…の症状 102
前向健忘 86
仙骨神経 17
線条体 16
全身性エリテマトーデス 70
選択性緘黙 182
選択的セロトニン再取り込み阻害薬 198, 323
尖端恐怖症 131
前兆期 39
前頭側頭型認知症 63
前頭葉 14, 20
前頭葉白質切断術 211
全般不安症 128
せん妄 30, 67, 71
専門治療病棟 239
躁うつ病 114
早期介入 278
早期性痴呆 94
双極I型障害 122
双極性感情障害 113, 114
双極性障害 112, 122
双極II型障害 122
操作的診断 103
爽神堂 5
相対的欠格条項 273
早発性痴呆 36
躁病エピソード 112, 114
相馬事件 236
側頭葉 14, 21
側頭葉てんかん 75, 76
側脳室 15
素行症 180
素行障害 180
措置入院 241
…に伴う移送 257
措置入院後継続支援加算 226
疎通性の障害 101

た～と

退院後支援 281
退院後生活環境相談員 245, 270
退院支援プログラム 298
退院請求 241, 244
大うつ病性障害 113, 120
体感幻覚 31
退行現象 138
胎児性アルコール症候群 87
帯状回 14
対人恐怖症 131
耐性 81, 88
体性神経系 10, 16
滞続言語 64
大脳 14
大脳基底核 15, 16, 21
大脳白質 15
大脳半球 15
大脳半球側性化 20
大脳皮質 14
タイプA 145
大宝律令 5
大発作 74
大麻 87
タイムスリップ現象 175
代用精神病院制度 6
代理承諾 250
代理ミュンヒハウゼン症候群 163
対話 190
タウたんぱく 61
ダウン症候群 169
他害 241
他害行為 183, 261
多棘徐波複合 73
多剤併用療法 290
多重人格障害 139
多職種チーム 263, 267, 271
多職種チーム会議 264
脱施設化 4
脱法ドラッグ 91
脱力発作 76
多動 178
多動性障害 178
田中・ビネー式知能検査 50
タバコ使用障害 91
多発性硬化症 69
多発性脳梗塞 64
ためこみ症 133
ダルク 86

単一光子放射型コンピュータ断層撮影 55
短期精神病性障害 110
単剤投与 108
炭酸リチウム 123, 199
断酒 85
断酒会 85
単純ヘルペス脳炎 66
断眠療法 213
チアミン 86
地域移行支援 298
地域医療構想 318
地域医療支援病院 312
地域医療連携 321
地域援助事業者 246
地域会議システム 296
地域完結型医療 321
地域精神保健医療福祉資源分析データ
　ベース 322
地域責任制 225
地域相談支援 298
地域定着支援 298
地域包括ケアシステム 294, 316
地域保健法 280, 281
地域連携クリティカルパス 321
知覚 31
遅棘徐波複合 76
チック症 183
知的障害 166
知的能力障害 166
知的発達症 166
知的発達障害 166
知能 31
知能検査 49
知能指数 31, 167
遅発性ジスキネジア 108, 197
地方公共団体による精神障害者の退院
　後支援に関するガイドライン 281
着衣失行 62
中医協 317
注意欠如・多動症 179
注意欠如・多動性障害 179
注意障害 51
中央社会保険医療協議会 317
中核症状 58, 188
注察妄想 101
中枢神経系 12
中枢神経刺激薬 201, 325
中等度・重度精神遅滞 31
中毒 79
中脳 13

徴候 30
超自我 127, 205
聴取 45
治療 188
治療ガイドライン 190
治療臨界期仮説 278
通院・在宅精神療法料 226
通院処遇 264
通院治療 264
通過症候群 68
つまずき言語 66
ツング, W.W.K. 53
ディエスカレーション 256
低活動型 67
定期病状報告 244
デイケア 230
デイ・ケア 230
定型抗精神病薬 194, 323
低酸素脳症 68
ディスチミア 125
デイ・ナイト・ケア 230
適応障害 135, 137
出来高払い制度 316
手首自傷症候群 162
デポ剤 107
転移 205
てんかん 71
…の精神症状 77
転換性障害 138, 140
てんかん発作 73
てんかん発作重積 73
電気けいれん療法 109, 122, 211
癲狂 5
添付文書 191
同意能力 249
投影 24
投影性同一視 25
投影法 52
統合失調型パーソナリティ障害 158
統合失調感情障害 110
統合失調質パーソナリティ障害 158
統合失調症 39, 94
…の陽性症状 22
統合失調症診断ガイドライン 104
統合失調スペクトラム障害 94, 103
洞察的精神療法 204
当初審判 261
同性愛 164
透析脳症 70
透析平衡不全症候群 70
頭頂葉 14, 20

疼痛性障害	143	
道徳療法	3, 218	
同胞葛藤症	181	
トゥレット症	183	
ドーパミン	195	
ドーパミン過剰仮説	96	
ドーパミン系神経経路	22	
特定機能病院	312	
途絶	32	
突進歩行	65	
特発性全般てんかん	74	
特発性てんかん	72	
ドネペジル	202	
ドラッグ	91	
取り消し	24	
ドレーン, J.F.	250	

な〜の

内因性	37
内因性うつ病	112
内観療法	207
内的緊張	97
ナイト・ケア	230
ナルコティクス・アノニマス	86
ナルコレプシー	151
ニコチン使用による障害	91
20 歳未満加算	226
21 番染色体トリソミー型	170
日内変動	117
日中症状	150
日本精神保健関係年表	326
入院医療中心から地域生活中心へ	280, 293, 315
入院患者数	304
入院形態別在院患者数	242
入院処遇	262
入院処遇ガイドライン	269
入院治療	236, 261
入院に際してのお知らせ	242
入門薬物	80
ニューロン	10
ニュルンベルク裁判	247
任意入院	240
認知機能訓練	60
認知行動療法	120, 148, 207, 239
認知刺激	60
認知症	58
…の行動・心理症状	239
…のスクリーニング検査	50
…の包括的な重度度評価尺度	51

認知症サポート医	288
認知症初期集中支援チーム	287
認知症治療病棟入院料	309
認知症病棟	239
認知心理学	18
認知のゆがみ	207
認知療法	130
年齢階級	304
脳外傷	68
脳幹	17
脳検査	48, 53
脳挫傷	68
脳神経	10, 13, 16
脳脊髄液検査	54
脳内ドーパミン系神経経路	22
脳波検査	55
脳梁	14
能力判定レベル	250
ノルアドレナリン系神経	23
ノルアドレナリン作動性・特異的セロトニン作動性抗うつ薬	198, 323

は〜ほ

パーキンソニズム	197
パーキンソン症候群	64, 69
パーキンソン症状	63, 108
パーキンソン病	64
パーソナリティ症	157
パーソナリティ障害	156
パーソナルスペース	255
パーソナル・リカバリー	229
パーソンセンタードケア	60
徘徊	33
肺塞栓	253
配置基準	273
バウムテスト	53
破瓜型	105
吐き胼胝	147
羽栗医院	5
曝露療法	130
箱庭療法	206
パス	321
長谷川式認知症スケール	50
パターナリズム	247
発達障害	171
発達障害者支援法	171
発動性欠乏	101
バッド・トリップ	87
抜毛症	133, 162
抜毛癖	162

パニック症	129
パニック障害	129
パニック発作	129
ハミルトンうつ病症状評価尺度	53
場面緘黙	182
パラノイア	109
パラフィリア障害群	164
バリデーション療法	60
バルプロ酸ナトリウム	199
ハロペリドール	194
半球側性化	20
反抗挑戦性障害	181
反抗挑発症	181
反社会性パーソナリティ障害	159
反射てんかん	76
搬送体制	286
半側空間無視	21
ハンチントン病	65
反復性うつ病性障害	114
反復性過眠症	151
ビアーズ, C.W.	4
ピアサポーター	292
ピアサポート	231
被影響体験	99
被害的内容	32
比較文化精神	18
光照射療法	213
ひきこもり	25, 160
非器質性不眠症	149
被虐待児症候群	183
ピクノレプシー	73
皮質下認知症	58, 63
皮質性認知症	58
非自発的入院	243
非社会性パーソナリティ障害	159
微小的内容	32
微小妄想	117
ピック病	64
非定型うつ病	125
非定型抗精神病薬	107, 194, 290, 323
非定型精神病	110
ヒト免疫不全ウイルス脳症	66
否認	137
ピネル, P.	3, 35
ヒプサリスミア	76
皮膚むしり症	133
ヒポクラテス	2, 35
びまん性軸索損傷	68
病院完結型医療	321
病院区分	312
病院報告	306

病気不安症	143	文章完成法	53	ミオクローヌス	73
表現的精神療法	206	分離不安障害	181	ミオクロニーてんかん	73
病識	132	分裂感情病	110	ミオクロニー発作	73
…の障害	102	閉鎖処遇	238	味覚低下	117
病識欠如	86	閉鎖病棟	238	味覚発作	75
表出性言語障害	173	閉所恐怖症	131	みなし公務員	243
標準高次視覚検査	51	閉塞性睡眠時無呼吸症候群	152	ミニメンタルテスト	50
標準高次動作性検査	51	併存	42	ミネソタ多面人格目録	52
標準失語症検査	51	ベーチェット病	70	身ぶり自動症	75
標準注意検査	52	ベスレム病院	3	ミュンヒハウゼン症候群	163
病床機能分化	318	ベック, A.T.	207	無為	32
病床機能報告制度	318	ペット	55	無床診療所	312
病床区分	313	ペラグラ	70	むずむず脚症候群	152
病床の区分	238	辺縁系	15, 21	無動	64
病的窃盗	162	辺縁系脳炎	69	夢遊病	154
病的パーソナリティ特性	157	変換症	138, 140	迷走神経刺激療法	76
病的放火	162	偏向発作	75	酩酊	82
病歴	44	偏食	175	メタンフェタミン	89
広場恐怖症	130	ベンゾジアゼピン	88	滅裂思考	32
貧困妄想	117	ベンゾジアゼピン系薬剤	23	メディケア・メディケイド法	4
ビンスワンガー型認知症	65	ベンゾジアゼピン誘導体	199	メマンチン	202
不安症	128	ベンダーゲシュタルトテスト	52	メランコリー親和型性格	115
不安障害	128	防衛機制	24	免疫検査	54
不安性パーソナリティ障害	161	防衛機能	205	面接	44
フーグ	141	放火症	162	メンタルヘルス	28
風景構成法	53	包括型地域生活支援	234	メンタルヘルス・リテラシー	278
フェティシズム	164	包括的暴力防止プログラム	255	メンタルヘルスケア	284
フェニルケトン尿症	170	包括払い制度	316	メンタルヘルスリテラシー	219
賦活症候群	199	訪問看護	232	メンテナンス ECT	212
副交感神経	17	訪問看護ステーション	291	妄想	32, 109
複雑性 PTSD	185	訪問診療	231	妄想型	105
服装倒錯的フェティシズム	164	保健師	274	妄想気分	100
服薬アドヒアランス	107	保健師助産師看護師法	274	妄想性障害	109
服薬コンプライアンス	107, 190	保健所	280	妄想性投影	25
服薬自己管理	290	保健所及び市町村における精神保健福		妄想性パーソナリティ障害	158
服薬指示遵守	193	祉業務について	280	妄想知覚	99, 100
服薬遵守	107	保険診療	316	妄想着想	100
不随意運動	65	保健センター	281	網様体	13
二人精神病	111	歩行自動症	75	もうろう状態	30
不注意	178	保護観察所	265	モデリング	210
物質関連障害群	79	保持	31	モノアミン仮説	114, 198
不眠症	149	補助診断ツール	56	物盗られ妄想	62
不眠障害	149	保険診療	316	物忘れ	62
不眠症状	150	ホメオスタシス	23	モラル・セラピー	3
フラッシュバック	90			森田正馬	207
フラッシング反応	82, 86	**ま～も**		森田療法	207
プレイセラピー	206	マタニティ・ブルー	154	モルヒネ	88
フロイト, S.	204	末梢神経系	10, 15	問診	44
ブロイラー, E.	36, 94	マラリア療法	4		
ブロイラーの基本症状	99	マリファナ	87		
ブローカ中枢	20	慢性疼痛	143		

や〜よ

夜驚症 154
薬剤師 274
薬剤師法 274
薬物依存 79
薬物探索行動 79
薬物療法 192
やせ 147
矢田部―ギルフォード性格検査 52
夜尿 182
有害事象 109
遊戯療法 206
有床診療所 312
優生保護法 7
ユニバーサル・ヘルス・カバレッジ 28
腰神経 17
陽性症状 94, 97
養老律令 5
予期 24
予期不安 129
抑うつ気分 115
抑うつ障害群 113
抑うつ障害群季節型 124
抑うつ神経症 125
抑制 24
抑制系精神作用物質 81
抑制欠如 64
予防的介入 255

ら〜ろ

ライシャワー事件 315
来談者中心療法 204
ラポール 255
ラモトリギン 199
ランドウ・クレフナー症候群 173
乱用 79
リープマン現象 84
リカバリー 191, 216
力動精神医学 18
力動精神療法 204
離人感 33
離人感・現実感消失症 141
離人感・現実感消失障害 141
離人症 101
リスクマネジメント 287
リストカット 162
理想化 25
離脱症状 81, 84
離脱せん妄 85

リタリン 90, 179
リバーマン, R.P. 209
リハビリテーション 214
リビドー 205
リフレーミング 203
療育手帳 167
両価性 101
両性役割服装倒錯症 163
療養生活環境整備指導加算 229
療養病床 313
リワーク支援プログラム 220
臨床診断 48
臨床精神医学 19
倫理綱領 249
ループス精神病 70
レーブン色彩マトリックス検査 51
レット症候群 177
レノックス症候群 76
レビー小体 63
レビー小体型認知症 63
レム睡眠 151
レム睡眠行動障害 152
連合弛緩 32, 97, 101, 123
老人斑 61
老年精神医学 19
ロールシャッハ・テスト 52
630 調査 306
ロジャース, C.R. 204
ロス, L.H. 249

わ〜ん

わが魂に逢うまで 4

木村　敦史 （きむら・あつし）··· 第3章第4節
千葉大学大学院医学研究院精神医学助教

木村　大 （きむら・ひろし）··· 第3章第2節、資料1
国際医療福祉大学成田病院精神科講師

後藤　基行 （ごとう・もとゆき）··· 第1章第1節
立命館大学大学院先端総合学術研究科講師

柴崎　聡子 （しばさき・さとこ）··· 第1章第3節
川崎市精神保健福祉センター担当課長

柴原　彩子 （しばはら・あやこ）··· 第5章第2節
長崎県時津町役場福祉課

白石　弘巳 （しらいし・ひろみ）··········· 第3章第1節・第3節・第5節
なでしこメンタルクリニック院長

先崎　章 （せんざき・あきら）··· 第2章
東京福祉大学社会福祉学部教授

木下　裕久 （きのした・ひろひさ）··· 第1章第4節
長崎大学保健・医療推進センター准教授

竹島　正 （たけしま・ただし）··············· 第1章第3節、第5章第1節・第2節、資料2
川崎市精神保健福祉センター所長

塚本　哲司 （つかもと・てつじ）··· 第5章第1節
埼玉県立精神医療センター療養援助部長

中川　賀嗣 （なかがわ・よしつぐ）··· 第1章第5節
北海道医療大学リハビリテーション科学部教授

中根　秀之 （なかね・ひでゆき）··· 第1章第4節
元長崎大学大学院医歯薬学総合研究科医療科学専攻リハビリテーション科学講座教授

西尾　雅明 （にしお・まさあき）··· 第4章第1節
東北福祉大学総合福祉学部社会福祉学科教授

波田野　隼也 （はたの・としや）··· 第5章第2節
青森市保健所

藤井　千代 （ふじい・ちよ）··· 第4章第2節
国立研究開発法人国立精神・神経医療研究センター地域・司法精神医療研究部部長

前林　勝弥 （まえばやし・かつや）··· 第5章第1節
静岡市保健所

三澤　孝夫 （みさわ・たかお）··· 第4章第3節・第4節
駒澤大学文学部社会学科講師

山田　敦 （やまだ・あつし）··· 第5章第1節・第2節
川崎市精神保健福祉センター担当課長

最新 精神保健福祉士養成講座

1　精神医学と精神医療

2021年 2 月 1 日　　初 版 発 行
2024年 2 月 1 日　　初版第 4 刷発行

編　集　　一般社団法人日本ソーシャルワーク教育学校連盟
発行者　　荘村明彦
発行所　　中央法規出版株式会社
　　　　　〒110-0016　東京都台東区台東3-29-1　中央法規ビル
　　　　　TEL 03（6387）3196
　　　　　https://www.chuohoki.co.jp/

印刷・製本　株式会社アルキャスト
本文デザイン　株式会社デジカル
装　　　幀　株式会社デジカル
本文イラスト　メディカ／イオジン　小牧良次
装　　　画　酒井ヒロミツ